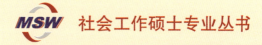

MSW 社会工作硕士专业丛书

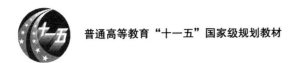

普通高等教育“十一五”国家级规划教材

MSW 社会工作硕士专业丛书

青少年社会工作（第3版）

Adolescent Social Work (Third Edition)

陆士桢　王 玥 著

社会科学文献出版社
SOCIAL SCIENCES ACADEMIC PRESS (CHINA)

前　言

自2014年起，随着《关于加强青少年事务社会工作专业人才队伍建设的意见》等文件的出台和落实，我国社会工作专业化、职业化进程不断加快、水平不断提高，在给社会工作教育带来新的发展契机的同时，也向青少年社会工作教育者提出了更高的要求。《青少年社会工作》一书自2005年面世以来，受到国内同仁的广泛关注和高度认可，并于2010年在印刷七次的基础上再版。在此期间，众多高校将其采纳为课程教材，一批研究者和一线工作者也将其作为重要的参考工具。欣喜之余，我们也愈加感到责任重大。随着社会工作专业的发展，国内、国际形势发生了很大的变化，书中的很多内容和一些观点已经不适应当前青少年社会工作发展的现实需要，急需更新和改进。尽早将符合当前和今后一段时间专业发展现实需要的教材送到各位同仁和学生手中，始终是我们的一份牵挂。此时，开始对教材的第2版进行修订，是社会工作教育发展的必然趋势，也是社会和青少年对我们提出的新的要求。

本书更新了第2版中的相关内容，将章节顺序按照概述、理论、方法、服务对象、服务内容及管理、评估、研究的思路加以调整；对原来的一些章节内容进行了调整或修改，对青少年社会工作服务及青少年社会工作项目管理的相关内容做了补充和修订。具体如下。

前五章为基础内容：

第一至第五章基本内容不变，对历代领导人青少年观的部分加以补充。

第六章、第七章为宏观部分的内容：

其中，第六章是“青少年福利和青少年福利政策”，对我国现行与青少年相关的福利政策尤其是与青少年救助和保护有关的政策做了适当补充，加入了如新出台的《反家庭暴力法》等法律规定性内容，并着重分析了加强青少年事务社会工作人才队伍建设的必要性和重要意义。

第八至第十章为微观部分的内容：

其中，将第九章和第十章从逻辑结构上做了调整，将青少年社会工作服务按照工作对象和工作内容重新进行划分。在原来第九章的基础上按照工作发生的场域划分为学校青少年社会工作服务、社区青少年社会工作服务、企业青少年社会工作服务和儿童青少年医务社会工作服务四类，针对不同青少年群体的需求开展社会工作服务；将第十章按照矫治性和发展性的标准对青少年社会工作进行分类，以尽可能地保证青少年社会工作分类的准确性。

对第十一章做了适当修订。当前我国社会工作专业硕士（MSW）学生的数量逐年增加、规模逐渐扩大，社会工作专业化也在进一步推进，急需“青少年社会工作项目管理”的知识和内容，此次也针对这一部分做了补充和修订。

第3版保留了第1版和第2版的基础结构和基础理论部分的内容。在第四章中增加了“青少年社会工作的理论整合与运用”，相比第2版，第3版更加注重青少年社会工作理论与实践、知识与专业实务相结合，具有更强的实用性和操作性，相关内容的体现也更加具体和生动。

在上一版中国青年政治学院漆光鸿老师所做全面修订的基础上，社会工作学院研究生孙浩然协助我做了此次修订工作，参与修订了第一章、第六章、第九章至第十一章的相关内容。我主持并对全稿进行了审读和定稿。

此书主要用作高等学校社会工作专业教材，也可用于青少年社会工作的研究及实务领域。

时间紧迫，加之能力有限，书稿不免存在不足与不成熟的地方，还望各位同仁和读者不吝指正。愿本书继续为我国社会工作教育及服务事业特别是青少年社会工作教育及服务事业贡献力量！

陆士桢

2017年1月

CONTENTS 目录

第一章　绪论

青少年，是民族的希望，是祖国明天的栋梁，“少年富则国富，少年强则国强”。青少年是一个社会中最活跃的群体，社会的进步与青少年的发展息息相关。青少年作为社会生产的生力军和后备力量，以自己的生命力和创造精神推动着社会的变迁，同时，他们的发展也受到社会变迁的巨大影响。对一个社会来说，青少年意味着希望；对一个个体来说，青少年时期是一个人一生的重要转折期。在这个转折期，一个人从生理层面的未发育完全走向成熟；从心理层面的自我意识不完全逐步转变为自我清明；从社会层面来看，这个时期，通过把整个社会的价值体系、规范模式内化到个人人格体系中去，最终转变为一个社会的人。这种剧烈的过渡、大量信息的转化整合、频繁急剧的蜕变使得身处其中的青少年一方面有了发展改变的推动力，另一方面要经历前所未有的各种冲击。对处于成长中的青少年来说，在这种从未经历过的过程中，要迅速找到自己的位置并非易事。这样，就必然会出现一些专门为青少年服务的人群、专业乃至制度。

青少年社会工作就是一种以青少年为服务对象的社会工作。它根据青少年的生理、心理和社会特征，以青少年的需要为起点，通过运用专业社会工作的各种价值、理念、方法和技巧，促进青少年健康地成长、自由地发展，帮助他们达成一种良好的社会适应状态。青少年社会工作是专业社会工作的重要组成部分。在本书中，我们将探讨青少年各方面的基本特征以及基本需求，讨论青少年社会工作的基本内容、各种理论和方法，结合我国青少年社会工作的具体现状和相关政策，研究青少年社会工作的规律，探索中国青少年工作专业化建设的道路。

第一节 青少年的界定

一 青少年的年龄界定

青少年期是由未成熟的儿童世界向成人世界转变的过渡期，是在身体和精神方面都获得飞跃发展的重要时期，它的特点是处于人生向上的发展阶段。人们通常所理解的青少年是指在成长发育过程中的年轻人，并没有明确的年龄范围。

1. 国内的有关界定

在法律、法规方面，我国相关法律虽然对未成年人有明确的界定，但对青少年却没有统一而明确的界定。我国《宪法》、《未成年人保护法》和《预防未成年人犯罪法》规定不满 18 岁的男女为未成年人。《婚姻法》规定女年满 20 岁，男年满 22 岁可以登记结婚。如果以是否可以登记结婚为区分青少年与成年人的标准，则可认为女 20 岁以下、男 22 岁以下为青少年。《刑法》规定，年满 16 岁的人犯罪负完全刑事责任，已满 14 岁不满 18 岁的人犯罪应当从轻或者减轻处分，犯罪的时候不满 18 岁的人不适用死刑，已满 16 岁不满 18 岁的，如果所犯罪行特别严重，可以判死刑，缓期 2 年执行，这实际上是说，青少年是 16 岁以下的未成年人。人民法院在公布刑事案件中青少年犯罪情况时所指的“青少年”年龄限定在 25 岁以下。

在我国学术界，因为对青年概念的不同解释，对青少年的年龄也有不同的划分。心理学界根据人的生理和心理的发展特点，一般把青年界定为 13 ~ 25 岁之间，并将这一阶段称为青年期。人口学则以人在青春期生理发育的正态曲线分布为基础，把 15 ~ 25 岁的人界定为青年，并据此进行人口统计。法学是以完全承担法律所规定的权利和义务为标准，把 18 岁作为划分成年人和未成年人的界限。社会学界把青年期外延的上限扩大到了 30 岁。在以青少年为主要工作对象的群众团体和民间组织中，对青少年的年龄界限也没有统一。共青团目前规定团员的年龄为 14 ~ 28 岁。

在社会舆论中，青年的年龄界限就更为宽泛，常常把 30 多岁甚至 40 多岁的相关人才叫做“青年作家”、“青年艺术家”、“青年科学家”。

2. 国际上的有关界定

联合国教科文组织在 1982 年墨西哥圆桌会议上，提出青年应包括 14 ~ 34 岁年龄组人口。联合国在 1995 年提出的《到 2000 年及其后世界青年行动纲领》中规定青年为15～24岁年龄组的人口，同时指出，“关于青年的定义随着政治、经济和社会文化情况有波动而不断有所改变”。

世界各国对青少年年龄的规定也各有不同。在第七届全苏联年龄形态学、生理学和生物化学学术讨论会上获得一致通过的关于个体发育年龄分期的方案中，把13～16岁的男性和12～15岁的女性确定为少年，把17～21岁的男性和16～20岁的女性确定为青年。而欧洲的其他一些国家规定，16岁可以在咖啡馆玩电动弹子和其他电子游戏，不能与18岁以下的人签订合同，18岁以前不准喝酒精制品，18岁方能申请汽车驾驶执照，18岁以上的公民才能获得一切法律所规定的权利，被认为能对自己的一切作为负责。

3. 青少年年龄的界定是社会性的产物

青少年年龄界定的问题是一个涉及社会发展变迁的问题，是一个随社会和青少年自身不断变化而很难统一的问题。各国社会发展状况各异，青少年的年龄界定也就不尽相同。从整个世界范围来看，随着人类成熟的社会性含义的变化以及各国社会发展程度的差异，不同社会对年青一代进入成人期的社会化要求也不尽相同，所以在青少年社会化的过程和方式上必然也存在明显的差异。例如，罗马尼亚国家宪法中明确规定14～30岁以内的人都是青少年；而在巴西，22岁的人就被认为结束了青少年期。由于环境和遗传的影响，青春期的年龄段在各民族及地区间存在着巨大差异，有的国家的儿童在8岁就出现了发育迹象，而有的地方可能要延续到14岁以后，因而青少年期的上下限都很难有统一的标准。

4. 本书关于青少年的年龄界定

在综合考虑各方面的因素的基础上，我们将青少年的年龄界定为14～30岁，我国将这一年龄阶段的青少年作为青少年工作的主要对象。

对青少年的年龄界定需要综合考虑各方面的因素，如青少年的生理发育成熟的年龄、青少年犯罪研究的主要年龄范围、受政府委托管理青少年（青年）事务的共青团的主要工作对象、人口统计方面的规定、社会习惯认为的人的社会成熟的年龄等。

首先，共青团员的年龄的上限是28岁，但实际工作的对象远不限于28岁。另外，根据我国国情和青年发展的状况，在人们的印象当中，“三十而立”，一般在30岁就已经结婚、就业、建立家庭。因而，我们将青少年的上限界定为30岁。

其次，青少年的年龄的下限应主要取决于生理发育成熟（男孩首次遗精、女孩月经初潮），我国的青少年青春期平均起始年龄在13～15岁之间，但现在出现了发育成熟趋早的情况；青少年犯罪研究中所称的青少年的年龄下限一般在14岁，但近年来青少年犯罪出现低龄化倾向，青少年犯罪研究中青少年人口的下限也逐渐下移；人口统计方面，我国习惯上将14岁以下视为少年儿童，而我们所说的青少年也包括少年在内；另外，共青团员的年龄下限是14岁。因此，本书把“青少年”年龄的下限界定为14岁。

二 青少年的定义

青少年是一个非常复杂的概念，不同学科和领域对青少年的界定是不同的。

1. 生理学上的青少年

生理学是以人体的发育（大脑和神经系统的发达、身高体重的变化、心血管系统的完善以及由内分泌系统的发育所导致的性成熟等）为根据来界定青少年的。生理学认为，青少年期是“自春情发动期以迄生理的成熟期间”①，认为“青春期的最大特点是性成熟”②。青少年期以第二性征开始发育为起点，以性发育完全成熟为终点。柏曼（L. Berman）根据内分泌功能优势的变化把人的发展分为胸腺期（幼年）、松果腺期（童年）和性腺期（青年）；拉丁文中的青年期（Adolescere）、春情期（Pubertas），本义为“生长达于成熟”、“成熟年龄”、“具有生殖能力”。黄志坚主编的《青年学》认为，“生理学把青春期又叫做青春发育期，指的是人的生殖器官开始发育和性技能成熟的过程，也就是人生由童稚之年到发育成熟的过渡年龄”③。

从生理发育的角度，就是把青少年期首先看作生殖力成熟的阶段，所以在生理学中，“青春期”、“春情期”也是较为普遍的形容青少年期的概念。近百年来，从生理学角度研究青少年，人们发现人体发育出现了“前倾现象”，即发育加速或提前了，由此导致了生理学的青少年概念也同样呈现出前伸的趋势。

2. 心理学上的青少年

心理学是以人的智力发展水平为依据，以人的个性的形成、情感特征、自我特征等心理机制的质变为依据来界定青少年的。心理学认为，“青年是完成成熟的阶段和形成个性的阶段”，所以青少年期结束的标志是形成了相对独立的自我意识和相对完整的个性。整个青少年期正是发育自我意识和独立个性的时期。在

---

① 特雷西：《青春期心理学》，汤子庸译，台北：台湾商务印书馆股份有限公司，1979，第17页。

② 大桥正夫编《教育心理学》，钟启泉译，上海：上海教育出版社，1980，第28页。

③ 黄志坚主编《青年学》，北京：中国青年出版社，1988，第5页。

心理学研究里，由于划分的标准不同导致青少年的概念问题很难统一起来。而且因为人的心理成熟是一个非常抽象的概念，很难拿一定的客观标准进行具体衡量，从而导致心理学中青少年的概念模糊不清，没有严格的界限。如皮亚杰以人的智力发展水平为依据，也有的以人的个性的形成、情感特征、自我特征等心理机制的质变为依据。彼得罗夫斯基的《年龄与教育心理学》认为，“青年是完成成熟的阶段和形成个性的阶段”，标志是形成自我意识和个性。荫山庄司等著的《现代青年心理学》认为，“青年期是脱离了儿童时代的认识方式和生活方式，创造新的自我概念，从心理上重建人生的时期。并且由于性的成熟和个性的发展都很显著，因而这个时期也被称为‘第二次诞生’”。德国心理学家斯普兰格认为，青少年的根本特征有三：①“自我”发现；②有意识地确定个人生活目标；③社会生活范围扩大。他把青年期分为两个阶段：①危险期，14～17岁；②归属期，17～21岁，这被认为是容易产生孤独感和要求与人亲近的时期。

3. 教育学上的青少年

教育学认为，青少年最大的特点是处于学习、受教育的阶段。青少年期就是通过社会的各种教育途径，促使其不断熟悉、接受并且内化这个社会的种种规范，达致个性成熟，最终成为一个为社会所需要的个体的一个过程。依田新的《青年心理学》认为，青少年期是指“从接受中等教育开始，到就业、独立生活、结婚为止的这段时期”。教育学中最早的青年概念是由17世纪著名的教育家夸美纽斯提出的，他把人的受教育时期按年龄分为四个阶段并根据不同的年龄段建立相适应的学校：①幼儿期：从出生到6岁，主要是母育学校；②少年期：6～12岁，国语学校；③青年期：12～18岁，拉丁语学校或文科学校；④成年期：18～24岁，大学高等教育。

4. 社会学上的青少年

从社会学的角度，青少年期被看作人社会化的一个必经阶段。从整个社会的正常运行角度看，社会要按照固定的、大部分人能接受的价值、规范来持续运行，就需要通过广泛的社会化的方式，把社会的文化、价值、规范、风俗等内化于每个个体的个人人格中去。这个社会化的过程，是每个个体在每个时段都在潜移默化地进行着的。但是我们可以看到，有一个时期，人的生理渐趋成熟、参与社会的程度不断加大，社会化的进程也迅速加剧，这个时期就是青少年期。青少年期的很多问题正是源于社会化进程中的变化和发展。

5. 社会工作学科中的青少年

从社会工作角度看，青少年是指从儿童向成人的过渡时期。处于这个过渡期的个体，在生理上走向性成熟；心理上经历“心理断乳期”，渐渐发育出独立的人格；在社会适应上，从初级社会群体的圈子走向更大范围的社会，并且试图在次级社会群体中找到自己的位置，逐步成为一个真正的社会人。青少年是正处在这个发展过程中的人，并且是一个未成熟但正走向成熟的人。

三　青少年的本质

要理解青少年的本质，首先要理解人的本质。马克思认为，“人的本质不是单个人所固有的抽象物，在其现实性上，它是一切社会关系的总和”[①]，“人的本质是人的真正的社会联系，所以人在积极实现自己本质的过程中创造、生产人的社会联系、社会本质，而社会本质不是一种同单个人相对立的抽象的一般的力量，而是每一个单个人的本质，是他自己的活动，他自己的生活，他自己的享受，他自己的财富”[②]。马克思主义关于人的本质的基本观点告诉我们，人的本质属性是自然性、社会性的统一，人的本质在其现实性上是一切社会关系的总和。

青少年是人的生命旅程中的一个重要部分，是人由生到死的过程中的一个中间阶段。因而青少年具有人的一般本质属性，但由于年龄和社会地位的特殊性，青少年又具有其独特的本质属性。这主要表现在两个方面。

1. 成长性和基础性

青少年期是人最富有生命力的时期，具有所有其他年龄阶段的人所不具备的优势。这时，青少年最根本的生理特征是身体机能处于人生最旺盛的巅峰阶段，主要表现在以下五个方面：一是身体形态的巨变，身高突增、体重变重、体型成形；二是体内机能的发育，青春期心血管系统的发育、呼吸系统的发育；三是神经系统的发达，大脑的形态发展，神经系统的发育；四是内分泌的发展；五是性的成熟。青少年在成长中的这些突变，赋予青少年充沛的体力、旺盛的精力和高度的智力，这些为青少年茁壮地成长提供了坚实的自然基础和可靠的生理保障。

2. 发展性

青少年本质的另一个方面是社会生活的发展性。青少年的社会生活的发展过程与其人格和社会行为的形成及发展有着密切的联系，可以说，青少年的社会生活的发展就是青少年社会行为的模塑过程。青少年的社会发展贯穿于整个青少年

---

① 《马克思恩格斯选集》第一卷，北京：人民出版社，1995，第60页。
② 《马克思恩格斯全集》第四十二卷，北京：人民出版社，1979，第24页。

期，涉及青少年生活的所有方面：政治社会化、道德社会化、职业社会化、性别角色社会化。青少年在自身发展的过程中，在不同的时期，接受社会化的内容、方式以及反作用于社会的方式都会有所不同，并呈现出一个由浅入深、持续发展的过程，一般分为以下三个阶段：

①青少年前期的社会发展，主要任务是确立积极的自我概念；

②青少年中期的社会发展，主要在于加强角色学习，建立并塑造健康人格；

③青少年后期的社会发展，主要是继续社会化和再社会化。

认识青少年的本质，将有助于青少年工作者把握工作的伦理价值和专业技能。

第二节 “青少年”的历史

“青少年”这个概念不是从来就有的，它是历史发展到一定阶段的产物，只有当社会发展到特定的阶段，才会出现这个概念及其外延。对青少年的认识在人类认识发展中经历了不同的几个阶段。

一 无“青少年”的神话阶段

1. 儿童价值的否定和以老年人为楷模

在古代原始社会里，并不存在近代意义上的青年。由于当时生产力极端落后，人的发展极端不发达，人的一生也是相当短暂的，从儿童到成年人的转换过程是迅速的、不被觉察到的。儿童在那个社会被认为是单纯的消费者，缺乏社会价值，不被重视，其意义仅仅在于补充成人队伍的来源。而老年人是社会传递的主体，是社会价值的体现。这种社会背景是“青少年”不存在的根本原因。

2. “青少年”是一种富含文化内涵的仪式

在古代，儿童向成人的转换过程一般通过一种传习仪式来完成。儿童必须经过分离、过渡和重回群体的仪式，必须“死去”才能成为成人。进入成人的世界是一次再生，是作为真正的人的一次再生，是以接受成人的行为、规范和价值为前提的。儿童转变为社会成员的第二次诞生，是通过整个部落承认的仪式来体现的，这种传习仪式使人从价值被否定的童年迅速过渡到以老人为楷模的成年阶段：经济地位迅速发生变化，被吸收进成年猎手的行列；个人在群体中的地位同时发生变化，从一种附属地位上升到社会的主流地位；整个人的社会状态也因此而改变。这一过程具有与一系列文化、社会规范交织在一起的生理学的规定性，但是这种成熟也有别于逐步积累经验发展起来的真正的成熟，具有突发性。

不同时代、不同文化有着不同的过渡仪式。传习仪式有的把达到成人年龄的青年先变成一个胎儿，再通过仪式获得新生。还有通过隔离的形式，把刚刚进入成年阶段的孩子与以前的生活环境、母亲及其他孩子分开，与世隔绝地生活一段时间，恪守某些禁忌，熟悉部落法规，逐步接受关于图腾的教育，等等。另外还有接纳的形式，比如在中国，先要举行成人典礼才能进入部落成年成员的行列。

此时，并没有形成有关青少年的概念，还不具备真正社会意义上的“青少年”。

二 单边意义上的“青少年”阶段

随着社会的发展，青少年作为人生的一个重要阶段，越来越引起人们的重视，青少年开始作为一个较长的人生历程进入学者的研究视野。这是一个很长的历史阶段，此时的“青少年”具有两种意义。

1. 对青少年期的划分

在这个阶段，青少年作为一个意义出现，同时出现了关于青少年群体及其特征的定义，以及年龄阶梯等方面的论述。但是这个阶段对青少年的认识还处于初始阶段，对青少年的论述是不完备、不成体系的，对青少年意义的理解是不全面的。而且大部分论述不是从一个社会整体的角度看青少年的基础性，而一般多从生理角度阐述包括青年在内的多种年龄阶段。比如，古希腊“七贤”之一梭伦以 7 年为一个周期对人生进行划分，7 岁换齿、14 岁进入青春期、21 岁长出胡须、28 岁肌肉最强健、35 岁结婚和有所作为、42 岁性格定型；西方“医学之父”希波克拉底认为，人生分为四个年龄阶段：童年（热与湿）、青年（热与干）、成年（冷与湿）、老年（冷与干）。

2. 对青少年社会性含义的认识

除了对青少年生理方面的简单论述以外，在古代哲学思想中也出现了青少年的形象，但是青少年的社会价值还是没有得到应有的承认，一般认为其价值是低于成年人和老年人的。柏拉图从不同的教育阶段规定青年的定义，认为青年意味着学习、学徒的年龄，接受军事训练的年龄，结婚的年龄，承担社会管理和司法职务的年龄。亚里士多德则认为，青年是低于成熟的人，是人的生存的三段式之一，他承认青年人表现出来的美德，但最高品德仍然属于成熟的成年人。

在人类历史的很长时期里，青少年其实并不被认为是这个社会的真正一员。随着社会的发展，青少年才终于被承认为社会存在，但仍旧只能扮演社会的

“边缘”角色，青少年的意义仅仅在于为成人阶段做准备。夸美纽斯认为，每一个年龄阶段存在的意义都在于准备向更高一级的阶段过渡，青年的理想模型是成人，他把人的不同年龄阶段与不同类型的学校联系起来。卢梭根据年龄的天然发展的特点，把人分为这些阶段：0～1岁是“幼儿”，为“天然年龄”；2～12岁是“童年”，为“体育教育、感性知识和道德感情教育开始的年龄”；12～15岁是“力量年龄”，为“智力、体力和社会教育的年龄”；15岁结婚，是“理性和冲动年龄”。他把符合一个人的“自由意志”的原则用于教育模式。黑格尔深刻地描述了人的发展特征，强调少年期的冲动性，用宏伟的理想与外部世界的不协调解释青年期危机，揭示儿童发展为青年、从游戏走向严肃工作的矛盾运动。

三　现代意义上的“青少年”阶段

由于现代工业的发展，“青少年”真正产生了。一方面，是青少年期前所未有地延长：学习期延长，进入自立生活与负担家庭责任的时刻推迟。青少年作为人的一个特殊阶段得到承认，同时日益成为社会的独立力量，突出地表现出某些普遍性倾向。另一方面，“青少年”具有了突出的文化含义，其最重要的标志是社会对青少年社会价值的认定。1975年联合国阿姆斯特丹会议指出，青少年期是工业革命的产物。社会现实越来越突出地证明，“青少年”已经成为一个复杂的社会性概念，青少年问题成为一个重要的社会问题，日益引起全社会的广泛关注。在理论界，也有越来越多的人把研究的目光对准青少年，关于青少年研究的成果和流派不断增加。“青少年”这一概念具备了内涵十分丰富的社会文化意义，社会上已经有越来越多的界定来描述青少年。如：

青少年群体是社会生产的生力军和后备力量，青少年的概念具有基础性和未来性；

青年对社会的参与要受到群体特征的限制，进而形成群体性的社会矛盾和社会心理；

青年亚文化与社会主体文化具有趋同、矛盾，甚至对抗等多种关系，在一定时期表现出新奇、怪异等特征，有时具有破坏性；

青年对新文化、新观念、新技术有着天然的敏感性，会表现出进步性和创新性；

在社会总体人群的划分上，青年是一个社会弱势群体，需要成人社会、政府、社会团体予以特殊的保护；

从人的发展阶段性角度，青年是未成熟的人、正在发展中的人、需要特别帮助的人；

每一个青年人都是能动的、具有发展潜能的、独特的人；等等。

第三节　青少年的权利

青少年的权利是现代青少年概念的重要组成部分，也是青少年社会工作的基础价值之一。个体的充分发展是人权发展的重要目标。人权发展离不开个体的发展自由性。个体发展与客观世界发展的一致性是人权发展的终极目标，在青少年工作中这一观点十分重要。

一　青少年的权利

青少年作为人，无异于成年人，要平等地享有相同的权利。这是最基本的青少年权利平等性的观念。同时，青少年享有本身特殊的权利，青少年有自己的需求，对这种需求，我们必须保证给予绝对的尊重。青少年主要享有以下权利。

1. 生存的权利

每一个青少年都享有生存的权利，不仅指他们有要求自己的生命存活的权利，而且包括满足该生命存在所必需的最基本的生活保障的权利，如食物、居所等。战争和灾害，贫穷和疾病，缺乏家庭照顾，传统观念、力量和社会流行意识等都有可能剥夺青少年延续生命的权利；流浪儿、残疾儿童、童工、失业青年等，都是生存权益受到侵害的群体，需要为他们提供更多、更有力的保护。

2. 受保护的权利

对青少年特殊价值的尊重，包括保护青少年免受歧视、剥削、酷刑、虐待或疏忽照料。一方面，青少年由于生理、心理、智力的特点，属于社会上的弱势群体，需要获得成人社会的特别保护；另一方面，由于经济、政治和社会环境因素的影响，青少年的权利会受到不同形式的侵害，他们无力实施有效的自我保护，因此也需要获得特别的保护。每一个青少年，不论其性别、国籍、文化背景等有何不同，都有权利要求得到保护。

3. 发展的权利

青少年拥有充分发展其全部体能和智能的权利，包括有权接受一切形式的教育（正规和非正规的教育），有权享有促进其身体、心理、精神、道德和社会发展的生活条件。具体地说，主要包括受教育的权利，享受咨询和信息的权利，娱乐和休闲的权利，参与文化活动的权利，宗教信仰的权利，性格发展的权利，身份、国籍、健康等方面的权利以及拥有和睦家庭的权利，等等。

4. 参与的权利

青少年有参与社会生活的权利，有权对影响他们的一切事项发表自己的意见。“儿童应有自由发表言论的权利，此项权利应包括通过口头、书面或印刷、艺术形式或儿童所选择的任何其他媒介，寻求、接受和传递各种信息和思想的自由，而不论国界。”联合国《儿童权利公约》的这段表述主要指 18 岁以下的任何人，一般认为，他们的此项权利最易受到侵害。

保护青少年实现他们的各项权利是青少年社会工作的核心内容，这包括对青少年本身的权利义务教育，也包括通过多种形式面向社会维护青少年的权益。

二　青少年的发展

发展是青少年的本质，促进青少年健康发展是青少年社会工作的核心任务。

1. 青少年的发展是一个各方面相互影响的动态过程

青少年时期是人发展的不同阶段中非常重要的一个阶段，也是非常特别的一个阶段。在这个阶段，青少年的发展不仅有量的积累，而且随时可能发生质的变化，这种质变和量变的统一是人生中其他发展阶段所没有的。人的发展是一个非常复杂的过程，因为成长与变化会出现在各个不同的方面，我们权且把它简单地分为生理、认知、人格和社会的发展。这几个方面其实不能够被清楚地区分开来，一个方面的发展会影响其他方面的发展。生理的发展主要指身高、体重、动作能力的变化，脑部发展以及和健康有关的一切身体的发展，生理发展会对人格和智能产生重大影响。认知的发展指人的学习、记忆、分析、思考、语言等心理能力随着时间变化而变化，并且和个人的情绪、动作有密切的关系。人格和社会的发展指我们处理外界事物、与人相处的独特方式的发展。青少年的发展是一个全面的过程，生理发展往往是显性的、可以看得见的，而心理的发展、社会的发展往往是潜移默化的，是不易被察觉的。成人社会容易过多地关注青少年的生理发展，而忽略其社会、心理等方面的变化。

2. 青少年是发展的主体

青少年是发展的主体是青少年社会工作最基础的价值理念。因为青少年是正在成长发展中的人，在整个发展过程中，成人社会，特别是父母和教师担负着重要的辅导与引领任务，他们在青少年成长过程中发挥着重要的作用；同时处于社会化进程中的青少年，需要学习社会规则，接受社会文化，学习、充当社会角色，特别需要学会在遵从团体规则的前提下适当发挥个性。所以青少年发展成长的过程，同时也是学习社会文化、被社会规则约束的过程，因此，在很长的历史阶段，青少年会被当作被约束、被塑造甚至被改造的客体。随着社会的发展，特别是以人为本的社会理念的普及，越来越多的人认识到，青少年是自我发展的主体，需要的不是成人的塑造，而是辅导和引领，这是青少年社会工作的基础理念。

3. 青少年的发展存在差异和发展异常的可能

人的发展是有阶段性的，可以划分为不同的时期。每个发展阶段都有其特点和主要的发展任务；另外，人的发展是有规律的，是可以预测到将要遇到的问题和发展的趋势的。我们看到，青少年的发展是有顺序、有方向的，是一种前进式的发展，发展是连续性与阶段性的统一。对每一个青少年个体来说，发展都意味着个体功能不断增加、适应社会的能力不断增强。但同时我们也看到，青少年在发展上的个体差异非常大，发展的速度因人而异，发展的结果也不尽相同。而且，人在发展过程中可能会遇到各种各样的问题，随时会受到各种不同因素的影响而发生障碍。青少年的发展兼有稳定和不稳定的状态，一方面，这个阶段的发展有许多共通之处，另一方面又有很大的变异的可能。对每个青少年来说，都有正常发展的可能性，但也有受到多种因素影响、走向畸形发展的可能。

第四节　关于青少年观

一　青少年观

1. 什么是青少年观

青少年观问题是一个关于青少年的社会定位的问题，它是对青少年群体和每一个青少年个体社会本质的认识。首先，是对青少年群体的基本认识，即如何认识青少年在社会中所处的地位，青少年的社会本质、社会价值，青少年的社会作用，等等；其次，是对青少年个体的认识，即怎样看待每一个青少年的本质，如何认识青少年的主动性和多样性，等等。

不同的青少年观反映了社会对青少年的不同认识，同时青少年观也决定了我们在对待青少年时的不同态度和行为倾向性。青少年观是全社会一切涉及青少年事务工作的出发点，决定着青少年工作者职业行为的性质。

2. 传统青少年观的特征

传统社会中，青少年在社会结构和社会意识里都处于一种附属地位。在中国传统社会中，“父为子纲”，家庭中年长的男性才具有权威，家庭中的决策和管理一般与青少年无关。青少年在家庭中甚至不被当作独立的个体，而被认为是家庭的财产、父母的私有物品。青少年的发展方向完全由其父母来决定，人生中的重大事件的决定甚至完全听命于父母。而依据传统伦理而来的青少年的社会地位同样表现出明显的附属性，青少年的权利不被重视，社会价值也得不到肯定，在社会决策和社会管理中的参与程度都非常低。

3. 当代中国社会的青少年观

当代中国的青少年观呈现出多元化的趋势，各种青少年观相互冲突、融合，向多极发展，包容性增强。一种传统的青少年观认为，青少年是某种需要我们去认识、去发动的社会客体，这种青少年观承认青少年群体的存在，认识到青少年群体特定的社会价值，意识到青少年群体在社会发展、社会运行中的重要作用，特别把青少年作为无产阶级事业体系中的一个重要环节来对待。另外一种有代表性的青少年观，可称为权利观，这种青少年观把青少年看作活生生的能动的主体，认为青少年是我们社会生活的重要的、不可或缺的组成部分，青少年的社会价值应得到充分的承认，青少年的权利应得到尊重，青少年的需要也应该得到满足。这种青少年观不仅仅把青少年看作组成社会的一个群体，更多的是从青少年个体的角度出发来考虑青少年的需要、权利等问题。

4. 社会工作中的青少年观

社会工作中的青少年观是一种以青少年为本的青少年观。一切为了青少年，一切从青少年出发。其主要价值包括以下几点。

相信每一个青少年都有与生俱来的价值、尊严和权利。

每一个青少年都有区别于其他青少年以及任何成年人的独特个性，其独特性应该受到承认和尊重。

每一个青少年都有着和成年人相同的人类需要，这种需要有权利得到满足，同时青少年也有不同于成年人的需要，这些需要也有权利得到满足。另外，青少年之间是有差异的，需要也是有所不同的，我们应该尊重这种有差异的需要。

青少年有无限发展的潜力，我们应该帮助其最大化地实现自己的潜力。

同任何一个成年人一样，人性有软弱的一面，每一个青少年都有自己的局限性，都需要帮助，都有接受别人的帮助的权利，这种接受帮助的权利必须得到尊重。

在享有接受帮助的权利的同时，青少年也有帮助他人的义务。

人与人是相互影响、相互依赖的，每一个青少年都必须向他人和社会负责。

社会有义务去关注每个青少年的发展，有责任保证每个青少年都有机会使用各种社会资源以满足其基本需要。

二 我国历代领导人的青少年观

1. 毛泽东同志的青少年观

第一代领导人毛泽东同志曾深刻地阐述了青年在革命和建设中的地位和作用，明确指出了青年的先锋和桥梁作用，论证了青年的未来性本质。毛泽东同志在莫斯科会见我国留学生、实习生时指出，“世界是你们的，也是我们的，但归根结底是你们的。你们青年人朝气蓬勃，正在兴旺时期，好像早晨八九点钟的太阳。希望寄托在你们身上”①。把伟大祖国寄托在青年身上，希望青年们把自己锻炼成祖国积极的、自觉的保卫者和建设者。后来，毛泽东同志又明确指出，“无论工厂、农村、军队、学校的革命事业，没有青年就不能胜利”②。

毛泽东同志还较多地论述了青年的特点和需要，给了我们一个观察青年问题的视角。他指出，“青年是整个社会力量中的一部分最积极最有生气的力量。他们最肯学习，最少保守思想，在社会主义时代尤其是这样。希望各地的党组织，协同青年团组织，注意研究如何特别发挥青年人的力量，不要将他们一般看待，抹杀了他们的特点”③。他还专门写了《青年团的工作要照顾青年的特点》一文，强调要兼顾青年的学习、工作和休息、娱乐两个方面，指出要关心青年的特殊需要，如学习、娱乐、恋爱、婚姻等，在社会发展进程中认识青年的地位和作用是青年工作者必须牢记的原则。

2. 邓小平同志的青少年观

第二代领导人邓小平同志认为，青年是我们事业的希望，他鲜明地提出了社会对待青年的态度问题。早在党的第八次全国代表大会上，他就高瞻远瞩地指出，“青年——是我们的未来，我们的一切事业的继承者”④。他十分重视青年的历史作用，1957 年，在中国新民主主义青年团第三次全国代表大会上，他热情地赞扬：“在过去长期的革命斗争和近年来的建设工作中，中国青年已经有了良

---

① 《毛泽东在苏联的言论》，北京：人民日报出版社，1957，第 14 页。

② 《毛泽东文集》第六卷，北京：人民出版社，1999，第 276 页。

③ 《毛泽东文集》第六卷，北京：人民出版社，1999，第 466 页。

④ 《邓小平文选》第一卷，北京：人民出版社，1994，第 254 页。

好的表现。他们不怕牺牲，不怕困难，不怕吃苦，热爱劳动，遵守纪律。”① 进入20世纪90年代，他更是反复强调，关心青年即关心未来，要“帮助培养，让更多的年轻人成长起来。他们成长起来，我们就放心了”。为此，他要求各级领导都要充分信任青年、帮助青年、赢得青年，“我们说党的基本路线要管一百年，要长治久安，就要靠这一条。真正关系到大局的是这个事”。早在60年代初，邓小平就强调要大力培养和提拔青年干部，呼吁“要重视二十几岁、三十几岁的年轻人”，“现在再不重视培养提拔年轻人就晚了，到了我们这个年纪就不行了”。邓小平认为，青年人如果没有理性思维，就不可能走向成熟。因此，他谆谆告诫青年，要努力学习理论，“不注意学习，容易陷入庸俗的事务主义中去。不注意学习，忙于事务，思想就容易庸俗化。如果说要变质，那末思想的庸俗化就是一个危险的起点”②。

3. 江泽民同志的青少年观

第三代领导人江泽民同志对青年发展主体性和社会性的关系做了辩证分析，多次论证了青年自身的发展与祖国、民族的发展之间的辩证关系，同时江泽民同志还对青年的创造性和生命力本质做了深刻阐述。在北京大学百年校庆上，他向当代中国青年提出了“坚持四个统一”的要求，即“坚持学习科学文化与加强思想修养的统一，坚持学习书本知识与投身社会实践的统一，坚持实现自身价值与服务祖国人民的统一，坚持树立远大理想与进行艰苦奋斗的统一”。只有这样，才能真正成为跨世纪的一代新人。

在建团80周年的纪念大会上，江泽民同志向青年提出了六点希望：希望青年们树立远大理想；希望青年们坚持发奋学习；希望青年们注重锤炼品德；希望青年们不断开阔视野；希望青年们勇于进取创新；希望青年们始终艰苦奋斗。

4. 胡锦涛同志的青少年观

第四代领导人胡锦涛同志认为，青少年是社会中一个正在成长的群体，他们求知欲强，可塑性也强，容易受到社会环境的影响，需要社会对他们的健康成长给予特殊保护。他认为，一个有远见的民族，总是把关注的目光投向青年；一个有远见的政党，总是把青年看作推动历史发展和社会前进的重要力量。我们的民族就是这样的民族，我们的党就是这样的党。

2007年5月4日，胡锦涛致信中国青年群英会。信中指出，青年是祖国的

---

① 《邓小平文选》第一卷，北京：人民出版社，1994，第278页。

② 《邓小平文选》第一卷，北京：人民出版社，1994，第316页。

未来、民族的希望。全面建设小康社会、加快推进社会主义现代化的历史任务需要青年们奋勇承担，中华民族伟大复兴的光明前景需要青年们奋力开创。希望全国的广大团员和各族青年牢记党和人民的重托，自觉担负起时代的重任，以英雄模范为榜样，努力成为理想远大、信念坚定的新一代，品德高尚、意志顽强的新一代，视野开阔、知识丰富的新一代，开拓进取、艰苦创业的新一代，让青春在建设中国特色社会主义的伟大事业中焕发出更加绚丽的光彩！

5. 习近平同志的青少年观

新一代领导核心习近平同志持续关注着我国青少年群体的成长发展，他坚信中华民族的伟大复兴终将在广大青年的接力奋斗中变为现实。他认为，为实现中华民族伟大复兴的中国梦而奋斗，是中国青年运动的时代主题，青年一代有理想、有担当，国家就有前途，民族就有希望；广大青年一定要坚定理想信念，练就过硬本领，勇于创新创造，矢志艰苦奋斗，只有树立高远的志向，把个人的奋斗与国家的前途、民族的命运、人民的幸福结合在一起，才能在实现中国梦的伟大实践中创造自己的出彩人生。

2014 年 5 月 4 日，习近平在北京大学同师生代表座谈时，对当代大学生提出“勤学、修德、明辨、笃实”的“八字真经”，他指出，青年的价值取向决定了未来整个社会的价值取向，而青年又处在价值观形成和确立的时期，这对于当代广大青少年树立和培育社会主义核心价值观具有十分重要的意义。他认为，广大青年要做奋进者、开拓者、奉献者，人生的扣子从一开始就要扣好。2015 年 7 月 24 日，习近平总书记在向全国青联十二届全委会和全国学联二十六大发来的贺信中提出，当代中国青年要在感悟时代、紧跟时代中珍惜韶华，自觉按照党和人民的要求锤炼自己、提高自己，做到志存高远、德才并重、情理兼修、勇于开拓，在火热的青春中放飞人生梦想，在拼搏的青春中成就事业华章。

2016 年 12 月 7 ~ 8 日，习近平出席全国高校思想政治工作会议并发表重要讲话。他强调，高校思想政治工作关系到高校培养什么样的人、如何培养人以及为谁培养人这个根本问题。要坚持把立德树人作为中心环节，把思想政治工作贯穿教育教学全过程，实现全程育人、全方位育人，努力开创我国高等教育事业发展新局面。他强调，要教育引导学生正确认识世界和中国发展大势，从我们党探索中国特色社会主义伟大实践中，认识和把握人类社会发展的历史必然性，认识和把握中国特色社会主义的历史必然性，不断树立为共产主义远大理想和中国特色社会主义共同理想而奋斗的信念和信心；正确认识中国特色和国际比较，全面客观认识当代中国、看待外部世界；正确认识时代责任和历史使命，用中国梦激扬青春梦，为学生点亮理想的灯、照亮前行的路，激励学生自觉把个人的理想追求融入国家和民族的事业中，勇做走在时代前列的奋进者、开拓者；正确认识远大抱负和脚踏实地，珍惜韶华、脚踏实地，把远大抱负落实到实际行动中，让勤奋学习成为青春飞扬的动力，让增长本领成为青春搏击的能量。

第二章　青少年社会工作概述

第一节　青少年社会工作的概念

一　关于社会工作

理解青少年社会工作，首先要理解社会工作。社会工作是一个助人的专业，它的本质是助人自助，它有着自己的一套助人程序，通过运用专业的理论、方法和技巧，发掘人类的潜能，动用各种社会资源来协调人与人之间、人与社会之间的关系，使得个人与社会达到良好的适应状态。对社会工作下一个确切的定义并非易事，不同的人对它都可以有不同的理解。对各种不同的定义，我们可以做如下区分。

1. 学科说

很大一部分的定义是从学科的角度来解释社会工作的。一般认为，社会工作是一门学科，它是一门专门研究、探讨有关帮助人群、调整生活关系、解决社会问题的学科。作为一门学科，就必须强调系统化的理论基础、严格的工作方法和程序。但是，尽管社会工作发展了一百多年，到今天为止，它的理论还不是很成体系。确切地说，它还没有自己的理论，更多的是借用其他学科的理论，比如社会学、心理学、教育学和哲学等。因此，使社会工作成为一门真正的学科，一整套理论的建设是必需的。

2. 专业说

我们常常听到，社会工作是一门专业，它通过一批受过专业训练的人，运用专业化的方法，并辅之以专业化的评估体系，来帮助个人和家庭、群体和社区。说它是专业，就要具有它自己的一套系统的理论体系，没有自己的理论不可能成为一个专业；同时这个专业要被社会所认可，大家公认其是专业；从事这个行业的人士具有其自己的专业权威；同时这些专业人士内部有一套的伦理守则，包括有类似行业协会的限制；本专业有自己的专业文化。社会工作在一些发达国家已经具备了专业的特质，但是在我国还不能成为一个专业。

3. 制度说

另一种认识则认为，社会工作是一种福利制度安排，这通常有三种理解：一是社会工作包含社会福利、社会保险、社会保障等，社会工作等同于公共福利；二是社会工作与社会福利、社会保险、社会保障同属于公共福利的一部分；三是社会工作是社会福利的一部分，并且仅仅是社会福利的发送体系的一个环节。从这个角度看社会工作，就要具体地去考察具体国家的福利制度、社会公共政策等相关内容，政府的作用在这里也相当重要。

4. 方法说

社会工作是一种方法，这种方法是专门协助个人、家庭、团体及社区，解决其问题，协调其关系，维护个人与社会的和谐。一般认为，社会工作有三大方法：个案、小组、社区工作。但还有一种观点，认为有五种工作方法，除了以上三种经典方法外，还包括社会工作行政和社会工作研究。社会工作就是针对不同对象的不同问题，运用不同的方法来解决。

5. 过程说

社会工作是一种过程，是社会工作者所从事的专业服务以及改进个人的社会服务和社区福利的各种过程。在这个过程中，社会工作者的角色是协助个人发掘其自身潜能，帮助个人、家庭、团体和社区运用社会资源来实现自己的福利。社会工作者与其所帮助的对象在整个过程中是一种互动的关系，双方互为主、客体。

通过这些对社会工作不同角度的认识，我们可以发现社会工作的一个重要特质，就是社会工作的多层面性。社会工作，不仅仅是一门学科，也不仅仅是一种制度，更不能说是单纯的助人的方法。它既是一门学科，又是一种制度，同时又是助人的方法，是一门专业。它有自己的理论基础，同时又带有明显的实践倾向。它既可能是政府福利制度的一个组成部分，又可能是民间的一种内生力量。它不但需要系统、抽象、有逻辑的理论系统，而且需要社会工作者具备艺术性的、创造性的对人无条件的关注及对生活、生命的无限的激情与热爱。社会工作本身就是一个矛盾体，它是一个复杂的、多层次的、全方位的、交叉式的、立体式的、整合的系统。

二 青少年社会工作的含义

1. 青少年社会工作的定义

青少年社会工作是社会工作的一个重要的领域，是面向青少年的社会工作。其定义可以根据不同的侧重点有不同的界定。

青少年社会工作是一门旨在帮助青少年的专业，它以青少年为主要工作对象，工作的主要内容为：学业辅导、生活辅导、职业培训和职业介绍、心理咨询、婚前教育与婚姻介绍、休闲服务、矫治服务等。这是根据青少年社会工作的内容来定义的。由于青少年群体自身的一些特征，青少年社会工作的重点与针对其他群体的社会工作是有所不同的。无论是学业辅导，还是职业培训、休闲服务，我们都可以看出其中“教”的特点。虽然“教”的特点在社会工作理论界是有争议的，但是由于青少年正处在一个从儿童转变为一个成年人，从初级社会群体中走出，走向更为广阔社会的过渡期，他们虽然有了一定的独立生存的基础，但是在面对这个复杂社会时，还显得很不成熟，他们需要其他社会成员给予他们必要的支持，把社会积累的经验传承给他们，所以“教”是必要的，也是必然的。但是“教”的方式方法是有所不同的。青少年社会工作的理念是要以青少年为本，一切从青少年的需要和利益出发，以青少年为主导，青少年工作者的作用仅仅在于陪伴、辅助、提供资源，充分地发掘青少年自身的潜力，促成其成长。

不仅青少年社会工作的内容与其他领域的社会工作不同，其工作过程与工作对象也具有独特性。从青少年社会工作的工作过程与青少年的特征来看，青少年社会工作是指：根据青少年的生理和心理状态、兴趣倾向、特长爱好、家庭背景以及智力等实际情况，予以个别或集体的辅导，使其获得正常的发展，并启发其个别的才能与志趣，使其健康发展，以贡献社会和国家。这个定义相当程度地强调了青少年的独特性，体现了社会工作的个别化的原则。青少年作为一个群体，区别于其他任何一个群体，这个群体有其自身的特点。根据青少年的共同特征，我们可以给予青少年一种集体的服务与辅导。同时青少年群体内部的差异性也不能够忽视，每个青少年个体都是不同的，他们有着不同的成长经历、不同的家庭背景、不同的心理趋向、不同的兴趣爱好。同一年龄阶段的不同青少年，可能有着极其相似的行为模式，但是也可能有着近乎相反的行为模式，我们要充分考虑每个服务对象的个别性，有针对性地开展服务，这样才能真正做到发掘其潜力。

青少年社会工作，归根结底是以全体青少年为工作对象，以科学的、专业的服务方法为手段，解决青少年问题，以促进其全面发展，进而促进社会和谐发展为目的的社会工作。首先，青少年社会工作的工作对象必须是青少年，有时可能是全社会的所有的青少年，有时可能是青少年群体中特定一些人，比如青少年中有特殊困难、特殊要求的人，或者是在其成长过程中出现了发展障碍或偏差的人。其次，青少年社会工作区别于其他面向青少年的服务的一个最重要的特征就是，青少年社会工作运用了社会工作的科学的、专业的理论、方法和技巧，它是从社会工作的专业角度来为青少年服务的。最后，青少年社会工作的目标是非常明确的，那就是要发掘青少年的潜力，促成其全面发展，增强其社会适应能力。

2. 青少年社会工作的内涵与外延

青少年社会工作的内涵与外延可以分为广义和狭义两种。狭义的青少年社会工作是一种事后补救性工作，或者称为消极性的青少年社会工作，它以全体青少年，特别是发展方向上有偏差、发展道路上有障碍的青少年为自己的工作对象，通过多种服务手段和方法，来帮助青少年，矫治、纠正他们发展方向上的偏差，扫清他们在发展道路上的障碍，以促进青少年全面和健康成长。狭义的青少年社会工作主要体现了一种“教”和“治”的思维，针对的也是“问题”青少年。这种模式主要出现在20世纪以前，在青少年社会工作发展的早期体现得较为明显。

广义的青少年工作是指社会的方方面面，特别是国家和地方政府为促进青少年生理、心理、社会适应等各个方面健康成长和全面发展所采取的一切措施。它的工作对象指向所有的青少年，不仅仅是有“问题”的。在内容上包括文教、卫生、医疗、保健、体育、娱乐、社区、家庭服务、职业辅导介绍、婚姻服务、青少年权益保护等，涵盖了能增进青少年健全发展的各项措施。

如果说狭义的青少年社会工作更多地带有“治疗”、“补救”色彩，那么，广义的青少年社会工作则更多地带有“预防”和“发展”的色彩。这种青少年社会工作不是以“问题”为导向的，而是以青少年本身作为出发点，一切以青少年为本，一切以青少年为中心，着眼于青少年的自身需要。广义的青少年社会工作不是以“解决问题”为目标的，它的目标与整个社会的目标体系一致，已经整合到整个社会的目标体系之中，与社会整体目标融合在一起。所以，广义的青少年社会工作有不少是以国家社会政策的形式，甚至是以法律的形式固定下来。从操作层面看，可能是直接由国家的一个独立的政府部门执行一系列体系化的社会政策和法律法规，也可能是由社会上的民间化的独立部门来执行。这种制度化的工作方法，使得我们的社会系统可以从更加长远的角度来防范、治理危害青少年发展的因素，预防青少年免于遭受可能受到的伤害，有力地保障青少年的发展。

广义的青少年社会工作虽然是系统化的、整体性的，但在它的工作过程中也体现了一种“个别化”的指导思想。它的目标是深入细化到社会中的每一个青少年的，是以促进社会中的每一个青少年的潜力发掘、全面发展为工作目标的。它的理念也体现了这种“个别化”的原则，它不但承认青少年群体的一致性，而且还看到了青少年个体的独特性，并且尊重、承认这种独特性。在工作过程中，更是以这种“个别化”的思维模式为主线。

当然，广义和狭义的青少年社会工作并不能绝对地区分清楚，我们可以看到，随着社会的发展进步，社会对青少年的需求、权利和福利的重视程度在不断提高，狭义的青少年社会工作越来越向广义的青少年社会工作方向发展。青少年社会工作也越来越与国家的福利制度、社会政策、法律法规整合为一体。现代社会的青少年社会工作一般都可以理解为广义上的青少年社会工作，这是一种积极的青少年社会工作。

三 青少年社会工作的层次结构

现代青少年社会工作是社会系统中福利子系统的一个次级系统，因此，它本身也是一个系统，具备系统所特有的层次结构。青少年社会工作的层次结构大概可以分为三个层面：宏观、中观、微观。

1. 宏观青少年工作

宏观青少年社会工作主要是指在一切与青少年相关的国家行政体系或者社会民间机构中，处于较高的行政等级上的，掌握大量经济、社会、文化资源的工作人员，所从事的制定、修改关于促进青少年整体福利和青少年个人潜力发展的政策法规，以及把这些政策法规变成系统整体的针对青少年的服务设计，同时对整个青少年福利系统运行实施管理和监督的一系列的工作过程。宏观青少年社会工作的工作平台是建立在一个整体的制度层面上的，它将一切关于青少年的社会政策转变为以青少年为服务对象的福利服务，从而实现社会的整体目标。它通过动员广泛的各种社会资源来为青少年福利服务机构提供政策和资源上的支持，通过收集了解各种社会信息以及社会福利服务的效果，从而对制定和修改福利政策进行反馈。这种宏观青少年社会工作对政策实施负有责任，掌握社会资源的分配权和社会政策的制定过程，有时与社会行政及相关政治活动有较强的相关性，这个层面一般不直接提供面向广大青少年的福利服务。

宏观层面上的青少年社会工作在现代国家里有着越来越重要的不可替代的功能。它可以筹集动员各种社会资源为青少年福利服务所用，处于行政较高层面上的工作人员，可以运用资源影响社会政策，促进各个具体实施福利服务的机构部门之间协调一致，建立一种支持性的网络，同时建立内部的管理制度，帮助其制定工作计划，监督其实施的效果，并为政策制定提供反馈。

2. 微观青少年社会工作

微观的青少年社会工作指直接面向青少年提供的各种福利服务。微观层面的青少年社会工作是建立于社会工作技术层次上的，强调社会工作的各种手法、技巧和理念，通过运用专业社会工作的理论、方法和价值观，为广大的青少年群体或者个人提供预防、发展或者矫治性质的服务，以促使青少年潜力的发掘、社会适应功能的提高及其全面的发展。就方法来说，有个案青少年工作、团体青少年工作、社区青少年工作和整合的青少年社会工作；就内容来说，有青少年学业辅导、生活辅导、心理辅导、职业辅导、婚姻家庭教育、休闲服务和矫治工作；就工作性质来说，可以分为发展性的青少年社会工作、预防性的青少年社会工作、治疗性的青少年社会工作以及矫正性的青少年社会工作。微观青少年社会工作是最直接与我们的服务对象接触的层面，这个层面在实际操作上有很多需要学习和掌握的理论、方法和技巧，并且需要及时地把在实施服务中所遇到的问题和困难反馈到更高层次的系统中去。

3. 中观青少年社会工作

连接宏观青少年社会工作与微观青少年社会工作的就是中观的青少年社会工作。我们很难清楚地指出这三者的明确界限，但是可以笼统地划分出中观的青少年社会工作层面。这个层面主要是介于青少年福利政策的制定与福利服务提供之间的环节，这个环节联系、协调、统一宏观层面与微观层面，是联结两者的桥梁。

宏观、微观、中观的青少年社会工作三个层面没有绝对的界限，三个层面相互联系、相互影响，它们共同组成了青少年社会工作的整体体系。

第二节　青少年社会工作的要素

与社会工作的概念一样，青少年社会工作的内涵也是非常丰富的，不同角度、不同层面、不同视野，对青少年社会工作的理解是非常不同的，但是我们可以发现其中一些共性，几乎所有对青少年社会工作的理解中都包括以下几个要素。

一　青少年社会工作的对象

1. 对社会工作对象的认识

我们知道，社会工作有自己的特定服务对象，社会工作的范围不同，对其服务对象的界定也就不同。广义的社会工作，是一种促进全人类的全面发展、潜力发掘和促进社会进步的活动，这种理解下的社会工作的服务对象就是全人类，只要他享有人之为人的权利，他就享有接受社会工作者帮助的权利。这是广义理解下的社会工作服务对象。如果把社会工作定义为接受过专业训练的社会工作人员，以专业的价值观为指导，运用专业的社会工作理论和方法，来帮助在社会适应中遇到困难的个人、家庭和群体，通过发掘其自身潜力以及动员社会资源，使其摆脱当前的困境，增强其社会适应能力，从而促进社会福利，这种定义下的社会工作对象就是指在社会生活中，遇到了一些社会适应上的困扰和障碍，发展受到阻碍的个人、家庭和群体。实际上，在这个现代社会中，每个人在社会生活中可能遇到的风险都要比传统社会多。任何人在社会生活中，都有可能遇到各种各样的困难阻碍其正常的社会功能的发挥，这种境遇中的个人或者组织，不是其社会适应功能丧失了，而只是其社会功能在这种特殊的情境中发挥适应功能受到了阻碍，社会工作者的责任在于帮助处于这种情境中的个人或者组织恢复其社会适应能力。只要是生活在现代社会中的个人和组织，都有可能成为社会工作的对象，而那些陷于困难境地中的个人和组织则成为事实上的社会工作的工作对象。在社会工作发展的早期阶段，社会工作的对象被认为是有“问题”的个人或者社会组织。社会工作的责任在于帮助这些个人和组织解决问题，使其由“非常态”转变为“常态”。在这种理念指引下的社会工作，是一种“病理型”的社会工作，带有明显的“医疗”模式特征。接受社会工作服务的人常常会带有一种“羞耻感”、“负罪感”。这种观念随着社会的不断前进，已经逐渐在社会工作界退出历史舞台。但是到现今为止，还是有很多服务对象在接受社会工作的服务时带有一种“不体面”的感觉。这种在接受社会工作福利服务时，服务对象所表现出的“羞耻感”，与在一些落后的国家和地区公民权意识还没有普遍生根有关系。接受社会工作福利服务，不是在接受一种“施舍”或者“恩赐”，而是在享有作为一个普通公民所应该享有的基本权利，任何一个公民都享有这种接受帮助的权利。另外，服务对象在接受服务时有这种“不体面”的感觉，与社会工作者的工作理念和方法都有很大的关系。早期的社会工作者常常以权威者的角色出现在工作对象的面前，在提供专业理论知识和福利资源来帮助工作对象的同时，形成了一种对工作对象自身潜力发挥的压制，使对象成为工作的客体，被动地接受帮助，工作对象的主观能动性和主体性地位受到了严重的压抑。新的社会工作理念正在逐步地摆脱这种专家角色，社会工作者不再以一种权威者的角色出现，而开始关注社会工作人员与服务对象之间的互动关系，两者之间不再有客体和主体之分，而是互为主客体。社会工作者不是站在一个高高在上的位置试图给予服务对象某种资源，而是与服务对象站在同一个位置上，从服务对象的角度出发，考察其所处的位置，引导其发掘自身潜力和周围可能动用的一切社会资源，使服务对象自己帮助自己解决问题。而且，在服务对象解决当前问题的同时，也帮助其增强面对类似问题的能力，从而促进其社会适应能力的提高，使其更好地适应社会变迁。

2. 青少年社会工作对象的含义

作为社会工作的一个重要组成部分，青少年社会工作服务对象的范围演变也经历了以上过程，从早期聚焦于“问题”青少年，向为社会全体青少年提供福利服务转变。这种接受服务群体的范围的扩展，标志着一个社会的文明的发展速度和进程。很明显，青少年社会工作的对象指向全体社会青少年。这种规定有着深刻的内涵。

第一，青少年社会工作一个基本前提就是认为每个青少年都有与成年人一样的平等权利，青少年之间也应该是平等的，每个人都有自己的无限潜力，同时也有自己的不可能超越的局限性，人性的软弱性存在于任何一个人身上，所以每个人都有接受帮助的权利，青少年当然也有接受帮助的权利。另外，也应该看到，青少年群体作为一个整体，既具有许多其他群体不具有的优势，也同时具有许多其他群体可能没有的弱点。这些青少年所独具的特征要求社会给予青少年特别的帮助，接受这种帮助是每一个青少年理所当然享有的权利。

第二，青少年社会工作就是面对社会所有青少年，特别针对有特殊需要的青少年。青少年社会工作的一个基本假设就是每个青少年都是不同的，都有其独特价值，其独特性应该受到尊重。青少年有共同的需要，同时也有自己不同于他人的特殊需要，这种特殊需要也应该得到满足。青少年社会工作对青少年的这种特殊需要是非常重视的，并且以这种特殊需要作为工作的着眼点，对那些处于特殊境地的青少年给予特殊的帮助。

第三，青少年社会工作面向所有青少年，具体地说，是面向青少年所有的成长阶段。我们知道青少年实际上是一个非常不确切的概念，它是指从儿童到成人的过渡阶段，范围也是相当宽泛的。不同成长阶段可能遇见的问题是相当不同的。虽然一个 14 岁的中学生和一个 20 岁的大学生，都同属于青少年群体，但是他们所处的人生发展阶段非常不同，他们可能要面对的问题有巨大的差异。青少年社会工作不是为青少年某一个成长阶段提供服务，而是面向青少年群体所有的成长阶段提供尽可能全面的帮助与支持。

不同成长阶段的青少年所遇到的问题必然是不同的，青少年社会工作要面向青少年成长发展中所有可能遭遇的问题。这对青少年社会工作者无疑是一个巨大的挑战，如果作为社会工作者我们预设可以帮助青少年解决所有问题，那么我们必然会在实际工作中，遇到数不清的困难、挫折和打击。我们需要清楚地意识到，作为服务提供者，我们不能够全面预测可能发生的所有问题，更不可能提供给服务对象现成的解决问题的答案，青少年社会工作者能够做的和可能做的，是给予青年一种面对问题、处理问题的角度、方法和态度。

第四，青少年社会工作面向影响青少年发展的青少年自我及社会的所有因素。一切影响青少年发展的内在和外在的因素都是青少年社会工作的工作内容。向内，我们要挖掘青少年内心的无限潜能，帮助他们发掘自身潜力，学会动员自己的能量。我们要帮助青少年，让他们自己学会如何寻找自己周围的一切可以利用的资源，这些资源可能包括家人、朋友、同学、老师、学校、专业机构、媒体以及社会工作者，等等。帮助他们意识到他们不是孤立无援的，他们背后有许多可以利用的资源，当他们遇到困难时，他们有权利向这些可以利用的资源寻求帮助。向外，我们应该为青少年创造一个更好的利于他们成长和发展的生存空间，包括全球的可持续发展和环境问题，社会福利政策和法律法规的健全和完善，文化传统的延续和继承以及文明氛围的扩展。这些都是影响青少年成长的重要因素。

二　青少年社会工作的目标

1. 社会工作的目标体系

专业的社会工作有自己的目标体系，这个体系是分为不同层次的：社会工作的终极目标、社会工作的中间目标、社会工作的具体目标。

（1）社会工作的终极目标

社会工作的终极目标有两个指向：一是指向每个具体的人的内在的潜力的全面发挥，一是指向整个社会的和谐统一。终极目标就是我们通过专业实践希望达到的最理想的状态，是专业社会工作的价值观在实践领域的实现。专业社会工作的目标就是充分发掘人的潜能，促进其达致自我实现，使个人与社会达到良好的适应状态，整个社会朝着和谐统一的方向发展。终极目标有更多的理想的成分，不是每一次专业实践都可以达到的，但是终极目标是一个方向、一个理想，社会工作必须朝着这个方向去努力。

（2）社会工作的中间目标

社会工作的中间目标就是帮助服务对象恢复对生活、对自我的信心，提高服务对象的社会适应能力，使其在以后的生活中面对问题的态度向更有利的方向转换，帮助提高服务对象在遇到困难时勇于、善于解决问题的能力。中间目标比终极目标容易实现，也是在社会工作具体的工作过程中所力求达到的。

（3）社会工作的具体目标

社会工作的具体目标就是面对每一个具体的服务对象所需要解决的问题。我们对服务对象的帮助可能是直接的，也可能是间接的。具体的目标就是通过对服务对象的帮助，使其学会动用自身以及身边的各种社会资源。

社会工作这三个目标层次不是截然对立的，终极目标、中间目标和具体目标相互联系，是有机的统一体。在专业社会工作的实践过程中，这三个目标层次更是很难清楚地做出区分。

另外，在专业社会工作实践过程中，还有一种目标分层的方法，把社会工作目标分为两个层次：一是事工目标，一是过程目标。事工目标类似于具体目标，就是指具体的社会工作活动所要解决的具体问题，所要达到的具体的效果。过程目标就是通过这个实践活动可能给服务对象和服务对象所处的具体环境带来的种种良好方向的改善。这两个目标在具体的实践过程中是统一成一体来实现的。

2. 青少年社会工作的目标体系

作为社会工作的服务对象，青少年有明显的区别于其他服务对象群体的特征。这些特征要求青少年社会工作的目的性有突出指向。

青少年的一个本质特征就是他们的发展性。青少年社会工作明确的目标就是要激发青少年自我发展、自我成长的潜能，促进青少年全面健康地发展。发展，可以理解为一种变化，这种变化是一种正向的、前进的变化。可能是事物从小到大、从简单到复杂、从低级到高级的一种变化。人的发展的是多层面的，有身体的发展、心理的发展，还有社会适应方面的发展。在青少年阶段，这种发展的进程是突飞猛进的，带有质变的特征，同时青少年自身蕴涵了巨大的发展的潜质。这些都要求在青少年社会工作过程中，最大限度地发掘青少年身上的潜力，最大限度地激发他们的发展，通过多种形式的服务，促进他们的全面健康发展，帮助他们朝着自我实现的方向去努力。

我们知道，青少年社会工作经常面对的服务对象可能是一些在社会上没有被充分认可、在市场上缺乏价值感、个人人格体系可能有不同程度混乱的青少年，比如城市边缘青少年、少女妈妈、滥用麻醉品的青少年，等等。面对这样的服务对象，青少年社会工作可能会遇到疑问：青少年社会工作的目标如何实现？如何帮助他们发现自身的潜力，不断成长？这确实是一个难题。因为传统社会的包容程度较低，对这些有行为偏差的青少年，社会的接纳程度本身就不高，帮助他们恢复社会功能，促进他们发展就更不是一件易事。正是由于这样的情境，青少年社会工作更加强调它的发展性目标。面对任何一个需要帮助的青少年，青少年社会工作的眼光都是放在他们的发展潜质上，青少年社会工作一切努力的出发点都是从寻找他们内在的动力出发的。

目标是指导行动的指南。有了目标，青少年社会工作才能更好地把握为青少年服务的方向和内容，有了目标，青少年社会工作也才能更加有效地为青少年服务。青少年社会工作目标的阐述是界定青少年社会工作概念的一个重要指标。

三　青少年社会工作运用的专业手段

1. 社会工作需要专业手段

社会工作之所以成为一个专业就是因为它运用专业的工作方法，有专业的理论，需要一批受过专业训练的人员等这样的专业手段。

（1）社会工作有自己的理论体系

社会工作有自己的理论体系，社会工作综合了哲学、社会学、心理学、教育学等一些基础学科的理论，形成了自己的理论体系。这包括社会工作具体方法的理论，如个案社会工作、团体社会工作、社区工作、社会行政等相关理论；社会工作不同领域的理论，如儿童福利工作、青少年社会工作、老年福利服务、学校社会工作、矫治社会工作等领域的理论；关于社会福利、社会政策和社会运行的理论，以及人类行为与社会环境的理论；等等。这些理论有的是直接从社会学、心理学、人类学、政治学、教育学以及精神医学外借来的，有些是在社会工作实施过程中根据实际工作经验所形成的工作模式和理论架构。在专业社会工作发展的过程中，这些理论已经形成一体，成为社会工作专业的奠基石。

（2）专业社会工作强调专业方法和技巧

专业社会工作强调自己的专业工作方法和技巧。传统的社会工作方法有个案社会工作、团体社会工作、社区社会工作、社会工作行政，现代的趋势是整合的社会工作方法。社会工作技术更为繁复，包括倾听的技术、觉察和解析的技术、沟通的技术、建立专业关系的技术、理性探讨的技术、激励的技术、创新的技术、调解的技术，等等。

（3）社会工作恪守特有的专业伦理

社会工作在理论和技术形成的过程中，也形成了一套专业社会工作的伦理守则：案主自决原则、保密原则、尊重案主原则、重视案主参与原则、非批判原则、非指导性原则、正常化原则、依靠案主力量原则、个别化原则，等等。这些伦理守则是对专业社会工作从业者的基本要求，是一个专业社会工作者必须遵守的从业规范。违背了这些规范，就违背了专业社会工作的宗旨。

（4）社会工作需要专业训练

专业社会工作要求这个行业的从业者必须是受过专业训练的人士。他们必须通过系统的学习，掌握社会工作专业的基本的理论、基础的社会工作知识，还要把理论学习与实践工作结合起来，掌握社会工作的基本方法和技巧，形成社会工作专业的价值观，并且能够把这些所有东西内化到个人的人格中去，在社会工作实践过程中自觉地运用个人的人格，帮助服务对象。专业训练过的社会工作人员，不仅要懂得如何处理某一类的社会问题，还要懂得如何选择不同的适当方法来解决多种类型的问题，更高层次的社会工作人员还要懂得如何设计各种方式方法来解决可能出现的各种问题。随着社会工作专业的发展，社会工作领域越来越重视人员的培训工作。

2. 青少年社会工作的专业手段

青少年社会工作具备普通社会工作的专业性，同时具有自身的特征。由于青少年作为一个群体，有区别于其他的任何一个群体的显著特征，青少年在成长和发展的过程中，有其固有的客观规律，这些规律是青少年社会工作的重要理论基础。青少年社会工作从业人员必须经过专业的培训，通过系统地学习有关青少年的各种理论和知识，来了解青少年群体的特征和他们成长的规律性，这些理论涉及心理学、社会学、生理卫生学、教育学等学科，特别是有关青年学的理论，以及正在形成的青少年社会工作的具体理论。青少年社会工作的从业者还要掌握关于青少年的各方面的知识，比如青少年生理变化的知识、青少年心理发展的知识、青少年人际交往的知识等。

青少年社会工作作为一个专业，有别于家庭生活照料和学校的知识传授，它是以调动青少年内在的发展潜能、辅导青少年自我发展，使之积极适应社会为主的专业工作。青少年社会工作者不仅要掌握青少年成长发展规律，还要具有专业社会工作的视角、理论和方法技巧，通过运用社会工作的专业理论、方法和技巧，配合所掌握的关于青少年的特征和发展规律，以青少年的内在需要为出发点，一切以青少年为本，充分地发掘青少年自身的潜力，使其朝着自我实现的方向去努力，帮助青少年学会运用自身的资源和社会上可以利用的一切资源，使青少年全面、健康地发展。社会工作专业的技能，如倾听的技术、个别化的原则、正常化的原则、尊重和接纳、非批判原则、非指导性原则等技能，在青少年社会工作中十分重要。

青少年社会工作者与传统的青少年工作者的一个很大区别在于青少年社会工作者运用社会工作的理念做指导。青少年社会工作者把这种面向青少年的工作作为一种服务来对待，在面对青少年的时候，社会工作者不是居高临下的专家、权威的角色定位，而是一种与青少年平等的、互动的关系。社会工作者试图给予青少年的不是一种指导，而是一种建议性、建设性的福利服务。青少年社会工作一般很少对青少年做出一种道德上的批判，更多的是给予他们所真正需要的帮助。所以，青少年社会工作需要既掌握青少年成长规律，又具有社会工作专业素养的经过系统培训的社会工作专业人员。

青少年社会工作是一种全面而广泛的社会工作，既有补救性的工作，又有预防性的工作；既有局部性的工作，又有全局性的工作；既有有形的工作，又有无形的工作。这些都需要特别的专业特质及专业技巧。不同层次、不同性质、不同范围的青少年社会工作需要的专业特质和专业技巧可能不同。对宏观的青少年社会工作，需要对青少年的福利政策、法律法规有相当的了解和掌握，以便于设计大架构的青少年福利服务，以及青少年政策的制定和修改。微观的青少年社会工作更多地需要社会工作实务的经验和技巧，来帮助青少年解决他们可能遇到的各种问题。专业的手段在整个青少年社会工作系统中占有重要的地位。

总之，青少年社会工作就是这样一个把青少年作为工作和服务的对象，通过运用关于青少年成长和发展的规律和社会工作专业的理念、理论、方法和技巧，来最大限度地发掘青少年的潜力，促进其全面健康发展，使其更好地适应社会生活的专业活动。

第三节　青少年社会工作的历史

一　青少年社会工作产生的背景

历史告诉我们，青少年的概念不是从来就有的，而是随着历史的发展，主要是随着资本主义生产关系的产生而产生的。青少年社会工作比青少年这个概念出现得还要晚，青少年社会工作是随着资本主义的迅猛发展和日趋成熟而产生的新事物。

1. 生产力的发展，特别是资本主义生产关系的形成是青少年社会工作产生的内因

生产力的发展是整个社会发展的最基础的动力。生产力发展带来的一个最直接后果就是分工的发展。整个社会越来越细化，行业分工越来越清楚，行业内部分工也越来越明显，各个领域都可以分化出更多的领域。各个领域间又有一些交叉性的领域也被分化出来。青少年社会工作就是从社会政策和社会福利领域、社会工作领域、教育领域、行政领域等分化出来的一个特别的工作领域。青少年社会工作隶属于社会工作，同时它又与一个国家的教育系统、行政体系和生产领域都有着密切的交叉关系。可以说，这正是生产力发展和分工细化的结果。

生产的发展到底是如何导致了青少年社会工作的产生呢？这种因果关系是一个复杂的过程。这其中有的推动作用是直接、鲜明的，由于生产的发展直接影响到了青少年，从而产生了青少年社会工作这个专业；有的推动力是间接的，是通过生产推动其他领域的转变，比如生产关系和社会关系，通过改变了的社会结构来推动青少年社会工作的产生；还有更为间接的影响，这就是改变了的社会关系和社会结构影响了身处于其中的个人，影响了人的诸多的观念和价值，从而需要有新的形式，来帮助人们面对这些突然而来的对人内在的挑战和冲击。总之，是因为纷繁复杂的社会的影响，青少年社会工作才得以产生并且发展。

生产的发展直接给青少年社会工作带来推动力。进入资本主义社会以后，生产力的发展引发整个社会的巨大变迁。整个资本主义的历史，可以被看作对生产发展无限追求的历史。没有哪一个社会比这个社会更渴望极限发展了。这种极限追求的表现在生产领域就是对生产效率的近乎苛刻的追求，对剩余价值的近乎贪婪的剥夺，对生产总量的一次又一次的突破。任何东西都被放在生产发展的天平上去衡量其价值，这种被赋予的价值是指向生产的价值，是这种东西能否带来剩余价值的评价体系。包括人本身也是作为生产的一个至关重要的要素而出现。人不再单单是人本身，而是成为一种能够带来巨大的剩余价值的资本，后来就干脆直接被称为人力资本。复杂多变的社会一下子有了一个轴心，所有的一切都围绕这个轴心紧密地旋转着。

首先，生产力的发展把青少年抛向了社会，青少年生存和发展问题日益突出。看看早期资本主义原始积累的历史就可以清楚，妇女和儿童是资本家赚取剩

余价值的最好的工具。女工和童工在恶劣的工作环境中，做着与成年男工相似的工作，可是工资却比男工低得多。许多天真的孩子因为整天超过15个小时的劳动而夭折。甚至妓女的年龄也日趋低龄化，雏妓问题凸显出来。越来越多的青少年成为社会生产的主力，而他们尚未完全成熟，还正处于一个迅速发展的阶段，他们有自己的诸多问题要去面对和处理，而同时又要为自己的生计而发愁，要成为一种生产力量为这个社会负担一定的责任。这些内在和外在的诸多矛盾必然引起他们的内在冲突，同时带来诸多的社会问题。

其次，青少年作为一个重要的社会群体，社会性发展的矛盾日趋尖锐。青少年的本质特征就是发展性。一是机体的发展，他们正处于一个身体变化急剧和迅猛的时期，他们需要更多的营养和休息才能使他们机体的发展更为健康。但是过早的社会生产劳动使得他们不但不能获得更多的营养和休息，甚至连一般人所需要的营养和休息都不能满足，这势必会使青少年的机体发展受到严重的阻碍，有的甚至可能呈现畸形的现象。二是心理和社会适应方面的发展。他们从原来的儿童心理要逐步发展为成人心理，从儿童的行为模式要逐步转化为成年人的行为模式，这种发展变化和转换需要一个渐进的过程。而青少年过早地参与了社会生产，使得他们要迅速从一个儿童状态转变为成年人状态，这种急速的变化给他们带来了更为复杂的心理状态和感受，给青少年带来更为强烈的内心冲突，这样，青少年的健康成长必然会受到影响。

再次，对生产力发展的强烈追求使得社会无暇顾及青少年的问题，青少年越来越缺少真正的关怀。疲惫的身体和充满了矛盾冲突的内心需要有一个途径来缓解，否则向内可能引发青少年的心理问题，向外可能导致青少年社会问题，比如青少年犯罪。这个缓解的途径过去可能借助家庭、宗教和教育，但是资本主义社会使得原来的家庭、宗教和教育本身运行已经出现了种种问题，它们已经不可能全部承担缓解青少年问题的责任了。这种情况下，青少年心理问题自然成为更为普遍的问题，一个突出的表现就是自杀现象屡见不鲜。而更为广泛的是一种外向的表现，这就是青少年犯罪。资本主义的发展带来了城市的快速崛起，青少年流浪团伙成为早期资本主义城市发展中重要的社会问题。城市需要治理，为了维护社会的稳定，必须着手解决以流浪青少年团伙为代表的青少年问题。

最后，除了生产力直接推动的发展以外，生产力通过推动社会关系的变化，而带来的间接的影响也是至关重要的。矛盾激化到一定程度，才会有解决问题的办法出现。当青少年问题成为一个社会问题、危及资本主义生产发展的时候，作为资本主义代表的国家必须出来解决问题，社会性的、政府行为层面上的指向青少年的工作才可能出现。可见，生产力的发展，特别是资本主义生产关系的形成是青少年社会工作产生的内因。

2. 社会关系的变化，特别是家庭结构和功能的变迁、青少年社会性的快速发展是青少年社会工作产生的关键因素

生产力的迅速发展推动了社会关系的变化。资本主义的社会化大生产的生产方式使得传统社会中人与人之间紧密的关系受到了冲击，人与人之间的关系变得简单直接，这就是赤裸裸的金钱关系。情感冷漠，关系疏松成为一种普遍的表现。政教分离以后，宗教对人们的约束作用变得更加松散，而原来建筑于首属群体之上的道德和规范体系，也因为首属群体关系的松散而变得更加的软弱无力了。虽然资本主义国家处心积虑建立起来的看似完整的法律体系在一定程度上缓解了这个问题，但是整个社会特别是在人的价值和精神领域中的失范问题越来越突出。

青少年正处于世界观、人生观和价值观形成之时，这些观念的形成过程本身就是一个混乱、冲突和矛盾的不稳定的过程。在过去的生活中，通过家庭、社区以及学校的影响，他们已经在不自觉的过程中接受了许多关于这个社会的价值规范和文化习俗。和其他群体相比，青少年对家庭的依赖更为突出。资本主义生产关系强烈冲击了原有的传统家庭结构，影响了包括文化传递在内的家庭功能。随着生产力发展，青少年越来越早地走入社会，价值观的冲突和新的冲击往往会使得青少年不知所措，感到前途一片迷茫，不知道如何来面对。

在传统社会中，文化和价值规范变化是比较缓慢的，文化传递也是有规则的，父辈的权威是绝对的。而现代社会，文化价值和社会规范的变动剧烈，社会的种种元素，特别是同辈群体的影响取代了父母，成为青少年社会潮流形成的动因。同时，传统社会的宗教和家庭会给人的价值文化冲突提供一个可靠的缓解途径，而现代社会宗教约束作用减弱了。家庭，这个最原始最基础的社会单位，正面临着前所未有的冲击。家庭中原有的紧密的经济联系松散了，它所承担的人类自身生产的功能也在削弱，家庭结构发生变化，核心家庭不断增加。原来依靠大家族的关系来解决青少年问题的可能性日趋减小。社会必须寻求一种社会性的方式解决青少年的问题。青少年社会工作在这些因素的影响下产生了。

3. 人的精神发展与追求是青少年社会工作产生的催化剂

随着社会生产力的发展，社会关系的变化，人的自我发展进入了新的阶段，这是青少年社会工作专业化的催化剂。随着物质生产的发展，人的精神需求的满足被提到了一个前所未有的位置，青少年被赋予了完整意义上的人的概念。青少

年的需求不再是简单的吃饱穿暖的物质性满足，精神发展和健康完善日益成为青少年发展的重要内容。传统的青少年工作模式，已经逐渐衰落，青少年工作的社会化、专业化，成为社会发展的必然。生产发展、社会变迁，使人们的观念发生着巨大的变化，权利观的普及挑战父辈权威，个性化的发展不仅带来了相应的社会问题，也影响着青少年自身的社会化进程，青少年自身的能动作用成为解决青少年发展问题的内在动因。所有这一切都表明，随着社会的发展进程，发展出一个专业的青少年社会工作体系已经成为时代的一种迫切要求。

二 青少年社会工作发展阶段

社会工作的发展是呈现阶段性的，青少年社会工作是在专业社会工作不断发展的过程中展开的一个特殊的领域。作为社会工作的重要的一部分，青少年社会工作的发展阶段与整个社会工作领域的发展有着密切的关系，同时，以青少年这个社会中特定的群体为服务对象的青少年社会工作，又有着与整个社会工作发展不同的特征。考察青少年社会工作的整个发展过程，在这个渐进的过程中，找出一些特别的规定性的东西来划分出不同的阶段，对我们更加清楚地认识青少年社会工作的概念有着重要的意义。当然这种阶段的划分是人为的、理想状态下的，在实际青少年社会工作发展过程中，我们很难清楚地去确定某一个具体的发展阶段。不同阶段之间有区别但更多是一种不能忽视的紧密联系，同一阶段其实又有不同的发展状态，不同的发展特征。根据青少年社会工作发展的背景和过程中呈现出来的一些特性，我们可以把整个青少年社会工作的发展分为以下三个阶段。

1. 以教育为主的前青少年社会工作时期

青少年这个概念不是从来就有的，而是社会发展到一个特定阶段之后，才真正作为社会众多群体中的一个而独立存在。以全体青少年为对象，旨在促进每一个青少年和青少年群体的全面发展、健康成长为目的的青少年社会工作，也是在社会的物质文明和精神文明发展到一定程度才产生发展起来的。在人类历史上，最初面向青少年的工作主要是教育——传递知识和技能。我们把这个阶段叫做以教育为主的前青少年工作时期。

“青少年”概念产生早期，其含义就是“受教育的阶段”。到了这一概念发展的中期，青少年仍然不是一个完整的社会性概念，青少年社会工作自然也不是完整意义上的专业概念。工业革命和资本主义的发展，使得生产力大大提高，同时人们对效率也陷入一种无穷尽的追逐游戏中。传统的生产和生活的经验在现代化的进程中失去了昔日的魅力，而青少年作为一个最有活力、最有创造力、最有生命力的群体，在整个工业化进程中显现出越来越重要的作用。这个时候，为了为社会生产培养出更多的补给力量，就需要对青少年进行培养教育，使他们掌握未来应对生活、参与社会生产所必需的知识、技术、信仰和价值。这个时期面向青少年的教育工作，并不是真正意义上的青少年社会工作，但是青少年的重要价值在这个时期已经开始得到了重视。

2. 以救济为主的混合青少年社会工作时期

随着资本主义的发展，生产力的迅速提高，一种奇怪的现象发生了，这就是社会中的物质财富和精神财富成倍增加，而贫困却成为一个难以根除的社会问题。社会中物质财富极其丰富，但同时也伴随着前所未有的匮乏感。财富越来越集中于一小部分人手中，而社会中的大多数人却处于一种物质匮乏状态中，并且这种物质的匮乏状态被社会中的大多数人清楚地意识到。一个社会问题之所以成为社会问题，除了这个问题本身涉及整个社会的利益，更为重要的原因是，这个问题一定是受到了一定程度的关注。贫困在资本主义发展的历史中成了一个社会问题。

对穷人来说，物质上的匮乏成为突出表现的问题，而精神产品上的匮乏虽然没有物质匮乏那样显著，但同样引起人们的注意。资本主义社会中，商品成为整个社会的中心，几乎自然界和人文社会中能够被挖掘出来加以加工改造的所有东西都能够成为商品，精神文化产品也成为商品，也要按照商品经济的客观规律来发展、运营。这样要享有精神文化产品就要像享有其他的诸如牛奶面包这样的物质产品一样，必须采用等价交换的方法，通过商品买卖进行交换。这就注定了在物质上匮乏的大多数人在精神文化产品的享有上也同样处于一种强烈的匮乏状态中。

物质和精神产品的双重匮乏正是资本主义社会不断前进的动力，每前进一步，又会产生新的匮乏，因此贫困问题成为一个难以解决的社会问题。而资本主义国家对过度的贫富分化也开始采取一些行动以保证公民最基本的生存所需要的物质和精神文化产品——政府主导的救济工作开始了。在这种早期的消极救济活动中，出现了一部分专门针对城市中出现的贫困青少年的活动，我们把当时这种针对城市贫困青少年的消极救助时期称为以救济为主的混合青少年工作时期。

这个时期的青少年工作比第一个时期，即以教育为主的前青少年工作时期进步了许多。其基本特征如下。

（1）政府在这种过程中的作用力增强，同时有了面向青少年教育之外的工作视角。

前青少年工作时期针对青少年的教育活动，大多处于一种自发的、缺乏组织、缺乏政府主导的状态，针对青少年的教育活动目的也是单一的。而此阶段的青少年工作，政府在其中处于一个主导的地位，发挥着组织、控制、协调等作用，这就为后来的有组织的专业青少年社会工作奠定了良好的基础。

（2）工作对象不是全体青少年，而是贫困青少年，特别是城市中的青少年。

此时，青少年工作的目标不是为了促进青少年的全面发展和健康成长，而是为了防范城市中的青少年，包括从乡村流入城市中的青少年陷入贫困状态中。

（3）工作领域主要局限于救济，是一种消极的补救性质的，这与当时的整个社会救济事业相一致。

当时的青少年工作并不是一个独立的工作领域，它本身就是整个社会救济事业的一部分。救济方法也非常单一，主要是提供救济或者是提供工作机会，虽然也为青少年提供培训的机会，但是当时的培训层次比较低，主要是开办一些习艺所。这些习艺所并不能真正为广大贫困青少年提供实质上的帮助，但是这种思路后来为专业的青少年社会工作所继承。

这个时期的青少年工作仍然不是专业化的社会工作，但为后来全面的青少年专业社会工作奠定了必要的基础。

3. 以全面服务为特征的专业青少年社会工作时期

20 世纪以来，青少年社会工作进入了以全面服务为特征的专业发展时期。其突出表现如下。

（1）青少年的社会性概念日益成熟

随着社会的文明进步，青少年的权利和价值得到重视，青少年不再仅仅作为成人的后备力量而存在，青少年阶段是人生中的一个重要阶段，青少年有独特的需求，这种特殊需求需要得到社会的承认。同时，青少年群体成为社会中一个重要代群，日益受到重视。科学分工越来越细化，把青少年作为研究对象的青少年独立学科日益成熟，这些学科的成熟为青少年社会工作的形成发展奠定了可靠的科学基础。另外，社会还出现了专门为青少年的福利设立的法律法规或者社会公共政策，这些立法为青少年社会工作提供了有力的依据和法律保证，同时也使得青少年社会工作得到法律的认可或者成为政府社会福利公共政策的一个重要组成部分。青少年社会工作摆脱了过去缺乏组织、缺乏统一性的不系统状态，进入了国家的法制体系中，成为政府政策系统中的一个子系统。

（2）青少年工作的范畴不断扩大

过去重要的工作内容，比如基本的教育、救济、进入习艺所学习等，得到了质的改变，由补救性的工作发展为全面服务性的工作。青少年的权利得到了前所未有的尊重，青少年群体的特殊需求得到全面的肯定，同时青少年群体中个体间的差异也得到了肯定。青少年的生理、心理、社会性的综合发展得到了全面的重视，服务的概念日趋深入人心。在青少年工作中青少年自身的主体性地位日益得以实现，全面的青少年社会工作概念真正形成。

（3）青少年社会工作专业化的步伐越来越快

这一时期，青少年社会工作的内容和领域较前一个时期大大扩展了，并且有了更加细致的分工和更为有组织的体系。根据不同的划分角度，青少年社会工作更为细化：按青少年社会工作的功能，划分为恢复性的青少年社会工作、预防性的青少年社会工作、发展性的青少年社会工作；按照青少年社会工作方法不同，划分为青少年团体工作、青少年个案工作、青少年社区工作等。专业化的青少年社会工作内容、领域、方法逐渐成形，同时产生了一批专业的青少年社会工作者队伍，并逐渐壮大。由此青少年社会工作真正形成了并走向成熟。这个时期的特征就是以全面服务青少年为青少年社会工作的宗旨，青少年社会工作的目标就是要促进全体青少年的全面健康发展。

（4）青少年社会工作的功能定位日益清晰

在发展中，青少年社会工作的功能越来越明确。这就是促进青少年健康发展，同时促进社会的安全与发展。第一个方面的功能较为明显，青少年社会工作就是要为全体青少年的发展提供必要的福利服务，帮助青少年免于遭受可能遇到的问题，帮助他们在遇到不可预知的困难面前有着健康积极的态度，并设法调动一切可以利用的资源来摆脱困境。同时，对一些过去不幸受到伤害而丧失全部或部分社会适应能力的青少年，青少年社会工作试图通过帮助他们，使他们能够从过去的创伤中恢复过来，培养在这个社会上生存所必需的社会适应能力。所以，促进社会中全体青少年的健康发展成为青少年社会工作的基本功能。

青少年社会工作的另一个重要功能就是在于促进全社会的协调发展。青少年是社会生产的生力军和后备力量，青少年的发展是整个社会发展的基础和前提，通过社会工作，全面推动包括每一个青少年在内的全体青少年的健康发展，为社会造就大批合格的建设者，本身就是社会发展的重要组成部分。另一方面，现代社会，特别是进入后工业社会以来，青少年群体成为社会中一个最有活力、最有创造力的群体，这个群体的能量得到了前所未有的释放，同时这个群体又是一个年轻的、缺乏经验的、容易冲动的群体，这个群体的巨大能量对整个社会的冲击越来越大，所以对他们的能量的释放必须有所指引，使得这种能力朝向有利于整个社会协调发展的方向。青少年社会工作正是通过真正尊重青少年的权利、充分了解青少年需求的方式来为青少年健康发展提供福利服务，以促进青少年的发展与整个社会的全面进步相一致。

总之，青少年社会工作是随着人类社会经济、社会发展的进程而产生发展起来的，它是现代社会的产物，在现代社会中它的作用也必将越来越重要。

第三章　青少年的生理、心理特征

青少年期是人体发育的第二高峰期，在这个时期，青少年的身心迅速发展，并表现出其特有的阶段性生理、心理发展特征。在本章中，我们将分青少年的生理和青少年的心理两部分分别加以介绍。

第一节　青少年生理发展特征

青少年时期，人的生理迅速发育。青春期的这种生理发育被称为“生理大革命”，经过这场“革命”，儿童柔弱的身体将成长为健壮的、具有生殖能力的成熟个体。

那么，究竟这场“革命”是如何开始的？都经历哪些阶段？又会给青少年带来哪些变化呢？

一　青春期生理的发育

1. 什么是青春发育期

人体的生长发育，从卵细胞受精开始到发育成人，大约需要 20 年的时间。这是一个呈阶段性和波浪形的连续统一过程。人生长发育的整个过程中，会出现两个高峰期，第一次生长发育高峰期是在胎儿期至出生后第一年，第二次是在青春发育期（见图 3 - 1）。

通常，青春发育期（简称青春期）是指从人体开始青春发育起到人体生理的全面成熟为止。这个年龄在我国大约是从 12 ~ 14 岁开始，到 17 ~ 19 岁结束。当人的生理成熟以后，青春发育期基本上也就结束了。青春期是人体生长的一个高峰期，它是决定人的一生体质好坏的关键时期。

处于青春期的青少年，会经历一系列微妙而又显著的变化。比如人体形态的

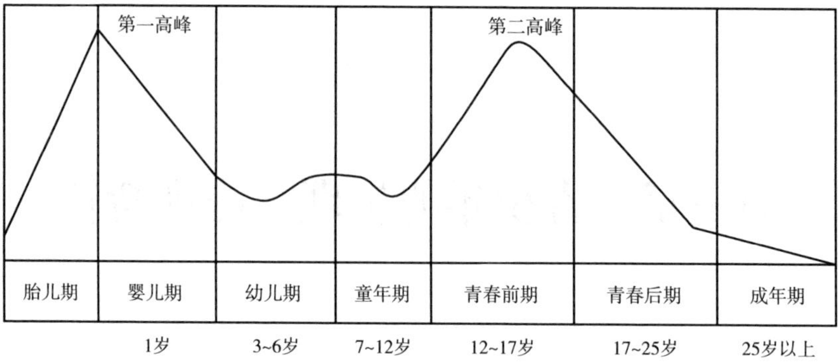

图 3－1 人生长发育的曲线

变化，体内机能的健全以及神经系统、内分泌和性的发展成熟等。青春期会给青少年带来身心各方面的发展，也会带来相应的成长烦恼。

2. 青春发育的过程

青春期的发育是在一个较短的时期内完成的，是人体生理急剧变化的一个时期。

（1）青春期的启动

青春期发育的关键是性的发育。青春发育的启动是在整个神经—体液调节机制下实现的。青春发育启动的最高调节中枢是下丘脑，下丘脑是青春发育的启动者。下丘脑的性中枢，在到达一定的时期后，便分泌“促性腺激素释放激素”，作用于腺垂体，腺垂体在下丘脑的控制下，增加促性腺激素的分泌，睾丸、卵巢则在促性腺激素的作用下，分泌性激素，性激素再作用于子宫、阴道、阴茎、前列腺等器官，继而第一性征和第二性征出现、发育起来，青春期开始。

（2）青春期的发育

进入青春期以后，性激素的分泌量开始增多，男孩主要是雄性激素增多，女孩主要是雌性激素增多，开始出现性别差异。其中，男孩的雄性激素主要由睾丸的“间质细胞”分泌，主要是促进前列腺、精囊、阴茎、胡须、喉结等的发育，促使肌肉发达，并保持它们的成熟状态；女孩的雌性激素是由卵巢内发育中的卵细胞的颗粒细胞、内膜细胞等分泌，主要是促进输卵管、子宫、阴道和外阴部的发育，抑制胡须的生长，促进皮下脂肪的沉淀，并维持它们的成熟状态。

（3）青春期发育的具体过程

对青春期的具体发育过程，我们可以通过表3－1有一个清晰的认识。

表3－1 青春期发育过程

年龄(岁)	男	女
8～9		子宫开始发育,臀部开始变圆
9～10		骨盆开始加宽,乳头发育,皮脂腺分泌增多
10～11	睾丸、阴茎开始增大	乳房开始发育,阴毛出现
11～12	前列腺开始活动,喉头增大	阴道黏膜出现变化,乳头、乳晕突出,内外生殖器发达
12～13	阴毛出现	乳头色素沉着,乳房显著增大并成熟
13～14	睾丸、阴茎急速增大	初潮(开始为不排卵的月经,不能受孕),腋毛出现
14～15	腋毛出现,变声,乳头发胀,睾丸增长完成	月经变为规律的、有排卵的周期,有可能受孕
15～16	精子生成,第一次射精	变声,脸上长痤疮
16～18	开始长胡子等,脸上长痤疮	骨骼闭合,停止生长
18～22	骨骼闭合,停止生长	

二 青春期的生理特征

人进入青春期一般具有以下几个方面的生理特征。

1. 体型巨变

（1）身高的变化

青春期是人体生长的第二高峰期，首先表现为身高的迅速增长。青春期前与发育期时青少年身高增长的比较及男女身高增长的比较见表3－2、表3－3。

表3－2 青春期前与发育期身高增长比较

青春期之前	青春期
平均每年增长2～3.6厘米,长势平稳	平均每年增长6～8厘米,多的达10～12厘米

表3－3 青春期男女身高增长的比较

男	进入身高生长加速期晚(约10岁),约13岁达到高峰,停止晚(约23～26岁)
女	进入身高生长加速期早(约8岁),约11岁达到高峰,停止早(约19岁,最晚23岁)

在身高突增阶段，身体的各部位的发展是不同步的，如上下肢的增长比脊柱增长快。因此，青少年会出现长臂长腿的不协调状态。在青春发育末期，脊柱的增长又超过四肢，形成成人的正常体型。

（2）体重的变化

青少年青春期体重变化的快慢，可见表3－4。

表3－4　青少年青春期体重的变化

	青春期始	青春期发育间
男	10岁左右,体重为28.0公斤,是成人的47.3%	平均增长31.2公斤,是成人的52.7%
女	平均27.8公斤,是成人的53.6%	平均增长24.1公斤,是成人的46.4%

男青年在身高体重突增后，脂肪逐渐减少，女青年的脂肪发育可以一直持续到发胖的程度，因此，女青年显得体态丰满，而男青年显得结实健壮。

（3）体型的变化

我们用表3－5来反映青少年青春期体型的变化。

表3－5　青少年青春期男女体型的变化

	外　形	结　构
男	喉结突出、肩宽背厚、肌肉发达,髂骨窄于肩骨,骨骼发达,肘见棱角	肌肉发达,骨骼肌的重量占全身的42%,男女肌肉总量之比为5:3
女	颈部和肩部圆润、平滑,形成很柔和的曲线,乳房丰满突出,髂骨宽于肩骨,脂肪丰富,皮肤细腻	骨骼轻,全身骨骼的总重量平均比男青年轻20%;骨骼密度薄;四肢骨较短;肌肉所含水分和脂肪较多,肌肉纤维内含糖量较少

一般来说，女青年比男青年矮，男青年比女青年体力强。经过青春期的发育，人的体型呈现出明显的两性差异。

2. 机能健全

在身体外形巨变的同时，青少年的身体内部机能也迅速地发展起来。尤其是生理基础的心血管系统和呼吸系统等逐渐健全起来。

（1）心血管系统的发育

心血管系统包括心脏和全身血管。心血管系统迅速健全主要表现在以下的几个方面。

第一，心脏重量。心脏在各时期的重量见表 3－6。

表 3－6　各时期心脏的重量

	出生时	1 岁	5 岁	9 岁	青春期后
心脏重量	20～25 克，占体重的 0.7%	出生时的 2 倍	出生时的 4 倍	出生时的 6 倍	出生时的 12～14 倍，达到成人水平

第二，心脏血容量。心脏有四个腔，分为左心房、右心房、左心室、右心室。它们的总容量出生时是 20～22 毫升；青春期之初可达到 140 毫升；青春期开始后，速度明显增快，18～20 岁达到 240～250 毫升。

第三，血压。人在 14 岁以后，血压达到成人水平，稳定在高压 90～130 毫米汞柱，低压在 60～80 毫米汞柱。男青年的收缩压略高于女青年。

第四，心率。新生儿心率在平静时平均每分钟 120～140 次，2～3 岁 100～120 次，8～14 岁 70～90 次，在 16 岁以后达到成人水平，平均每分钟 72 次左右。值得注意的是，从青春期时起，心率有了性别差异，女青年的心率略快于男青年。

第五，每搏输出量。所谓每搏输出量，是指心脏每收缩一次射出的血液量。进入青春期后每搏输出量明显增加。7 岁时是 23 毫升，12 岁时约为 41 毫升，青春期结束时达到成人量，大约是 61 毫升。青春期发育迅速，对新血液的需求急剧增加，青春期的每搏输出量比儿童期增加近 2 倍。

（2）呼吸系统的发育

呼吸系统分为上呼吸道和下呼吸道。呼吸的功能是吸入氧气，呼出二氧化碳。青春期呼吸系统的发育主要有以下几个方面。

第一，肺活量。呼吸功能可以用肺活量、潮气量、每分通气量等测定标准来测量。肺活量是指一次深呼吸后的最大呼气量（相关数据见表 3－7）。

表 3－7　主要年龄的肺活量

肺活量 / 年龄 / 性别	10 岁	17 岁
男	1670 毫升	3520 毫升（接近成人水平）
女	1500 毫升	2560 毫升（接近成人水平）

第二，呼吸频率。婴幼儿时期肌体代谢旺盛，需氧量大，呼吸器官发育还不完善，因而年龄越小呼吸的频率越快，随着呼吸器官的发育，呼吸频率逐渐减慢。（相关情况见表3－8）

表3－8　各年龄段的呼吸频率

年　龄	新生儿	1～3岁	4～7岁	8～14岁	青春期末
呼吸频率（次/分钟）	40～45	25～30	20～25	18～20	16

从表3－8可以看出，人进入青春期后呼吸系统功能明显增强，青春期末的呼吸频率已经和成人相同。

3. 神经系统发达

大脑和神经系统高度发达是青春期的重要特征之一。

（1）脑的发展

青少年脑的重量发展阶段如表3－9所示。

表3－9　各年龄阶段脑的重量

年　龄	出生时	9个月	7岁	12～14岁
脑的重量（克）	390，约为成人的1/3	660	1200	1400，接近成人水平

脑科学家认为，超过25岁，每天在脑中要死掉10万个神经细胞，70岁时人脑的重量只有青年时的95%，80岁时减少到90%。

（2）神经系统的发展

青春期是神经系统机能最充沛、生长力最强的时期。青春期大脑的兴奋与抑制的过程基本上达到了平衡，第二信号系统的作用很快上升，使得青少年的抽象逻辑能力和理论思维能力得到了充分的发展，表现出记忆力强、理解力快、想象力丰富等特征。

4. 性成熟

生殖系统是人体最晚成熟的一个生理系统，性成熟被看作青春发育的最重要的特征。现代医学认为性的发育与性激素的增加有直接联系，是性激素引起了性的萌发与成熟。

性激素包括雌激素、雄激素、孕激素三类化学物质。性激素的分泌器官是性腺。人的性腺是指男性的睾丸和女性的卵巢，性激素的分泌过程见图 3－2。

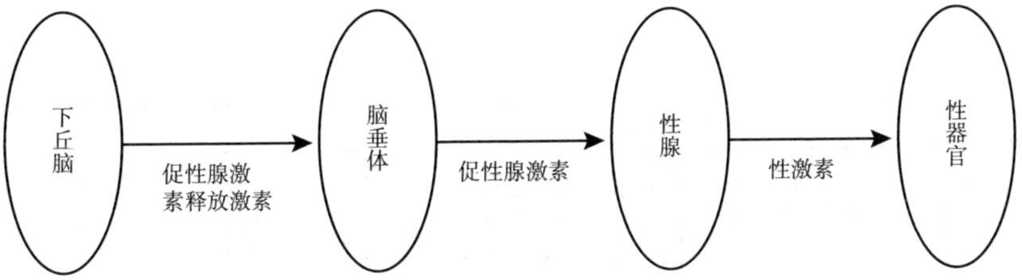

图 3－2　性激素的分泌过程

性激素的作用主要有以下几个方面。

①促进生殖器官的发育成熟，并维持其功能；②促进骨骼的生长发育，骨骺的闭合；③雄激素促进蛋白质的生成,雌激素促进皮下脂肪沉积；④促进第二性征的出现，如：阴毛、腋毛的生长，男性喉结增大、胡须生长，女性乳房发育、骨盆增宽。

虽然由于性激素的大量分泌导致青春期引人注目的第二性征的出现，但性成熟的根本含义是指具有生殖能力或生育能力。也就是说，男性能排出足够数量和质量的精子，女性能排出具有受精能力的卵子。因此，性成熟的主要标志是排精和排卵。排精和排卵能力的获得和显现的标志是男性遗精出现，女性月经来潮。

5. 内分泌发展

青春期的发育主要是受到内分泌腺（体内的一些特殊的腺体）的控制和影响。内分泌腺的活动与神经系统的机能活动相互调节，共同组成了体内的神经体液调节系统。内分泌腺包括脑垂体、甲状腺、甲状旁腺、肾上腺、胰腺、胸腺和松果体。其中以脑垂体最为重要。脑垂体可分泌多种激素影响其他内分泌腺的活动，从而刺激生长，影响新陈代谢，调节生理发育过程。脑垂体通过自身分泌的激素直接控制和影响青春期的生长和发育。如生长激素调节身体的生长，特别是影响骨骼的发育；促性腺激素控制着生殖系统的成熟和第二性征的发育。

图 3－3 是脑垂体分泌激素及其对青春期发育的影响图①。

---

① 曹承刚主编《人体解剖学》，北京：中国协和医科大学出版社，2007，第 414 页。

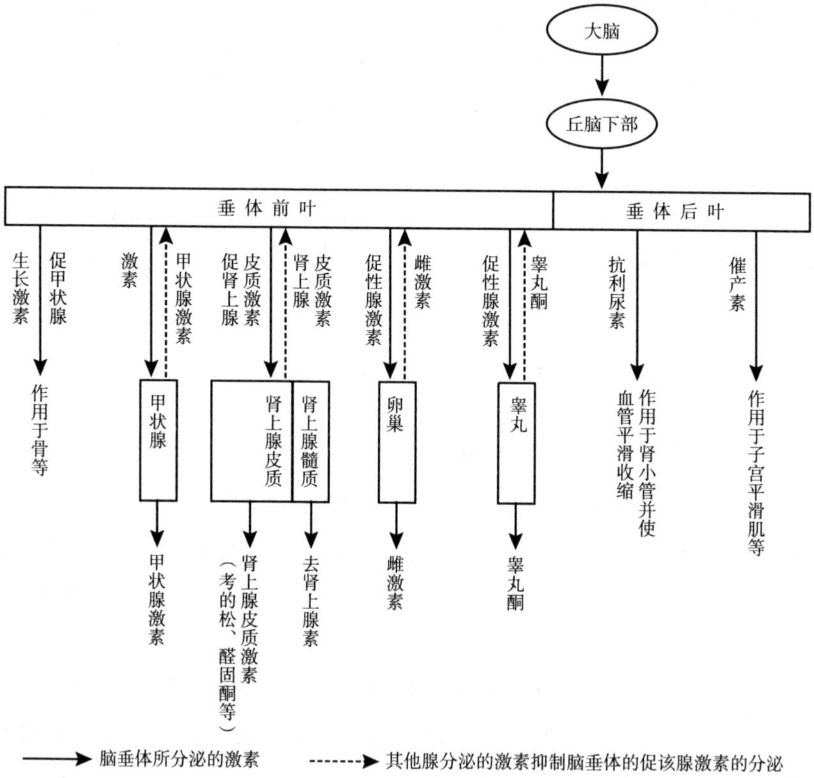

图 3-3　脑垂体分泌素及其对青春期发育的影响

第二节　青少年心理发展特征

随着青少年生理发展的成熟，以及伴随着青少年社会体验的增加，青少年的心理也日渐发展。青少年的心理成长，在青少年成长中占有非常重要的地位。青少年心理发展是一个异常复杂的过程，但并不否认其在发展过程中内在的规律性。这些规律主要体现在以下几个方面。

一　主体与客体的互动

青少年的心理发展是在其社会生活环境和自身社会实践活动中完成的，是一个主体作用于客体，客体对主体反作用的过程。在这个过程当中，主体和客体不断发生摩擦和碰撞，导致主体一方面不断对自己进行纠正，以适应周围的客观环境，另一方面，不断发挥自己的主观能动性，来改造周围的环境，为自己创造更舒适、更有利于自己成长的天地。

1. 主体作用于客体

这里的主体是指的青少年自身，客体是青少年所处的客观环境。青少年自身具有强烈的求知欲，潜藏着巨大能量，具备很大的能动性。他们的发展主要表现在以下几个方面。

（1）认识世界

在现实中，他们不断地去认识世界，不断地学习知识，从书本中间接获得，从社会实践中直接获得。在这个过程中，他们逐渐地熟悉了社会、了解了民风民俗、懂得了道德法律，具备了起码的生存技巧、劳动技能，掌握了科学知识、探索方法等，对大自然、对人生有了一定的看法，形成了自己的人生观、价值观和世界观。

（2）接受世界

青少年往往对自己充满自信，他们心高气傲，看不惯身边的许多事情。因而，他们对很多事情都难以接受，很难屈服于一些自己没有碰到过钉子的事情。但随着社会阅历的增多，他们会逐渐地了解到个人只不过是世界当中的一部分，个人与他人、与社会、与自然之间存在着十分复杂的关系，在很多事情面前，个人的能力和作用都是有限的，是要受到制约的。逐渐，他们高傲的心开始回收，开始变得现实，开始意识到自己原来有些看法和想法是何等的幼稚和无知。他们渐渐地开始接受这个世界，开始正视自己，正确对待自己周围的一切。

（3）改造世界

随着青少年知识的增加、社会经验的丰富以及生活技能的增强，他们开始崇拜科学，他们开始学着利用科学这无坚不摧的武器来改变自己周围的世界。他们不断地发挥自己的主观能动性，不断地掌握事物的发展规律，不断地进行创新和开拓，进而不断地改造客观世界为自己、为人类创造出更好的生活环境。

事实上，青少年的这种从认识、接受到最后的改造世界的观念的改变，正是青少年成熟的过程，是他们在客观世界中不断努力和锻炼的结果。

2. 客体反作用于主体

在主体作用于客体的过程中，客体会不断地反作用于主体。青少年一方面认识、接受、改造世界，另一方面，青少年所处的客观环境会不断地对青少年加以纠正，使其对自身进行适应。

（1）社会对青少年的纠正

社会通过各种各样的方式和途径使青少年适应社会——融进民风民俗、受社会道德的监督、遵守法律法规等。这是青少年适应社会的一个过程，也是青少年在意识上与社会观念相一致、思想上与社会风尚相统一、行为上与社会规范相协调的过程。

（2）客观规律对青少年的限制

客观规律包括自然规律，如春夏秋冬、生老病死等；还包括社会规律，如生产力决定生产关系等。这些规律具有不可改变性，起初青少年并不知道，但经过自己遇到的挫折，加上自己从书本上的学习，逐渐地意识到这一点。从而在以后的学习生活中，自主地遵从这些规律。

二　动荡与稳定的结合

青少年心理发展的过程，存在巨大的不平衡性，这种不平衡性，必然导致其心理活动的动荡不安。但随着年龄的增长、经验的增多、自制力的增强，这种动荡会逐渐趋缓并趋于稳定。

1. *初始的动荡*

青少年心理的发展呈现不平衡状态，其主要矛盾体现在以下几个方面。

（1）思维的批判与经验短缺的矛盾

青少年喜欢对各种事物怀疑和争论，对各种建议很难顺从，对他人的意见和主张不轻信。他们的这种类似于我行我素的行为，一方面会使他们毫无顾忌地勇往直前，另一方面，他们的社会经验短缺、人生经验不丰富、实践经历匮乏，常常使他们吃足了苦头。他们的这种高度自主一旦与社会经验的极度缺乏和认识的狭窄结合在一起，一般就会出现错误的“排挤”倾向，致使他们常常滔滔不绝又固执己见，逆反心理特别严重。

（2）强烈独立愿望与社会的不认可

青少年在自我意识的发展过程中，常常出现强烈的独立欲望，喜欢以成人自居，不喜欢受到师长的各种劝阻与约束，对任何事情都喜欢发表一番感慨，做任何事情都喜欢我行我素，并且非常迫切地希望得到社会的尊重和认可。然而，由于他们的各种经验都很匮乏，各种能力也都有待提高，社会对他们的认可程度与其愿望往往相反。这时青少年的自我认知与社会对他们的认识之间发生了矛盾，在关系的调节上发生了冲撞，这常常会使青少年出现适应不良。

(3) 高度的热情与意志摇摆的矛盾

青少年时期，想象力有了巨大的发展，并激起高度的热情，他们容易并且经常树立起远大而美好的目标，这样的目标需要付出坚强的意志力才行。但一般来说，青少年的意志力发育较晚，他们的自制力和意志力都很薄弱，很难将自己的理想目标付诸实施，而一旦遇到挫折和困难，则容易出现意志消沉、垂头丧气的情况。

(4) 强烈的性意识与性道德的冲突

青少年性生理迅速发展和成熟，具有很强的性意识和性欲望，但他们的社会道德观念却往往得不到同步的发展和成熟，这就使得他们经常处于一种渴望发泄但又不得不压抑自己的心理问题中。如果不能恰当地处理这种压抑，就会造成变态心理和异常，甚至是犯罪行为。因此，对青少年的性教育最好要提前到青少年性成熟以前，以防止他们由于发展的不平衡而产生任何越轨行为。

2. 后期的稳定

青少年时期的动荡不安不是永无休止、始终如一的，它随着青少年经历的增加逐渐趋于稳定，这是社会磨炼的结果，也是青少年心智不断成熟的表现，是青少年不断增强的自制力的外化。那种矛盾躁动的心理到这时将更多地被和谐、稳定、安宁的心理状况所取代。但直到青少年晚期，甚至中年时期，这种矛盾躁动才能消失，较稳定的心态才会出现，较理智沉稳的作风才会充分显露出来。

三 突变与渐变的统一

青少年的心理发展是突变与渐变的统一。

1. 青少年心理发展的突变性

人们有时用“士别三日，当刮目相看”来形容青少年心理的突变性。青少年的心理突变性体现在两个方面。

(1) 心理特征急剧变化

在青春期，青少年的各种心理过程和心理特征在原有的水平上发生着显著的、急剧的变化。如，青少年的情绪表露在时间上比儿童时期有了更多的掩饰性和持续性，他们的内心感受已经不再喜怒尽形于色，哭闹无常的现象已消失；优秀的记忆力品质出现，意识记忆、情景记忆和形象记忆已占主导地位，机械记忆逐渐消退；他们的思维具有高度的抽象性和概括性，形成了辩证逻辑思维，善于抓住事物的本质和把握事物的规律，具有了较强的独立思考能力。

（2）心理品质丰富多彩

青少年的心理变得更加丰富多彩，富有深度。随着步入社会，青少年的思想里具备了社会意识的现实性和深刻性的内容，开始勾画自己的宏伟蓝图，开始设计构思未来，有了自己美好的生活目标。性生理的成熟和性心理的出现也是青少年时期心理的新内容，它占据着青少年心理的大部分内容，使青少年心理充满着青春的浪漫气息。

2. 青少年心理发展的渐变性

青少年心理特征的渐变性主要表现在以下几方面。

（1）内涵渐进

青少年在心理品质的复杂程度上比儿童时期复杂了很多，但这些复杂的心理品质并不是一下子同时形成的，它们是从少到多，从无到有逐渐发展起来的。如，认识范围和认识水平以及社会经验和思想内容，都是随着其生活经历的不断积累，逐渐地丰满起来的。青少年每一层内涵的深入都是从自己的真实经历或从学习中得来的，因此，青少年的内涵的丰富，是随着自己实践体会和学习的深入逐步完成的，并非一朝一夕之功。

（2）阶段渐进

青少年的各种心理是随着其生活内容的逐渐拓展而相应地变化着的，并表现出其阶段性。如青少年初期，青少年社会经验少、社会意识薄弱，心理生理迅速发展；步入社会后，社会经验才迅速增加，对社会的认识才逐步加深；成家立业后，家庭心理才会更加深刻，对父母儿女之间的情感才会有更深的切身体会。所以，青少年心理的成熟经历了少年期、青年初期、青年中期、青年后期几个阶段，是有层次、有阶段的循序渐进的。

3. 心理内容的社会性转换

儿童时期人开始出现社会性的心理内容，但更大规模的深刻的社会化是在青少年时期完成的。进入青少年期后，他们有的已经开始自谋生路，担当一定的社会角色，承担一定的社会责任，身份和地位发生了很大的变化，不得不承担更多的生活压力和社会责任，不得不学会社会知觉，遵守社会规范，从而形成复杂的交往心理、角色心理及各种社会行为。这些社会性的内容和内涵，在儿童时期由于有父母的照顾，过着衣来伸手、饭来张口的生活，无须忧虑，感觉不到。真正地体味社会、体味人生是从青少年步入社会开始的，在青少年时期完成了更深刻的社会化心理内容。从青少年时期开始，社会心理内容已经成了他们心理活动的主干，青年的行为开始受到社会的驱动。

第三节　几个特别要素的发展

一　青少年智力的发展

美国心理学家韦克斯勒认为：智力就是个人有目的地行动，合理地思考，有效地处理环境的综合的整体性素质。智力是一个整体或结构，它由多方面因素构成，具有整体性。我们一般从思维能力、记忆能力、想象能力三个方面来衡量智力的发展。

1. 思维能力的发展

思维能力的发展是人类智力的核心，它是人脑概括和反映客观现实的能力。青年思维能力的发展主要体现在思维方式的变化。

儿童思维以具体形象思维为主要形式，他们的思维在很大程度上依靠具体的感性经验的支持；到 12 岁左右，开始出现形式思维，即逻辑运算，开始从具体操作客体阶段转变到观念阶段。这种青少年初期形成的形式逻辑思维，随着社会实践活动的增多和经验的积累，又迅速地向辩证逻辑思维发展，使青少年具备了完整的逻辑思维能力。

同时，青少年在成长过程中还形成了许多可贵的思维品质，如思维的敏锐性、批判性、独特性和创造性，等等。正是这些优秀的思维品质，使年青一代反应敏捷、思维活跃、善于独立思考、敢于标新立异、具有顽强不息的时代精神。

2. 记忆能力的发展

记忆力是人脑对过去事物影像的反映和回忆能力。青少年期较儿童在记忆的方式上发生了很大的变化：从无意记忆向有意记忆；从机械记忆到逻辑记忆；从听觉记忆到视觉记忆；从材料记忆向意义记忆发展。

儿童记忆主要是无意记忆和刺激记忆，而青少年记忆的目的性、积极性、主动性和自觉性都明显增强。青少年开始学会有意识地观察问题、认识事物、主动地扩展记忆范围，记忆的容量和效果大大超过了儿童。

另外，青少年的逻辑记忆和视觉记忆迅速发展起来，这能在非常大的程度上扩展青少年的记忆量和增强其记忆效果。据国外有关研究表明，机械记忆的发展，男子在 13 岁、女子在 12 岁时达到顶点，之后逐渐下降；而逻辑意义记忆则在 12～13 岁后才迅速发展，在 20～25 岁处于巅峰。

青少年记忆方式的变化，使青少年的记忆发生了质的变化，迅速、持久、准确，而且范围广、内容丰富、形式多样。

3. 想象能力的发展

想象力是在过去实践经验的基础上对未来某种情景的预测和想象的能力。儿童的想象力已经有了很大的发展，但比较天真烂漫，缺乏合理性和现实性。青少年期，人的思维能力有了很大的发展，考虑事情比较全面，在想象的同时，会考虑到它的可行性和现实性，想象力达到了非常完善的程度。同时，他们的想象力具有很大的开拓性和闯荡性，有的完全脱离了传统观念的束缚，把触角伸向了遥远的未来。所以，青年容易表现出充满理想和幻想，对未来充满着憧憬。他们的想象往往具有首创性、独特性和新颖性的特点。

二　青少年的情感发展

青春期情绪上具有内容的丰富性、复杂性，情感上具有深刻性、强烈性等特点，青少年的情绪和情感使得青少年的心理染上了特殊色彩。

1. 青少年情绪情感的发展内容

（1）原始情绪的发展

原始情绪包括快乐、幸福、愤怒、恐惧和悲哀等。青少年期是人生的关键的转折时期，面临着种种社会的挑战，承担着来自方方面面的压力，面对各种各样的选择，这些事情对青少年来说显得非常重要，常导致青少年内心不时地充满着高度紧张。同时，他们也充满着崇高的理想和幻想，具备充沛的精力和体力，这些使青少年对自己的将来充满着无限的信心。所以，青少年经常在欣喜的波峰和忧伤的低谷中起伏不定。这些内容都构成了青少年的原始情绪内容。

（2）自我情绪的发展

对自我的情绪包括成功和失败、骄傲和自卑、幸福和痛苦、充实和内疚、荣耀和耻辱等内容。事实上，自己过得快不快乐，或者说，自我的情绪是不是稳定和幸福，不在于自己所处的环境和生活的物质条件，而在于对自己与理想自我的差距的感知。如果自己达到或超过了对自己的要求，就会对自己的评价很好。反之，就会认为自己在某些方面存在相当的不足，对自己持否定态度。所以，青少年自我情绪的发展最关键的是，他们怎样看待自己，及现实和目标的差距。

另外，在青少年心目中，别人对自己的评价占有非常重要的地位，他们几乎时刻感觉到别人在注视自己、评论自己。这种感觉在取得突出的成绩的波峰或遇到失败的低谷两个极点时，就更为明显，这时别人无意的一句话就可能导致他们骄傲或自卑很长一段时间。

（3）对他人情绪的发展

对他人的情绪是指在自己与别人打交道过程中的内心感受。爱和恨是对别人情绪的两极。这种情绪产生的诱发因素是和自己接触的对方，但最终做出判断的是自己。它在相当大的程度上，并不是客观公正的，往往夹杂着个人情感和私心。这种情绪的强烈程度，决定于自己对对方的要求与对方实际行为的差距，差距越大，这种情绪越强烈。

在与人接触的过程中，青少年逐渐形成了自己的爱、恨、道德感、理智感、生活责任感以及各种美感，这些情绪会随着青少年年龄的增长、经历的增多发生更深刻的变化。

2. 青少年情感的主要特点

（1）内隐性

随着青少年社会经历的增多、与人打交道的频繁、对人心理分析的透彻和对社会习惯的熟悉，他们逐渐意识到，儿童那种喜怒尽形于色，会对自己不利，使自己受到伤害，之后，他们开始有意识地对自己的某些感受和情感进行掩饰，尽管刚开始他们做得并不好，但经过一段时间的磨炼，他们就会掩饰自己的内心。

除了掩饰自己的真实感受之外，他们还学着在不同的场合，对不同的对象，表现出不同的表情，以使自己的某些想法得到实现。青少年这种情感的内隐性，是他们自我控制力和社会适应能力增强的结果，但也让我们了解青少年变得越来越困难。

（2）两极性

说青少年的情感容易出现两极性，是指他们遇事后，非常轻易地就表现出强烈的夸张的情感，如表现出高强度的兴奋、激动、热情等，或者表现出极端的愤怒、怨恨、不满、泄气、自卑、绝望，等等。青少年的这种两极性的另一个特点是，在情绪的两极之间很容易波动变化，即容易在两种极端的情绪之间相互转化，时而平静、时而兴奋、时而颓丧。

青少年的这种稍遇刺激，就即刻爆发，表现出偏激的情绪和极端的行为方式，很难得到理智的控制。它需要青少年不断加强自身修养，不断地进行自我规范和自我反省，进而进行自我修正。

（3）延续性

青少年进入青春期以后，那种儿童的哭笑无常的现象逐渐减少，取而代之的是一种比较持续的心理状态。换句话说，青少年不再像儿童时那样无忧无虑，开始对某些事情牵挂，如一件事情发生后，过去很长的时间，往往仍沉浸在里面，不能自拔。这种延续性的表现就是，心情好了，什么都好，干起事情来热火朝天；遇上不好的事，情绪低落，似乎世界的末日即将来临，整日郁郁寡欢。

（4）冲动性

我们经常用“血气方刚”来形容青少年，他们精力旺盛、体力充沛、性格倔强、士气高涨。青少年情绪激荡时，大脑皮层中产生一个强烈的、抑制大脑皮层其他部位的优势兴奋中心，它一再诱导皮层下中枢的兴奋，引起身体各部位的强烈变化，同时出现“意识狭窄”的现象，使其降低或丧失理智。所以，他们对自己情绪的控制力远不如老人，一旦遇到某种强烈的刺激，情绪就会突然爆发，以至于在语言、形态、行为等方面都失去理智的控制。

（5）社会性

进入青年期，青少年开始步入社会，与社会上的人和物不断发生作用与反作用，使他们在情绪方面也具备了社会性方面的特征。主要表现在以下几个方面。

情感生活日益与广泛的社会生活相联系，情绪的社会性倾向日益明显。青少年不再为儿童时期的琐事而烦恼不安，这时触动他们思考的问题常常是社会生活中的正义与非正义、善良与邪恶、高尚与庸俗等涉及社会意识、人生哲学的问题。

各种高级情感迅速发展。高级情感是人的社会性需要，是更为复杂的社会性感情，主要表现为道德感、理智感、美感等方面的发展。

三　青少年时期的情绪模式

1. 人的基本情绪模式

情绪和情感同属于感情性心理活动的范畴，是同一个过程的两个方面。但是，两者还是有着很大区别的，情绪（emotion）代表着感情性反映的过程。情感（feelings）经常被用来描述具有深刻社会含义的高级感情，它包括与感觉、感受相联系的“感”，又包括与同情、体谅相联系的“情”，集中表达感情的体验和感受。情感是对感情性过程的体验和感受，情绪是这一体验和感受状态的活动过程。情绪适应不良的后果可能使人在承担和经受程度上超负荷，从而对有机体本身有影响，比如引起疾病，甚至影响到社会适应行为异常，导致心理疾病。

情绪可以分为一些基本的类型，《礼记》中把人的情绪分为“七情”，喜、怒、哀、惧、爱、恶、欲，人类普遍具有一些基本的情绪模式，但不同性格不同气质的人的情绪表现方式不同，这些不同主要表现在两个维度上：一个是心境状态，一个是激情式的突发情绪。心境状态是一种比较微弱但是在较长时间里持续存在的情绪，具有广延性和弥漫性的特点，仿佛是一种内心世界的背景。而激情式的情绪是一种强烈的、爆发式的、短暂的情绪存在方式，常常由意外事件、对立意向冲突引起，在这种状态中，人的认识活动范围往往会缩小，在短暂的时间内，理智分析和控制能力均会减弱。

情绪是人的一个基本特质，任何人都有情绪，只是有些人表现得强烈，有些人表现得不太突出，有些人的情绪以心境状态的形式表现，有些人以激情的形式表现出来。不同年龄阶段的人也都有情绪。情绪并不会因为人的年龄的不同而消逝或者增长，只是表现的方式可能发生变化，强烈程度可能有所变化而已。

2. 青少年的几种主要情绪模式

青少年与任何一个成年人一样，具有情绪，并且青少年的情绪体验与其他年龄阶段的群体的情绪体验相比较，有着自己的特征。我们要想真正了解青少年，并且给予他们以帮助和支持，就需要了解一些关于青少年情绪方面的规律性的东西，这种规律性与一般人的情绪体验的规律性有着相似之处，同时又有着青少年群体自身的特征。

下面是常见的几种青少年的情绪模式，主要是针对一些负向的情绪，也有一部分正向的情绪。负向的情绪需要青少年自己以及青少年社会工作者帮助他们去调节，使负向情绪向正向转换。而了解正向的情绪模式，也有助于我们深入了解青少年。

（1）愤怒

愤怒是人甚至是动物的一种基本的近乎本能的情绪。当我们受到不公平的待遇，特别是当我们的安全、生命、尊严受到外界的人或事的挑战和威胁时，我们就会愤怒。青少年也同样会在这样的情景下，感受到这种不好的情绪体验，特别是当他们的价值尊严没有得到应有的重视时。要知道对青少年来说，他们认为最不可以忍受的事情莫过于被别人当作一个小孩子看待。

直接或者间接地被当作小孩看待都是不可以忍受的。直接被当作小孩看待，他们可能会直接表现出愤怒的情绪，并且直接用言语或者行动要求对方不要再这样做。而间接地被当作小孩子，比如受到家长或者老师的专制性的管制，受到了同学或者老师的批评或者在他们看来是“戏弄”的待遇，他们可能并不会直接地对这样的待遇表示反抗，但是愤怒的情绪却并不会因此而消逝，很可能转化成其他形式的活动来向外界和他自己表达这种情绪，比如，发脾气、扔东西，甚至是自己偷偷哭泣。

当这种愤怒情绪以激情的形式爆发出来后，人的心理会趋于平静，但是如果当时由于种种情况，特别是由于受到了外界的压制而没有表达出来的时候，这种愤怒的情绪会向一种不良的心境状态发展。一旦愤怒变成一个人的比较长久的心境时，再想将这种不良情绪转化过来就是比较困难的事情了。所以，及时地把愤怒表达出来是对自己的精神健康的一种最好的维护。

但是青少年表达愤怒情绪一般很少受到赞许，甚至会被压抑。这种压抑不但不会减少他们的愤怒，反而造成了新的愤怒。比较恰当的方法是鼓励他们把感受到的愤怒以恰当的方式表达出来，以一种大家都可以接受的方式表现出来。及时完全地表达出不良情绪，有助于青少年的心理健康成长。

一些不健康的表达方式，应该向着健康的表达方式去转换，比如乱发脾气、扔东西、哭泣这些行为，很可能就是由于青少年在成长的最初阶段就没有得到良好的引导，才发展出这样一些不良的发泄方式。青少年社会工作者以及青少年的家长和老师应该及时地帮助青少年，把这些不健康的发泄方式转化为一种健康的积极的表达方式。

（2）恐惧

恐惧如同愤怒一样，也是人和动物的一种本能的反应。在这个世界上，人如同其他的动物一样，是微小脆弱的，特别是当面对大自然，以及我们所无法控制的众多情势时，一个个分离的个体会感受到强烈的孤独感。人世间最恐怖的事情也可能就是一个人孤单地面对不可能控制、不可预知的外部世界了。

青少年期是自我意识正在迅速形成的时期。自我意识的突现，是人之为人的开始，但是这种变化却可能给个人带来极其强烈的不安感和恐惧感。而这种不安和恐惧的情绪体验常常又被青少年认为是自己不成熟的表现，于是便会千方百计地掩饰或者压制这种恐惧感，这种情况下，效果往往适得其反，越是想压抑一种情绪却越是受到这种情绪的困扰。

青少年社会工作者以及家长和教育工作者有责任让青少年知道他们所体验到的种种恐惧和不安的情绪——不仅仅是他们会体验到，每个青少年在成长过程中，以及每一个成年人在漫长的生活道路上都有可能遇到。这种惧怕孤独，对外部世界的恐惧，绝不是幼稚、不成熟的表现，恰恰相反，能够体验到这种情绪的人，正是那些开始走上独立的个体。面对这种恐惧的情绪，我们所能够做得最好的应对方式就是坦然接受这种内心的不安，在尽可能的范围内，向自己可以求助的对象发出求助的要求。当然这些求助对象可以是自己的值得信赖的朋友，值得尊敬的老师、家长或者其他的长辈等，当然还可以向专业的学校社会工作者、青少年社会工作者寻求帮助。这种寻求帮助的过程就是摆脱恐惧情绪的第一步，这种求助也绝不是软弱无能的表现，恰恰是一种勇敢地面对自己、面对世界的最好表现，学会求助是走向成熟的第一步。

青少年常常遇到的恐惧感多产生于单独应对外部世界时，比如一个人与陌生人在一起时，便会有不安、害羞的表现，当然青少年们一般不会直接把这种感受表现出来，而往往是故作冷静、表情冷峻状。而这种表现一旦被别人特别是社会中一些心理和社会功能失调的人看破并且直接揭示出来以后，青少年往往不能承受继而陷入更深层次的恐惧之中。这时候如果这些青少年没有适时适当地得到应有的帮助，这种恐惧的情绪有可能从一种突发的激情向一种恐惧的心境状态转化。一旦恐惧感成为一个青少年的内隐的心境时，要彻底摆脱这种不良情绪就不是一件简单容易的事情了。

青少年在学校生活或者家庭生活中，常常要面对的是在众人面前发言，如在课堂上面对老师的提问发言，以及在学校集体活动中发言，还有在大的家庭聚会活动中发表意见。对青少年来说，这些情景，无疑是他们克服恐惧感的一个最好的机会，在这些情景中的成功经验会对他们以后在更为广大范围内克服恐惧感提供一个很好的榜样，为他们今后可能遭遇到的恐惧情绪的适应奠定一个很好的基础，鼓励他们在以后的生活中勇敢面对自己的不安和害羞。但是，如果在学校和家庭发言中有了挫败的经历以后，他们往往会陷入更强烈的不安和恐惧中，这时候，如果没有及时得到家长、老师和朋友的鼓励和帮助，他们往往不能接受自己的这种表现，内心的不接纳和恐惧感结合起来，会对他们日后在类似场合下的状态发生影响。所以，在发生了失败的经历后，我们需要去帮助他们接受这一事实，并且让他们得知这次失败主要是恐惧和害羞的情绪在作怪，并不是他本人的发言的能力有问题，克服这种不好的情绪的方法，就是以后生活中多多在类似场合发言谈话，而不是因惧怕失败从此就不再参与类似的事情。

当青少年脸色苍白、浑身发抖或者面红耳赤时，我们鼓励他们的最好方式，可能是用一些肢体语言，如轻拍他们的肩头、握紧他们冰冷的双手，并且同时给予他们一个真诚的、鼓励的微笑。青少年社会工作者要用真挚的无条件的爱去祛除他们心中的阴冷，消除他们的不安。

（3）忧虑

进入青春期之后，青少年会有一个巨大的转变，那就是从原来无忧无虑、天真灿烂变为时常心神不定、愁眉苦脸、心事重重的样子。小小少年也有烦恼，而且这种烦恼甚至会超出成年人的想象，一些看似不是问题的问题，在青少年的心中可能是一个大问题。青少年的忧虑一般集中在如下几个方面。

第一，最大一部分的忧虑来自青少年对自身身体变化方面的疑虑。进入青春期之后，生理上的变化是如此之迅猛，使得这种变化为青少年自身所异常关注。青少年身体发育的整个过程无不伴随着忧虑，这种忧虑有的是对自己身体上变化的恐惧所引起的，担忧自己的这种变化把自己从孩童时代带入到成年人时代，而有的是由于对自己身体发育状况不满所引起的，担心自己是否发育不良等等。在这个阶段，青少年需要了解关于人的成长发育过程的一些基本知识，以及如何来面对身体发育过程中新出现的一些问题。特别需要使他们明确的是，每个人的生长发育过程并不是完全遵循规律，实际上，大部分人的发育过程与这种规律性的东西都是有一定距离的。

第二，伴随着对自身身体上变化的忧虑，对自身的吸引力的忧虑也产生了。每个人都渴望自己具有一种在群体中的特别的吸引力，这种吸引力可能是针对异性的，也有可能是针对同性的。这种对自身吸引力的关注，不一定以直接的形式表现出来，而是以其他各种方式表现。对自身容貌和体型的关注是比较直接的关注。进入青春期的少男少女对自身的容貌和体型的关注程度迅速上升，甚至会由于过于关注而影响了其他方面的正常生活，这时，家长和老师需要对他们有所引导。但现实中这种引导往往不但没有把他们的注意力拉回到正常的学习生活中去，反而使他们产生强烈的逆反心理。这就需要在面对青少年时，注意他们的行为方式，抓住问题的本质去进行引导。对容貌和体型的过分关注实际上是对自身缺乏吸引力的不自信的一个表现。我们需要让青少年知道，容貌和体型固然是自身吸引力的一个重要的组成部分，但是这些并不是吸引力的全部，而更具有深层吸引力的特质体现在一个人的人格魅力、性格特质上，与其过分关注容貌和体型，不如在吸引力的其他方面去发展、拓展，这样的吸引力才更为持久。

第三，青少年沉重的学业上的压力同样会给他们带来忧虑。尤其在今天这样的时代，分数成了特定的衡量标准，在学校中，学习成绩就是一个超越于其他一切的最重要的评价标准，取得较好的学习成绩是在学校中取得认可的最好方式。同时，在家庭中，父母对孩子的期望也都集中体现在对孩子的学习成绩上，取得好成绩是成为一个好孩子的重要条件。另一个方面，青少年在同辈群体中的威信和吸引力也体现在学习成绩的好坏上。这样，对学业的重视，特别集中地体现在对学习成绩的追求上，青少年的压力也因此而十分沉重，忧虑也因此而表现得比较突出。

第四，与异性交往是青少年阶段的非常重要的一件事情，如果青少年自己以及老师和家长处理得好，对青少年的健康成长全面发展会有促进作用，如果在这个过程中任何一个环节出现了问题，就很可能给青少年带来诸如忧虑这样的不良情绪。与异性交往需要学习，需要引导，而不是像我们印象中的那样，到了一定年龄自然而然就会了。特别是与第一个异性朋友交往的经验，不论是成功的经验，还是失败的教训，都会对当事人今后的生活产生重要影响。所以，做家长和老师的，对青少年，特别是少年，应该引导和帮助他们的异性交往活动，而不是一味地反对、制止，或者是放任忽视。给予他们真诚的帮助，赢得他们的信任，就必然能够帮助他们减轻在这个问题上的忧虑情绪。

第五，青少年与家庭的关系是密不可分的，家庭对青少年的影响是超越于其他任何一个群体的。因此，青少年与家长之间的关系也常常是青少年忧虑的一个重要问题。青少年的反叛心理已经得到了众多家长和教育工作者的注意，但是我们往往忽视了一个更为重要的问题，那就是正在成长的青少年们开始注重到他们与家庭的分离，与父母的分离。与父母情感上的脱离同时也是自己的独立过程，反叛父母并不是表示他们对父母没有爱，这只是他们要求独立所必须要走出的一步，在这个艰难的过程中，父母亲应该尊重他们这种独立的意愿，并给予他们一定的帮助，使得他们能够在这个突变的过程中尽量减少压力。父母亲与他们的关系会直接影响到他们的情绪。父母亲有责任帮助孩子克服忧虑，勇敢面对即将到来的独立与自由。

（4）嫉妒

嫉妒心理是由于青少年对自身和他人的吸引力的过于关注，而引发的一种不健康的情绪模式。对自身吸引力和团体中的他人的吸引力的关注是每一个独立个体都具有的特质。这也是青少年开始关注自身，意识到自身独立性的一个标志。适当适度地关注自身吸引力是正常的也是健康的表现，然而过度地关注自身吸引力，同时又把自身吸引力与团体中的他人的吸引力相比较而觉得自己不如他人有吸引力，没有他人有竞争力的时候，嫉妒情绪就会产生。嫉妒可能具体地表现为讽刺、嘲笑、背地诋毁等行为，而在当事人心里可能引发更为不愉快的情绪体验。在青少年群体中，嫉妒情绪更多地在学校或者类似学校的场合产生。在学校这样的群体中，学习成绩和体育竞争以及个体在班级活动中的地位和作用都可能是引发嫉妒的因素。

人们往往把嫉妒心强与好胜心强联系在一起，但实际上两者是有本质区别的。好胜心理所建立的基础是在一种公平竞争的前提下，通过均等的机会，以一种发展的态度来对待自己的能力，旨在不断提高自己的潜能，这种好胜心理常常能够达到“双赢”的境界，即参与竞争的各个方面都可以在这个公平竞争的过程中达到自己的最满意状态。而嫉妒心理不同，它不是建立在公平竞争的基础上，它所建立的基础是一种不健康的前提预设，即你不能比我好，如果对方在一些方面超过自己，就会心理郁闷压抑，并想方设法破坏对方，使得对方的处境比自己差才能感到心理满足。嫉妒心理的关注重点是别人不能比自己好，而好胜心理的着眼点在于自己能力的提升。但是如果好胜心理没有一定的规范的限制或者引导，就可能向嫉妒心理方向发展。

青少年的嫉妒心理往往表达得比成年人更直接、更暴露、更容易辨识，如果在这个时期的嫉妒心理没有得到正确的引导，对青少年今后的生活会产生很大的影响。家长和教育工作者以及青少年社会工作者，对青少年的嫉妒倾向要有相当的敏感，要及时地发觉青少年在生活和学习中出现这样的倾向，只有及时发现，才有可能及时地给予他们相应的帮助。然后，就要去关注他们，关心他们，试图去了解他们产生嫉妒心理背后的原因。因为任何一种情绪从产生到反映出来，都不是一时的问题，而是积聚了很多原因，由过去的很多的事情引起的，了解这些事情和经历才能清楚嫉妒心理产生的根基，这样才能有针对性地提供一些必需的帮助和引导。

心理学研究表明，青少年的嫉妒心理主要产生于缺乏爱、缺乏安全感以及与周围的生活环境不和谐等原因。许多案例也从实践角度证明了爱与关怀是化解青少年嫉妒冰山的最好药方。家长、教育工作者和社会工作者在面对有嫉妒心理的青少年时，要从关心了解他们入手，关心是爱的最直接的表现，给他们应有的关怀与爱，从帮助的角度去引导他们走出自己狭隘的小圈子，以更宽容、更开放的心态去面对他们所在的外部世界，使青少年的视野从自我向更广泛的他人和社会投放出去，只有这样才能从真正意义上消除嫉妒的不良情绪。

（5）爱

准确地说，把爱放在情绪模式中讲是不符合心理学范畴的一些标准的，爱在心理学中更多地被认定为一种情感体验，是比较深层和稳定的情感。但是由于青少年对爱，更多地处于一种朦胧、漂浮不定的不稳定状态，对他们来说，爱倾向于以一种激情式的爆发形式表现出来，更多地以感受和感觉的形式展示并被知觉到，所以把爱放在情绪模式里讲更符合青少年的特征。

青少年所理解的爱可能与成年人理解的爱有所不同，但有一点是可以肯定的，那就是他们的爱更直接、更纯粹，他们爱那些使他们快乐、安全并爱他们的人。这种爱更多地被化解为一种直接的感觉，他们愿意与他们所爱的人在一起，愿意为所爱的人做任何事情，愿意为这份爱付出一切代价。这是青少年时期的爱让人羡慕的一面。

然而青少年的爱是极其不稳定的，他们所爱的对象常常被他们赋予许多想象的美丽光环。随着相互之间了解的深入，他们就会发现对方身上自己所不能接受的“缺点”，然后双方的关系就会因此而宣告结束。但是不久，他们就会又找到新的爱慕对象。

中学生的爱，是更需要引起注意的问题。这个问题受到了家长、老师和其他教育工作者的普遍关注。针对这个问题，专家也给出了很多解决的办法。应该认识到，中学生有爱，是一件很普通很正常的事情，相反，如果他们在这个年龄阶段还没有感受过脸红心跳的感觉，他们的个人成长和发展才可能真正存在问题。对中学生的朦胧爱的感觉，要给予正确的指导和帮助，通过种种方式影响他们，教他们应该如何去爱。爱虽然是人的一种本性，但是这种本性的发展需要正确的指导和学习，才能避免受到任何的不良影响和压抑。我们有必要使处在中学时代的青少年清楚，爱是什么，怎样才能获得真正的爱。所有这样的爱的教育不仅仅要通过学校，同时还要通过家庭和朋友的非正规的教育形式，通过家长老师和社会工作者对他们的爱本身，去教育他们如何去爱。爱不是什么虚无缥缈的东西，爱是一种责任，一种对自己和对自己所爱的人的责任，爱是对他人的关注和关心，爱是一种想去了解对方的强烈的愿望。没有学会如何去爱他人，也不会是一个真正独立的人，没有爱过别人的人，他自己也是不完整的。只有有了真正的爱，才能真正从根本上消除自己的限制，成为一个更加成熟、更加全面的人。我们的任务不是压抑中学生的爱，这是不可能实现的想法，即使真正实现也只可能带来可怕的后果。青少年社会工作者以及家长和其他教育工作者有责任教会他们如何去爱，帮助他们建立正确的爱的观念和行为模式，只有这样才能真正地促进他们的发展与成长。

（6）快乐

青少年在生活中有忧虑有恐惧，当然也有一些健康的情绪体验——快乐常常是伴随着他们的。当青少年感到自身与周围环境或者自己所在群体协调一致时，他们会感到快乐，当他们在学业或者工作上取得成绩的时候，他们也快乐。当他们与自己喜欢的人在一起的时候，这种快乐更是不言而喻的。

青少年的快乐也常常以一种爆发式的形式表现出来，这种快乐来得快，去得也快，相当不稳定，处于一定的变化之中。我们可以帮助青少年把这种快乐的情绪向稳定的情感方向转化，培养出他们的乐观向上、积极前进的性格，这样才能长久地获得快乐。

(7) 好奇心

好奇心是人的一种本质特征，正是因为有了好奇心，人类才得以发展到今天。儿童时代的好奇心是强烈的，他们对所有的人和事物都充满好奇心。青少年时期的好奇心则更集中地体现在对一些问题的关注上，其中最能引起好奇的就是自己以及他人，特别是异性朋友的身体发育和成长。这种好奇心的背后是一种青春的萌动。

人有了好奇就会去探索，青少年的探索精神是十分强烈的。对自己的身体和有关于异性的一切，他们都充满了好奇，都试图去接近、了解。然而，事实上他们对这些事情的好奇心往往不能通过正常的渠道得到满足，这样就更增加了他们对这些事情的好奇心，他们就更加想去了解这些对他们遮遮掩掩的事情了。所以，危险的不是青少年想去接近这些，而是社会在他们探索的路途中设置了重重阻碍，他们又处于无人指导、无人关怀的境地。充分发挥青少年的好奇心，引导他们去探索他们感兴趣的人和事，而不是去阻止他们，是青少年工作的重要任务。

四　青少年的自我意识

自我意识是人类有别于动物而特有的心理现象，也是人的意识发展的高级形态，它具有鲜明的个人特点，存在着明显的个体差异。

1. 自我意识的发生过程

列宁曾指出，“在人面前是自然现象之网。本能的人，即野蛮人并没有把自己同自然界区分开来。自觉的人则区分开来了”[①]。人只有在现实生活中才能逐渐产生对周围世界的认识，与此同时，产生对自己的认识。因此，人的意识的产生是随着语言和思维的发展，通过自己的实践活动渐渐形成，并随着实践的深入，由低级到高级、由简单到复杂逐渐发展起来。

(1) 萌芽阶段

初生的婴儿在与外界事物的相互作用过程中，区分开来自己、自己的器官、身体。如由于抓一个物体，推或拉一个物体，随着物体离自己的远近，他就会产生距离大小的概念；当别的东西碰到自己的身体某个部位后，自己会有痛的感觉。这样多次反复实验，使自己同周围的物体区分开来。婴儿正是通过这种最原始的方式，逐步地适应了解自然，逐渐地萌发自我意识。

---

① 列宁：《哲学笔记》，北京：人民出版社，1965，第68页。

（2）发展阶段

人真正的产生自我意识在2岁左右。此时的他能区分自己的动作，知道自己是主体。随着语言的发展，在3岁左右，“我”概念和意识明显增强，开始流露出羞耻感、嫉妒心、垄断心等。

从四五岁到青春期前的整个阶段，是个体自我意识扩大的时期。儿童的自我意识表现出强烈的社会认同意识，要求父母、老师等自己周围的人对自己做出正确的评价，这时他们对自己的评价也主要来自父母等周围的人，来自社会对自己的认可程度。儿童的这种社会认同意识对自己的成长有很大的帮助作用。我们可以通过使外部对象内部化的机制，使儿童逐步掌握社会的规范，渐渐培养起自我控制、自我调节、自我管理的能力。

（3）成熟阶段

如果说婴儿时期，发展了生理自我，儿童时期主要发展了社会自我，那么，青少年时期则发展了上述两种自我，并使心理自我得到了充分的发展。青少年的社会意识活动开始由原来的指向外部转为指向自己。他们开始关注自我、体会自我、研究改造自我，并形成了一定的自我分析、自我理解、自我评价能力和自我纠正的能力，导致了自我意识的全面发展。

2. 青少年的自我认可

青少年的自我认可不仅包括对内部情感生活体验的认可，也包括对整个自我存在的认可。

（1）外部形象的自我认可

心理学认为，身体的形象或模式是青春期自我意识的中心的、最经常的课题。青少年随着身体的发展，身高体重、形体容貌发生了巨大的变化，并表现出明显的性别差异，这些使青少年非常在意自己的身体。

儿童并不关心自己的身体到底长得什么样，经常以父母的评价作为自己的认识。然而，到了青少年期，他们开始用自己的眼光来审视自己，而且经常与别人进行比较，进而经常刻意地打扮自己。青少年对自我形象倾注了巨大热情，但青少年的自我形象是不稳定的，自己究竟在别人的眼中，尤其是在恋人眼中是怎么样的，常常使青少年迷茫彷徨。

（2）内心世界的自我认可

心理学家曾经做过这样的实验，让不同年龄的儿童和青少年根据自己的看法续写一篇未完成的故事，或者根据一幅图画编写一篇故事。结果儿童一般只描写人物的行为、举止和事件的过程，而青少年则描写人物的思想和感情。可见，到了青少年时期，他们关注的是心理内容和情感世界。这时，青少年一方面对自己的心理内心世界产生认可，另一方面又对他人心理不断探索认识。但他们却经常发现自己不能被别人理解，为此产生一种强烈的不安感、孤独感和空洞感，常常急于对自己的思想和情感、品行和能力做出判断和评价，而他们心中的标准或者说依据却是离自己太远的明星或模特，为此，他们经常痛苦不堪。所以，青少年对自我内心世界的认可并不等于他们已经“确立自我”，而是意味着更多的“寻找自我”。

（3）社会角色的自我认可

青少年的社会角色自我认可是指对自己在这个世界、这个社会、这个交际圈子里究竟处于什么样的位置，应该发挥什么样的作用，承担什么责任和义务的一种自我认定。青少年自我社会角色的认可，不仅具有适应环境的意义，而且会影响到青少年的社会生活状况，还对青少年的社会发展具有定向和加速的意义。

五 青少年的性格

性格是指个体在社会生活中形成的长期的、稳定的、习惯性的思维方式、表达内心的方式和行为方式。青少年的性格发展具有如下的特点：

1. 个体性

青少年的性格发展在很大程度上受到个人思维习惯、心理、世界观、价值观的影响，如青少年充满激情、精力充沛，这就使他们具有一种勇敢、开拓、拼搏的精神。同时，青少年性格的发展速度与品质对其心理过程、个性特点及行为举止也有影响和制约作用。如青少年的责任感、自信心常对青少年的认识活动、情绪和情感产生影响。

2. 与社会化保持同步

青少年性格的变化随着社会化进程的加速而加速，随着社会成熟而减缓直至趋于稳定。青少年社会化的阶段一个一个完成，常使他们对社会、对集体、对他人、对劳动、对学习和工作等身边各种事情的态度和行为迅速地向成人阶段过渡。当其自身的社会化基本完成，即当其社会成熟后，性格的发展就会减慢甚至趋于停止。

3. 性格调整能力增强

随着青少年年龄的增长，他们更加注意对自己性格的塑造和完善。青少年对自己性格的自我评价与自我修正的水平和能力较儿童有明显提高。如青少年常常主动向别人征求意见对性格加以改进，或积极主动地观察分析自己对别人的态度和别人对自己的态度与行为，自觉加以总结和评价，并努力加以调整改进，不断完善自我。

4. 表现形式日益丰富

人的性格特征要通过语言、行为举止、外部表情表达出来，青少年的性格不断成熟和完善，其内涵也变得更加丰富。因此，导致了表现性格特征的言行举止也变得日益丰富，致使人们只有长时间、细心地观察青少年的外表和言行才能了解他们。

六　青少年性意识的觉醒

青少年性意识的发展主要经过以下三个阶段。

1. 疏远异性阶段

青春期开始，青少年不再像儿童时那样随随便便地处理异性关系，而是要经过一段避开异性的时间，此时他们和异性之间心理上产生了隔膜，并表现出对异性的反感厌恶。这种情况在少女身上尤为突出，这个阶段性意识刚刚发展，对两性的关系从无知进入一知半解的状态。

2. 亲近异性阶段

在对待异性的态度上，继反感期后，就是亲近期，它是伴随着性意识和性生理的发展而产生的。这时的同龄异性之间好像有一种内在的感情吸引，使他们彼此之间愿意相互接触和交流，之前那种刻意的相互疏远消失了，在内心中已经开始编织着具有浪漫色彩的爱情之梦。青少年在这个阶段非常注意自己在异性心目中的形象，并想尽所有办法来吸引对方的注意。他们迫切地想揭开异性和爱情的面纱，但由于来自外界的社会道德压力，他们还不能采取任何的实际行动。

3. 恋爱阶段

这个阶段的青少年开始热衷于与自己中意的对象进行单独的交流和活动，而减少了对其他异性的关注和注意，也不希望第三者介入到他们中间去。这时他们的心理具有羞怯感，常常对爱慕的异性故意表现出无动于衷或回避的态度，来掩饰他们内心对异性的真实渴求。

七　青少年的成长矛盾和发展任务

1. 青少年的成长矛盾

青少年在成长发展及行为能力的发展上具有强烈的矛盾和冲突，主要表现为以下几个方面。

（1）要求独立与能力不足的矛盾

要求独立是青少年的一个重要特征，他们总是试图摆脱过去的家庭、学校以及一些社会规范对他们的束缚去获取自由。这种分离的趋向是青少年个体真正成为一个独立个体的开始。然而，青少年毕竟才刚刚在身体上开始发育，当身体上成为一个成熟的个体的时候，他们心理也需要一个发展成熟的过程，但是这个过程往往比身体发育过程要艰难得多。同时，他们的行为处世能力也尚未健全，这些都对他们以单独的姿态面对外部世界带来了极大的挑战。而青少年也正是在这种要求独立与能力不足的矛盾中不断成长，不断独立，行为能力也不断提高，当这个矛盾完全解决的时候，青少年也就从这个阶段向下一个阶段发展了。

（2）快速成长带来的不良反应

身体发育成长是青少年期，尤其是青少年前期的关键问题。身体快速成长、急速的发育转变会给青少年的心理、生理都带来重要影响。肌肉和骨骼的快速成长，使得青少年会出现一些肌体反应，诸如腿脚抽筋、睡眠质量不好等问题。第二性征的出现也会使得他们出现贫血或者头晕腹痛等不良反应。同时这些问题还会对青少年的心理带来巨大的影响，使他们对自己快速成长的身体有一种无法接受的感觉，这就会让他们常常走神、心神不定。

（3）易受同辈团体的影响

青少年时期，同辈团体的影响力是不可低估的。青少年之间的影响远远大于我们所想象的程度。青少年要求独立，这种独立的感受又是他们共同的需要，这样青少年之间就自然地联合起来了。在他们的小团体中，有共同的需要，共同的价值认同，共同的理想。这个团体的团结和紧密程度使得他们对同辈的意见有了趋同的倾向，他们更愿意接受他们所认同的人的意见，而不是他们这个团体所共同反对的或者疏远的，比如家长和老师的意见。

（4）对发展方向和方式选择的困惑

独立意味着自己拥有了决定自己的选择的权利。青少年争取独立实质上就是争取对自己的发展方向和生活方式的自由选择的权利。他们渴望获得这种自由选择的权利，但是当这种选择真正地摆在他们面前时，他们又会发现自己其实还是那样的无力和无助。对自己的发展方向，对自己未来的生活方式的可能性，他们还是知之甚少，他们是那样的需要得到外界的帮助，但是渴望独立的迫切愿望，使他们又不愿意或者不可能去向他们周围的可以求助的对象，比如家长和老师以及青少年社会工作者去求助。这种独立地面对发展和前进的选择对青少年来说是一种困惑，同时也是他们前进道路上所必须克服的困难。

（5）地位的含混

对诸多事情的困惑，必然会给青少年带来身份和地位认同上的混乱。一方面，他们迫切地要求独立自由，想要摆脱家庭和学校的束缚，去获得一种独立的身份和地位。可是另一方面，他们在许多方面还确实不可能独立，他们还确实在很多地方需要家庭和学校以及他们所在社区的帮助，从某种程度上说，他们还是隶属于他人的一个部分，完全的社会性的独立地位还没有完全确立起来，正处于争取的过程中。这种身份地位认同上矛盾的事实给他们对自己地位的确立带来了许多困惑。

（6）情绪和行为的不稳定

青少年时期种种矛盾都处于上升激化的阶段，整个变化和发展的过程是如此的不稳定，这种不稳定的状态同样体现在情绪和行为模式上。青少年情绪的变化常常是剧烈的快速的，让周围的人无法去预料他们情绪的变化情况。这种情绪的不稳定是他们内心矛盾冲突的一种表现，这种冲突的彻底解决需要他们继续向前发展。行为的多变和易受外界影响是青少年的一个重要特征。

2. 青少年的发展任务

青少年时期是发展问题最多的时期。青少年在快速发展和成长过程中，有许多需要解决的问题，这些问题如果得不到及时适当的解决，就会带来更多的新问题。青少年每发展一步都涉及前面一个发展阶段所没有解决好的问题的再解决问题。这样青少年的成长过程就是一个不断解决问题的过程。另外青少年情绪和行为的不稳定性也加剧了这种问题的产生。这样青少年时期就是一个不断解决问题同时又不断有新问题产生的时期。一般认为，青少年发展的任务主要有五个方面。

（1）接受个人发展成熟的体格特征，并接受扮演男性或女性的性别角色

青少年发展的一个首要任务就是去接受新的自我。在儿童时期，自我意识是不强烈的，而到了青少年时期，自我意识开始膨胀，并且与以前所认识的自我开始发生冲突，这种冲突包括生理上的认同和心理上的适应等方面。其中青少年要开始学会接受这个已经“长大”的“我”，接受自己渐趋成熟和完全的身体，特别是接受第二性征的出现。在接受身体上的变化的同时，还要去接纳自己所具有的特定的性别角色，去渐渐喜欢自己的特定的性别，并开始学习如何更好地在社会生活中扮演好自己的性别角色。

（2）建立与同性及异性的新关系

青少年时期出现了各种新型的关系，这些关系中与同辈群体的关系需要青少年通过学习的方式来学会建立。与同辈群体的关系分为两种，一种是与同性之间

的关系的建立，一种是与异性之间的关系的建立。青少年与同性群体的关系有认同一致的一面又有相互竞争的一面，两个方面既矛盾又统一，这个群体是青少年学会建立与外界关系的第一步。而与异性的关系的建立是建立于与同性关系的基础之上的，与异性的关系主要表现为双方的相互吸引，但同时又有相互排斥的一面。学会与同性群体和异性群体建立这种新型的关系，有助于青少年将来面对更为广泛的社会关系。

（3）感情及生活上逐渐自立

青少年从家庭和原有社区中独立出来是一种不可逆转的趋势，这种独立不是单一的过程，而是一个相对复杂和曲折的过程。这个过程需要青少年学会如何独立地应对生活中可能出现以及根本无法预料的困难和挑战。这就要求青少年必须学会独立生活所必需的一些技能，在获得这些独立生活的技能的同时，还要加强自己的感情和情绪方面的承受能力，使得自己最终能够脱离家庭去追求自己独立的生活理想。

（4）发展取得公民资格所需要的智能与概念

青少年要成为一个有独立行为的个体、成为这个社会中的一个真正的组成部分，就需要去发展他们要取得公民资格所必需的智能和价值观念。这种智能的获得和价值观念的确立不是随着年龄的增长而自然取得的，它需要青少年自身对这些问题的不断学习吸收才能真正获得的，同时也需要青少年去不断实践他们所获得的经验。

（5）面对升学、就业及婚姻的选择，并做好准备

青少年阶段有一系列的问题要面对，其中学业和事业以及新的家庭的建立都是非常重大的问题，为了这些问题的顺利解决，青少年需要为此做好准备，可能是通过学习的方式，也可能通过广泛的社会实践去达成。在一系列问题的解决过程中，青少年不能缺少必要的并且是科学专业的指导，同时在这些有效的指导下，他们需要去参与社会生活、参与实践。只有这样，青少年才能真正为面对升学、就业以及婚姻的选择，做好充分的准备。

第四章　青少年发展的理论

发展是青少年的本质。青少年社会工作的基础理论有各种流派，其核心的内容就是发展。事实上，人类历史上所有的思想精华，都从不同角度诠释了人的发展。例如，中国的儒家学说用“仁”解释了人性结构、发展目标等问题；基督教则着眼于人的精神发展方面，涉及儿童的本性、发展期限、发展阶段等问题。什么是发展？托马斯（R. M. Thomas）将其定义为“随时间的推进在人身上发生的变化”，指明这些变化并阐释之所以这样发生的一种方法，就被称作发展的理论。

发展是个人持续一生的现象，但是在青少年时期，发展最为明显。发展性是青少年的本质特征之一。一种发展是量的变化，是相当容易测量的，诸如身高、体重等；而另一种发展则是质的变化，指的是内涵、结构或者组织上的变化，是一种生理上的飞跃、智能本质的提高、心理运作方式的变化。迄今为止，不同领域的学者对发展问题都有不同的理论，每一种理论都在试图阐释人是如何发展的，每个人如何会发展为不同于他人的个体，人们如何才能正常地发展，人们对诸多可能影响自身发展的因素如何应对，人如何才能通过发展实现自己的潜能。要回答这些问题就要对前人所获得的理论有所了解。这里主要从生理学、心理学、社会学以及文化学的角度分别介绍一些关于发展的理论。这些理论是青少年社会工作的理论基础，是指导青少年社会工作者专业行为的基础性理论。

第一节　生理学相关理论

生理的发展是青少年诸多发展中最为突出，也最为显著的方面，同时，生理性发展也是青少年其他发展及发展问题产生的起因和源头。学习有关的生物学理论，将有助于我们了解、认识儿童、青少年发展的规律，科学地认识、判断青少年问题的生物学根源。生物学的基本理论很多，在诠释青少年发展规律方面，主要是运用进化论、遗传学等观点，解释、说明青少年发展的进程、状态和特征，这种理论重视生物性力量对青少年个体成长发展的影响，强调自然法则的作用，强调内在的生理遗传对青少年心理和行为的作用，更多地把青少年的成长发展看成是个体适应环境的一种现象。

一 生物进化论和复演论

1. 达尔文的进化论

人们常说，20 世纪改变人类命运的三位伟大的犹太人是马克思、弗洛伊德和达尔文。之所以赋予达尔文（Charles Darwin）这么高的地位，是有一定依据的。达尔文提出了进化论的观点，他在 1859 年发表了《物种起源》一书。达尔文的基本假定是：任何特定的物种在其物理和行为特征上都呈现出变异，这些物种都倾向于不断繁殖，结果自然无法承受更多的后代，这样物种之间和物种内部就展开了彼此的竞争，其中一些物种就能够争取到资源并且维护其资源，而无适应能力和竞争能力的物种就不可能生存繁衍。

达尔文的进化论观点在当时触动了宗教观中关于上帝创造了人的基础，而进化论的更深层的意义远远超越于此，进化论不仅仅是一个关于生物物种的理论，这个理论可以涉及更深远、更广大的关于整个人类及其处境的一种解释。

达尔文所处的时代，资本主义生产方式已经基本建立起来，这种新型的生产方式已经彻底地改变了人类社会，资产阶级所倡导的自由、平等、博爱的观念普遍为社会接受，在农业社会中的森严的等级制度彻底瓦解了，取而代之的是资本主义社会的民主政治和法律上的平等。然而这种平等的法律制度是建立在私有财产上的不平等基础上的，并不是一种真正意义上的平等，这种形式上的人人平等只不过是实质上的人与人之间的不平等的外壳而已。由于私有制的存在，人一出生就有了财产上的不平等，这种财产上的不平等又会带来相应的一系列的法律和民主参与上的不平等，所以最终人是不平等的。

达尔文正是在这样的时代提出了进化理论的。他的进化论强调环境对人的决定作用，这就是“自然选择”，“适者生存”。人固然在这个世界上享有绝对尊严、绝对价值，人的理性也使人超越于其他任何一种动物而成为这个世界上拥有绝对价值并不同于其他动物的物种。在拥有绝对尊严和绝对价值这一点上，所有人都是一样的，只要他成为一个人，他就有了绝对的价值。然而达尔文的理论指出了人的有限性，人永远只不过是生物进化过程中出现的一个物种而已，人同其他动物一样，人甚至也是从动物进化而来的。环境在整个进化过程中才处于一种绝对的地位，在世界不断向前进化这个绝对事实面前，人并不是完全可以由自己意愿控制的，人也不过是受环境决定的一个物种而已。

正是因为达尔文的这些观点从生物学角度证明了人的不平等性和有限性，进化论在当时受到了正统理论的打压。但进化论确实给当时的社会以及后来的整个20世纪都带来了深远影响。除了生物学领域，进化论还在其他许多领域中，如社会学、文化学、心理学等学科中有了更多的更深入的研究。在青少年社会工作中，进化论也同样给了我们一种基本的观念，那就是，青少年的行为也是环境的产物，他们的发展是受到环境制约的。青少年社会工作的任务有两个方向，一个是宏观方向的，就在于改变青少年所处的环境，包括他们成长的小环境——家庭和社区以及学校，还有大的环境，就是社会；青少年社会工作的另一个重要任务就在于要帮助青少年去适应他们所处的社会环境，不断提高他们的社会适应能力，促进他们在特定的社会环境中的发展能力。

2. 霍尔的复演论

达尔文的进化论还推动了许多相关理论的发展。其中复演论是对行为个体的发展过程展开的研究。被称为青少年研究鼻祖的美国第一位心理学博士霍尔（G. Stanley Hall）是进化论的坚定拥护者，他代表着青少年理论中复演论的顶峰。

《青年期》是霍尔的代表著作，该书是第一本研究青少年的专著，在方法上广泛运用问卷法，在理论上则是运用生物学上的复演学说来解释青少年心理的发展变化。

复演论认为，婴幼儿期是在重现人类发展初期的“似猴”阶段，感官与动作的探索对个体的发展最为重要；儿童期则是狩猎时代的再现；少年期是人类进化中农牧社会的反映；青年期则是狂暴与冲突，风暴与压力并存的阶段，复演着20世纪以来人类所处的骚乱状态。面对儿童的工作，对应的理念为爱；面对少年的工作，对应的理念为虔诚；青年时期充满不安和躁动，要以服务为理念进行工作。

霍尔把人类个体的成长和发展与整个人类的进化发展联系到一起，每一个成长阶段都有这个阶段特有的特征，也有这个阶段所必须完成的中心任务。但是这种理论更多地以假想的形式出现，个体的发展过程与整个人类的进化过程是否存在着一定的相似性，这个问题还需要更多的生物学方面的证明，而这些科学研究在当时的历史条件中是不可能完成的，直到现在，这种理论仍然没有有力的证据来证明自己的观点。

但是这种理论带给我们一个观念，那就是个体成长过程中会有不同的阶段，不同的阶段会有不同的特征。这种把人生分为各个阶段的理念对青少年社会工作本身就有很大的意义。霍尔把人生分为一个个不同的阶段，每一个阶段都是前一个阶段进化而来的，但是每一个阶段又不同于前一个阶段，而有着这个阶段所特有的特征和任务，现阶段的现状由前一个阶段的发展情况决定着，同时在这个阶段又可以超出前一个阶段的局限而获得新的发展。

3. 斯宾塞的社会进化说

在生物进化论席卷欧洲的同时，一些社会学家借用一些有关生物学的词语来解释社会发展的问题，认为社会也是一种进化的过程，先进的不断取代落后的，不能适应这个社会需要的东西和人，要为这个社会需要的东西和人所取代。这种观点的代表人物就是英国的社会学家斯宾塞（Hebert Spencer）。斯宾塞早于达尔文的《物种起源》一书的出版前10年就使用了“适者生存”这个概念了。当然，他是在社会学意义上使用这个词语的。他认为健全的社会组织形式是在人类没有规则的竞争中出现的，因为这样可以让最适合这个社会的人生存发展，这样就不断促进了社会发展。

4. 进化论对青少年社会工作的意义

种种进化论的观点把人和动物以及人类社会和自然界联系起来，中世纪以来人的绝对至上地位受到了挑战，这种观点把人类社会的竞争看作与自然界的竞争一样，最后得出“适者生存”的结论。从人的动物性一面看，这种观点是有一定道理的，而人之所以脱离了动物界成为一个更高级的物种，正是因为人所呈现出的人性的一面，人不仅仅要为自己的生存而适应社会，同时还可以通过改造他所处的环境，来使环境适应于人类的需要。单纯强调自然界和人类社会对物种和人的选择的进化论是不符合实际的。自然界中的物种变异作用，使得物种可以在突变的自然条件中得以生存下来，在人类社会中，人类的自主性和能动性使得人不仅能够主动去适应自然和社会，同时也可以对自然和社会施加改造，使得自然和社会向着自己所期望的方向去改变。正是存在着自然和社会对人类的选择，人的主动适应能力和改造能力才不断增强。

在青少年社会工作中，青少年社会工作者的重要任务就要帮助青少年通过学习、实践等多种形式来认识社会，为现在和将来更好地适应社会做充分的准备。社会对个人的选择是一种决定性的力量，青少年也同样面临或者将要面临这样的选择。同时，青少年对社会，也有一个选择问题，尤其是在现代社会，青少年的群体意识凸显，社会中出现了许多亚群体和亚文化，青少年通过选择这些亚群体和亚文化，来对抗整个社会环境对个体的选择。对青少年社会工作来说，青少年的亚群体和亚文化尤其是不可忽视的，青少年正是通过这种方式来改变着社会和文化。

二　生长顺序和时间理论

1.“哈本顿成长研究”

“哈本顿成长研究”是英国生物学家丹纳（J. M. Tanner）主持的，专门研究进入青春期以后的青少年的生理发展顺序、类型和变异情况。生长顺序和时间理论主要用于解释人类生理发展的类型、时间以及青春期发展的变异和差异。这项研究以青少年为对象，研究有五大重点，分别为：人的身体生长、阴毛的生长、女性胸部的生长、男性生殖器的生长及生长的差异，中间的三项皆为男女性征的发展。通过对青少年性征的发展和变异情况的研究，丹纳发现：青春期的生长发育，特别是第二性征的发展是有顺序和时间规律的，虽然在具体时间上有快有慢，但发展的每一个阶段都必不可少，青少年的成长是一个循序渐进的过程。同时他还指出，青少年的生物性发展具有较大的个别差异性，特别是在性征的发展上，有的早熟，有的晚熟，在内外部因素的共同作用下，他们的发展并不平衡，不同的个体会有不同的发展轨迹。换句话说，发展的顺序和时间不可违背，但每个个体在每个过程和阶段中的具体发展状况存在着显著差异。这种理论对后来的青少年发展理论有很重要的启发作用，直到现在，很多学者仍从不同方面证明这种生长顺序和时间理论。

2. 生长顺序和时间理论对青少年社会工作的意义

青少年生理的发展在青少年全面发展中占有基础性的地位。生理的发展决定了青少年其他方面发展的速度和程度。生理发展有着很强的规律性，这些规律对我们从事青少年社会工作有很大的作用，只有掌握了青少年发展的规律性，我们才可以进一步了解青少年，并且为他们服务。

（1）青少年生理发展的差异可能导致发展障碍

现代教育对青少年的生理方面的认识在增强，学校和社会中关于青少年生理发展的教育正在日趋正规化，通过这样的教育，青少年对自身身体变化的规律有了一定的了解。然而由于普通的教育仅仅从规律性出发，强调了生长的顺序和时间性，而忽视了不同个体在发展问题上可能出现速度的差异，有的早熟有的晚熟。青少年较少地接受关于个体差异性的教育，由此对出现于他们中间的个体成长差异问题不能正确对待，这些认识上的问题可能导致青少年情绪上产生不良的感受，给青少年带来困惑和不解，有的青少年甚至因此而产生心理障碍。

特别是正处于青春期的青少年，身体上的变化对他们的影响远远超过了我们所能想象的程度。他们对自身身体以及同辈群体中他人身体的关注是强烈的。他们把自己身体上的一点点的变化与同辈群体中的其他人，以及与他们所学习到的书本中的关于成长发育的规律性的东西做比较，来确定他们自己的成长的事实。当他们发现自己的成长比周围的同辈群体的成长速度快或者慢时，他们就会产生质疑，这种质疑会上升到他对自己整个人的评价上。

（2）让青少年了解规律及差异至关重要

在青少年的生理知识教育上，有责任告知他们，成长和发育中的规律性是针对整个人类的普遍的发展特性和生长阶段性的一种总结，事实上，并不存在着完全符合规律的生长过程，每一个个体的生长和发育都带有巨大的偶然性和变异性，个体之间的差异是巨大的，个体的发展速度是不同的，有的快，有的慢。虽然个体可能面临的成长阶段是每个个体成长过程中都必然要遇到的，但是任何个体开始进入某一个成长阶段以及开始结束这个成长阶段进入下一个阶段的时间差异非常大，整个发展阶段上的有序性和个别发展过程中的无序性是交叉在一起的。成长的阶段性也正是在这种发展过程的无明显规律性中体现出来的。

不仅发展的速度是不同的，个体之间发展的程度也是有很大差异的。青少年对身体发育程度的关注与发展速度的关注是交织在一起的，关注发展快慢的同时，也在关注发展的程度，主要针对身体发育的一些突出特征，如身高和体重，以及青春期的第二性征的发育情况。进入青春期的男孩子对身高的关注非常强烈，渴望快快长大成人的最直接表现就显现在对身高的关注上了。他们崇拜一些体育明星高大的身躯和健美的身材，自己的理想的身材正是建立在周围同龄人和大众传媒中的正面形象的基础上的。而进入青春期的女孩子对自己体重的关注也并不亚于成年女性。过于纤瘦或者发育过快体重的遽然增加都会带给她们困扰，在这方面她们甚至是矛盾的，又想早日成熟，又怕成熟所带来的包括体重上的种种负担。这种矛盾心理如果得不到有效的化解，会带来成长的焦虑和不安。

除了对身高和体重的关注外，青春期中的青少年对第二性征的关注是其真正关注的焦点。对自身第二性征出现的早晚，他们同样表现出焦虑和不安，并且他们时时将自己的情况与周围的同龄人的情况做比较，在比较和鉴别中他们才可以真正明确自己的发展情况，当他们在这种比较中感到不利时会产生挫败心理。另外，青少年还常常把第二性征与自身吸引力联系起来，这样就更容易把身体上的变化与心理上的情绪变化联系起来。

明确生长的顺序性和时间的规律性有助于帮助青少年认识自身的成长和发育过程，在明确成长的阶段性的同时，也需要了解个体在成长过程中所表现出的差异性。生长顺序和时间理论告诉我们，在了解青少年的过程中，要注意他们对自身和同辈群体的生长发育过程的关注，让他们了解在规律性的背后是巨大的差异性，帮助他们接纳自己的成长状况和发育情况，接受不同个体的差异性。

三 发展螺旋论与遗传学说

1. 格塞尔的青少年螺旋成长学说

这种理论的主要代表人物是美国著名生理学家格赛尔（A. Gesell），他是美国耶鲁大学教授，曾经做了大量的青少年发展研究工作，提出了成熟势力说，即发展螺旋论。格赛尔的著作很多，主要有：《学前儿童心理发展》、《儿童发展研究》、《儿童生活的最初五年》、《儿童，从5岁到10岁》、《青少年，从10岁到16岁》。他被誉为“美国生理心理学的先驱”。他认为，成长是像螺旋一样，具有前进和后退的律动现象。顺境与鼓励可能促进青少年的发展，挫折和问题也可能造成青少年发展停滞。

格赛尔的核心思想是成熟势力说。他认为，个体的生理和心理发展，都是按照其基因规定的顺序有规则、有次序地进行的。格赛尔把通过基因来指导发展过程的机制定义为成熟，强调心理发展是由机体成熟预先决定与表现的，因此，成熟是推动儿童发展的主要动力，没有足够的成熟，就没有真正的发展与变化。

格赛尔的另一个贡献是详细、系统地描绘了个体在每一个年龄层的发展特征。他认为，10~16岁是个体成熟的最重要的时期，自我发展的特征具体为：10岁期间，儿童开始不大关心自己，他们比9岁以前更容易与人相处，自己也更显快乐；11岁期间，儿童对自己的描述恶劣起来，他们的自我肯定降低，而父母也有类似的评价，即认为孩子确实不如10岁时听话；12岁时，儿童试图得到朋友的肯定，找寻自我，不愿意大人们仍然把他们当成小孩；13岁期间，儿童开始在意个人仪表，越来越急于修饰自己，他们的兴趣日益广泛，努力地寻求着内在的自我；14岁时，儿童通过和他人的比较来寻求自我，喜欢和他人相似，特别在意自己是否受朋友欢迎，这就使得他们容易走入群体，形成一定的团伙；15~16岁的儿童通过自我和他人的观念和理想寻求自我，非常喜欢分析自己和他人的思想，喜欢与他人争论讨论问题。

发展螺旋论本身具有遗传学的渊源，这种理论认为生命过程关系到一系列不断发展的有条不紊的渐进组织，每一个组织都根源于遗传体质，每一个组织都依赖另外的组织，每一个组织都变得越来越变异和专门化，所有组织的基本计划可以从基因中找到，这包括两种，一种是那些导致结构变异的基因，另一种是那些支配行为发展的年月顺序的基因。当时的遗传学家猜想基因组呈螺旋状排列，螺旋上升，同时又是曲折的。发展螺旋论也继承了这样的猜想，认为个体的发展也是呈螺旋状向上发展的，但前进的同时又有后退，而后退又是为了新的前进。人的发展过程中也确实表现出这样的螺旋上升的特征。

2. 遗传学说和发展螺旋论及对青少年社会工作的意义

随着现代生物学和遗传学的发展，对人是如何进化发展来的，人们的认识已经达到了基因的微观层次，基因成为分析人类机体构成的一个最基础的单位。人的发展由这些基因决定，发展的方向、发展速度等都已经由前一代人遗传给后一代人了，发展不过是把这些遗传编码通过一个过程表现出来而已，遗传编码当时还没有破译出来，但是生物学家和遗传学家预测到这种基因的可测量性。

同时，遗传学家认为，各种基因可以组合成不同的组合，不同组织状态下的基因组有着不同的特征，不同的基因组就决定了人的心理、行为、人格、智力、性取向等多方面的不同发展。并且，遗传编码是多重的、世代的、独特的，其间会有变异和异常，这就造成了人的发展的复杂性和差异性。

当代生物学和遗传学以超速发展，尤其是基因学作为一门单独学科的地位得到确立，人类对自身的认识更进了一步。种种研究已经表明，由遗传而来的基因，会有一些变异，同时，这种确定的基因成为个体的独特性的重要生理基础，人的许多生理特质和心理特质都与基因有关。也就是说，人类后来在社会生活中的许多行为都是在出生前就决定了的。基因甚至决定了个人的发展潜能和成长方向以及未来的种种可能性。青少年在青春期的种种逆反行为和越轨行为也是有一定的生理基础的，在青春期期间的性格的变化以及性格最后的成型也都是由生理基因决定的。

人的许多特质确实是由基因先天决定了的，这是不可否认的事实。但是我们还必须看到，基因毕竟只在整个人生过程中起到一定的作用，而不是完全的作用，而个体所生活的环境才真正对个体有着至关重要的作用。不承认环境的作用，就不能真正找到了解人类成长过程的真正的基础性力量。而生命遗传理论也只在一定范围内是有效的、正确的，超越了这个有效限度，无限夸大基因的决定力量，就会把这个理论带入极端的荒谬。

生理学理论奠定了青少年发展的一些基础理论，青少年的发展要遵循一些基本的生理规律，有自己的生理基础，在青少年社会工作中，必须了解、掌握青少年发展的客观规律，才能有效地为青少年服务。同时，青少年发展受到了遗传因素的影响，基因在青少年成长发展过程中，成为重要的决定力量，但是，遗传因素也不能完全限制了人的发展的可能性，环境在人类成长过程中扮演了更加重要的角色。生理的发展使青少年的发展有了生理基础，而环境的决定作用真正影响着青少年的健康全面发展。

第二节　心理学相关理论

青少年发展不仅仅是意味着青少年身体上的成长与变化，更多地表现为心理方面的成长与成熟。健康全面的发展，包括青少年机体的发育，而更为重要的是青少年心理的成熟和发展。特别是处于青春期的青少年，心理结构方面正受到强烈的震动和挑战，心理结构在这个时期呈现剧烈的变动状态。心理学知识和理论是做好青少年工作的基础，了解青少年的心理发展的过程和特征，将有助于我们帮助青少年健康成长。

一　弗洛伊德的精神分析理论

提到现代心理学，没有人会不提起弗洛伊德（Sigmund Freud），他是继达尔文革新了人类的由来及发展的观念以来，使人类对自身认识又进一步加深的另一个犹太人。“本能”一词在达尔文那里开始使用来说明动物（包括人）行为的固化模式，而在这里用于说明支撑所有人类行为的动因。弗洛伊德的心理学理论规模庞大，内容丰富，他所涉及的范围并不局限于心理学的领域，而是远及哲学和伦理学。他形成了自己的理论体系，来解释人的心理结构、心理本质、心理变态，他致力于通过自己的一套理论和方法来改变被压抑的人格。弗洛伊德是20世纪最伟大变革的代表人物，他有许多的追随者并培养出很多后来非常有名的心理学家，直到现在，新弗洛伊德主义在心理学界的影响仍旧很大。

1. 无意识理论

无意识理论是弗洛伊德理论中重要的一部分。在20世纪以前的哲学和心理学（19世纪心理学才从哲学中分离出来）中，并没有“无意识”这个概念，哲学家只关注人的理性、良心和道德这样的人类个体能够感知和知觉的精神生活。而弗洛伊德做神经官能症医生时，发现催眠状态下的人，可以回忆起过去的经验，而这些经验在当事人清醒时却完全不能被意识到。这些平时无法意识到的经验与当事人的神经官能症有很大的关联。弗洛伊德认为，这些没有被意识到的东西就是病人的病因。这样，他就开始建构了自己的无意识理论。他认为，人的心理是由意识和无意识构成的。意识只是心理结构中的一小部分，而无意识是水面下的冰山。

无意识又可以分为前意识和潜意识。前意识是指人集中注意力努力思考后可以回忆起来的东西。潜意识是个体不能知觉的精神生活，由原始冲动、本能以及一些出生后得不到满足的需要和欲望构成，虽然本人没有意识到，但却是一切心理疾病产生的心理基础。无意识领域中储存了一些不为社会所接受的，与社会道德相违背的东西，这些欲望在现实社会生活中得不到满足，就会被排除出意识领域外，被压抑到无意识中去了。

弗洛伊德的得意门生荣格（C. G. Jung）发展了他的无意识理论，他把无意识又分为两部分，一部分是个人无意识，一部分是集体无意识。他认为，无意识不仅仅是个人人格的独特的生活经验，同时还充满了基础的、普遍的心理真理观，心理真理观为所有人共有。所有的人以同样的方式来应对外界刺激，而这种作用是在不知不觉中发生的。荣格把弗洛伊德的无意识扩展到了整个人类群体范围内来讨论，丰富了精神分析理论，把精神分析理论从个体心理学领域带入社会心理学以及哲学领域。

2. 人格结构理论

在无意识理论的基础上，弗洛伊德创立了人格结构理论，这就是著名的“三我”理论：本我、自我和超我，人格的这三部分处于不断的对立冲突过程中。

本我是与生俱来的，无意识的，最原始、最基础的，类似生物本能的活力。它以非理性的方式工作，发动冲动，寻求表达和直接满足而不考虑是否有现实的可能性，是否为社会所接受，是否合乎普遍道德，它只遵从快乐原则，寻求不受约束的性、躯体和情绪快感。本我是最原始的结构，是原始力量的源泉，是遗传的，也是人格中永恒的。

自我是人格中现实的一面，它采用社会所允许的方法来使自己的需要得到满足，使本我的冲动与现实环境相调节，并协调超我的要求与本我的冲动，按照现实性原则行事，面对愉快需要做合理的选择。但是自我只是人格结构的表层结构，是人与现实的接触中发展出来的，它以更合理的、更有目的性的原则使本我适应外界环境。

超我是社会化过程中，社会道德和规范等内化成的自身心理人格中的部分。

它是习得的社会道德态度，在克服自我和本我的要求中发展，通过约束人的行为来遵从社会规范。它按照道德原则行事，追求完美，是人的社会性的代表和反映。

人格的这三个方面处在不断的斗争冲突中，自我要协调本我和超我以及现实之间的张力，使三个方面尽量统一平衡，当三个方面协调一致时，个体的人格结构就处于一种健康的状态中，如果三个方面的张力过大，而冲突又得不到有效的协调时，个体的人格结构就会处于不健康的状态中。弗洛伊德认为可以通过改变人格三个方面的结构来改变人格，从而改变整个人。

3. 人格发展阶段

这种理论认为，人格三部分处于冲突与平衡的动态过程中，本我所代表的无意识冲突主要是性需要的满足，这种满足是通过身体的某一个部位或者区域的快感来实现的，而这个区域在个体发展的不同时期是不同的，这就是人格和心理发展阶段理论。

（1）口唇期

0～1岁为口唇期，婴儿主要通过吃奶等口唇动作来获得快感满足。如果婴儿时期的口唇快感没有得到满足或者满足过度，以后会遗留一些口唇期的行为方式，也就是常说的口唇期固着现象，比如吃手指、咬笔头，成年人过分好吃、爱抽烟、爱唠叨等。

（2）肛门期

2～3岁为肛门期，这个时候正是家长对婴儿进行便溺训练的时候，如果训练过于严格或者过于放纵，会导致肛门期固着，产生两种相反的结果，一种是过分拘谨、小气、固执、过于条理性，另一种是过分杂乱、邋遢、没有条理。

（3）前生殖器期

4～6岁的儿童进入前生殖器期，以生殖器为快感的主要来源。这时出现了“恋父情结”和“恋母情结”。然而这种“乱伦”的情感不能被接受，儿童也惧怕来自父母中同性的惩罚，因此通过对父母中同性一方的认同来解决矛盾，这样可以取代同性一方而获得异性一方的情感，同时也可以效仿同性一方而得到奖赏。

（4）潜伏期

7～12岁进入潜伏期，这个时期一直持续到青春期前，儿童对性不再感兴趣，也不再通过定位于躯体中的某一个部分来获得快感。儿童的兴趣转向外部，特别是自然界，这时需要对儿童进行初等教育，发展他们的一些基本知识和技能。

（5）两性期

这个阶段从青春期开始一直贯穿整个成年期，如果前几个阶段发展顺利，就可以建立持久的性爱关系。快感源于生殖区，不仅追求自我满足，也考虑他人的需要，在性爱基础上建立爱情和婚姻家庭关系。

在这里，弗洛伊德把性欲的能量源泉叫做“力比多”，力比多是驱使人寻求各种感官快乐的心理能量。力比多包括性欲望，也包括其他所有的需要快乐或者与他人进行身体接触的欲望。力比多是一种“生本能”，与个体或者种的生存繁衍有关。后来弗洛伊德又提出了“死本能”的概念，指人有被驱动去攻击、侵略等的行为本性。

4. 心理防御机制理论

心理防御机制是个体在心理平衡受到干扰时，自我为了保持心理结构的平衡，即化解本我、超我和现实的矛盾冲突，所运用的心理策略和手段。每个人都在不同程度上使用着自我防御机制来维持自我形象、维系心理平衡。适度的自我防御有利于心理健康发展，但是过度的自我防御会使现实自我与理想自我产生冲突，而导致心理障碍。自我防御有很多种，主要有以下几种形式。

（1）压抑

把意识不能接受的东西，排除出意识之外，使其不为自己所觉察，本我的强烈的冲动被压抑到无意识。

（2）投射

把自己内心不被允许的冲动和行为推向别人或者周围的事情上，使在自己这里被压抑的东西在别的人或者事情上体现出来。

（3）转移

找另一个目标作为替代品，从而安全地释放压抑来满足冲动。

（4）反向

自我为了控制或者防御某些不被允许的冲动而有意识地做出相反方向的行为。

（5）升华

把原来的冲动和欲望，以社会许可的思想行为表达出来，使人能改变冲动的目的和对象而并不压制它们的表达。艺术就产生于此。

（6）合理化

通过歪曲现实来为需要得不到满足进行开脱，从而保护自尊心。包括“酸葡萄”心理，即得不到的，就是不好的，还有“甜柠檬”心理，即得到的都是最好的。

自我防御机制只能在一定程度上化解自我与本我、超我的冲突，过度运用自我防御机制不但不能化解问题，反而会使内心的冲突积聚，当冲突积聚到一定程度而不能再忍受时，心理疾病就会爆发出来。

5. 精神分析理论对青少年社会工作的启示

精神分析理论作为心理分析学的重要流派，对我们了解掌握个人人格系统和内在心理特质有重要的作用。只有清楚个体的人格结构和心理结构才能真正了解不同状态下个体的行为和思想，才可能对服务对象所特有的心理状态有一定理解，也才可能站在服务对象的角度来帮助他们。青少年正处于个人人格形成过程中，他们的内在心理结构处于极度波动和复杂的不稳定状态中，了解基本的心理人格结构，才可能从更深层次去把握青少年内心冲突和波动，才有可能从青少年内在出发帮助他们。

精神分析理论中一些观点对开展青少年社会工作有很大的启发性。青少年成长的整个过程就可以被看作逐步社会化的过程。而在这个社会化的过程中，社会中的道德规范、伦理制度体系都会逐步内化到青少年自身的人格体系中去。这个内化过程会产生冲突和矛盾，而这些冲突大多数并不为相应的外现形式表现出来，而常常是以一种无意识的形式对个人心理发生作用，矛盾激化到一定程度才会以种种外在形式表现出来。青少年社会工作者有责任帮助青少年了解自己的内心冲突，并对表现出来的矛盾有较为深入的理解，这样才有助于从根本上解决冲突。

弗洛伊德的自我防御机制理论对帮助青少年处理成长中的一些问题有很大的帮助。青少年自我正处在快速的成长和发展阶段，而自我也正在开始使用自我防御机制。适度的自我防御机制是正常的，也是有利于身心健康的，而过度的自我防御机制将会导致心理疾病。如果在青少年刚刚开始学会使用这个机制的时候，就开始让他们对自己的自我防御机制有所了解，并且帮助他们学会自我剖析，就可以使他们对自己所使用的自我防御机制有意识，从而可以达至自我清明的状态，这将有利于青少年的健康全面发展。

弗洛伊德的人格发展阶段理论明确告诉我们，人格发展是分阶段的，每一个阶段都有不同的关注重点，前一个或者前几个阶段的发展顺利，将会有利于以后的健康发展，而前一个或者前几个阶段发展不顺利，有一些问题阻碍的话，以后阶段的发展会受到影响并且会有前一个或者几个阶段的发展问题固着现象。所以，对一些在现阶段出现问题的青少年，我们不仅要从他现在的状态和所处的具体环境出发找到问题的症结，还要追溯到当事人过去的成长经历中去。过去的经验，特别是过去成长阶段中固着的问题的处理，对处理当事人当前的问题有非常重要的意义，而且一般情况下，现在和过去的所有问题都有着紧密的联系，现在所遇到的问题本身就是过去问题的延续。

弗洛伊德的理论常常被称为“泛性论”，主要是因为他强调“力比多”，强调人的内在心理的动力就是与性有关的“力比多”，这种力量是推动整个人格作用的强大动力。这种观点本身是否正确还有待商榷，但是进入青春期以后，对性的关注确实是青少年的一个中心。第二性征的发育，使得青少年对自身的性征变化以及异性的性征变化都产生了极大的兴趣和关注。而这种关注又受到现实社会道德和规范的压抑，所以，常常以别的形式表现出来，看似纷繁复杂的问题可能常常在最深层次都与对性的关注有关。所以，对青少年，不但要让他们学习了解关于性的知识，更要让他们了解正确的性道德和性态度，这样才能有助于从深层次上解决青少年的一些问题。

弗洛伊德精神分析理论确实为青少年发展问题提供了一个视角和理论依据。青少年社会工作者有必要了解关于这个理论的一些基本假设和内容，更好地帮助青少年处理发展中遇到的各种问题。

二　人本主义理论

人本主义心理学派在当前心理学界，特别是心理咨询中占有非常重要的地位和作用。特别是20世纪50年代以来，人本主义强调的“自我实现”理念深入人心。自我实现是人的一种先天的倾向，是一种基本的驱力，是一种建设性的力量，是发动人的积极行为来追求人的不断自我完善。

1. 罗杰斯的心理学理论

（1）“以当事人为中心”

罗杰斯（Carl Rogers）是人本主义学派的开创者，人本主义理论的最重要的代表人物之一。“以当事人为中心”（client-centered treatment）的心理治疗方法是罗杰斯的主要贡献。这种心理治疗方法主要强调心理治疗过程中的非指导性原则。罗杰斯与以往的心理学家最大的不同就是，他改变了传统的心理医生和“患者”的关系。在传统的心理治疗中，医生是治疗的主要力量和重心所在，“患者”被认为是缺乏力量、缺乏能动性的。而罗杰斯认为正相反，心理医生不应该以指导者的角色出现，而应该以“当事人”自身为中心，通过真诚的倾听，给予当事人爱与关注，从当事人的角度和立场去观察分析当事人所处的位置和当事人的内在世界。罗杰斯认为每个人都有与生俱来的发展的能力与才能，只要给予他们爱和关注，给予他们无条件的关爱和发自内心的赞美，他们就可以最大限度地发挥自己的潜能。

罗杰斯非常强调咨询师与当事人之间所建立的关系。他认为这种关系是一种专业的关系，真诚、倾听、关注和无条件的爱是建立关系的重点。医生不是以一种专家的身份自居，而是以当事人的伙伴关系存在，在整个咨询过程中，就是咨询师陪伴当事人去发现他自己的世界的过程。在这个陪伴过程中，不是医生带着当事人去探询自己，而是当事人在医生的陪伴下，把医生带入自己的内心世界，从而自己认清并化解了自己的问题。

罗杰斯非常强调动员当事人自身的潜力，而不是靠挖掘潜意识或改变行为。他认为当事人可以依靠自身的力量改变自己。咨询的重点也不是放在对过往经历的追寻上，而是放在当前情绪体验上，关心整个人格改变的进程。这种咨询成功的标志是，当事人整个人生态度的改变和自身能力的提高。罗杰斯还说明了咨询师与当事人的关系不但适用于咨询关系，而且在一切人际关系中都应该强调这种无条件的关爱与真诚的信任。

（2）“自我”理论

心理学过去的历史中，有许多关于“自我”的讨论，而弗洛伊德的精神分析学说把自我发挥到了极致。罗杰斯在早年非常厌恶这些关于“自我”的学说，很少使用这些概念。但是到了后期，特别是在他的心理咨询实践过程中，他发现自我对于个人人格的重要性，特别是自我在改变个人人格进程中所起的重要作用。后来罗杰斯也发展出他自己的关于“自我”的一套理论。

罗杰斯认为自我是人格的连续性、稳定性所赖以产生的最小单元。自我分为两个部分：一个是现实自我，指的是人对自我现状的知觉；一个是理想自我，指人对自己将要成为什么样的人的理想。罗杰斯认为人格结构的平衡一致，不是指人格各个部分之间，或特质与行为之间，或过去与现实机能之间的平衡一致，而是指现实的自我与理想的自我之间的平衡一致。因为现实自我与理想自我总有一定的距离，正是这个距离促使人们努力追求理想而不断前进。但是如果现实自我与理想自我的距离过大，那么现实自我就会启动种种自我防御机制来掩饰现实自我，使这个虚假的“现实自我”与理想自我靠近。短暂的自我防御有助于现实自我不断向理想自我靠近，但是过于频繁使用自我防御机制，最终会导致现实自我与理想自我距离不断拉大，最后，理想自我彻底破灭。

面对崇尚自我且生存压力格外突出的当代青少年，罗杰斯心理学的一些论述具有特别重要的意义。

2. 马斯洛的人本主义理论

（1）强调人性的重要

马斯洛（Abraham Maslow）是与罗杰斯齐名的人本主义心理学的代表人物。马斯洛认为人本主义心理学才是真正的人的心理学，人本主义才真正地给予人性以应有的地位，他认为传统的精神分析心理学和后来盛行的行为主义心理学都没有充分注意到人性的重要性，没有把人性放在心理咨询的首要地位。

马斯洛反对心理分析学派认为人都是处于无尽的心理冲突中，总是受到压抑并自我掩饰的说法，他认为这是把人都看作不健康的病人的心理学，而真正的心理学应该建立在对人的正确的认识上，即人都是健康的、积极向上的、有创造性的。马斯洛同样也反对行为主义心理学的一些假设，他认为这些假设，比如“刺激反应”模式，只是把人与动物等同起来了，行为主义心理学研究成为动物心理学的研究。他认为的人是有主动性的、有自我意识能力的、可以不断知觉自身努力的。

马斯洛指出，人可以运用他所有的才能、潜力、技能，努力发展潜能达至极限。在社会生活中，人实际上并不像我们所看到的那样，总是与他人竞争，而是努力成为自己想要的理想中的自己。人所有的努力不过是去不断实现自己的过程。

（2）人的需要层次

马斯洛把人的自我实现的需要看作人最高级的需要，也是人的终极目的。自我实现的需要与审美的需要、认知的需要和尊重的需要均属于高层次的需要，他称之为“成长的需要”。这些需要就是人充分发挥自己的潜能，不断超越过去的需要，是人努力的最高境界。人的自我实现需要的满足，就构成了一个人的生活的主题，人的生活风格就是在这个过程中体现出来的。

除了以上几种成长的需要以外，还有一些较低层次的需要，如生理的需要、安全的需要、归属感和爱的需要，这些需要直接关系到个体的生存，马斯洛称之为“缺失的需要”，缺失的需要是满足个体生理和心理平衡的需要。这些需要分为不同的等级，某一水平的需要得到满足或者部分满足后，才会萌发下一个水平的需要。但是有时候，在特定的条件下，人也可能超于低层次的需要，去直接追求高层次的需要。

马斯洛还提出了“高峰体验”的概念，这种感受是人感到自己与外在世界完全和谐统一时的微妙的瞬间体验。在高峰体验中，人们处于高度自律、自由自在、敏感的境界中，并且忘却周围存在和自己所处的时空的限制。而这种高峰体验正是人们自我实现的过程中取得一定成就时才能体验到的。

青少年时期，各种需求层次最不稳定，高层次的需要不断发展，很多成长问题都源自各种需要的变化与是否得到满足。我们可以根据这一理论去解释和揭示青少年各种行为的内因。在具体工作中，满足或主动迎合一些必要的需求，引导青少年向需要的正确发展方向发展，就会促进青少年的健康成长，实现青少年社会工作的目标。

3. 人本主义心理学在青少年发展方向上的应用

首先，人本主义心理学所强调的自我实现对青少年发展有重要作用。自我实现在人本主义心理学中是一种先天的倾向，是人的独特的基本驱力。青少年正日趋走向丰富的社会生活，强调自我实现的理念，有助于帮助青少年树立积极向上、不断进取的乐观心态。在青少年时期就建立起这种乐观向上的心态将会激发出他们对理想的不懈的追求精神，使他们受益终身。

其次，人本主义心理学强调人的潜能，相信人都是有潜能的，人有能力解决自己的问题，只要人能够去发现蕴藏在自己身上的潜力，并不断发展这种潜力，学会去动用自身的潜力，并且通过挖掘自己，去发现周围可以利用的资源来完善自己，个人发展的潜力就是无限的。青少年的发展过程就是一个不断去发掘他们潜能的过程，这个时期发掘的效果要远远高于成年以后。如果在青少年时期，他们的潜能没有被挖掘出来，成年之后，他们会出现诸如发展动力不足、信心不足等问题。青少年时期潜能的发挥对一个人整个人生都有着重要意义。

再次，人本主义强调主体的参照框架，每个人都只能站在自己的角度去认识自己和自己周围的世界，人并不是没有能力去解决自己的问题，只不过是在特定的情景中，人不能很好地去认清楚自己和自己所处的位置。只要人站在自己的角度，依赖于自己的理性，自己的问题就可以由自己来解决。心理咨询的作用并不是帮助当事人解决问题，而是咨询者尽量试图站在当事人的角度去看问题，通过陪伴当事人，给予他们爱和支持来让他们发掘自己的潜能，从而依靠自己的力量解决问题。青少年时期最需要的就是别人对他们的独立个性的承认，这种承认的最好表现就是承认他们的主体性，承认他们有自己的立场和视角。青少年社会工作者不应该站在一个与他们对立的立场来帮助他们，因为这样往往起不到真正好的效果，而应该试图从青少年自身的立场去看他们周围的世界，社会工作者只是作为一个伙伴，而不是教育者或者专家的身份出现在青少年面前。这样的身份和态度，不仅可以帮助青少年解决当前的问题，还可以使他们养成积极的、能动的人生态度，在今后的生活中出现类似问题时，也能够依靠自己的潜力来积极主动地应对生活。

最后，人本主义心理学强调治疗者与当事人之间关系的建立，认为治疗者应该给予当事人真诚、尊重、倾听、接纳和无条件的关爱，并且认为这种关系不仅适用于咨询关系，也适用于其他一切人际关系。在面对与青少年的关系上，家长和教育工作者也应该遵从这种关系。青少年并不因为他们已经长大就不再需要家长和老师的关爱与赞赏，相反，他们比幼年时代更需要别人的关注、爱和支持，而这种爱与赞美不应该是有条件的，更不能以父母、老师和社会的规范为标准，符合了这个标准就给予他们爱和赞赏，不符合这个标准就不爱他们、不赞赏他们了，这种有条件的赞赏只能促使青少年仅仅为获得这些赞赏和爱才去努力，这样就促成了青少年不健康人格的发育。相反，给予他们无条件的关爱和赞美，充分地尊重他们的独立性，真诚地对待他们的感受、去倾听他们的心声，只有这样，我们的帮助对青少年来说才是真正有利的。

三　行为主义理论

1. 行为主义理论的主要观点

与精神分析和人本主义心理学不同，行为主义心理学不强调人的内在的本能或者心理成长过程，而是强调外在条件，注重外在的环境因素对人格的影响。行为主义强调心理研究的科学性，认为心理研究只能通过客观的、可重复的量化的精确说明来保证。心理学不可能去测量人的心理活动，只能对那些外显的行为进行控制研究，通过在实验室采用观察和实验的方法，定量地描述环境中发出的刺激与行为变化之间的关系。

行为主义认为，行为和人格基本上是由外在环境塑造的，人格是外显与内隐反应的总和，这些反应是作为个人被强化了的历史的结果而被可靠地引发的。个体之间之所以有差异，只不过是因为个体之间有着不同的被强化了的经历。实际上，人格在行为主义理论中，并不重要，因为人格在这里就等同于行为，个体的行为通过环境的刺激作用被固定下来，这样就形成了具有个人独特性的模式。在行为主义看来，不同的人面对同一个刺激，有可能有不同的反应，其原因并不是因为他们个人内在有什么不同，而是他们有着不同的被外在环境刺激的经验，不同的刺激经验对当事人来说，有不同的意义，也就有了不同的反应。行为主义关心行为如何随着环境改变而改变，而不太关心有持久性的特质、本性和自我等概念。

行为主义对环境的特殊作用的注重，抛开了传统心理学只注重对个人内在心理探究的特点，而把心理学的视野扩展到丰富多彩的外部世界，认为心理现象不过是外部世界对个人的作用结果而已，对心理现象的研究也只能通过对个体外现出来的行为的测量来研究。这样就使心理学成为一门可以测量的、可以进行客观研究的科学。

2. 行为主义与青少年发展

在青少年发展问题上，行为主义也有很多应用理论。主要观点是认为青少年的发展是由他们所生活的具体的外部环境决定的，什么样的环境就会培养出什么样的人，什么样的环境就会产生什么样的行为。环境对青少年的发展具有超过其他一切因素的决定作用。

青少年成长的环境可以分为不同层次，家庭是青少年成长的最基本、最原始的环境，也是对青少年影响最大的环境，在这个环境中，青少年要学会最基本的生存技能、处理基本的人际关系的能力，以及一些普遍的社会道德规范和行为准则。这些学习一般都是以潜移默化的形式渗入青少年个人人格体系中去的。同时，家庭的经济状况、父母的教育文化背景以及整个家族的社会地位，都决定了青少年未来的社会地位、工作性质、经济状况、教育程度，而父母的价值观、世界观也会深深影响青少年。

除了家庭外，学校和社区也是青少年成长过程中的重要的外部环境，而整个社会现实，是青少年成长的最大环境。这些不同层次的环境对青少年成长的影响是不同的。家庭对青少年的影响是最深入的，方式也是最直接、最潜移默化的，影响程度最深。学校和社区是青少年成长的必要场所，在这里他们学会了在家庭中没有的秩序和一种广泛的友爱之情，同时，这里也有家庭中所没有的竞争和挑战——在学校和社区中，青少年开始学习如何来应对外界的挑战以便将来走向社会。而社会对青少年的影响不是非常明显的，却是客观存在的，主要通过现代的大众传媒系统向青少年灌输社会的伦理和价值观。不同层次的环境影响着，并决定着他们未来在社会中的行为方式。

但是，我们也看到，行为主义过于强调环境对个人人格的作用，以至于形成一种极端的、僵化的决定论理论。环境对个人人格的形成固然有重要的作用，但是片面强调这种决定作用就走向了相反的方向，完全忽视了个人人格在环境中的主动性和驱动力，忽视了人的独特性。人之所以为人，正是因为人具有自我决定的力量，人能够超于自己所处的社会环境，通过改变自己所处的环境来改变自己。这种能动作用使得人真正成为人。青少年时期正是开始了解社会、关注社会的时期。这个时期，青少年也正好开始形成他们自己的价值观和世界观，家庭、学校和社会所运用的一套价值体系，在青少年那里都会受到新的质疑，青少年的价值观会向这些传统的价值观进行挑战。面对外部世界，青少年内在的心理结构会发生一定的作用，他们不甘于成为环境的俘虏。这是青少年社会工作绝不能忽视的。

四 社会学习理论

1. 班杜拉的社会学习理论

社会学习理论是根源于行为主义心理学的，这个理论超越了行为主义理论的一个重要方面就是补充进人的能动作用，强调人和社会环境的相互作用。代表人物是美国斯坦福大学的教授班杜拉（Albert Bandura）。

班杜拉认为，个人既不是由内力驱动的，也不是完全受环境的摆布，人有自己独特的认知过程，他们参与行为模式以及人格的获得和维系。正因为人有认知活动，人可以使用符号来思考外部世界，并且可以不通过经验行为本身，就可以预见行为的可能结果。这叫做“替代学习”或者“观察学习”。这种认知能力使得人对自己有了一种控制力，可以通过预见未来来调节自己现在的行为，并且对自己的行为有一个自己的评价。

“观察学习”在社会学习理论中占有重要地位，个体正是通过观察来了解外部世界，获得关于外部环境的大量资料，特定的刺激就可以决定某些特定的行为在特定的时间出现，通过观察别人的行为，个人在自己内部进行比较，提供了一种自我强化或者自我惩罚机制，从而在自己行为的过程中有了自己的标准。

“自我效能”是班杜拉理论的核心内容。所谓自我效能指的是一种信念，相信自己能在特定环境中恰当而有效地做出行为表现。这种信念不同于一般意义上的自信。它是对能力的一组特殊的评价，是一种复杂的自我认识。自我效能以多种方式影响着人们的知觉、动机，影响活动、任务的效果，也影响着环境，因此是重要的人格组织因素。

2. 社会学习理论与青少年发展

社会学习理论对青少年发展有着重要的理论意义。青少年的发展过程正是一个不断学习社会文化、知识、技能、规范和价值观的过程，通过观察和外界环境不断对行为的强化，就有了自己的行为模式。只要控制了外界环境对行为的刺激以及对这个行为的强化，就可以改变行为。这样，对一些发展过程中出现了问题的青少年，只要分析他们的问题行为的形成过程和强化形式，就可以找到问题所在，通过纠正不良行为的强化方式，就可以重新建立起新的行为模式。一切行为都是学习得来的，这样，一切不良行为也都可以通过学习正确的行为来改变。

五　人格特质论

1. 人格特质论的主要观点

阿尔波特（G. Allprot）是人格特质论的创始人，他认为，特质是人格的构造单位，是真实存在于人内心的一般倾向，是对个别行为习惯整合的结果。特质具有相对持久性和动力性，能引导行为，并造成行为的一贯性，是个体独特性的来源。

阿尔波特认为，各种特质并不是散在地堆积在一起的，而是有机地组织在一起的。他假定存在一个人格组织者，叫做“统我”，统我不是生来就有的，而是逐渐发展起来的，先后经历了以下八个发展阶段。

（1）躯体“我”的感觉

1 岁左右的婴儿开始感觉到自己躯体的存在和可控制性，对属于本身的部分有熟悉感，对本身以外的部分则产生陌生感和厌恶感。这种躯体感是自我意识发展的基础，由此人们开始认识自身。

（2）自我同一性感觉

当有关自己躯体的感觉保持一定的一致性时，婴儿大概是从 2 岁开始意识到自己区别于躯体以外的事物，自己总是同一个东西。他们开始知道自己的名字。

（3）自尊的感觉

3 岁的儿童开始发展出自尊和自爱的人格倾向，他们开始独立去完成一些事情，有了成功感和失败感。

（4）自我扩张的感觉

4 岁的儿童除了知道自己以外，还知道了其他许多属于自己的东西，有了“我的”这个概念。这就是儿童的自我感觉扩展到了外界事物上。

（5）自我意象的感觉

5 岁的儿童就能对自己和自己的行为形成一种一般印象，并能将这些印象与别人对他的期望进行比较。他们开始有了道德意识，并能根据自己的愿望规划未来。

（6）作为理性应对者的自我感觉

6 岁以后直到 9 岁期间的儿童开始发展出一些理性思维能力，能对一些事物做出理性的思考和判断，不再简单地听信别人的观点，并开始对家长的观点进行挑战。

（7）自我统一的追求

进入青春期以后的青少年开始形成长远的生活目标，并以此为追求目标或者自我的一部分。长远目标的确立是区分成人与儿童的标志。

（8）作为认识者的自我

成年人的自我可以作为认识者，同时也可以作为自己的被认识者，这时的自我综合了前面七个阶段的机能，成为统和我。

2. 人格特质理论与青少年发展

阿尔波特的人格发展阶段理论为我们了解青少年的人格形成过程提供了一个比较清晰的思路。阿尔波特特别说明对“自我统一”的追求，是进入青春期以后的青少年的特点。青少年之所以不同于儿童正是由于他们的自我意识的发展，他们对自我已经有了非常明确的要求，并且能够通过自我克制来达到自己所设定的目标。但是这个时期的青少年毕竟还没有完全成熟，他们的人格系统也正在发展过程中，在自我统一的追求过程中，又常常会有波折。只有他们可以完全清楚地认识到自己，认识到现实的自我时，他们才真正成熟。

六　皮亚杰的认知发展理论

认知发展理论又称人格认知理论、认知发源论，代表人物为瑞士儿童心理学家皮亚杰（J. Piaget）。皮亚杰利用临床会谈的技巧探讨儿童面对推理问题的反应方式、思考特征和知识的获得。1923～1929 年间，他系统调查儿童的道德判断、日常生活事件、使用的语言等，形成了著名的认知发展论。

1. 皮亚杰的认知发展阶段理论

皮亚杰认为儿童心理发展经历着量的积累和质的飞跃，显示出发展的阶段性，他认为儿童的智慧是从外部动作向内部抽象推理的方向发展的，并具体描绘了发展阶段。

（1）感知运动阶段

婴儿出生到 2 岁，这时的婴儿主要通过不断地同化与调节等多样化适应动作，得到最初智慧的发展。

（2）前运算阶段

2～7 岁的儿童，可以通过模仿，想象而创造新形象。他们的语言迅速发展，智力活动进入概念符号化领域。他们的符号化的思维过程的内容充满了具体物的表象。

（3）具体运算阶段

7～12 岁的儿童开始了心理运算，运算是一种心理操作过程，这个过程使两个事物间的关系以特定的规则联系起来，运算过程就是一种心理程序，一种信息加工中的转换过程。

（4）形式运算阶段

12 岁以后的青少年开始运用抽象规则进行思维，采取系统化的方法寻求解决复杂问题的答案。他们开始掌握初步的科学思维的方法。青少年经常思考诸如真理的性质、生命的意义等理论问题或者一些关于未来的想法，这些都表明他们已经具有纯逻辑的思维能力。

青少年的这种逻辑思维能力需要通过不断的学习和教育引导才能最大限度地开发出来，而这个阶段的开发对青少年今后一生的思维能力的提高有重要意义。我们应该相信青少年的这种逻辑思维能力，并且应该鼓励他们运用这种思维，对自己和自己周围的人和事物进行自己的思维活动。

2. 认知发展理论对青少年工作的意义

皮亚杰的理论在儿童和青少年工作领域中的影响是举足轻重的，特别是在对儿童和青少年的培养和教育领域。学习目标的设置、课程顺序的选择、学习论题的年级配置、心理过程的评定、教导方法论的应用等，都因此具备了一套新的模式。因为心智的发展对人的社会适应能力的形成具有重大影响，所以这一关于儿童思维逻辑发展的理论，对儿童和青少年社会工作有很重要的指导意义。要通过对儿童及青少年智能的启发和适当的诱导来促进他们心智的发展，儿童及青少年心智发展的潜能要在充沛的教育环境、良好的情绪适应下才能充分地形成和达到，这些观点在儿童及青少年工作中都有很实际的指导意义。

20 世纪 70 年代后期，归因论得以提出，这是对皮亚杰理论的延续。归因论认为人的行为是由个人的思考情绪和基于现存的信息和基模的意识判断下形成的，它仍以认知理论为基础，但更加侧重通过对个人行为的成因的分析、对事件因果信息的搜集来认识个体的行为的发生、发展。面对生活在社会急剧变革、信息飞速发展时代的青少年，这些理论分析都具有特别重要的指导意义。

七　埃里克森的心理—社会发展阶段理论

1. 埃里克森的人格发展阶段说

埃里克森（E. H. Erikson）的理论代表着人格的心理社会观点，他认为人的一生中每个阶段都有影响其人格发展的主要问题，这些问题并不是只在某一个阶段出现，它们可能在任何时期都会发生，只是在特定的发展阶段中更为重要而已，这些问题成为影响人格发展质量的关键因素。他将人的心理发展过程划分为八个阶段，他认为，这八个阶段的顺序是由遗传决定的，但每一个阶段能否顺利度过，却是由社会环境决定的。

（1）第一阶段——感觉期（0～1.5岁）

主要问题是信任与不信任。对成人的信任感的建立是婴儿健康成长的关键心理因素，并且对以后个性的形成、个人的塑造起重要的基础性作用。

（2）第二阶段——肌肉期（1.5～3岁）

主要心理因素是自主与羞怯，父母要给儿童一定的自由，不能伤害他们的自主性。

（3）第三阶段——运动期（3～6岁）

主要问题是主动与内疚，成人需要培养他们的进取与乐观精神。

（4）第四阶段——潜伏期（6～12岁）

主要问题是勤奋与自卑，学习是这个阶段的主要任务，学习的成功与失败，会得到成人的奖励或惩罚，应该使他们获得自信和勤奋的动力。

（5）第五阶段——青春期（12～18岁）

主要问题是认同和混乱，这个时期是儿童走向成人的过渡期。由于身体和知识的增长，青少年常常遇到感情困惑和概念冲突，从儿童时期对父母的无意识认同的基础上，进一步发展出自我同一性认同。

（6）第六阶段——青年期（18～25岁）

主要问题是亲密和疏远问题。

（7）第七阶段——成年期（25～65岁）

主要问题是繁殖与停滞。

（8）第八阶段——老年期（65岁以上）

主要问题是自我整合和失望。

2. 埃里克森关于青春期的论述

埃里克森对青春期的论述十分丰富，他认为青春期的问题将发生在自我同一性未曾建立上，导致“角色混乱”。他用同一性危机理论来解释青少年对社会的不满和犯罪等问题。他认为，如果一个儿童感到他所处的环境剥夺了他在未来发展中获得自我同一性的种种可能，这个儿童就会以令人吃惊的力量来抵抗社会环境。如果青年人不能承担正常的社会角色，他就宁肯做一个坏人，或者干脆死人般地活着，也不愿意做一个不伦不类的人，他自由地选择这一切。艾里克森认为，没有建立自我同一性的人，很难确立明确的目标，需要和愿望是变幻不定的，缺乏统一的感情和兴趣，不知道自己将来会成为什么样的人，没有恒定的处事方式而表现为矛盾的自我。这样的青少年没有确定的目标，对偶然事件没有把握，常盲目行动并且不预见自己行动的后果，内心充满矛盾而无所适从。所有这些都要通过建立自我认同来获得一种新的统一。

八　心理学对青少年社会工作的意义

心理学是青少年社会工作的一门基础性学科，是青少年社会工作者必须清楚掌握和能灵活运用的学科，特别是其中关于心理发展规律的一些理论是我们了解青少年心理发展过程、帮助青少年健康全面成长的重要指导理论和应用工具。

青少年整个成长发展过程，包括身体发育、心理发展以及社会适应能力的进步，而生理的变化和社会适应能力的改变都与青少年的心理和人格的发展有着密切的联系。只有心理和人格的不断成熟，才能使青少年以积极健康的态度来面对自己身体发育过程中所带来的种种问题，而社会适应能力的提高在很大程度上就是心理和人格上的不断成熟过程。这三个方面的发展必须是同步进行，它们之间是相互影响、相互促进的关系。

而现实中，青少年心理的发展过程却常常没有得到应有的重视，家庭教育以及学校正规教育中，注重的更多是对青少年规范意识和一些基本的知识和技能的传授，而对青少年的心智发展、情感和情绪发育、健全人格形成等关乎青少年心理健康的教育却没有得到应有的重视。通常只有等个别青少年出了问题，才发现一些他们心理发育和人格发展的不健康倾向，而到了后期，青少年心理结构和人格结构已经基本定型了，这个时候想要改变他们就很难了。当然这并不意味着就永远不能改变了。在青少年社会工作者看来，无论何时，人都是有希望的，人都有改变的可能，而这种改变的力量就蕴藏在人自己身上。

对在生活中出现了一些发展障碍的青少年，我们更要坚信他们是可以改变的，而不应该戴上有色眼镜去看他们的行为和思想。揭去社会刻板印象给他们贴上的标签，用我们真诚的关心和无条件的关爱去了解他们、尊重他们、接纳他们，给予他们支持和改变的力量，帮助他们发掘深藏在心中的力量，让他们学会如何动用自己和身边的可以利用的资源，使他们能够不断成长才是社会工作者所应该做的。

第三节　社会学相关理论

人除了是一个生命有机体之外，还是一个有着独立人格的个体，同时，人还是一个社会的人，社会性是人的本质属性。青少年作为社会的一部分，在社会中，有着自己独特的地位和作用，同时青少年也无时无刻不受到社会的各个方面的影响。青少年的心理、生理发育问题无不与他们所生活的整个社会环境有着密切的关系。关于社会的理论，将帮助青少年社会工作更好地认识青少年与社会的关系，更好地帮助青少年社会工作者，通过自己积极的工作，促进青少年不断提高社会适应能力，发展正向的社会功能。

一　几个基本概念

在社会学理论中，有一些涉及人与社会之间的关系问题的基本概念，如角色、角色冲突、角色紧张、互动等。明确这些概念的具体含义，有助于我们深入认识青少年发展与社会的关系，有助于我们理解各种相关的社会学方面的理论。

1. 角色

青少年进入社会的过程，就是一个逐步学会扮演一定的社会角色的过程。角色是指在某一类型的社会制度中，某一社会成员被社会所期待的行为。它是人社会性的集中表现，可用来解释、评价社会行为的可预测性。角色在社会性行为方面表现出一定的行为定势，学习担任各种角色是儿童和青少年发展的重要任务之一。同时，青少年行为偏差在很大程度上往往会表现为角色的混乱或错位。

2. 角色冲突

角色冲突是指某一种角色的有效表现和另一种角色的有效表现的直接冲突。一个个体往往担任着多重角色，对这些角色调适不力而产生的冲突往往是产生社会问题和个人问题的重要根源。儿童和青少年在学习担任各种社会角色时，也会遇到各种直接的、间接的角色冲突，并会在冲突中不断明确自己的社会角色。

3. 角色紧张

角色紧张是个体在与某种特殊角色的相关行为的期待无法一致时，产生的心理状况，它是产生社会适应不良问题的重要原因，通常发生在与某种角色相关的行为上。青少年社会工作者在实际工作中有时就会遇到角色紧张，如在青少年保护服务中同时执行为青少年服务和社会控制两种功能，很多人经历了角色紧张。儿童和青少年在社会化过程中，学习对各种角色的适应，这个过程中角色的紧张是经常发生的。缓解这种紧张，帮助儿童和青少年积极、自如地适应各种角色，是青少年社会工作者的责任。

4. 互动

互动可分为合作性互动、竞争性互动和冲突三种。合作性互动是个体在社会生活中互相促进、不断达到新的状态，反映了人际间正面的、促进性的影响；竞争性互动则是指社会生活中，双方通过在各方面的竞争产生激励，进而促成的互相影响的状态；冲突则是社会中的个人或团体之间通过各种形式的冲突，在新的基础上形成新的平衡。影响互动的因素主要是由规范以及规则不协调而造成的冲突。在青少年发展成长过程中，个体及团体间的互动是随时随地存在着的，没有团体间的互动，就没有青少年的正常发展。这种互动对青少年社会性发展具有特别重要的意义，辅导青少年在人际互动中健康成长，是青少年社会工作者的重要任务。

5. 规范

规范，简单地说，就是一个维持这个社会秩序的工具，它是经过各种形式的教育以及社会舆论的力量，使人们形成的一种调整个人与社会、个人与他人、个人与自然、个人与团体之间的社会关系的价值、传统、文化及适应能力。规范对社会的稳定和发展具有决定性的作用。教导和学习社会规范是青少年社会化的主要内容，也是青少年社会工作的重要任务。青少年对社会规范的态度，不仅会直接影响他对社会的适应，而且可能会引发他们内心深处的矛盾与冲突，导致社会性发展不良的问题。所以，青少年社会工作者的重要任务之一就是要鼓励青少年对社会规范的学习和适应，帮助他们形成符合社会要求的价值和适应能力。

6. 社会群体

社会群体是人们通过一定的社会关系结合起来，进行共同活动的合成体，是人们社会生活中的具体单位。初级社会群体对儿童成长意义重大，它为儿童提供了社会生活的最基本的环境和实现社会化的最基本的条件。而对青少年来说，寻找并进入一个志同道合的社会群体，是这一时期的重要发展任务。家庭、同龄群体、邻里组成的社区是青少年生活的基本社会群体。特别是同龄伙伴组成的群体，对青少年的发展具有重大影响，是引发青少年诸多问题的源头，也是青少年社会工作的重要工作介入区域。

社会学的专业概念很多，上述几个基本概念与青少年发展的关系较大，是青少年社会工作者必须十分明确的。

二　默顿的越轨理论

1. 关于越轨理论

默顿（Robert King Merton），帕森斯的学生，哥伦比亚大学的荣誉终身教授。他的越轨理论从一个新颖的视角，给我们揭示了关于社会中越轨现象的一些规律性，被认为是西方社会学界中关于越轨理论的经典理论。这一理论对青少年的社会工作有很重要的理论指导和实践应用作用。

默顿在创立越轨理论时使用了文化目标、制度化手段等解释性因素。他将失范作为一个主要的自变量。失范在社会学中是一个重要概念。这个概念首先是由社会学经典理论大师涂尔干提出的。涂尔干所认为的失范是一种规则的缺失或者是社会无规则的状态。而默顿重新给失范以定义，他认为失范是文化目标与实现目标的合法手段之间的冲突。

他认为，现代社会人们只注重目标，而不注重达到这一个目标的合法途径，由此就将导致失范。对社会来说，这就是一种功能失调。在这样的社会中，人们对文化的目标的选择有差异，而对达到这个文化目标的制度化途径的选择也是不同的。根据人们对目标和达到目标手段的不同选择，默顿归纳出了五种行为模式，并且得出了社会失范将会导致越轨行为的增加的结论。这五种行为模式如下。

（1）从众方式

从众的适应方式，主要是社会中一些接受过良好教育的，并且在工作中非常认真努力的人，他们对社会中的普遍的文化目标采取的是一种认同的态度，并且他们可以通过一种社会所认可的、制度化的途径来达到社会认定的文化目标。这类人不会产生越轨行为。

（2）创新方式

这类人对社会普遍的价值规范和文化目标采取认同的态度，并且愿意为这个目标而付出自己的努力，但是他们不像第一类人那样去墨守成规，他们不愿意为一些社会既定的规则所限制，而喜欢用新的手段、不同的途径去达到他们所认同的社会文化目标。这类人就可能产生一些对社会规范的违反行为，也就是越轨行为。但是他们对社会整个目标体系还是采取一种认同态度的。

（3）仪式主义

社会中也存在这样的一类人，他们与创新方式的人相反，对社会的文化目标，他们是不认同的，然而他们在行为上，并没有采取一种反抗或者抵抗的行为，而仍然是按照社会中的既定的规范行事。他们与第二类人一样，也存在着目标与手段的断裂，虽然他们在行为上没有出现什么具体的越轨行为，但是在对整个社会的价值体系的认同上，他们存在着根本的不认同，这也是一种越轨。

（4）逃避主义

默顿认为社会中总是存在这样的一类人，他们对社会的整合目标不认同，同时他们也无法通过合法目标去达到社会目标，最终他们对社会目标以及制度化的手段都采取不接受的态度，而远离这个社会。如一些酗酒成性、吸毒成瘾、看破红尘和遁入空门的人。这些行为都是他们对社会目标和达成目标的手段的一种抵制和拒绝。他们采取一种消极的越轨行为。

（5）造反行为

造反行为是人们在否定和拒绝现存的目标和手段的情况下，采取新的目标和新的手段的一种适应方式。这是一种最直接的越轨行为。

默顿认为，在美国社会，发财是美国人心目中高度赞赏的目标，但是很多美国人却不能获得达到目标的合法手段，所以美国社会自然会出现很多的越轨行为，特别是对下层社会的人来说，他们掌握的达到社会整体目标的合法手段更少，在实现他们的目标的过程中，他们会遇到比掌握社会资源较多的上层人士更多的结构性障碍，所以他们更容易产生越轨行为。

2. 越轨理论对青少年工作的意义

默顿的越轨理论对青少年社会工作有重要的指导意义。青少年犯罪以及青少年的一些反社会行为，都可以被认为是一种越轨行为。对不同青少年的不同越轨行为，应该具体分析他们产生这些行为背后的原因，通过了解他们的个人价值体系和所处的社会经济和政治背景，来了解他们对社会目标体系和他们达成目标的手段的可能性，从而从一个较深的层次上去理解他们的越轨原因。这样才可能从深层次来帮助他们从一种反社会、反生活的消极状态中彻底解脱出来。

三　社会角色理论

社会角色是指与人们在社会关系体系中所处的地位相一致、与社会对占据该地位的人的行为期望相符合的一套行为模式，简单地说，社会角色就是社会所认可、所期望的处于某一位置的人的一套行为模式，而不只是具体的人的某一个行为。

当一个人处在某一个特定的位置上的时候，他必须与其他角色发生关系，人们通常把围绕着某一个社会地位而形成的角色叫角色丛。任何一种社会地位都会使个人卷入多种角色关系。也就是说，当一个人进入一种新的地位时，通常不是获得某一个单一的角色，而是获得一组角色。

在一定的时空范围内，总是有一套比较理想的行为规范来指导人们的行为，这种被期待的、理想的行为规范体系就叫做理想角色。每一个社会成员按照所担当的角色，尽其本角色所规定的行为规范，就能达到最完善的状态。在现实生活中，人们实际上表现出来的行为模式称为实际角色。实际角色与理想角色总是存在着一定的距离，这种距离叫做角色距离。

1. 默顿的角色丛理论

1957年，默顿发表了他的论文《角色丛——社会学理论问题》，引起了社会学界的关注。在他的论文中，他首次定义了地位和角色。默顿认为，地位是指社会结构中具有相应权利和义务的位置；角色是指以其他人的模式化期望为取向的行为。

默顿认为每个人的地位不只对应一种角色，而是一组角色，他称之为“角色丛”。他认为，角色丛是角色关系的补充，人们以其占据的特定的社会地位而卷入到这种角色关系中。社会安排将处于角色丛的人们的期望统一起来，由此避免角色冲突。

默顿提出了角色丛中存在的四种能缓解角色冲突的机制。他以美国大学生为例来说明这些缓解性因素。比如一个大学生的角色丛包括教师、学生、学院顾问、登记员、宿舍管理员、学院院长等。在这些大学生中，第一，某些人多少卷入了与大学的关系，于是这种程度不同的卷入便产生了形形色色的角色期望的功效。第二，角色丛中某些人可能为了权力而互相竞争。他卷入冲突可以给角色以更多的自主权。第三，把对角色丛成员的观察与角色活动适当隔离起来，如学生与宿舍管理员之间的关系，使院长不能从管理员那里了解学生的某些行为。第四，角色丛成员相互矛盾的需要在什么样的程度上能被观察到。如果产生这种状况，角色丛成员而不是角色本身的任务便是解决矛盾和冲突。默顿认为，地位不同的人士之中相互间的社会支持，有利于解决角色丛成员中预期的矛盾。

2. 米德的角色扮演

（1）角色扮演及过程

当一个人具备了充当某种角色的条件，并按照这一角色所要求的行为规范去活动时，就称为角色扮演。角色扮演这个概念最早就由米德（G. H. Mead）提出的，他认为，个人通过角色扮演去履行一定的社会责任，并与其他角色发生相互作用。角色扮演不仅是成年人相互作用的特征，而且是人的社会化的基础。儿童正是通过扮演好各类不同的角色而成为社会人的。在实际生活中，人们为了更好地扮演自己的角色，往往把自己置于他人的角色地位上，以便了解他人如何看待自己。这种做法能够强化人们对各自角色的认同，从而使他们保持或改变自己的角色行为。

角色扮演是一个动态的过程，第一步，就是要了解社会对角色的期望，了解各种不同的角色规范，学习社会通行的行为模式。这种学习是扮演社会角色的基础。第二步，培养角色意识。社会对个人的角色期望只是一种外在力量，要扮演好社会角色，必须把这种外在的规范转变为内在的要求，这就是角色意识的培养。角色意识就是人们在承担某种角色时，明确意识到自己正负担着一定的责任，意识到社会及他人对自己行为的期待，并决心努力用自己的行动去表现社会的期待。第三步就是去实践角色规范和表现角色行为。在实践中会遇到一些意想不到的困难和挫折，这时，就需要角色创造，创造性地运用行为规范或及时调整自己的角色行为，以便顺利地应对新情况。

（2）角色冲突

在角色扮演中会出现一些问题，最普遍的问题就是角色冲突。如前所述，所谓角色冲突，就是指在扮演角色的过程中，一个人同时担当的几种角色对个人的期待发生了矛盾，难以协调，从而使角色扮演者左右为难的现象。角色冲突往往使人们在扮演角色时举棋不定，产生困惑，因此必须努力调整和克服。

（3）角色中断

另外一个角色扮演中常遇到的问题是角色中断。角色中断是指一个人被迫终止某种角色，而将要承担的新角色与原角色截然不同的现象。每个人在一生中随着自身年龄的增长和客观条件的变化，总会依次承担多种角色。在一般情况下，人们的角色转换都是逐步完成的，人们在承担着一种角色时常为承担下一个角色做好物质和思想上的准备。当这种准备没有做好时，或者前后两种角色的行为规范直接冲突时，角色中断就有可能发生。

（4）角色失败

人们在扮演角色时出现一系列问题，并且都没有及时处理好这些问题时，就可能导致角色失败。角色失败是指由于多种原因使角色扮演无法继续进行的现象。当然，角色失败仅仅是从一个过程来说，是相对的失败。实际上，人生总是不断面临失败和成功，每个人都应该从角色失败中总结经验教训，重新调整自己的角色行为，以便再次扮演好新的角色。

(5) 青少年的社会角色

青少年成长的过程中，会不断承担多种社会角色，同时，他们总是处在某一个角色丛中，在这个角色丛中，他们要与其他各种角色有或多或少的联系，在这些联系中，有时各个角色之间会有所冲突，青少年将要开始学习从种种角色冲突中找到化解冲突的办法。这个过程就是一个不断成熟、不断发展自身的过程。另外，青少年的成长过程还要面临很多的角色转换过程，在这些转换过程中，要尽早地做好顺利进入下一个角色的准备，尤其是当前后两种角色的行为规范有较大差异时，更要为下一个角色而做好充分的物质和思想上的准备。为了顺利进入以后的社会角色中，可以在青少年时期做一些角色扮演的活动，在一定的时空范围内让他们学着去扮演一个特定的角色，在游戏的氛围中让他们初步体会到承担该角色的责任和感受，这样有助于日后他们真正进入该角色中去。

四 科塞的冲突理论

1. 冲突的本质

冲突理论是社会学理论中的一大流派，马克思、齐美尔、达伦多夫（K. Dahrendorf）、科林斯等都是冲突流派的代表者。科塞的冲突理论更多地从齐美尔那里出发，具有很多功能主义的味道。他没有跟随马克思或达伦多夫强调冲突的破坏性后果，而是通过强调冲突对事实系统的整合性与适应性功能来修正达伦多夫的分析。他求助于齐美尔的观点：冲突提高了社会系统，是社会系统的关键部分的整合。

科塞认为产生冲突的原因主要是不平等系统中被统治者对现存的稀缺资源分配的合法性提出质疑，或者是被统治者的相对剥夺感与不公正感上升。他认为，合法性的撤销本身并不一定就会产生冲突，人们首先要在情感上被唤起。当人们对美好未来的期望突然超过实现这些期望的条件时，他们才会突然被唤起去寻求冲突。唤起的程度受他们对现存体系的承诺、由此产生的内在的约束程度和系统中社会控制的程度与本质的影响。

科塞强调指出，在亲密的关系中，既存在着爱也存在着恨。亲密就意味着会有大量发生怨恨、愤怒的机会存在。所以冲突、不和睦乃是人际关系的一个组成部分，然而这并不一定是不稳定或破裂的信号。

科塞认为敌意和冲突所采用的形式及其在不同情况下发生的相对频度必须依靠社会制度和社会角色来加以解释。在各个不同的国家或社会中，子女与双亲之间的争斗程度就很不一样。他指出，一般地说，在此亲密关系中怨愤总是难以避免的，但是父亲拥有权威的程度在文化背景方面存在着巨大的差异。另外，子女在经济方面是否独立，使子女担当既定的成人角色的步骤是否明确，家庭的其他成员是否在核心家庭之外以及实际的和感情上的支持等，也存在着不同文化背景方面的巨大差异。科塞的研究正是着力探讨诸如此类的“结构因素”与人的情感之间的互相作用的方式。

2. 冲突的分类

科塞认为冲突可以分为两种类型，现实的冲突和非现实的冲突。在现实的冲突中，个人或群体简单地利用冲突作为一种最有效的方法来获得他们想要得到的东西。这种冲突被认为是理性的，从制度意义上可以解释的。当个人或群体无须经过斗争就能得到自己想要的东西，他们就会放弃冲突。而非现实的冲突，无论是否得到承认，它们都会自行了结。非现实的冲突是缓和紧张、肯定人们认同的方式。它体现的敌意实际是出自其他原因。在现实中，某一个冲突往往既包括现实的冲突，也包括非现实的冲突两个部分。

冲突还可以分为两类，对群体来说一类是外部的冲突，一类是内部冲突。这两类冲突决定了群体是否能建立其认同，同时又维持其稳定，增强其内聚力。冲突是通过加强群体的自觉性和独立意识，从而确立社会系统内部各群体的认同，来划分社会系统内各群体范围的。外部冲突往往能够加强群体内的关系，有助于对群体认同的确立和再肯定，也有助于维持其同周围世界划定的界限。外部冲突通过引进一个强烈的反面参照群体使该群体成员意识到自己的认同，同时也增强了社会成员的参与。内部冲突则可以增强群体的生存能力，增强其聚合性、稳定性。尤其是当冲突为个人提供安全阀，当它重建平衡或团结一个松散的社会时，内部冲突对群体的效用特别明显。在一个没有表达敌对情绪渠道的、僵化的社会结构内，冲突一旦发生将会是暴烈的、破坏性的。内部冲突实际上会导致统一和平衡的重建。如果冲突涉及关系的基础，那么冲突就可能会造成分化而不是促进更大的统一。在婚姻关系中，关于是否要孩子的冲突涉及有关婚姻关系之目的的基本一致的协议，所以有关此类问题的冲突不是也不可能是统一的。内部冲突之所以重要是因为“结构松散的社会内部的稳定性可以部分地看作各种纵横交错的连续事件之产物”。科塞还认为，在大部分学生比较成熟的大学校园内，发生学生与校方、教师的暴力对抗的可能性比那种学生生活仅限于校园的大学要小得多。

3. 冲突理论与青少年工作

科塞的冲突理论对我们做好青少年社会工作有重要的参考意义。青少年在逐步走向成熟的过程中，总是会与周围的人和群体发生各种各样的冲突，在这些冲突中，有的是正向功能，有的是负向功能，有的冲突可能会随着他们的成长而随时间化解，而有的冲突必须要他们亲自去面对。如何面对冲突，如何看待冲突，这些问题的解决，青少年需要家长、教育工作者以及社会工作者的帮助。

五　社会化理论

1. 关于社会化的概念

社会化这个词，在社会学中是个常用的名词，在社会生活中的使用也很广泛。我们这里所谈的社会化，主要是指个人的社会化，也就是作为一个生物个体的人，成长发育为一个社会成员，能够独立参与社会生活的过程。从社会宏观范围看，为了使社会群体延续下去，就要按照一定的方式，培养一代新人，把工作接替下去。这两个方面是统一的。

人的社会化，就是一个人从出生，由一个生物个体，经过不断地学习知识、技能和社会规范，培养和提高自己的社会需要，发展自己的个性和社会性，把自己一体化到群体中去，从而使社会不断延续和发展下去的基本过程。人的社会化的过程，并不是个人单方面接受环境影响和受教育的消极被动过程，而是人的需要与环境相互促进、相互发展变化的过程。

人的社会化同时也是把个体一体化到群体中去的过程，社会化是一个人生命中长期发展的过程。一个人从儿童时期起就通过学习，把社会的一些价值观、技能、态度逐步地内化于自身，并且在行动中自觉加以运用。这是个体把外界事物，通过自己的劳动实践和高级神经活动，转变为人的思想、心理和行为规范的过程。也是一个把社会的价值观和规范内化为个人人格的过程。

人格体系的一系列欲望、目标、动机和需要的满足，受到社会系统和文化系统的影响。文化系统中所包含和保存的价值规范为整个行动体系提供了基本模式，社会系统由各个行动单位通过制度化的关系连接而成的。个人与社会以及整个文化系统本来就是紧密地联系在一起的。个人人格体系给社会系统和文化系统提供能量，作为社会系统和文化系统的基本力量，而社会系统和文化系统又通过把价值、规范和制度内化到个人人格系统中去的过程，为个人人格系统的完整提供保障。这个价值观和行为规范以及社会制度内化于个人的过程，就是一个社会化的过程。

2. 帕森斯的社会系统与社会化

美国现代功能学派大师帕森斯（Talcott Parsons）在他的社会行动系统理论

中，把整个社会分为四个系统：文化系统、社会系统、人格系统和作为系统的有机体。在文化系统中，符号和意义是基本的分析单位，这里的符号和意义就是系统共享的价值观，当全社会的价值观被全体成员所内化时，就产生了社会化。社会化是一种维持社会控制和保证社会团结的极为强大的聚合力。

帕森斯认为正是社会化这个过程把文化系统、社会系统、人格系统和有机体这四个系统相互关联起来。人刚出生时只是行为有机体。随着个体的发展，人们获得了个人认同，帕森斯认为此时人们开始使社会价值观内化。人们通过从社会系统中的其他行动者那里学习自己期望的东西，从而使社会文化系统成为自己的东西。在这个社会化的过程中，人学会了角色期望，并由此而成为社会的完全参与者。社会化把文化系统、社会系统、人格系统和有机体四个系统紧密地联系在一起。

3. 关于社会化的其他界定

（1）继续社会化

帕森斯所说的社会化，可以理解为一种广义的社会化，侧重于整个社会文化价值观和制度规范体系的内化过程。社会学中还有一般意义上的社会化，即前文所说的，人从出生到成长发育为一个社会成员，能够独立参与社会生活的过程。这种一生都在不断地学习，不断地更新知识、技能和价值观的社会化，称为继续社会化。

（2）再社会化

还有一种社会化，叫做再社会化，指人们在社会生活中犯有越轨行为后，被有关部门收容，强制性地进行教化的过程。目的是由特定的机构对越轨者进行改造世界观，使之接受社会规定的、符合大多数人的生活方式和行为方式。再社会化的对象有成年人，也有越轨青少年。我国的工读学校就是一种针对越轨青少年进行再社会化的具有特殊功能的学校。这些青少年处于13～18岁之间，有违法或轻微犯罪行为，不适宜留在原来学校读书，但又没有构成劳动教养或少年管制的条件，这样就把那些被学校开除或自动退学，漂流在社会上的青少年有效地管理教育起来。对这部分青少年的再社会化教育也是青少年社会工作中的一个组成部分。

（3）特殊社会化

还有一种专门意义上的社会化，称为特殊社会化，指的是对某些遭受过身心损伤不能进行正常社会生活的人进行的特殊的社会化过程。对象一般是残障人士，包括肢残、智残、盲、聋、哑人士，病弱的儿童和青少年，有过偏差或越轨行为的青少年，以及患有精神病的青少年。这些青少年的特殊社会化过程，需要家庭、学校以及专业机构的帮助。对这些青少年，我们相信他们每个人都有回归社会的可能性，只要通过社会其他成员的帮助和关怀，他们完全可能恢复社会适应能力，参与社会生活。

六　符号互动理论

库利、托马斯和米德是符号互动论的创立者，他们都受到了美国实用主义思想的极大影响。符号是一种能够体现或代表其他事物的东西，主要指具有象征意义的词句以及与社会运动、社会意识相关联的想象，正是这些象征意义的符号能够引起人们强烈的立体想象，引起情感反应。符号的互动就是指在符号层次上的人与人之间所产生的互动过程。符号互动论侧重于所谓“自我”，侧重于研究个人内在的思想、情感与行为之间的互动关系，这种理论把人看作自身行动的能动构造者，个人解释、评价并可规划自己的行动，个人不是为外力冲击的被动存在物。

1. 库利的“镜中我”

库利的“镜中我”概念，指的是个人的自我观念是与其产生互动的其他人对他的态度的反映。他人对个人的态度就像一面镜子，个人可以从镜子中看到自己的形象。“镜中我”有三个组成部分，一是想象自己怎样显现于他人面前，二是想象别人对这样显现做如何的判断，三是形成某种自我感觉。

库利认为一个人的自我观念正是在与他人的交往过程中形成的，一个人对自己的认识是其他人关于自己看法的反映，人们总是在想象别人对自己的评价中形成自我的观念。库利认为，一个人对自我有了某种明确的想象，即他有了某种想法，涌现在自己心中，但这样的自我感觉取决于别人的思想，是别人对自己的态度所决定的。

库利还把“镜中我”的思想与初级社会群体的思想联系起来。他认为，初级群体是人们自我观念发展的摇篮，初级群体的特点是人们亲密无间，有面对面的直接交往与合作，这种群体为个人的社会性与个人理想的发展奠定了基础。个人的最早的、最完全的社会生活经验都源于这里。初级群体使得个人学会设身处地地从他人立场看问题。

库利认为，能对他人的态度、评价做出迅速的反应，是一个人走向成熟的标志。而这种对他人态度的敏感性只能在初级群体中得到培养。人性是在初级群体中逐渐形成的，人不是生下来就具有人性的，如果没有亲密的人际交往，人性就无法形成，在完全独立的状态中，人性将消失。

2. 托马斯的情境定义理论

托马斯认为，社会学的主要任务就在于分析人们的行为，分析在人与人、群体与群体相互调适的过程中出现的某些行为。人们相互调适的过程是在一定的情境中产生的，也是由这个情境造成的，是个人或群体对所处的客观环境的反应。情境定义恰恰居于客观环境与行为反应之间，它是人们的主观经验因素。这种主观因素在人类生活中具有重大作用。

托马斯强调了情境定义的重要性，认为它是所有“自我决定的”行为之先导，认为所有这类行为都依赖于它，人的个人行为和“人生观”都产生于它。人总是从小就在群体中成长，社会群体对它所遇到的各种情境通常已经有了定义，并有了一些以这些定义为基础的行为规范，道德标准就产生于这些情境定义中。儿童不可能单独创造出关于社会的定义，他们的思想行为必定受到社会的影响。当然，个人本能的情境定义与社会的定义常存在某种程度的冲突，因为个人的定义强调的是享乐，而社会的定义强调的是社会功利，是为了达到某种社会目标发挥作用。所谓社会化就是个人接受社会定义的过程。

托马斯认为情境包括三个方面，一是个人或社会进行活动的客观条件，即各种价值观、经济、社会、宗教、知识等整体，它在特定的时间里直接或间接地影响着个人或群体的意识状况；二是个人或群体的先存态度，它在特定的时间里对人的行为发挥实际影响；三是情境定义，即对条件、状况和态度意识的比较清楚的概念。

3. 米德的互动理论

“自我”是米德符号互动论的核心概念。米德认为自我是正在行动的有机体，而不单单是接受刺激并对刺激做出反应的“被动的容器”。自我远远多于社会结构和文化成分的内化，它更主要的是一个社会过程，即自我互动的过程。在这个过程中，行动者将其在行动情境中所遭遇到的事物显示给自己，并通过解释这些事物来组织其行动。

米德将“自我”分为两种状态，一种是主体我，一种是客体我。主体我是有机体对其他有机体态度的无组织的反应，是一种行动的自发意向或冲动。客体我是个人自我反思其他有机体的有组织的态度，是个人已经从他人那里学到的有关自身的看法或观点。

米德认为，人类行动就是由自我互动构成的。在自我互动过程中，行动者注意、评价这一情境的所有特征，或者卷入此种行动的所有特征。自我互动让行动者处理他所见到的东西，以至处理同他见到的东西有关的事物。行动可以被停止、抑制、放弃、恢复、推迟、强化、取消、改变或重新导向。

米德关于符号的意义出于他关于姿态的定义，他认为姿态是行动的一部分，并且是整个行动的信号。由此而内化的姿态是具有意义的符号，因为他们对一定社会或社会群体的所有个体成员均具有相同的意义，是在个体中引起的对他们的反应。

米德认为人类个体总是不断地进行着自我反省、反思、自我控制。这种活动之所以能存在，正是因为人们参加到了互动中来，并且掌握了互动中产生的语言等沟通工具。由于掌握了语言符号，一个人才有思想，人们才能从他人的立场看自己，才有了自我意识。人们运用他们学到的符号来选择某种行为，从而控制自己的活动。

符号互动论注重对主观世界的研究，对自我意识的形成、人们的日常生活角色扮演、符号的形成与发展、人们行为的主观条件等都做了深入细致的研究。但是，该理论忽视了客观社会结构的作用，带有强烈的主观主义色彩。在应用于青少年社会工作当中时，要注意把符号互动论的主观世界的研究结果与注重客观社会环境的理论结合起来。

七　社会群体与家庭

社会群体是人们通过相互交往形成的、由某种互相关系联结在一起的共同体。它是彼此能够产生相互联系的一群人。但不是任何一群人都可以称为社会群体。社会群体一定要具有直接、明确、持久的成员关系，群体中有共同的群体意识，群体成员具有某种共同的行为期待与行为能力。不同群体的成员之间的亲密程度是不同的。在家庭和生活的小群体中，群体成员间的关系亲密，称为初级社会群体。而在次级社会群体中，成员间的关系较少亲密的感情色彩，而更多的是有明确的共同利益目标，这种群体也被称为社会组织，这样的群体可以通过实现组织的整体目标来实现群体成员的个人利益。对个人来说，这样的组织同初级社会群体一样重要。

人的社会化的过程就是一个人不断融入不同的社会群体的过程。人一出生就被抛入到一个最初级的社会群体中，这就是家庭。在家庭中，个体度过了自己的孩童和青少年时代，在这里他们要学习一些基本的生存技能和一些基础的社会规范和道德。随着青少年的不断成长和发展，他们开始向成年人阶段转换，这个转换过程，也是通过他们所参与的社会群体的转换表现出来的，他们逐渐从家庭、社区这样的初级社会群体转向更正规的组织中去，他们的社会生活因此而更加丰富。因此，了解不同群体的特征，有利于我们针对青少年的发展过程给予一些帮助。

1. 库利的初级社会群体理论

初级社会群体这个概念是库利首先提出来的。库利认为初级群体，是指成员间有面对面的交往和合作的群体，它建立在和谐和友爱的基础之上，并成为个人社会化的基本场所。在库利看来，最重要的初级群体是家庭、儿童游戏群体和邻里。库利认为这些群体是产生人类合作和友谊的土壤，是培育人类友爱和同情心的园地。在这些群体中，人们为了整体的最大利益可以放弃个人利益，并且用同情心和情感彼此联系在一起。

初级社会群体往往是建立在血缘、亲缘、地缘或者共同兴趣等基础上的，是自然而然形成的。成员之间具有多重角色，在初级群体中，成员可以展现全面人格。同时也只有在初级社会群体中，人才可以作为一个真正完整的人而存在。人性正是在初级群体中发育出来的。

初级社会群体是青少年社会化的基本场所，正是在这个群体中，青少年个体从一个生物有机体真正转化成一个社会的人。青少年也正是在这个群体中，学会了基本生活所必需的生活技能和社会规范。他们正是通过初级群体这个桥梁，建立了与社会的联系，并且跨越这个桥梁走向社会。

2. 作为初级群体的家庭

社会学者巴贝尔（Baber）和阿尔林（Allen）认为，家庭是最具权利的社会化机制之一，这是因为家庭是人们建立有关劳动的性别领域概念，学习有关性别规则，经历性别、阶层及种族体系如何以个人及深入的形式产生作用的场所。因此，青少年身上出现的很多问题，常常是来源于家庭，来源于父母角色是否称职。

家庭是以婚姻和血缘关系为纽带的初级社会群体。按照家庭中的代际层次划分，可以把家庭分为一代家庭、两代家庭、多代家庭。按照家庭中的权力来划分，可以把家庭分为母权家庭、父权家庭、平权家庭等。按照家庭的代际层次和亲属关系的特征，可以把家庭分为核心家庭、主干家庭、联合家庭、隔代家庭。

家庭有它的生命周期，这是一个家庭从形成到解体的过程，包括形成、扩展、稳定、收缩、空巢、解体六个环节。从历史角度看，家庭结构的总体变迁趋势是家庭规模小型化、家庭关系简单化、家庭成员减少化。

家庭功能主要有经济功能、人类自身再生产的功能、情感支持功能以及满足性需要等功能。经济功能是指家庭中的生产、分配、交换和消费等方面的总和。在传统社会中，家庭就是一个独立的生产单位，在这个单位中，家庭要生产出自己家庭成员消费的生活资料，并且要生产出与别的家庭交换的产品。家庭又是一个消费单位，在这个独立单位中，消费活动以家庭的形式运转。人类自身再生产的功能首先表现在，家庭是生育子女的单位，通过家庭的生育职能来进行人口的再生产。然而人口的再生产只是人类自身再生产的一个方面，更重要的人类自身再生产在于，在生产人口的同时，社会关系也同时生产出来。在生育、养育子女的过程中，社会的规范、价值观以及道德体系也通过家庭内部的各种社会关系而内化于个人人格之中。这种社会关系的扩展是人类自身再生产中的重要方面，也是家庭的重要职能所在。家庭的另外一个重要的功能就是情感支持的功能。家庭之所以是初级社会群体中最重要的一个类型，就是因为在家庭这个基本的群体中，人与人之间可以建立起异常亲密的人际关系，个体与个体之间的互动行为是以面对面的互动为特征的。这种最直接的、最深人的互动形式使得家庭中的成员可以相互了解，同时可以不加掩饰地把自己的整个人性都展示出来。家庭成员之间形成一种亲密的感情上的依赖关系。每一个成员都作为它的有机组成部分存在着，成员之间是有机的结合而不是简单的拼凑。家庭成员的情感支持的功能还具有不可替代性，如果情感支持突然发生缺失现象，对家庭成员的打击是强烈的。性的需要是人的一种基本的需要，但是这种需要得以满足的方式在文明社会是受到诸多的限制的。人们只有结为夫妻，在法律上和道德舆论上才可以有正当的性生活。建立家庭的一种重要功能就在于满足性的需要。这不仅对个人人格和身心健康有重要意义，而且对婚姻制度和社会秩序的稳定有重要作用。

家庭与青少年的关系非常密切。在家庭中，青少年获得了成长发展的土壤。在这里，他们获得了维持生存的基本的生活资料以及基本的教育经费。同时，在这里，他们经历着一个连续不断的社会化的过程，在这个潜移默化的社会化过程中，他们学习掌握了基本的生存技能，并且内化了社会的价值和规范，这一切都为他们日后走向社会提供了基础。了解一些关于家庭的基本知识，有助于我们在进行青少年社会工作时，帮助青少年在家庭这个初级社会群体中寻找到支持和帮助。

第四节　社会工作相关理论

社会工作在开展青少年工作时有自己独特的视角，它不是简单地将青少年的问题归结为青少年个人或社会的问题，而是综合考虑人与环境的互动。相比于生理学、心理学和社会学的理论，社会工作的理论属于实质理论范畴。社会工作相关理论中虽无专门论述青少年社会工作的理论，但是这些理论与生理学、心理学和社会学中关于青少年工作的理论相结合，能够为青少年工作者提供具体的服务策略，为有需要的青少年提供不同类别的针对性服务。其中系统理论、社会支持网络理论、增权理论对青少年工作的影响较为直接。

一　系统理论

1. 关于系统理论

系统理论作为了解世界现象的方法和取向，可谓由来已久，从康德和黑格尔哲学到牛顿物理学的热源论，乃至于在生物学、精神医学、社会学和物理学等领域，如达尔文、弗洛伊德、韦伯和爱因斯坦等对原来知识概念的突破或颠覆，无不借重于它。特别是启蒙时代的哲学家大卫·休谟质疑唯一、单向因果联系的科学原则似乎忽略了两个变项之间可能存在的各种中介因素，以及机械论和归纳论往往将复杂的系统拆解为简单的部分，并且天真地相信部分之间只有单向、线性因果关系。文化人类学者贝特森亦引用电脑网络循环回馈的概念强调社区各部分之间或人群之间乃多重相互影响和循环回馈不已的人际网络关系。美国史密斯社会工作学院的汉克斯于 1930 年将系统理论这一术语引入社会工作，但这一时期的系统理论只是初步的。系统理论直到 20 世纪 70 年代才对社会工作产生巨大的影响并具有独特的实践视角，原因在于以下几点。

（1）系统理论本身有了长足的发展，影响力扩大。

（2）尽管社会工作一直强调“人在情境中”，但很长一段时间内，心理聚焦占据了社会工作的核心地位，这一局面到了 20 世纪 70 年代才得以改变，更多的社会工作者致力于个人和社会的双重聚焦，系统理论是在这样的背景下成为影响社会工作的重要理论视角的。

（3）各种社会工作理论纷纷出炉，各种社会工作方法和取向越来越专精分化，系统理论可作为整合各种理论、方法和取向的概念架构。

（4）相对于基变理论而言，系统理论虽然提供了一个分析的观点，但并不直接批判或否定当下的社会福利政策和社会福利服务组织，而仅间接蕴涵在整个“人在情境中”的脉络里，社会工作者及社会福利服务机构均可以是改变的标的。

海利认为社会工作有三次系统理论浪潮：第一次为贝塔斐的一般系统理论。

这一生物学理论主张所有有机体都是系统，各个系统由不同的亚系统组成并相应地是更大系统的一部分。第二次为生态系统理论。这一理论视角是在20世纪70年代兴起的。第三次是复杂的系统理论，包括复杂论和混沌论，主要源自数学、物理学和工程学的理论进展。

2. 理论的基本假定

系统观点的理论依据是基于对过去机械观点或归纳论的缺失的反省，认为不宜将复杂的社会事实或现象拆解为简单的部分，或将其分解而仅做独立的分析，这样可能会丧失所探讨事实的全貌。因此，系统观点的主要假定乃围绕在一定范畴界限之内有关整体与部分之间的关系和互动机制。这一假定包括下列要点：

（1）如果系统不能与本身范畴之外的其他系统互动，则属于封闭系统，反之，如果与其外界环境有所交换，则是开放系统；

（2）系统的整体和部分以及各部分之间，均是消长的和调适的；

（3）系统的整体和各部分以及各部分之间，均是动态的，而非静态的，即不断地变迁和演化；

（4）系统的整体与各部分之间，不但有其脉络特质，而且具有整体大于部分总和的属性；

（5）系统的整体和各部分是共存共荣或休戚相关的。

3. 主要理论观点

系统的概念主要可以分为四部分：结构、过程、行动和机能。

（1）结构

在结构部分，系统概念符合社会工作所强调的“人在情境中”的观点，故特别重视情境的存在及评估。所谓情境，乃指个人随时随地可以认知到其所处环境状况的重要部分、个人所实际面对和认知的世界，并发展独特的因应行为，因此，情境可以提供个人如何处理和回馈其所认知的外在世界的各种互动信息，包括生理、心理、社会、文化和政治环境等层面的信息。情境就范畴的静态结构而言，依马格努松和阿伦所指乃包括微观、中观和宏观三个层面的社会环境。

（2）过程

输入（input）即资源跨越边界进入系统；

流通（throughput）即资源如何在系统中被运用；

产出（output）即系统如何影响外在环境；

回馈（feedback）即与外在环境互动后所回收的资源和资讯；

生存（negentropy）或毁灭（entropy），即系统可以获得维持生存所需资源而持续动作，或系统无法获得生存所需的必要资源而终止动作。

（3）行动

在行动部分，平卡斯和米纳斯基于社会工作乃改变专业的介入观点，提出改变代理人系统（change agent system）（指助人者和机构）、案主系统（client system）（包括个人、团体、家庭和社区等需要协助者）、标的系统（target system）（助人者试图达到改变标的之人们）和行动系统（action system）（助人者及与其共同努力以达到改变标的之人们）四者。

这一概念使系统观点在改变行动的主体、客体和重要的第三者时更加具体、明确。

（4）机能

在机能部分，系统在运作上为维持一定的范畴，必须做到如下几点。

第一，从系统外在环境中获得生存与成长所需的信息与资源，以免毁灭或死亡；同时在系统整体上维持相当的稳定、平衡和完整，特别是在静态的安定现况与动态的改变成长二者之间维持一定的平衡，如此才能在环境中做最佳的调适。

第二，系统内部各次系统之间，有一定的互惠或互动性，即某一次系统的改变可能带动其他次系统的变化；各次系统之间必须维持一定的协力共持，才可使整体系统稳定或平衡。

第三，各次系统之间的互动与运作对整体系统的生存与调适目标而言，可能是殊途同归，也可能是结局不同，即调适良好而继续稳定成长，或调适不好而导致系统的倾轧或解组。

4. 使用原则及其过程

（1）使用原则——对服务对象所持的态度

A. 问题的形成不仅是个人的因素，还应考虑到外在环境的不利影响；

B. 评估的焦点不仅仅是个人原因，更要考虑到宏观、中观、微观等外在环境的特质、功能和运作情形；

C. 问题的相关层面均相互连接和依存，彼此牵动和影响；

D. 问题的相关层面或是系统的各部分是动态的；

E. 对服务对象问题的处理采取连续的观点（纵向、横向）。

（2）使用原则——使用目标

A. 确保系统可以生存，协助案主从外在环境中获取生存所需的资源和讯息；

B. 协助案主在系统的整体上维持稳定、平衡和完整（静态的稳定和动态的成长）；

C. 协助案主系统内部各次系统之间建立一定的协力共持和互惠互利的机能。

(3) 使用过程——专业关系的确定

A. 系统支援者：直接补充或替代原来系统中缺失的资源和讯息；

B. 系统连接者：运用和协调相关机构提供资源和讯息；

C. 系统维护者：系统内部的相互支持和帮助；

D. 系统发展者：规划和倡导，在外在环境中积极调试；

E. 微观直接服务，中观间接服务，宏观倡导。

(4) 使用过程——专业人员的角色

A. 微观层面：媒介者、临床治疗者、教育者、调教者；

B. 中观层面：倡导者、社会行动者、协调者、监督者；

C. 宏观层面：倡导者、规划者。

(5) 使用过程——使用重点（以少年非行问题为例）

A. 协助案主运用和协调自身的资源解决问题；

B. 连接案主与相关的资源系统；

C. 协调改善案主与资源系统的互动关系；

D. 协调和增进各资源系统间的互动关系；

E. 倡导社会政策；

F. 随时提供案主所需要的服务；

G. 扮演社会监控人的角色。

与其说系统理论是一种理论，不如说是一种观点或是概念框架，即作为一种综合性的解析观点，或分析性的抽象概念框架，帮助我们更好地了解系统模式中的互动关系。它具有较强的包容性，采纳了多种理论之所长，强调改变外在环境的重要性，注重弱势群体的特殊需要，而且能够进一步采取整体性的应对和介入策略。但它容易陷入“只见森林不见树木”的误区，过于关注整体融入，忽视对个体需要的回应。

二 社会支持网络理论

社会支持网络作为科学术语于20世纪70年代被正式提出，当时主要焦点是社会支持网络与个体健康状况的关系，之后，社会支持一词的内涵在各个学科之间乃至同一门学科的内部并未达成共识。社会学家、社会精神病学家、流行病学家、心理学家等都从各自的理论视角出发，来阐释社会支持的内涵。

“社会网络”可以纯粹指人与人之间所构成的关系网，也可如沃克所指涵括结构与支持内涵。它是指一组个人接触，通过这些接触，个人维持其社会身份并获得情绪支持、物质援助和服务、信息及新的社会接触。社会支持网络可分为三个层次：社区、社会网络、亲密伴侣。洛夫兰德提出个人和重要他人联结的类型有七种：角色伙伴（关系的建立是基于角色互补），生活协助（一方提供另一方服务以满足日常生活所需），网络连接（通过另一方结识其他重要的关系人或朋友），肯定自我（关系建立在于对方对自己真实的形象给予肯定），心灵安慰（关系的建立乃因对方在面对生命挑战与困境时，将自己纳入其因应过程中，共同创造生命故事与观感），现实确认（关系建立在对方支持自己对社会现实的假定上），目标一致（关系的连接是基于彼此有一致的目标，共创未来）。此外，他也指出人际连接的四种模式："相交满天下"、"泛泛之交"、"知交二三人"、"只取一瓢饮"。

斯派克特提到，在美国，社会网络干预始于20世纪60年代。七八十年代北美的社区支持方案迅速发展——由社区提供完整的服务以解决因实施去机构化政策伴随而来的精神病患问题。在80年代，美国政府重申个人责任，各种自助团体与自我照顾的活动因而成长。社会网络使用的基本假设如下。

（1）人类的生存需要与他人共同合作，以及仰赖他人的协助；

（2）人类生命发展历程都会遭遇一些可预期和不可预期的生活事件；

（3）人类在遭遇生活事件时，需要资源以因应伴随而来的问题，其中包括个人的内在资源与外在资源；

（4）社会支持网络即是属于外在资源的一类，一般又分正式支持和非正式支持两类；

（5）尽管社会网络也可能对个人造成负面影响，一般而言，人类通过与他人之间的连接，建构社会整合感，感到属于社会的一部分，这关乎个人的基本生存；

（6）在压力事情下，社会支持网络可以缓冲压力带来的负面影响；

（7）社会网络中的人可以提供个人压力因应的方法，或是在直接参与压力因应的过程中，有助于个人问题的解决；

（8）一些弱势群体的社会支持网络较为薄弱，需要专业人士协助以增进网络范围和社会网络的支持功能。

社会支持网络理论强调以人在情境中为基础，提供立即性协助，致力于弥补正式服务资源的不足，减低服务成本，提供网络中个人的助人机会和相关训练。但是，它扩大或维持案主网络相当耗时，如果把握不好，也容易产生负面效应。

三 增权（Empowerment）理论

所谓增权，是指个人、组织或社区从内部挖掘潜能，或从外界获得力量的过程。增权既能提高个人掌握自己生活的能力，又能改善社会的资源分配状况，使之趋于公平。古铁雷斯认为，增权包括个人层面、人际层面和政治层面三个层次的内容。个人层面是指个人能提升自我形象，以及觉醒到自己有权；人际层面主要指与别人交往时，感觉自己能掌握一些谈判和决策技巧，能和他人建立平等的关系；政治层面强调整个社会层面的资源再分配由一个群体转移到另一个群体。

早期的增权理论主要集中于一些备受关注的弱势群体的增权以及富裕地区中的贫困社区的增权。这些群体因为自身能力及资源的严重欠缺而不能参与正常的社会生活，所以很容易受到社会的关注。后来，增权工作将自己的焦点放在贫困社区中最缺乏权利和自助能力的群体，重点是维护其基本权利并增强其处理问题的能力，以改善低层阶级的生活。现在，随着社会大环境的改变，越来越多的社会问题凸显出来，增权工作的对象现已扩大至尽可能多的失权个人或群体。只要是在政治、文化、体能、智能任一方面处于弱势，都可能成为增权对象的主体。1976年，所罗门出版了《黑人增权：受压迫社区中的社会工作》一书，标志着增权取向实践在社会工作专业中的诞生。

增权理论强调将助人关系建立在信任合作和分享权力的基础之上，构造平等式的伙伴关系；通过工作者和案主的共同努力，以多层面的介入来引导其加入改变的过程。在这一过程中，增权理论特别强调社会工作者与案主间的伙伴式关系以及多层面的介入，目的在于使案主摆脱长期的负面评价所带来的“耻辱烙印”，以便实现其正向自我，继而提高案主参与社会事务的积极性，强化其参与动机，提高其参与能力。所罗门在书中明确使用“增权”一词来描述美国社会中黑人少数民族因长期遭受同辈团体、优势团体与宏观环境的负面评价所感受到深切的、全面的无权，因而建议社会工作的介入应致力于增强黑人民族的权利，以解除社会中的“制度性种族主义”所加诸的压迫与疏离，以增进案主个人的自我效能与社会改革的力量。此后，不论是传统的还是创新的社会工作取向很快就接纳与融入了增权的观点，成为社会工作实践中重要的参考知识体系，且延续至今。

增权取向社会工作的特点在于：第一，和案主、案主群、社区领导人等建立互相合作的伙伴关系；第二，强调案主和案主群的能力而不是无能力；第三，支持着眼于个人及其社会和物质环境的双重工作焦点；第四，承认案主和案主群是积极的主体，具有相互关联的权利、责任、需求、要求；第五，利用自觉选择的方式，把专业的能量指向在历史上被去权（disempowered）的群体及其成员。

增权取向强调权力在社会关系中的重要性、工作者与案主之间的伙伴关系、案主的长处而不是短处，同时着眼于个人及其社会与物质环境的双重工作焦点、承认案主是积极的主体、以被去权的弱势人群为工作对象等。从一定意义上来说，这种增权取向构成了社会工作理论与实践的一个新视角，对我们反思和改进以往的社会工作（包括社会政策立场）具有一定的启发意义。

第五节　青少年社会工作的理论整合与运用

一　青少年的个体发展系统

青少年处于社会化的关键时期，生态系统对这一群体的影响超过了其他人群。所以，在开展青少年社会工作的过程中，从生态系统理论出发，必须牢牢把握两个问题。第一，在分析青少年的问题的时候，不仅仅关注青少年个体，更重要的是看他的生态系统，要看到生态系统与这一青少年个案所存在的问题之间的必然联系，解决青少年的问题，必须去影响和改变他周围的系统；第二，要充分认识到，系统的所有元素不仅是形成青少年问题的重要原因，而且是解决其发展问题的重要资源，必须充分调动系统当中的每个积极因素，调整和改变系统当中可能的消极因素，进而对青少年的成长发展实施积极的影响。

认识理解青少年个人生态与发展系统，需要把握两个根本的视角。

第一，作为发展主体的青少年，其发展有自己的系统和结构，即生理、心理和社会。生理发展系统的核心概念是生命，青少年的生命历程中，不仅有生理的快速发展，而且有社会对一个生理个体的要求和期望，所以对青少年而言，生理的发展，不仅仅是健康，同时还有形体、身体技能等多方面的内容。心理发展系统则是青少年期最重要也是最复杂的发展系统，包括认知、情绪、情感 、意志、人格、自我一系列内容。青少年生命中的重要发展是社会性的发展，亦即接受社会规则、充当社会角色、学习社会能力的社会化过程，道德发展、社会能力的发展是青少年必须完成的任务，是青少年具备相应社会功能的基础性学习。

第二，作为社会的人，青少年发展的目标应该是成为积极的、全面的适应社会的人，这个目标具有客观标准，而且是一个完整的系统。这一系统包括三大部分：一是价值观，表现为日常生活中的基础价值，以及这些基础价值升华的信仰；二是行为模式，或称社会行为能力、举止行动，这是一个人受思想支配而表现出来的外在活动，行为受价值观左右，也需要知识和智力的支撑，行为模式对一个人一生的生存状态有巨大的影响；三是情感特征，或称心理素质，包括基础的道德感、价值感，如幸福、仇恨、美感等，也包括意志力等自我调整的心理能力。

青少年个体发展的内容体系，在一定程度上是主观层面的，而要成为一个社会的人，形成符合社会要求的价值、行为、情感的体系，则是相当客观性的。实现二者的顺畅过渡，主要依靠青少年自己的发展力量，而这种力量在很大程度上取决于他的生态系统，主要是家庭、学校、社会，这三者构成了一个整体性的系统，不仅会以各种方式影响青少年个体，而且各个子系统之间也会有巨大的制约和影响关系。

从一定意义上说，青少年社会工作的根本任务，就是怎样在充分认识青少年自我能动性的同时，最大限度地使其生态系统的各子系统形成积极的合力，促进青少年形成积极适应社会的人生体系。

二　青少年的社会生态系统

青少年的社会生态系统以家庭、学校、社会为基础，是一个十分复杂和庞大的系统，我们可以将其分为四个层次。

第一是微观系统。这一系统主要由与青少年最接近的社会系统构成，如父母、同学同事、朋友、老师、亲属、邻里等，这些人对青少年的影响全面而深远。

第二是中观系统，主要有学校、单位、社区、居住地等，已经有很多研究表明，这些社会元素（例如所居住的社区）对一个人的成长轨迹有着非常重要的影响。孟母择邻的故事证明人们早已认识到这个道理。

第三是外观系统，主要有一些行政机构、社会的公共机构、父母的社会关系、各种社会公共事务，以及大众的社会行为等。今天，随着社会传播系统的变革，社会各种元素对青少年个体的影响越来越突出，作用也越来越大。

第四是宏观系统，包括政体、国体、社会经济发展、文化传播系统、社会政策、政府运行机制和行为，以及社会变迁等。正因如此，青少年社会工作需要宏观视角，包括政策倡导、社会舆论推动等手段。

把握、思考和运用不同层次的系统，是青少年社会工作者的重要任务。

三　青少年社会工作的综合性介入

在一定意义上，青少年社会工作的运行和实施，本身就是一个严谨的体系。从理论整合看介入视角，应该包括以下四个方面。

一是原则和理念。对青少年社会工作来说，核心有两部分：首先是伦理价值上的关怀和正义，这涉及青少年的认知和情感；其次是整体理论基础的优势视角，需要真正把每个青少年都看成能动的、有潜能的、独特的人。

二是基础分析的视角。这里的核心概念是“需求”，可以将这种需求归纳为两个大的方面：一方面是生命，略偏重于物质和实际性，如青少年的经历、生命的周期、获得的经验，以及面对的挫折与问题等；另一方面是精神，略偏重于心理和思想，比如青少年的情感状态、情绪表达、其背后的价值认知等。这个角度和框架很重要，可以帮助我们把握好需求导向的原则。

三是服务介入的框架，即我们是从什么样的理论角度来介入对青少年的服务。一般情况下，应从社会和个体两个角度介入。在社会方面，我们从生态系统和人类行为的理论角度出发，对青少年的生存环境进行细致的分析以及有效的介入；在个体方面，我们则会以生态系统、儿童青少年观、生命周期等理论为基础，针对问题排除障碍，赋权增能激发动力。

四是技术手段的保障。这种保障主要分两部分。第一，个案、小组、社区技术的整合与个案管理，充分体现社会工作专业的技术性；第二，发动和整合资源，表现为青少年社会工作把青少年看作发展中的人，这是系统中的人的基本伦理价值。

第五章　青少年社会工作的方法

青少年社会工作作为专业社会工作的一个分支，同其他各类专业社会工作一样，也需要有专业的社会工作方法来支撑。从传统意义上，青少年社会工作的专业方法主要有三大类：青少年个案工作、青少年团体工作和青少年社区工作。熟练掌握和灵活运用这三大专业方法，是青少年社会工作者的必备条件。

第一节　青少年个案工作

一　青少年个案工作的概念

青少年个案工作是以青少年个体和家庭，特别是有问题的青少年个体及其家庭为服务对象的社会工作，其直接目标在于帮助青少年个体解决困难和问题，并预防产生新的困难和问题。青少年个案工作有时也以青少年的整个家庭作为工作对象，这是因为青少年个人的成长和发展与家庭有着极为紧密的联系，要想帮助青少年改变，更多地要从家庭中去寻找动力和资源。以青少年的整个家庭作为服务对象的社会工作，也是青少年个案工作的范畴。

在青少年个案工作中，青少年工作者在与接受服务的青少年彼此信任合作的和谐关系中，要充分调动青少年自身的潜能与积极性，共同探讨、研究他自身的问题、他的家庭及他所处的社会环境，运用青少年个人以及青少年家庭资源，帮助青少年学会调动外部资源，增进青少年独立解决问题的能力，达到真正帮助青少年成长的目的。

1. 青少年个案工作的要素

青少年个案工作是青少年社会工作中其他方法的基础。要理解青少年个案工作，需要从青少年个案工作的概念要素入手。一般认为，青少年个案工作主要有四个方面的要素。

（1）青少年个案工作者

从事青少年个案工作的人员必须是受过专业训练的专业工作者，他需要具备生理学、青年心理学、社会学、伦理学、人类行为学等各方面的知识和相当程度的经验积累，人员的专业性正体现了工作方法上的专业性。

（2）青少年个案工作的对象

青少年个案工作以青少年为服务对象，侧重于问题青少年。随着社会的发展，青少年社会工作也已开始由面向在生理或心理发展上存在各种障碍的青少年的专业辅导，向面向社会全体青少年的健康成长和全面发展的专业指导和服务发展，这是整个社会工作由狭义的救助和矫治向广义的促进发展方面转化的一个部分。青少年个案工作过去主要集中在问题青少年身上，而目前的实际情形已对青少年社会工作的多样化发展提出了更高的要求。

（3）青少年个案工作的方法

青少年个案工作有着自己的专业方法和技巧。一方面，它有利于满足青少年发展的需求，帮助其调整心理情绪状态，激发发展潜能并辅导其正常发展；另一方面，它通过向青少年提供社会资源，改进其境遇和社会处境来促进青少年的改变和成长。青少年个案工作就是通过内向和外向两个维度的努力来增强青少年的社会适应能力。

（4）青少年个案工作的目标

青少年个案工作的目标是要帮助那些在生存和发展中存有不同困难的青少年，促进其健康成长和全面发展。具体可分为两个层次：一是解决具体的问题，应付眼前的困难，这是低层次的目标；二是发掘青少年的潜能，促进青少年的全面健康发展，这是最基本的前提和根本目标。在实际工作中，这两个目标是在共同的个案工作过程中完成的。

2. 青少年个案工作的特点

青少年个案工作与一般个案工作在他们所关注和实施工作的对象上，有着群体上的不同，青少年个案工作关注的是社会中的青少年。然而青少年个案工作与一般个案工作的区别并不仅仅是服务对象上的不同，与一般个案工作相比，青少年个案工作同时还具有自身的特点。这些特点可以概括为以下五点。

（1）工作对象具有较强的差异性和复杂性

作为社会中的一个特殊群体，青少年并不是单一一致的群体，青少年群体成员之间的差异是非常大的。同时，青少年群体自身也存在着非常复杂的结构。因此，我们不能简单地以公式化、刻板化的方式去对待青少年个案工作的服务对象，而要以艺术化、多样化的方式来帮助他们。这是青少年个案工作者在理论和方法上首要考虑的。

（2）工作必须讲究方法的科学性与技术性

方法的科学性和技术性是个案工作的重要因素。与一般个案工作相比，青少年个案工作在科学性和技术性上的要求就更为突出，因为其服务对象青少年既是最简单的，也是最复杂的。青少年的本质是发展，这种本质具有多样性的特征，因此，青少年个案工作需要讲求方法与经验的结合，要因人制宜，不能千人一面。青少年及其发展的多样性决定了青少年个案工作必须兼具较强的科学性和技术性。

（3）在本质上更强调助人自助

个案工作讲求的是促进案主生理与心理的成长，而不是从表面上解决其一时之需，这在青少年个案工作中更是重要。从本质上讲，青少年的发展是一种自我的、多样化的过程，再加上青少年阶段渴望独立面对和解决问题，反对生硬的灌输和训诫的特征，使得青少年个案工作更要强调助人自助，把工作重点放在促进青少年身心的健康发展，增强其自尊、自助的能力上面。

（4）坚持过程的系统性

青少年时期是一个人发展最快，也是发展最复杂、最多样化的时期；同时，青少年在成长发展中产生的问题，一般也是由多方面原因造成的。这就决定了青少年个案工作需要重视运用系统论的思想，从各个方面去分析青少年问题产生的环境原因及青少年自身的主观原因，挖掘利用一些有用的资源，特别重视探索服务对象的外在生活环境和内在心理需要之间相互作用所带来的影响。

（5）工作具有扩展性

作为发展中的群体，与其他人群相比，外部环境，包括人际关系对青少年的影响巨大。因此，青少年个案工作有着较为广泛的深层扩展的服务对象，如父母、监护人、教师等，他们对青少年的成长影响重大，有时候个案工作的展开也要以他们为工作对象。

二　青少年个案工作的理论基础

青少年个案工作理论具有多学科的基础，除了专业的社会工作学科外，还有心理学、青年学、社会学等学科的各种理论。但青少年个案工作的理论基础，并不是这些学科的简单相加和借用，而是根据青少年个案工作自身的特征，并且根据多年来实践的经验所凝练出来的一些理论。对青少年个案工作影响最大的理论主要有五种。

1. 精神分析理论

精神分析理论认为服务对象之所以会出现各种各样的问题，主要原因在于他自身的内在心理结构出现了不平衡的状态，这种不平衡的状态导致了他生活方面的问题。要解决他的问题就要帮助他打破这种不平衡的心理状态，达至一种平衡的心理状态。治疗过程主要通过改变案主不同层次的人格结构，以使案主在人格层次上保持平衡。

青少年个案工作的主要任务就是对服务对象进行治疗，帮助服务对象恢复自我的平衡，并应用精神分析的基本理论方法来完成这一任务。对青少年工作者来说，主要是在青少年人格认知出现偏差时注意对其各种欲望的合理满足，促进宣泄，尽量避免各种形式的发展固着。

2. 认知理论

认知学派认为人的行为主要是受制于理性思考，而不是由潜意识中的本能所导致的。个人之所以出现问题，不是因为他的心理问题，而是因为他的理性思考受到了某种阻挠，使得他在当时的情景下丧失了独立思考的能力，从而丧失了独立解决自己问题的能力。社会工作者能够做的仅仅是去帮助他排除各种阻挠，恢复其理性思考的能力，进而恢复其独立解决自己问题的能力。

青少年个案工作认为，青少年不良行为主要是产生于认知上的错误或理性思维能力的缺乏，社会工作的主要任务就是要帮助青少年获得对世界的正确认知和理性思考能力，从而使其行为得到正确的、理性的指引。

3. 行为主义理论

行为主义理论认为行为是个体对当前环境所做的反应，不适当的行为是个体对当前环境所做的不适当的反应。无论是恰当的行为还是不恰当的行为，都是习得的，同时，要改变不恰当的行为，也只能通过学习恰当的行为，从而做出改变。青少年个案社会工作的任务就是要帮助青少年学习和掌握恰当的反应模式。

4. 社会系统理论

社会与青少年发展之间的关系密切，社会系统理论对青少年个案工作有着重要意义。社会系统理论把人与生活环境看作由功能上相互依赖的各种元素所组成的系统整体，协调或均衡该系统运行与维持的基本条件，是个体生存与发展所必需的基本条件。社会工作的基本任务就是要帮助恢复各个子系统或元素之间的均衡关系，使它们能够重新有效配合、相互协调。这一理论要求社会工作者重视对青少年所处系统，如家庭等的功能恢复，强调外部社会性力量对青少年本身的强大影响力。

5. 标签理论

标签理论认为人之所以成为“有问题的人”，是与周围环境中的社会成员对他们及其行为的定义过程或标定过程密切相关的。社会工作的一个重要任务就是要通过一种重新定义或标定的过程来使那些原来被认为是有问题的青少年恢复成“正常人”。

青少年个案工作理论基础还有一些，如沟通理论、人文主义理论、马克思主义理论、女权主义理论等，它们在青少年个案工作中或多或少都会有一些影响。

三 青少年个案工作的原则

工作原则是社会工作作为一个专业的必备条件。青少年个案工作除了要遵守专业的社会工作的一般原则外，还有一些需要特别注意的原则，掌握并在实践中遵守这些原则是青少年个案工作者的必备素质。青少年个案工作的原则如下。

（1）保密原则

保密原则是指社会工作人员应遵守职业道德，青少年本身就是受保护的对象，在青少年个案工作中，必须对青少年的一切资料予以保密。对青少年资料的保密是对他们最基本的尊重和保护。当然保密原则不是无条件的，它需要在保护当事人的前提下加以灵活掌握。

（2）沟通原则

沟通是个案工作的一个重要原则，它是指工作者与青少年案主双方交换意见，这种意见可以是一致的，也可以是不一致的，但一定要做到工作人员对青少年的了解，以促成问题的快速、高效解决。

（3）个别化原则

个别化原则也可称为具体情况具体分析原则，即工作者要重视青少年个案问题的特殊性，强调青少年的个体差异。传统的青少年工作往往强调青少年发展的共性，而时代的变迁使得青少年个性更为突出，个性化发展的需求相比其他群体也愈加强烈，个别化原则在青少年个案工作中也就显得格外重要。

（4）环境分析原则

青少年是受环境影响最大的人群。环境分析原则实际上强调的是一种综合分析，即不局限于青少年自身，而着眼于系统，着眼于整体社会的影响。

（5）承认与接纳的原则

承认与接纳的原则是指社会工作者要把青少年作为一个有独立意志和权利，受到尊重的服务对象来接受，承认其独特的个性、气质、观念、态度及行为等。青少年正处在被社会接纳的过程中，对青少年的接纳本身就能促进青少年的成长与发展。

四　青少年个案工作的基本程序及治疗模式

青少年个案工作有着一套自己的基本程序和模式，在一般的工作过程中，无不遵循着这些程序和模式。

1. 青少年个案工作的程序

青少年个案工作方法的一般程序主要有以下几步。

（1）申请与接案

这个过程主要是与工作对象建立专业关系，以此作为整个工作过程的基点。其中，接案的方式可以是需要帮助的青少年本人申请，也可以是家庭或特定机构的转介。

（2）收集资料与诊断

在与青少年案主的专业关系正式确立后，工作人员就要开始调查案主的情况，广泛收集资料。基本资料包括案主的基本情况，如籍贯、年龄、性别、家庭状况、学校状况等；案主生理方面的情况，主要是身体健康状况，如身体是否受过伤害，有无生理障碍、病史、医疗史等；案主心理方面的情况，包括个性特征，兴趣爱好，对家长、老师、同学及玩伴的评价等；案主社会关系状况，包括与家长、老师、同学、朋友等人的关系，了解各种社会关系为案主提供了什么样的帮助或造成了何种影响等。全面的资料收集是诊断的基础和前提，有了全面的资料，青少年社会工作者就要根据收集到的资料做出一个基本的判断，这就是诊断。

（3）制定目标与计划

在诊断的基础上，要制定有针对性的治疗、服务计划。计划的内容包括解决问题的目标、措施、步骤和方法等。这个过程中要明确计划中确立的目标与青少年案主（或是案主的申请人）所希望的结果不能毫不相关，目标要清楚明了、易于测量，要具体可行，可以实现。另外计划中的步骤、方法要具有可操作性，同时计划中还要明确规定双方的责任。

(4) 提供服务与治疗

提供服务是社会工作者协助青少年解决问题的执行过程，是整个个案实施过程中最重要的阶段。经常采取的治疗方式有四种，即生理治疗、心理治疗、改善环境、经济援助和服务。一般情况下常常需要采取各种方式，运用复合式治疗来解决青少年的问题。

(5) 结案和总体评估

结案的任务主要是调适青少年案主因关系中断及丧失他人支持而产生的忧虑，审视工作中的经验和进步，思考如何巩固取得的成果，思考如何运用工作中得到的经验，如果工作较为失败，要进行反思，总结教训。

一般青少年个案工作过程主要遵从这些程序，但也不是截然划分的，青少年个案工作是一个综合性的过程。

2. 青少年个案工作的常用方式

(1) 个别谈话

个别谈话是个案工作的主要形式。在个别谈话中，要力求与青少年建立一种较为亲密的关系。在交流中，工作者应流露出一种支持和接纳的态度，使青少年感觉到工作者在试图提供真心的帮助，以此使青少年有意或无意地寻求生活中烦恼的原因，明确说出自己心中的想法。这样的过程在实践中非常困难和复杂，因为工作者在加强鼓励和诱导的同时，既要注重交谈的细节和案主自身的特质，又要注意交谈的频率和时机。在发现青少年的行为已较为收敛的时候，社会工作者及时进行鼓励，表现出高兴的心情。这样的交谈易使青少年感受到真切的关怀，从而产生一定的满足感，使之愿意与工作人员接触，并改变一些偏执的看法和观点。

(2) 尝试性的行为指导

尝试性的行为指导也是青少年个案工作中经常使用的方式，但在运用时仍需谨慎。一般而言，出现行为或心理偏差的青少年对直接的应然性指导较为排斥。他们对指令性的要求大都比较反感。在此基础上，草率的指导往往会降低青少年对工作人员的信任度，从而产生不易消除的隔阂。这种情形的出现常常预示着工作的失败。因此，工作者宜采取尝试性建议的方式，提出一些宽松的、可以由青少年自行选择的行为或思维方式。这里，要注意对增强与削弱的应用，即在青少年采取偏差行为行事时，可以减少理会，只进行消极的惩罚，而一旦他有一些行为上的改变，就要做出积极的反应，表示强烈的支持和赞扬，并请周围人做出同样的反应，使青少年获得受奖励的满足感。同时，也可以给予一些象征性的奖赏。在这个基础上的行为指导往往会有较好的效果。

3. 青少年个案工作的模式

青少年个案工作还有一些固定的模式，这些模式也是青少年个案工作者需要掌握的。

（1）心理社会治疗模式

在青少年个案工作中，这一模式的应用重点在于提高青少年对环境的认识能力及主观感受力。同时，社会工作者要致力于改善环境，促进青少年对环境的适应能力，帮助青少年实现在客观环境与主观印象上的平衡。

（2）危机调适模式

对青少年而言，危机时常不期而至，环境的骤然改变极易引起心理或行为上的失衡。青少年社会工作者要力求清晰地了解引起危机的时间或原因，找出可用的资源，缓解青少年的不适，并努力引导其适应新的环境，有意识地提高其自我调适能力。

（3）行为修正模式

在青少年社会工作中，行为修正模式具有特别重要的意义，因为青少年正处在行为模式形成和发展的过程中，要注意使青少年在行为训练上获得情绪、理智上新的平衡与协调。

（4）结构家庭疗法

结构家庭疗法是以家庭作为治疗单位，以改变案主与家人的交往方式为目标，运用系统理论、学习理论、沟通理论去了解案主的个人心理状态，逐步解决案主问题的社会工作方法。

五　青少年个案工作的实施策略

1. 情景配合

一般来说，家庭、学校和群体是易对青少年造成影响的主要环境。青少年个案工作的一个实施策略就是要情景配合，这就是说要把青少年个人与他的家庭、学校和青少年群体这些青少年的社会情景整合起来通盘考虑。

在青少年家庭方面，要积极主动地访问他的家庭情况，了解其家庭环境，明确家庭成员的构成、父母工作概况、家庭背景以及家庭生活情况等。如有可能，应与青少年的家长进行讨论分析，力求找出该家庭与其他家庭生活方式的不同及原因，从而分析是否对青少年产生了不良后果，并以此为基点，争取家长的合作，改变家庭生活的方式。

从学校方面来看，要了解青少年的综合情况，包括与周围同学的相处是否融洽、与老师是否配合、学习的好坏等，还要积极地了解青少年对周围同学及老师的评价以及日常的态度。

在青少年群体方面，要了解服务对象在同龄群体中的生活情况，了解其所依赖的同龄群体的行为倾向，了解其在群体中所处位置、感受、人际状况及对他人的评价等，通过群体的作用来影响服务对象。

2. 重视检讨、建议和追踪辅导

青少年是一个变动性极大的群体。除了情景配合策略外，青少年个案工作还有一个策略就是不断检讨、提出建议与追踪辅导。检讨与建议虽属于结案的准备工作，但它却存在于个案工作开始后的整个过程，其主要内容是体会工作中存在的不足，如对案主问题成因的分析是否得当，案主情绪反应如何，具体改变方式有无缺陷，案主问题是否已有好转的迹象，等等。追踪辅导是在结案后，工作者出于负责任的心态以及对青少年行为稳定性不够的考虑，采取类似于回访的措施。追踪辅导主要是观察青少年案主行为及情绪改变的持续状况，以评价案主问题是否得到了真实解决。

在青少年个案工作的实践中，还有许多其他的策略方法。要真正掌握这些方法，还需要不断在实践中学习，把理论与实际结合起来。

第二节　青少年团体工作

一　关于青少年团体

1. 青少年团体的概念和分类

要进行青少年团体工作，首先要明白一个概念，即青少年团体。青少年团体（小组）是指由青少年所组成的小团体。一般说来，青少年团体由三人以上的青少年所组成，这些青少年的组成方式一般都有一定组织性，在组成等方面也都是有规律的。青少年团体与成人团体一样，具有多样性，有正式团体，如学校班级、小组等，也有非正式团体，如邻居间的伙伴、学校里几个要好的同学组成的小团体等。

青少年团体与成人团体一样，可以根据不同的标准划分成不同的类型。

（1）根据团体成员间亲密程度分类

小组功能发挥得好与坏，与成员间的亲密程度关系很大。我们将青少年团体中成员较少，但成员间的关系较为密切，相互之间积极的情感和消极的情感都能够表达的，称为初级小组，或称基本小组；而将那些成员间有共同的利益或需求，但相互间关系不甚密切，影响较小的青少年团体，如学校里的班级等，称为次级团体（小组）。对青少年影响较大，易发挥影响功能的是那些青少年喜欢的，每人每天都生活在其中的基本团体（小组）。

（2）根据团体的组成和结构分类

一些小组是通过外部的影响和干预组合起来的，如团队兴趣小组、读者俱乐部等，这种团体通常有特定的目标、正式的结构、明确的纪律等，我们称之为青少年正式团体。另一类青少年团体以自然的方式，而不是外部力量推动的形式组成，不具有正式的结构，对小组成员的指导并没有明确规定的目标，成员间的关系赖于自然的吸引，如街头伙伴、同学中的小团体、网络伙伴等，我们将这类青少年团体称为非正式团体，或称自然小组。

（3）根据团体成员参与的程度分类

我们根据青少年团体成员参与团体的程度将青少年团体划分为志愿团体和强制团体。志愿团体是成员自愿加入的团体，是因成员的主观动机和主动性而形成的，如兴趣小组、志愿服务组织等；强制团体的形成不取决于成员的自我主动性，而是带有强制性，如对有犯罪行为的儿童，需要采取强制性的手段，运用教养的方式，组成治疗性的团体。

（4）根据青少年团体工作的目标分类

我们还可以从青少年社会工作的角度来划分青少年团体的类型，如朋辈团体，指由同龄的青少年组成的、对青少年的交流沟通以及社会化发展会起到促进或者负面作用的团体；学习团体，指以通过团体活动帮助成员学习各种知识，帮助团体成员掌握各种技能为目的的青少年团体；互助成长团体（小组），指调动团体成员相互促进、影响的动力，以团体成员为资源，在沟通和互动中，帮助成员发挥潜能，积极适应社会，健康实现社会化的青少年团体；治疗团体（小组），指以帮助成员改变价值观念和行为方式，纠正不良思想和行为倾向，克服成长偏差，最终促进青少年健康发展为目标的青少年团体；还有青少年兴趣小组、志愿服务小组等都可视为儿童青少年工作的小组类型。

2. 团体中的青少年

团体中的青少年有着不同的社会意义。首先，团体中的青少年是受到明确约束的青少年。青少年在团体中要接受他人的指导和教育，要遵守组织的章程和规定，那些自由散漫的、完全个人化的行为受到约束，无所顾忌的、会影响到他人的言行受到管制，我行我素的、与团体极不相容的性格受到限制。其次，团体中的青少年是相互影响的青少年。在团体里，青少年通过相互之间的遵从、领导、从众等心理过程，最大限度地发挥了群体间的相互影响的作用。最后，团体是青少年步入社会的开始。青少年团体本身就是一个小的社会，有规章制度，有层级机构，有平等的竞争，有命令的服从，有享受的权利，有履行的义务等，这是青少年步入正式的成人社会前的一次热身，在这里他们会体验到各种在社会上可能会遇到的问题，学习到社会上的初步经验。因此，团体对青少年意义重大。

3. 青少年团体的功能

青少年团体在个人成长过程中有着一种不可替代的作用，这就是青少年团体对青少年的社会化发展所具有的重要的积极作用。青少年团体的内部动力对青少年团体成员有着重要作用。一个有效的功能团体内部需要具备内在的动力，这种动力来源于青少年个体对团体的认同、依附，来源于团体的控制方式，来源于小组内部的情感氛围，来源于团体中的舆论导向，来源于一个团体成员所拥护的核心等多种元素。青少年个体和青少年团体之间的有效互动，是青少年团体有效功能发挥的关键。

正如默顿所说的正功能和负功能，青少年团体作为一个系统，同样有着正向和负向的多种功能，最主要功能有：首先，青少年团体可以给青少年以情感慰藉，使青少年个体获得群体在情感、情绪等内在心理方面的支持；其次，青少年团体可以使青少年获得生活的经验，在团体里，青少年能够学到社会规则，学到与人相处，体会到在人群中如何遵从、领导，如何调整自己的行为模式以适应外部环境的要求；再次，青少年团体可以纠正青少年在成长过程中已经形成的一些偏差，让青少年在群体适应中实现个人行为的转变和个人社会功能的恢复、发展。这些都是正向的功能，青少年团体也可能有负向的功能，如青少年团体受到一些不良青少年的控制，整个团体的所有成员可能都向不好的方向发展。同龄人的不良团体对青少年具有很大的裹挟作用，一些活跃在犯罪率较高社区的青少年团体往往成为未成年人犯罪的滋生组织。因此，对青少年不良群体的改造，同样是社会工作者的重要任务。另外，有些团体对成员不能做到完全接纳，使得一些成员受到排斥和打压，这也是青少年团体工作必须注意的问题。

二　青少年团体工作的概念

1. 青少年团体工作的概念和要素

青少年团体工作是以青少年团体或者小组为服务对象，运用团体动力程序与团体活动过程设计技术，使团体中的青少年达到社会性的发展、行为的改变，实现青少年个人与社会的和谐发展，进而促进整体社会中个人的全面发展和社会的进步。青少年团体工作的概念，包含有四个基本要素。

（1）青少年团体工作的对象

青少年团体工作以识别、区分青少年群体的状况，促进青少年群体的正面发展，运用群体力量促进青少年个体行为的矫治和社会性发展，运用多种方法实现青少年与群体、与群体成员之间的互动等方面为工作的重点。

（2）青少年团体工作的目标

青少年团体工作是以青少年的全面发展，特别是通过团体内外青少年间的沟通和互动来推动青少年的社会性发展为工作的目标。

（3）青少年团体工作的方法

青少年团体工作要运用专业的技能和方法，如沟通，建立关系，发展小组核心，促进小组成员互动，等等。

（4）专业的青少年团体工作者

青少年团体工作者在青少年团体中充当着十分重要的角色，他既是青少年团体的指导者，从事专业实践活动，又是青少年团体的一员，是青少年的朋友。

在青少年团体工作中，工作者应该具有四种角色，这四种角色是相互联系的，并互相影响和支持。

①团体的核心人物，成为关心青少年、鼓舞青少年、帮助青少年行为改变的角色；

②团体规范及规章制度的象征，对优秀的团体成员提出奖励，对某些成员的某些不良行为进行警告；

③团体活动的策划者以及团体行为目标的界定者，引导青少年认可目标，形成互动；

④团体成员角色的控制者，利用角色的规范来引导青少年进入角色，并训练青少年履行角色，规定青少年在特定活动中的角色，引导各角色间的关联。

2. 青少年团体工作中的工作要素

青少年团体工作对青少年有着非常重要的意义。团体可以协助青少年了解自己，增进团体间的人际关系，并能帮助青少年发挥自我的潜能。在青少年团体工作中，有几个要点值得特别重视。

首先是团体目标，一个大家认同的、立足于改变自我的目标可以使团体的领导者及参加的青少年互相协助，理想的状态是在各自要达成的具体目标以及整个团体想完成的目标之间建立起真正的联系，在互动中实现改变。

其次是团体进行的过程，在团体里，青少年间的互动时时刻刻发生在青少年团体的每一次内部运动中，在互动中获得成长，正是以青少年为对象的团体工作的魅力所在。

再次是针对有特殊需求的青少年进行的小团体辅导。

最后是针对一般青少年的预防性的团体辅导，如自我肯定的训练、社交技巧训练、生涯探索辅导活动等。这些辅导一方面可预防青少年严重问题的发生，另一方面也可提升青少年的发展层次，帮助他们顺利完成发展任务，并发展其潜能。

三　青少年团体工作的理论和模式

青少年团体工作的理论有基础性的，也有实践操作性的，这些理论对指导青少年团体工作的具体实践都有着重要意义。

1. 青少年团体工作的几个重要基础理论

青少年团体工作的理论基础是青少年团体工作的奠基，也是青少年团体工作得以展开的根据。这些理论并不是单纯对某一个学科理论的借用或者摘抄，而是有目的性的选择的结果。归纳起来，主要有以下几个重要的理论。

（1）组织系统理论

组织系统理论把团体看成由不同的互动因素所组成的系统。系统中的个人与系统之间、个人之间，以及各个子系统之间的关系是这个理论关注的焦点。个人的问题往往可能出在其与外界系统能量交换的上。运用这个理论，青少年团体工作不再把青少年当作单一的孤立的个体，而是把他们放到组织和系统中去。作为系统的一部分，个人问题的解决需要通过改善系统来实现，同时，个人的改善也会给整个系统带来变化。

（2）社会学习理论

社会学习理论认为，人的行为是在对他人行为的观察和评价中学习来的，良好的行为和不良的行为都可以通过学习得来，不良行为的改善也需要通过学习去完成。运用社会学习理论，在青少年团体中有效使用奖惩手段，建立正面的舆论氛围，对青少年社会行为的学习及改变特别重要。

（3）心理分析理论

心理分析理论运用于团体工作，主要是以个人为工作的焦点，青少年团体工作必须探寻以下问题，即如何提高团体的凝聚力，以真正吸引青少年认同团体；

如何在团体里形成良好的氛围，以使每一个青少年在团体里获得安全感，并能自如、开放地表现自己的思想和情感；如何通过专业的服务，以使青少年在团体里不仅学习到与人相处的技巧，而且获得面对社会生活的自信，获得适应环境的能力；如何运用团体来化解青少年个体的内心的消极冲突，推动正面的积极冲突，以改变青少年的一些行为模式，解决青少年发展中的问题，并最终促进青少年健康发展。

2. 青少年团体工作基本工作理论和模式

青少年团体工作的基本工作理论和模式并不是单一的、独立的或是一成不变的，相反这是一个与实践紧密联系的、综合性的、不断发展变化的体系。青少年团体工作并没有一个固定的模式来让社会工作者去严格遵守，所给出的模式仅仅是代表了不同的理论流派下不同的工作倾向而已。其主要模式有以下三个。

（1）互动模式

互动模式的理论基础是系统论和场论，这种理论所研究和阐明的是团体中各个成员之间的关系，团体与社会环境的关系，团体成员与团体、社会之间的关系，而不仅仅关注个体。在青少年团体中，就是要通过建立团体目标，营造团体氛围，建设团体正确舆论，辅导团体运动核心等多种手段，形成青少年间的互动成长。

（2）治疗模式

治疗模式以社会化理论和行为修正理论为基础，将团体作为一种矫正个人问题行为和态度，进而使之适应社会的一种方法和手段。把团体作为载体，为有这样或那样的行为或情绪问题的青少年提供一个团体的治疗环境，通过对团体内部的建设和专业的辅导，推动青少年在团体里与他人沟通，促进青少年间的互动，是青少年社会工作最常用的专业方法。

（3）社会目标模式

社会目标模式与前两种模式相比，注重个人问题解决与社会变迁的关系，它以社会学理论为基础，强调社会系统与个人、与群体之间的相互作用及影响，认为个人和群体的功能失常问题在于社会自身功能的失常。在青少年团体工作中，社会目标模式是一种重要的工作模式，一方面青少年团体和组织代表青少年参与社会，直接在成人社会里发表意见、参与社会事务；另一方面，运用团体提供青少年参与社会的空间，培养青少年的公民素质和社会责任感，是青少年工作的重要领域。

3. 青少年团体工作的具体工作模式

具体工作模式比基本的工作理论和模式要更具体，同时也更接近实际工作，更有实际的指导意义。但同时我们必须意识到，在实际的青少年社会工作过程中，由于国家、年代、种族、性别等不同因素的影响，越是具体的模式，可能越具有一定的条件限制。所以，在我们借鉴和使用这些具体模式时，必须要考虑到所遇到的具体情景。一般认为，青少年团体工作有以下四种具体模式。

（1）任务中心模式

这种模式是卡文（Garvin）首先提出的。他将个案工作中的任务中心模式运用到团体工作，团体社会工作也需要像个案工作那样有具体确定的目标，并且朝着这个目标去努力，问题常常是工作的中心。在青少年团体工作中，这一模式关注的是青少年的发展以及问题的矫治，突出的是工作的目标。

（2）过程模式

这种模式强调时间、过程和发展阶段、团体成员与发展的关系，是 1965 年在美国波士顿大学社会工作学院提出的，也被称为发展模式。在这种模式下，青少年团体工作的重点在于对青少年团体发展阶段性的研究，以及团体发展的不同阶段对青少年个体的影响。

（3）团体中心模式

这是由卓普（Tropp）提出的团体工作模式。他认为，在朋辈团体、志愿者团体中需要采用此类工作模式。这种模式重视团体对成员的吸引，将工作的重点放在青少年对团体共同利益的追求和相互认同上，并且通过这种认同的过程，逐步实现青少年的自我满足，提高他们的社会化程度。

（4）行为模式

行为模式是在 20 世纪 70 年代由塞瑞（Sarri）等人提出的，是一种针对个人行为修正的工作模式。这种模式在团体中成员互动的基础上，以青少年个体在行为等方面的治疗为工作重点。

四　青少年团体工作的原则、过程和技巧

1. 青少年团体工作的原则

青少年团体工作的原则有一些与一般社会工作原则相同，也有一部分是青少年团体工作所特有的。

（1）团体成员的个别性原则

个别性原则在青少年团体工作中的特殊意义在于，社会工作者必须认真了解

团体中每一个成员的独特之处，研究他们的不同需求以及不同的问题。个别性原则不仅仅适用于介入方法的选择，同时还适用于指导整个工作计划，包括对工作目标的选择。

（2）团体的个别化原则

并非所有的团体都有一样的问题，相反，每个团体都是非常不同的。青少年团体无论大小，都会有不同的需求，团体内部都会有不同的互动模式。只有承认这种多样性，社会工作者才会自觉地采用不同的工作方式，针对不同的工作目标，选择适用的辅导计划。

（3）鼓励、调动团体成员积极性、主动性的原则

这条原则是青少年团体工作所特有的。鼓励和调动团体成员主动、积极参与团体生活，这是青少年团体工作的重要原则，对工作的成效影响很大。

（4）调动团体成员参与冲突的原则

强调参与，特别是对冲突的参与，这是团体工作的重要功能之一。青少年是最有生气的群体，使成员通过参与冲突去学习体验不同的问题解决方式，对青少年成长的意义特别重大。社会工作者要帮助和鼓励青少年以积极的态度去面对在团体中遇到的各种冲突，在解决冲突的过程中学习做人做事。

（5）科学、专业地实施团体辅导的原则

不断适时适当地修改团体计划和过程，包括目标、工作方法，有区别地运用工作方案等，对青少年团体工作很重要，因为青少年具有强于其他群体的变动性和激情。

2. 青少年团体工作的过程

团体工作的过程对青少年团体工作的完成具有重要意义，把握了青少年团体工作的基本过程，才可能顺利完成青少年团体工作的实践。青少年团体工作过程主要由以下三个重要方面组成。

（1）沟通

沟通是指社会工作者与团体成员，以及团体成员之间的信息交换过程。沟通不仅可以使青少年获得他人的理解、认识，在心理和情感发展上得到积极的环境，而且可以帮助青少年学会与他人交往，锻炼影响他人的能力，学会如何与他人建立良好的人际关系。团体中的沟通有两类，一类是围绕着领导者的沟通，包括领导者与团体成员每一个人的单向沟通，也包括以领导者为核心的成员就一个问题的依次沟通。此类沟通有利于将工作人员的指导性意见在团体中传递，也会在一定范围内提高团体成员的表达能力和认识问题的能力，但对团体中同伴间的

互动性作用不够突出。另一类是团体中所有成员积极参与的自由式的沟通，这种沟通建立在对团体所有成员参与积极性的充分调动的基础上，是一种充分自由的，所有成员都实际进入的沟通形式，对形成团体中的成员互动，具有重要意义。在青少年群体里，后一类沟通更重要，使之得以实现，是青少年团体工作的关键之一。

青少年正处于社会化的关键阶段，与人交往的能力较弱，所以两种沟通形式对青少年人际能力的发展都有很重要的意义。特别是横向的自由式沟通，工作的重点不再是工作者如何将自己的想法告诉青少年，而是如何让青少年们进入自由交流状态。

（2）互动

在青少年团体中，互动是一种最重要的成长模式，社会工作者需要运用多种手段在青少年中形成互动，如开展活动。有两个问题是影响互动成效的关键。一个是主题和内容，即青少年间在什么问题上进行着沟通，互动的主题是什么。一个是互动的覆盖范围，即互动在多大的范围里进行，有多少青少年真正进入到互动的状态之中了，这些都是非常值得社会工作者关注的问题。对青少年来说，一方面，他们思想和行为尚未成形，较容易受到周围人的影响，互动在一定程度上容易形成；另一方面，青少年思维比较简单，主动性和能动作用都还处于发展之中，团体中互动的深度和广度都有一定限度。青少年社会工作者应该把握青少年团体互动的特征，在团体工作中，真正实现这一重要过程。

（3）控制

控制是一个团体过程中必不可少的要素，它决定着青少年对团体的依从，也决定着一个团体的一致性。在团体控制中，主要运用的手段是规范、角色、目标、情感等。

规范是一个团体形成和发展的关键要素，它涉及一切为团体成员接受的行为模式。在青少年团体中有两种规范：一种是由辅导者订立的、逐渐发展起来并明确写出条文的正式规范，这些规范往往代表着团体对青少年的要求，反映着社会工作者对青少年团体的目标追求。如何把这些写在书面上的条文，由外在的、强制性的要求转化为青少年内在的、自我发展的要求，是正确使用和发挥规范功能的重要环节。另一种规范是青少年在团体生活中通过沟通和互动逐步发展起来的。这一类规范大多数会遵循团体的目标，反映着团体在互动过程之中对团体目标的逐步认同。青少年团体规范的形成一般通过团体对成员行为的肯定或否定等来实现，青少年会在这种过程中认识规范，习得如何遵从规则，如何融入群体之中。发展团体规范主要的手段是沟通与互动、肯定与惩戒、评估。规范是一种对团体中青少年行为的控制，背后则是对价值、思想、意识的引导。对青少年来说，规范的控制将有助于青少年对社会规范的适应，加速青少年社会化的进程。

在团体中，角色是与团体状况及对成员的影响力紧密联系在一起的。它是对团体中个人特定行为的期望，与一个人在团体中的地位密切相连。一个青少年在团体中的角色，取决于团体的状况、团体的基本需要，也取决于青少年自身的能力以及在团体中的地位。对青少年来说，团体中的角色是一个学习过程，当他处于某种地位，或是处于某种角色状态下的时候，他就会遵从角色的要求，与团体的期望行为取得一致。青少年团体工作利用角色进行社会控制，一是要恰当使用角色，在团体中形成不同角色沟通和互动的活跃状态，通过团体中不同角色的分工，形成团体中动态的平衡，使团体真正成为青少年成长发展的阵地；二是需要经常与团体成员讨论他们在团体里的角色，不断分析角色的责任与权利，帮助青少年调整对角色的期望，从而帮助青少年学会适应角色，对自己的行为做出符合需要的界定和调整；三是要有效运用角色和地位发展变化，通过不同阶段、不同个性的青少年在团体中地位和角色的发展，一方面加强团体内部建设，形成有序的互动，另一方面也促使青少年去学习团体角色，最终实现对社会角色的积极适应。

团体的目标是凝聚青少年的重要因素，也是引导青少年向着社会工作目标发展的重要控制手段。一个经团体成员认可的目标对青少年的发展具有重要作用，它不仅引导青少年的行为方向，而且会将青少年吸引在目标周围，增加团体的凝聚力。所以，社会工作者要重视青少年团体目标的建设，特别要重视在目标形成过程中青少年的积极参与。另外，营造团体里相互吸引、在个性发展和情绪发展方面和谐的情感氛围，是增加团体凝聚力的重要手段。和规则相比，团体情感是团体内在的制约力，是吸引团体成员对团体建立归属感、荣誉感和责任感的内在动力。积极和谐的团体情感可以使青少年感受到团体的温暖，使他们获得安全感和被尊重的情感经历，这对青少年发展的意义特别重大。发展青少年团体的情感氛围，需要从团体内部的互动着手，任何青少年团体都不可能真正接受外在的强加的情感因素，只有青少年在团体沟通与互动中逐步形成的情感，才是真实的，有影响力的。

3. 青少年在团体中的参与

控制在青少年团体工作中有重要作用，但只有控制是不行的，必须有参与。青少年在团体中的参与必须受到鼓励，同时有切实的保障，这是实现青少年团体工作目标的关键因素。青少年的参与主要体现在以下三个方面。

第一，鼓励青少年根据自身能力自觉参与团体活动。在认可其能力、个性等方面的差异性的基础上，引导、帮助、鼓励每一个青少年按照自己的能力、以自己的方式参与团体活动，避免因个性、能力等因素而给青少年带来压力。

第二，鼓励、促使团体中的青少年相互之间实现有益的合作关系。社会工作者在青少年团体工作中要积极发展青少年间的合作关系，鼓励和促进积极关系的生成和发展，以团体中青少年间正面关系的积极发展来促进青少年个体问题的解决。

第三，为团体中的每一个青少年提供各种新的机会。社会工作者要坚持为每一个青少年都提供新机会的原则，使每一个青少年都活跃起来，真正参与到团体运动中去，实现团体中的动态平衡。

4. 青少年团体工作的技巧

在具体的青少年团体工作实践过程中，需要运用许多专业的技巧，这些技巧主要是来自一般的团体社会工作技巧，这里要特别提出几个针对青少年团体的技巧。

（1）组织青少年团体的技巧

组织青少年团体的技巧包括对青少年结群需求的把握，对青少年自发群体内部情况的了解，调动青少年结群积极性，对青少年群体中的活跃和骨干分子的认识和了解等，也包括适时实施组织活动，和青少年一起确立团体大小、团体目标、团体规则等内容。掌握这个技巧是进行青少年社会工作的前提。

（2）领导青少年团体的技巧

对青少年团体来说，社会工作者是成人，因此在实际工作中，有很多时候，社会工作者是以领导者的身份出现的。因此，领导青少年团体的技巧也是特别需要学习的。一方面要适度运用专业技能和权威，积极和主动推进团体的进程；另一方面还要特别尊重青少年的主体性和互动性，让青少年成为团体的主人。这里有个度的问题需要社会工作者通过自身的修养和经验来把握。

（3）介入团体冲突的技巧

在青少年团体中，冲突是青少年学习的良机，也是社会工作者开展工作的载体。在青少年团体里，青少年的冲突是多种多样的，社会工作者要认真研究，什么样的冲突必须介入，什么样的冲突应让青少年自己解决，如何介入青少年的冲突，怎样有效影响青少年的冲突过程和结果，等等。介入团体冲突的技巧是非常实用的技巧之一。

(4) 与工作对象建立关系的技巧

专业关系是社会工作中重要的基本要素，与工作对象建立关系的技巧相当重要。建立专业关系是一个复杂的过程，技巧也相对复杂。首先，要学习了解、认识团体成员和团体的技巧。建立关系首先要认识和了解团体中的青少年，认识和了解青少年团体，这就需要能够细致科学地观察、判断每一个团体成员的需求以及面临的环境、每一个青少年与团体之间的关系、团体对每一个青少年的作用和影响、每一个青少年个性差异及发展的困惑与问题等。其次，要学习有效进行沟通的技巧。青少年的沟通与成人的沟通有一定差别，也就需要很多细致的技巧。例如，在语言选择上要具备青少年特点；尽量使用形体和情绪语言，使青少年感到亲切和温暖；调动青少年的兴趣，随时满足青少年的求知欲望和成功欲望；注重包括外在形式在内的情感环境的营造；精心设计青少年喜欢的活动，为每一个青少年提供在活动中参与和表现的机会；使用直接的、形象的易达目标引导青少年，在目标追求中改变青少年间的关系；等等。最后，还要学习与青少年建立关系的技巧。与青少年建立关系，除了要掌握一般社会工作者与案主的关系的工作技巧外，还需要针对青少年特点。诸如，在建立信任过程中要重视情感因素；在坚持工作者主流引导时特别注意对青少年的尊重；在与青少年间的亲切关系中保持必要的、由非权力因素形成的权威性；等等。

第三节　青少年社区工作

一　青少年社区工作的概念

1. 青少年社区工作的概念

青少年社区工作是青少年社会工作三大方法的最后一种，它的发展成熟较其他专业方法稍晚，然而这个工作方法在近几十年来发展迅速，工作成效也受到广泛的关注，成为社会工作的一种新方法。青少年社区工作是以调动包括青少年在内的社区居民参与为重点，以营造社区内青少年健康成长的发展环境和引导青少年在力所能及范围内与社会形成互动为工作目标，动员一切社会资源，服务于青少年，促进社区健全发展。

我们可以从以下三个方面去理解它的内在含义。

第一，是社会工作的一种介入手段。它表明了一种工作模式，即在调查研究社区需要的基础上，通过动员社区资源，争取外力协助，培养社区居民包括青少年对社区的归属感和认同感，以及民主参与意识和能力等方式，改善青少年的生活质量，解决青少年发展中的问题，最终提高社会发展水平。

第二，是综合社会建设的一种方式。青少年社区工作是一种综合性的社会建设，是通过对社区内居民的发动，通过居民自助的力量，来达到为青少年创建一个安全、美好的生存环境的目的，其最终的结果，是对社会的整体发展和建设的促进。

第三，蕴涵着一种理念。青少年社区工作倡导的是一种现代社会理念，即自助、互助和自决的精神，主要通过自身的努力，而不是完全依赖政府、社会，来解决包括青少年发展等社会性问题。青少年社区工作还传递着另一个重要的现代观念——青少年权利观念。

2. 青少年社区工作的目标

青少年社区工作首先是以青少年发展为中心的工作目标。以青少年发展为中心，不仅强调了在物质建设和精神建设二者之间的比重问题，而且回答了青少年社区工作中，社区里成人利益与青少年利益孰重孰轻的问题，是青少年社区工作最重要的原则立场。

青少年社区工作计划的制定一定要依青少年具体的生活情景而制定，要从实际出发来通盘考虑问题，而不是千篇一律地按照固定的模式来解决问题。不同社区的青少年处境是不同的，他们的问题、需求和改变途径也是不相同的。

组织、教育、服务是青少年社区工作的一个根本原则。这一原则表现在两个方面，一是将社区居民组织起来，采取共同行动，为社区里的青少年提供服务；二是将社区里的青少年组织起来，参与社区发展，和成人一道建设一个进步的、协调发展的社区。

积极促进青少年的全面参与是青少年社区工作的一个最关键的原则。根据这个原则，社会工作者要发动社区里的青少年积极参与社区事务，通过对社区里的各种力所能及的事务的参与，培养青少年对于社区的归属感、荣誉感和责任感，培养青少年的社会能力，并在改变社区总体综合环境的同时成长、发展自我。

二 青少年社区工作的一般过程

青少年社区工作作为专业方法有一个一般的工作过程，主要有以下几个方面。

1. 调查研究

这个过程就是指社区工作者进入社区，了解社区的一般情况以及社区青少年所面临的问题。工作者要认真了解的问题主要有如下几个方面：社区的类型、青少年所面临的问题、社区可运用资源。

首先，要调查社区的类型。不同类型的社区对青少年的影响是极不同的，青少年在社区里面临的问题以及解决问题的方式也会有很大的不同。社区有纵向分类和横向分类两种大致的方法。纵向分类法，是以社区的历史发展线索为标准，可将社区分为：传统社区、发展中社区、现代化社区或发达社区，后者指现代城乡融为一体的社区。横向分类法，指以社区的空间位置为标准划分的社区，可分为如下类型：一是法定社区，如村、乡、区、县、市、省等地方行政区，其地域是以法律形式规定的，并且标示于地图之上；二是自然社区，指人类在生产和生活中自然形成的聚居区，如村落、乡镇和城市及集居的民族村、乡、县、州等。上述两类性质的社区时有交叉或相互重合。三是专业性社区，指人们从事某种专门活动所形成的一定地域空间的聚居区，如林区、工业社区、矿区、经济作物区。四是与空间社区相联系又相区别的另一类社区，即“精神社区”，它既具有空间特征，但又不够明确，甚至形成犬牙交错状态。如宗教社区、种族社区等。精神社区或心理社区，实为精神上的共同体或心理上的共同体，它没有专门的和一定的地理空间。分析、了解青少年所处社区的类型，对社区青少年工作意义重大。

其次，要调查青少年所面临的问题。社区青少年工作必须针对青少年的问题，社会工作者在介入社区青少年工作时，应先调查了解本社区青少年所面临的主要问题，也就是社区青少年工作的具体目标。一般说来，社区青少年的问题是多方面的，如有贫困户子女、病残青少年、孤儿等基本生存问题；有青少年面临家庭暴力摧残、权利受到侵害的问题；有社区文化环境对青少年发展的不良影响问题；有社区内青少年文化、学习、娱乐需求得不到满足的问题；等等。了解这些问题不仅可以帮助我们确立工作的主要目标，而且有助于我们更全面地运用社区资源，协调综合地解决社区问题。除了社区里青少年面临的问题外，社会工作者还需要清楚地掌握本社区的其他问题，特别是那些突出的、急需解决的问题。

最后，要调查社区可运用资源。第一是人口结构，包括年龄结构、性别结构、职业结构、文化结构、阶级阶层结构等；第二是区位结构，主要指社区居民及其活动的空间分布和所形成的各种社会群体和组织之间结成的一定关系；第三是生活方式，即社区共同的、具有自己特色的社区生活方式；第四是社区文化和社区意识，即社区居民在长期的共同生活中积淀而成的，并为广大社区居民所共享的那些价值观念、民风民俗、行为规范和准则等；第五是社区组织，在社区里活跃的多种小型组织往往对青少年形成直接的、经常性的影响，全面掌握社区组织情况，是社区青少年工作在调查研究阶段工作的重点。

2. 建立关系

专业关系的建立是社会工作专业的特点，青少年社区工作建立专业关系的对象有社区青少年，同时还有与这些青少年有关的社区居民、社区机构和团体等。

在社区工作中与工作对象建立专业关系可以通过开展社区青少年活动和家庭服务活动，探访社区重要人物和社区各种组织等方法，也可以通过几个社区的联合活动、大的社会性行动等方式。在这种联系与交往中，达到双方的了解和认识，获得相互的支持。

3. 制订计划

一个针对社区内青少年综合服务的计划就应该包括多方面的内容，除了解决社区青少年当前所面临的问题外，还要从发展的角度来制订计划促进青少年的发展和福利的提升。在对一般正常成长的儿童青少年的服务以外，社区青少年服务还应包括对失足青少年的矫治服务，整合社区街道、村镇的力量，教育、挽救、改造他们，同时还应积极妥善安置。

此外，还应就如何争取资源、怎样分步实施等问题做出计划。

4. 组织社区行动

社区里关于青少年的行动除了具备一般社区行动的基本要素，如通过会议、宣传教育、协调机构、社区组织外，还应该注意体现青少年特征。青少年是一个有活力、有朝气的群体，通过组织类似志愿服务等行动，可以提升青少年的领导能力。

5. 社区工作成效评估

成果的评估是社会工作专业非常看重的一部分。评估的内容包括具体工作的直接成绩，对社区整体青少年发展状况的影响以及对社区其他方面的影响等方面。

具体工作的直接成绩评估主要是指具体工作项目的总结和成绩分析，如建立社区青少年服务机构，在建成后需要对其主要功能、服务容量、财务支出等方面进行考察评估。

对社区整体青少年发展状况影响的评估是指对每一项社区青少年工作项目，在总结时都必须要评估项目对社区青少年发展的综合效应，从直接影响和长远影响两方面做出鉴定。

评估青少年社区工作对社区其他方面的影响，是指评估一项青少年工作对社区其他工作的影响，这将有助于最大限度地发挥这项工作的效能，更好地集中社区中与儿童青少年工作有关的力量。

三 青少年社区工作技巧

1. 调查分析的技巧

青少年社区工作的技巧有很多方面，最主要的是调查分析的技巧。首先明确我们要调查和分析的具体内容是什么。这就包括要了解社区类型、历史和结构；了解社区问题，主要是青少年问题及与青少年有关的问题；了解社区资源，特别是能够服务于青少年的社区资源。青少年社区工作的调查方式与一般社会调查有相似之处，调查的方式可以是社区观察法、社区调查法、访谈法、家庭访问法、随机访问法、文献分析法等。

社区观察是通过对社区里各种资源、问题、结构的观察，了解社区情况。

社区调查，主要是通过问卷等形式就某一个方面的问题细致了解情况。

直接与青少年谈话，可以了解青少年在社区里的真实感受，获得第一手资料。

家庭访问是通过观察、访谈，了解青少年生活的状况和所发生的问题，获得对青少年家人及相关人员的具体材料。

随机访问是在社区工作中进行的随机街头访问，当我们从社区工作的角度去关注一个青少年的发展问题时，特别需要通过这种街头访问，真实地了解青少年所处的环境和面临的问题，找到问题的症结所在。

文献分析主要是对青少年政策、法规的掌握，收集了解与青少年有关的社会政策，包括总的社会政策、地区性法规政策、本社区的特殊规定等。文献分析还包括对青少年问题的研究成果的分析，对本社区已有的研究的使用等。

2. 建立关系的技巧

建立关系也是青少年社区工作的一个重要部分，主要包括以下三个方面。

（1）接触社区居民的技巧，特别是接触社区里问题青少年的技巧。

（2）家访谈话的技巧。社会工作者进入家庭了解情况，往往会遇到抵触，这就需要诚恳的态度，还需要运用成熟的工作技巧。

（3）与政府部门、社会团体联系的技巧。借助社会团体的力量是解决青少年问题的重要手段，社区青少年工作不能离开与政府部门和社会团体的接触，如何促使政府部门和社会团体更多地关注青少年工作，是青少年社区工作必须认真对待的问题。

这些技巧的掌握需要在实践中不断完善。

3. 青少年社区工作的介入技巧

另外，最为重要的一个技巧就是青少年社区工作的介入。介入的好坏将直接影响到社区工作的成败，介入的手段主要有以下几种。

（1）从直接的物质性建设目标入手介入社区

这种介入手法主要是针对服务青少年的直接物化目标的建设，如在社区里新建和扩建公民馆、公共图书馆与博物馆、青年宫、教育中心、视听中心、体育与运动设施等。

（2）从非物质的、教育性服务入手介入社区

从这种服务性的目的介入主要是围绕社区中青少年发展的需求，为青少年提供综合的、全面的服务，服务不仅仅是要解决物质问题，更重要的是以教育青少年、服务青少年为目标。

（3）从社区青少年亟须解决的问题、以青少年为中心的突发事件入手介入社区

这种介入手法在实际的社区工作中常常遇到。社区中偶然出现的突发事件正好是社区工作者可以介入的好时机。围绕青少年问题，这类问题主要有两种：一种是社区里较长期存在的影响青少年发展成长的问题；另一种是突发性的青少年问题。

（4）从动员组织社区内综合服务的力量入手介入社区

青少年工作者需要在实际工作中组织、联合、动员社区内各类社会团体和居民组织，整合社区里有关青少年事务的各种组织、机构和力量，为青少年的健康成长提供包括政策、机制、社会机构在内的各种各样的服务。

（5）从建设社区相关社会舆论入手介入社区

这个介入手法常常是与突发事件相关联，一般是由于突发事件而引入新闻媒体。可以通过大众传媒等手段，通过宣传相关社会理念，影响社区舆论，进而介入社区青少年工作。

（6）从发动社会资源，争取社会力量入手介入社区

这个介入手法是要从社会整体发展角度，为本社区青少年制定有关政策，发展青少年事业，推动社会性青少年事务的发展；另一方面，是联系有关政府职能部门、相关社会组织和机构，争取社会资源，如资金、物质、人力等为本社区的青少年服务。

4. 动员、组织活动的技巧

动员和组织活动的技巧在青少年社区工作中非常重要。此处所说的动员包括发动青少年在内的社区居民制定目标、策划活动、调动争取资源、挖掘培养包括青少年在内的社区领袖人物等。

动员对象包括儿童青少年在内的社区居民。社区活动发动青少年参与就需要调动青少年的积极性。青少年兴趣多样而且强烈，社会文化需求多样，要让他们积极参与社区活动，就要寓教育于趣味性的活动当中，多种趣味性的活动才能满足青少年身心发展的需求。

策划活动是青少年社区工作的重要内容。如一个主题性活动的策划，首先，一般要在活动前选好一个题目，主题是活动的灵魂，它需要具有针对性，即要符合和适应社区状况，适应社区里青少年学习、生活和思想状况等；其次，要围绕主题选择好相关内容；最后，要采用多种形式调动每一个居民和青少年参与的积极性。

社区活动离不开争取资源的过程，青少年活动更是特别需要对社会资源及社区内资源的争取调动。这种资源是多方面的，如政策资源，即通过争取政策支持服务青少年；人力资源，即调动社会各界力量参与服务青少年；物质资源，即发动各方面的社会力量，对社区青少年工作给予物质支援；信息资源，即为青少年成长提供尽可能多的有益资讯，促进青少年健康成长；等等。

培养社区居民领袖是社区工作的重心之一。一般来说，培养社区青少年领袖要坚持几个基本条件：有坚定的信念和责任感，努力学会分辨社会上种种人和事的对错，学会吸纳先进的思想文化，自觉抵制、拒绝没落文化，提高自己的政治觉悟和明辨是非的能力；有为他人服务的意识，让青少年学会从大多数人的利益出发，学会为更多的人群着想，学会平等地面对每一个人；有多种多样的智慧和本领，青少年领袖要获得青少年的拥护，除了学习好之外，还必须有其他的特长，会处理日常事务，解决青少年群体中间发生的问题，关心国家大事，会收集信息，有较广泛的兴趣爱好，知识面广，思维敏捷灵活，等等；有严于律己、以身作则的行为方式，青少年领袖人物需要在青少年中有一定的威望和影响力，这就需要他们必须严于律己、以身作则，特别是涉及自己和他人的利益分歧问题，更要先人后己，把方便留给他人，把困难留给自己，关心他人，助人为乐；有认真负责的精神，每一个青少年领袖都要认真负责地完成社区分配给自己的任务，培养锻炼责任心，认真负责的精神是对社区青少年居民的尊重。

此外，还有主持会议、处理行政事务等多种技巧需要青少年社区工作者熟练掌握。

第六章　青少年福利和青少年福利政策

社会福利和社会福利政策是专业社会工作开展的背景，是社会工作者在进行专业社会工作时的一个强有力的保障。同时，专业社会工作的发展也是社会福利和社会福利政策发展过程中不可或缺的部分，特别是专业社会工作进入成熟阶段以后，社会工作与社会福利和社会政策的关系将更加紧密，社会工作中的很大一部分，如宏观社会工作、社会工作行政以及社会工作研究等，主要一部分任务就是推进社会的总体福利，推动社会福利政策的制定、执行和信息反馈及政策修正的工作。了解关于青少年的福利现状和青少年的福利政策，是做好青少年社会工作的必要基础，也是宏观青少年社会工作的有机组成部分。

在这一章，我们将就青少年福利和福利政策的基本理论、国际和国内的青少年福利和政策的现状等问题进行探讨。

第一节　青少年福利的概念与含义

一　社会福利

1. 社会福利含义的演变与定义

现代社会，社会福利或者福利的概念是我们常常使用的，究竟什么是社会福利呢？这就需要先来明确福利是什么。福利的英文是 welfare，传统词义是 health，happiness and good fortune，well-being。大概意思是健康、幸福、有好运气以及康乐安宁。福利就是对人好的、有益的东西。从一般意义上讲，也就是跟人的生活幸福和满足有关的状态和事物。这是传统福利的含义，我们可以清楚地看到，这时的福利概念具有很强的主观性和个人性。

工业革命以后，物质主义思潮的崛起，社会生产力的发展以及社会自身运行模式的完善，使得人们不再使用主观的和个人化的评价体系来看待福利，而是求助于一种确切的物质标准来衡量幸福和满足程度，根据一种通行的、客观化的、普遍化的社会标准来衡量每个人达到幸福的、体面的以及适宜的生活应当必须具备的服务和实物。福利被物化了，并且具体化、标准化、明确化了。福利与实物和标准化的服务紧密地联系起来了。

随着近代民族国家的兴起，国家和政府的责任范围不断扩大，福利也不再是通过个人努力去得到一种满足状态以及个人的幸福生活所必需的物品服务了，责任权由个人过渡到政府和国家。福利成为社会性的和制度性的，由集体或者国家和政府来提供，并且国家成为福利的主要责任承担者。福利也不再是一种临时性的馈赠、施与或者免费发放，而成为一种长期的制度或者以法律的形式固定下来。国家对公民的福利责任就以经常性、制度性以及普遍性的特征固定了下来。这时的福利已经发展为真正的社会福利。

所谓社会福利，就是指国家与社会为增进完善社会成员尤其是困难者的社会生活而实行的一种社会制度，旨在通过提供资金和服务来保证社会成员一定的生活水平，并尽可能地提高他们的生活质量。社会福利包括改善社会成员的物质文化生活所采取的一切举措。

2. 社会福利的类型

（1）广义的社会福利和狭义的社会福利

从以上这个定义可以看出，社会福利特别关注社会中困难者的生活状态，同时以增进和提高全体社会成员的生活质量为目标。这就把社会福利的不同侧面展示出来了。有的学者认为可以把这种不同视角下的社会福利分为广义和狭义的社会福利。狭义的社会福利就是指专门为社会中有特殊需要的群体所设立的，由社会提供福利服务的事业、设施和项目。广义的社会福利指的是，为社会全体成员所设立安排的，由社会提供的，有助于提高和改善个人健全和健康的社会生活的福利服务事业、设施和项目。广义的福利也称普遍性福利，狭义的福利也称选择性福利。

（2）剩余性福利与制度性福利

根据国家在提供福利方面的责任，可以把福利分为剩余性福利和制度性福利。剩余性福利认为国家的社会福利机构只有在其他“正常”的供给渠道如家庭和市场不能维持时，才应为遇到困难的人提供帮助，所以也称为“补救性”福利。与补救性的社会福利相对应的是制度性的社会福利，即将社会福利看成一个社会所必需的重要的社会职责和社会功能，主张以制度化的社会福利体系积极地为全体社会成员服务，使每一个社会成员和社会群体都获得发展的机会。

实际上，广义的社会福利和狭义的社会福利，或者说补救性社会福利和制度性社会福利的区分不过是社会福利发展过程中的不同阶段而已。在国家和社会对社会福利的责任范围的不断扩展过程中，由开始时期关注社会中的弱势群体的正常的、普遍的社会生活质量，转向对社会中的所有群体，每一个社会成员的物质和精神生活质量的提高和改善的关注上；由原来的即时性的提供社会公共物品发展到后来的制度化的、经常化的提供标准性的社会福利服务品。这些都是政府和社会责任的加重，公民权利进一步扩展的表现。

（3）制度化福利和福利国家

随着社会的发展，提供社会福利的形式和方法也在渐趋制度化，成为单独的社会福利行政系统，在有的国家里，甚至成为一种国家主要制度。社会福利在这时已经发展为一个由法律、计划、给付和服务所组成的系统，成为满足社会成员的社会需要的保障，是人类福祉和社会秩序运行所必需的制度。

西方社会福利发展的一个结果，就是福利国家的出现。福利国家就是把社会福利作为一种国家的基本制度固定下来，每个人都有获得福利的权利，社会福利的目的就是用来保障社会全体公民的基本生活需求。这种社会福利的提供是强制性的，公民在这个过程中也要承担一定的责任，这种责任同样具有强制性。

（4）适度普惠型福利

“适度普惠型”福利是我国结合我国国情和当前经济社会发展形势确立的一种福利模式。这种福利模式的核心在于“适度”，在中国这样特殊的国情下，何为“适度”，怎样“适度”，这是一个复杂的问题。尽管说中国将建构这种“适度普惠型”福利模式，但并不意味着就要建构那种大一统的、全国无差异的模式，而是需要考虑到各种具体因素。在各省市、地区实践这种福利模式时需要具体问题具体分析，这也是一种“适度”。中国的“适度普惠型”福利模式需要体现一种层次性、渐进性和发展性，需要从那些具备充分条件的省市、地区逐渐推广到更多其他地区，以最终建构系统化、异质化和适度化的福利模式。各地需要从该地区经济发展状况、人均收入水平、老年人口比重、社会制度建设等方面的实际情况进行分析。但是，这并不意味着建构适度普惠型福利模式没有一个基本的衡量标准。适度普惠型福利是指一种涵盖所有社会成员、保障其基本需求的主要方面、供给主体多元化以及供给方式多样化的福利模式。这种广覆盖的福利模式并不等同于西方国家高福利水平的“福利国家”模式。

3. 社会福利的形式

社会福利作为一种普遍的福利形式，有不同的组织形式和不同的实施方法。社会福利从形式上可以分为实物发放形式、现金给付形式、人力服务形式和法定授权等形式。从社会福利的给予方式上可以分为社会福利形式、公共福利形式、个人福利形式和市场福利形式。从社会福利的福利范围可以分为六大部分：国民教育、公共住房、国民卫生与保健、社会保障与救助、就业协助与失业保险、福利服务。

社会福利的发展过程中，形式上的变化是有一定规律的。在社会福利的萌芽时期，福利形式是非常有限的，主要集中于实物发放和现金给付上，而社会福利在后来的发展过程中，逐渐发育出其他更多的形式，在物质产品的发放上，除了实物和现金两种方式，还有很多的介于二者中间的其他形式，诸如食物券、粮油补贴券等，有效地弥补了实物发放和现金给予两种方式的缺陷。在非物质产品的提供上，更是产生了多种形式，比如生活指导、心理辅导、就业与择业指导、社区服务等。

社会福利的给予方式，也经历着一些变化。传统社会中的福利给予主要通过个人福利和宗教福祉的形式；工业社会以来，福利给予主体转向了国家和社会；后工业社会以来，国家和政府把一部分责任和权利让渡给了市场，由市场来生产、组织、传递和配置福利资源和福利产品，国家和政府主要以经济资源和政治资源提供者的身份，出现在市场配置外。特别是近年来非政府组织和非营利组织的发展，使得市场与政府之间有了良好的沟通与协调。

社会福利的福利范围也在不断扩展，由原来的社会保障与社会保险向不同的方向扩展，有了就业培训、失业保险、医疗卫生保障、公共义务教育体系、公共住房补贴和政府公屋等保障措施，以及精神文化方面的社区福利服务体系，等等。

社会福利在现代社会中，已经成为一种社会福利体制，尽管各个国家的福利情况很不相同，但是，社会福利体系化的趋势是相同的。社会福利产品的生产、组织、传递、发放和配置成为一套有组织、有系统的制度、战略和措施。在社会科学中，也有了关于社会福利的生产、组织、传递和配置过程的专门研究，以及对不同国家和社会的社会福利制度比较研究的专门的社会福利学科。

二　青少年福利

1. 青少年群体与社会福利

(1) 弱势群体和社会福利

青少年福利包含于整个社会福利体系中，是社会福利体系中的重要组成部分。青少年福利是按照社会福利服务的目标群体划分出来的。之所以会划分出一些特殊的目标群体，是因为在社会中，总是出现一些经常处于依赖状态，没有途径依靠自己的力量获得需求满足的群体。有的学者把这样的群体称为社会弱势群体。

实际上，这些群体之所以成为社会中的弱势群体，并不是因为属于这些群体中的个人的能力的缺乏和价值的匮乏，而是因为这些群体在社会中正处于弱势的地位，群体中的个人的能力的缺乏是由个人在社会中所处的地位所决定的，而并不是完全由个人所决定。这样的群体除了青少年以外，还有妇女和儿童群体、老年人群体、残疾人群体、劳工群体和外来移民群体等。

认识这些群体在社会中所处的不利地位，并且承认这些群体的特殊需要和特殊利益，同时认定社会有责任承担这些特殊群体的福利责任，是社会文明进步的标志。随着社会福利的发展，社会文明进程将把这些特殊群体的福利服务进一步整合，由各个部门的分割服务转向各个部门的有机联系，以及各个部门福利资源的有效整合，以解决现存的各个部门服务分割所造成的资源浪费和相互之间联系和沟通的不足等问题。

（2）青少年的概念与青少年社会福利的产生

青少年福利首先是一种福利理念在青少年群体上的应用。青少年并不是一个从来就有的概念，而是社会发展到一定历史阶段才产生的。把青少年与社会中其他群体区分开来，这个事实本身就是认识到青少年作为一个群体的独特性。能够辨识青少年群体的特殊性是产生青少年福利思想的前提。认识到青少年群体与其他群体的区别的同时，也就是认识到青少年群体在这个社会中与其他群体，特别是成年人群体的差异。随着认识的深化，青少年群体在社会中处于一种不利的地位的事实逐步被认识到。

在传统的父权社会中，青少年没有作为一个群体出现，这时，虽然已经有了单独的青少年的概念，但是这时的青少年是在父权家庭中，处于隶属地位的家庭中的一部分。青少年也有可能受到良好的教化和培养，但这种教化和培养更多的是一种优良家风和优良血统的体现，并没有立足于青少年本身，而是从整个家族和血统优良传承的角度来考虑的。而在当时社会中，并不是所有的青少年都可以受到这样的良好和长时间的教育。更多的社会下层的人们的孩子，可能在很小的时候，就要被家长送到某一个手工作坊或者类似的地方，去学习将来谋生的手艺。这种学习并不是一种单纯的学习过程，而是包含了整个的复杂生活的其他各个方面。这些孩子在手工作坊中，是以学徒的身份出现，他们与师傅间的关系，比现代社会中的师生关系要复杂得多。师傅不仅要教授学徒一些基本的工作技巧和手艺，而且要负责学徒的生活起居和在日常生活中的种种行为规范和品行。师傅与学徒的关系更类似于父亲与儿子的关系。在这样的情境中，青少年仍然没有独立出来，他们没有独立的身份，总是隶属于另一个庞大的家族或者家庭。

工业社会的到来真正带来了青少年的时代。大工业生产的发展，需要大量的青壮年自由劳动力，同时出现了工厂主大量雇佣童工的现象。这些青少年在工厂做着与成年人一样的工作，有时甚至工作时间更长，而他们的工资可能比成年人少很多。他们的劳动环境极其恶劣，基本的生活也得不到保障。在市场竞争中他们的经济权利得不到保障，而在政治权利方面也是极其匮乏，在整个社会中，他们没有地位和威望可言，也得不到应有的尊重和认可。那些在社会发展中失去了依靠的青少年情况就更加悲惨，他们可能要流浪街头，甚至走向犯罪的歧途。在那个动荡的时代，青少年的问题不再是单一的，而是成为与社会上的其他事务紧密相关的一个环节，这个环节出了任何问题都会影响到其他各个部分。政府不得不对这些失依的青少年和在恶劣的工作环境下变得体残身弱的青少年的生存问题担负起一定的责任。这样，青少年作为社会中的弱者，福利问题日益尖锐地提到日程上来。

2. 青少年社会福利的含义

（1）青少年福利代表着一种先进的社会理念

早期的青少年福利并不是真正意义上的现代社会福利。因为在这个过程中，青少年并没有真正实现自己的价值，也没有真正获得尊严。青少年福利的真正发展是社会物质生活水平和人的精神生活需要达到一定程度之后。此时，国家和社会对青少年发展承担起不可替代的责任；青少年不再是作为社会中的弱者而仅仅是受到关注和保护，国家和社会开始尊重他们的独特性和尊严；青少年时期也不再仅仅被看作为成年阶段做准备的时期，而是作为一个独特的人生发展必经阶段而受到尊重和肯定；青少年的发展过程不再是一种被动的接受教育和感化的过程，而是一个充满了自身主动性和能动性的过程；青少年有他们自己独特的需要，这些需要有必要通过政府和社会的种种途径来获得满足。所有这些正是现代社会福利思想在青少年福利问题上的体现，青少年福利不再是一种简单的制度和规则，而是代表了先进的社会福利哲理，包含了社会公正、公平和机会平等等进步的社会观念。

（2）青少年福利是一种国家机制

现代青少年福利也同其他社会福利一样，进入了政府的政策体系甚至成为一种国家机制。国家和社会在实施青少年福利的过程中，发挥着不可替代的重要作用。国家可以通过制定政策、实施法案、形成法律等形式来把青少年福利问题转换为政府行为。青少年福利是政府的重要责任，国家常常以社会政策的形式，通过社会政策立法的方式实现对青少年需求的满足、权利的保障以及对其发展的支持与保护。随着公共政策的发展，青少年福利政策融为国家的一种社会机制，成为政府日常行政工作的一个重要部分。在社会政策的指导和制约下，社会通过政府的协调、统整，机构的服务、配合，程序的规范、衔接，制度的完善、健全等社会自身的机制建设，实现福利目标，保障每一个青少年的发展。

青少年福利成为国家行政机制的一部分，这是现代国家在社会事务方面行政权扩大的表现。福利权是公民应该享有的权利，青少年福利是社会中每一个青少年有权利享有的特定福利，国家有责任使得每个人在一定的时期享有这样的福利权，这是青少年福利以社会政策或者国家政府行政机制的形式在社会中展开的前提和基础。

（3）青少年福利是一种社会行为

虽然青少年福利作为国家的一种行政机制，常常以社会政策形式出现，但是，它与国家其他的社会政策和行政机制还是有着一定区别的。青少年福利不仅是政府行为的一部分，而且是一种社会行为，不仅需要政府的行政举措，还需要整个社会的共同参与，要通过家庭、社区、社会组织等多方面的社会行为为所有的青少年提供服务。国家的行政举措，只能为青少年福利提供一个有效的行政背景和框架，而为青少年提供的真正的福利内容却不可能仅仅依靠政府行为完成，它需要社会多方面的配合。政府在整个福利提供的过程中，只是起到一个引导、协调、整合的作用，目的就是要调动社会中的可以利用的资源、人力和物力，把整个行动推向既定目标。社会中的个人、群体在青少年福利的供给上起到更为实质的作用。只有青少年福利发展到社会化的程度的时候，青少年福利的价值目标，即促进社会中每一个青少年的健康全面发展才可能真正实现。

3. 青少年福利的定义和分类

（1）青少年福利的定义

青少年福利实际上是对青少年时期的生理、心理、社会环境提供满足需要、促进发展的社会政策、专业科学知识以及具体行为等的总称。狭义的青少年福利是指由特定形态的机构向特殊的青少年群体提供的一种特定的服务。服务的提供者是有限而且是特定的，福利的享有者并不是社会中的全体青少年成员，而是特定的一部分青少年，提供的福利服务内容和数量也是相当有限的。这种狭义的青少年福利在青少年福利发展的初级阶段比较常见，随着社会的发展，青少年福利服务的进步，这种狭义的青少年福利最终要被广义的青少年福利所代替。广义的青少年福利是面向社会中的每一个青少年，旨在促进每个青少年全面健康发展的全面的福利服务。与狭义的青少年福利相比较而言，福利服务对象扩大了，由特定的一部分青少年扩大为社会中的每个青少年成员，福利服务的提供者也由传统的社会或者政府中特定的一个部分，转化为政府行为和社会行为的一种。当然，狭义的青少年福利和广义的青少年福利都是相对而言的，由狭义的青少年福利向广义的青少年福利的转换过程是一个必然的趋势。

（2）青少年福利的分类

青少年福利除了广义和狭义之分，还存在着其他的分类，如发展性的青少年福利和补救性的青少年福利。发展性的青少年福利是指这种福利的取向是发展性的，旨在促进青少年的健康全面发展，是指向未来的一种福利。它的服务对象并不是在当前的社会境遇中十分困难，或者特别需要帮助的群体，而是在当前状态中，属于健康和正常的成员。为他们提供福利服务的目的不在于当前给他们提供有效的帮助，而在于依靠当前的各种福利服务的提供，为他们在日后可能遇到的不利条件和种种困难，提供一种预防性的帮助，使得他们在未来的社会生活中有效地避免可预见到的种种不幸，或者即使遭遇不可预料的困难时，也能够依据过去所受到的教育和培训，有效地解决所遇到的问题，渡过难关。发展性取向的青少年福利更具有现代福利的意味，是一种面向未来的福利。补救性的青少年福利在传统福利中占重要地位，主要是为在社会中处于弱势地位的青少年或者发展受到了阻碍和限制的青少年提供一种救助、矫治和扶助服务，目的是对发展已经受到了阻碍的青少年给予帮助，使他们从不利的境遇中走出来。在青少年福利的发展过程中，补救性的青少年福利会不断朝着发展性的青少年福利转换，这种转化是现代福利发展的必然趋势。然而，补救性的青少年福利在当前的社会中，仍然占有重要地位，因为这种福利形式可以切实帮助一些已经遭遇不幸的青少年从逆境中走出，获得新的生活。虽然补救性青少年福利带有强烈的消极意味，但是这种补救在当前的条件下，仍然是必要的。发展性的青少年福利常常有一套制度化的服务体系，是一个现代社会所必需的社会功能和社会责任的体现。而补救性的青少年福利一般不是社会正常运转体系中的一部分，而是出现在社会不能正常运转时的临时补救措施。

三　青少年的福利需求

学习研究青少年福利必须要先了解青少年的福利需求。因为需求是青少年社会工作者提供社会工作服务时的依据。只有清楚青少年的福利需求，才可能真正从青少年的真实需要出发，以青少年为中心，有效地帮助他们。青少年作为一个特殊的群体，有着自己的特殊需要，这种区别于一般群体的特殊需要有必要得到满足。同时，青少年同其他年龄群体的人一样，有着人类的共同需要，这些需要也有必要得到满足，而不能因为这个群体与其他成年群体不同，就忽视他们与其他人群的共同需要。

1. 人类的需求

人类共同的需要有哪些呢？人本主义大师马斯洛认为人的需要分为五个层次，一是生理需要，社会有责任使其社会成员通过合法的手段获得生存所必需的物质资料。二是安全的需要，社会需要通过指定法律维护社会的安定，并需要一些国家机器保持这种稳定，使得该社会中的成员获得一种寻求稳定的可能。这两个层次的需要都是一些最基本的需要，只有这两个层次的需要得到满足，人才能去实现更高层次的需要。

另外三个层次的需要分别是：爱和归属感的需要、尊重的需要、自我实现的需要。每个人都是独特的个体，都是有价值的有尊严的，人的尊严至高无上，这种独特性需要得到尊重。作为福利服务工作者，更要明白这一点。在实际工作中，对服务对象的尊重应该是第一位的，不能因为这些人处于社会中的不利地位、在市场竞争中丧失了市场价值而忽视他们的独特存在。青少年有别于成年人，但是他们的这种独特价值和尊严更需要得到尊重，他们的尊严同样是神圣不可侵犯的。人性都有软弱的一面，需要得到他人的帮助和关爱，人与人之间需要互相扶助，个体寻找爱和归属感的需要在现代社会中也由此突出了。自我实现是人的一种高层次的需要，这是人真正成为人的表现。社会有责任帮助其成员获得各种物质资源和精神支持，去实现他们自己。青少年身上的潜力是无限的，社会有责任帮助他们去挖掘他们自身的潜力，使其潜力得到最大限度的发挥，最终走向自我实现的道路。

2. 青少年的需求

作为有别于其他群体的特殊群体，青少年有其所特有的需要，这些需要也应该得到特别的满足。台湾学者曾华源把青少年的福利需求归结为以下八个方面。

第一，青少年需要获得基本的生活照顾，家庭与社会应提供青少年成长过程中所需基本生活和养育需求；

第二，获得健康照顾的需要，包括适当的身心医疗照顾和预防保健服务；

第三，获得良好的家庭生活的需要，家庭应提供良好的亲子关系和适当管教的环境；

第四，满足学习的需求，社会应提供青少年充足的就学机会和良好的教育环境；

第五，满足休闲和娱乐的需求，家庭和社会应提供足够的休闲娱乐场所和设备，并教导其学习良好的娱乐态度及习惯；

第六，拥有社会生活能力的需求，家庭与社会应培育青少年有关社会关系和人际交往技巧、生活技能、适应能力和学习正确价值观等多种能力；

第七，获得良好心理发展的需求，家庭和社会应协助青少年建立自我认同，增进自我成长的能力；

第八，免于被剥削伤害的需求，保障青少年人身安全、个人权益及免于被伤害等权利。青少年的这些特殊需要是青少年福利的基础，应该通过社会福利和社会工作得到满足。

需要注意的是，以上这些需要都是青少年作为一个群体的共同需要。青少年群体中的每个人，需求并不是完全一致的，青少年个体间需要的差别并不比成年人与青少年的需要差别小。个体之间的差异性决定他们的需要的不同，这种个体的独特需要也应该得到满足。每个个体都是独特的，青少年个体之间的差异是很大的，需要的差异也是巨大的。在实际工作中，不能以为了解了青少年群体的共同特征，就了解了每个青少年个体。尊重他们，给予他们关爱与支持，才能走进他们，给予他们真正的帮助。

第二节　青少年福利政策

一　青少年福利政策的产生和发展

以青少年群体为对象的某种“集体策略”在有的国家很早就已开始实行。目前，在一些发达国家和地区，采取国家政策的方式解决青少年问题的实践，已发展到相当引人注目的地步。

在现代国家，一般都由国家出面制定公共政策，运用权威性的政策规定和行政手段来解决青少年的有关问题。例如，一些国家和地区的政府制定和实施了专门的青少年法律与法规，形成了较稳定、完整和独立的群体专适性法律体系；有些国家和地区，专门成立了青少年政策与行政部门，这些部门被给予了很高的地位，专责制定和实施针对青少年群体的国家政策，并处理有关的行政事务。

但这种国家政策方式的青少年事务的处理方式，并不是从来就有的。

1. 青少年问题与青少年福利政策的发展

青少年出现行为问题，违反或破坏社会秩序，很重要的一点是因为他们的需求得不到满足。想要教化他们，必须照顾和满足他们的合理需要。青少年福利与政策发展过程是这一点最好的验证，它证明了人们对青少年问题的认识与政府的青少年相关政策的发展变化有着某种必然的联系。

（1）青少年问题与社会福利密切相关

随着社会的进步，人们生产的物质财富越来越多，人民生活水平越来越高，人们得到的社会福利水平也相应提高。而青少年作为从儿童向成人过渡的一个特殊阶段，具有自己的特殊福利需求。他们多数不能经济独立，需要家庭和社会的支持与帮助；他们社会经验少，需要社会和有关团体机构的扶持；他们知识不够丰富，生活技能不强，工作能力还暂时较弱，需要受社会、家庭、学校的教育；他们自制力差，抵抗诱惑的能力不强，分辨是非的能力不够，需要在社会中不断磨炼和总结；他们的心理比较脆弱，没有经历过多的考验，需要社会的特殊照顾和关怀；他们生理上还没有完全发育成熟，正处于高速发展阶段，消耗能量多，从物质条件上，需要更多的满足和保证。

因此，青少年群体作为一个特殊的群体，就像其他的特殊群体，如老人、妇女儿童、残疾人等一样，需要得到相应的特殊照顾，得到更多的关注和关怀。在现实社会中，青少年群体会出现各种各样的社会性问题，如住房问题、劳动就业问题、婚姻家庭问题、教育问题、犯罪问题，等等。这些问题的出现，一是因为青少年受到社会变迁的影响最突出，社会对他们的教化不够有效，或者说方式方法不对头，二是因为青少年的福利等各种需求随社会发展而愈加丰富，得不到充分的满足。越来越多的社会现实说明，对青少年的控制和教化，如果没有对他们的积极的福利满足做前提和支撑，往往很难取得成效。社会的发展和变迁使得社会和政府越来越清醒地认识到，要对青少年控制引导，使他们遵守社会规范，遵从社会风俗道德，遵纪守法，少犯错误甚至不犯错误，就要首先满足他们的福利需求，使他们的生活没有后顾之忧。

（2）从香港的实例看青少年福利政策的演变

政府从服务的角度对青少年开展工作，使有关政策从关注、强调教化与控制到重视福利服务照顾，有其内在的必然性。港英政府有关福利政策的发展就证明了这一点。

20 世纪 70 年代以前，港英政府没有专门针对青少年的福利政策，为青少年提供的专门性社会服务也很缺乏。60 年代末，香港发生了较为严重的青少年骚乱事件，震撼了香港社会和政府。经过调查发现，骚乱很大程度上跟青少年缺乏适当的个人社会服务（如假期辅导、心理协助服务）以及某些设施、福利有关。青少年对社会对待他们的态度存在不满，他们认为，青少年享受的福利与社会的福利水平并不协调，青少年的福利水平要低于社会的福利发展水平。从 70 年代起，港英政府开始支持发展青少年福利服务，有关各方也积极地讨论、制定明确统一的青少年政策、建立专门的行政机构。自 80 年代开始，青少年服务出现了综合化的趋势，90 年代得以持续和加强，并逐步得到落实。

目前，香港的青少年服务已经实现综合化，同一个服务机构汇合多样服务，能够较好地协调策略和人手。如学校社会工作服务、外展社会工作服务、感化服务、青少年中心服务、住院照顾服务、营舍服务、青少年辅导服务、康复服务、职业辅导服务以及制服团体服务和爱丁堡奖励计划服务等。这些服务分为不同的部门，根据青少年的不同需要分别提供给青少年，满足青少年的福利需求，这是青少年成长发展的需要，也是社会发展的必然结果。

2. 国际性青少年福利政策的发展

以福利服务的政策来解决青少年问题的做法，已经不仅仅存在于个别发达的西方国家或地区。一些国际组织，包括联合国有关机构，早在 20 世纪 60 年代早期便提倡有关青少年的国际性政策或政策立场。联合国有关青少年福利政策和文件的出现，代表着某种国际性青少年政策的出现，并且已经超越了民族国家或地区的层次，形成全球社会及各合法组织共同采取专门的统一立场与措施，以解决青少年问题的一种前所未有的格局。

国际机构的相关举措主要表现在联合国的文献中，如 1995 年第 50 届联合国大会正式通过的《到 2000 年及其后世界青年行动纲领》（以下简称《行动纲领》）。《行动纲领》中明确写道："各国的青年人既是促进发展的主要人力资源，又是社会变革、经济发展和技术创新的主要推动者"；"用政策处理青年人的难题和潜力的方式，将影响到当前社会和经济状况以及后代的福祉和生活"。它列出国际社会确定的青年政策方面应采取行动的"十个优先领域"。1998 年在葡萄牙里斯本召开的"世界青年事务部长级会议"上，各国政府代表又通过了《关于青年政策和方案的里斯本宣言》。宣言"更关切地注意"不同类的青（少）年亚群体，如生活贫困的青年、失业青年、流浪和无父母的青年、残疾青年、少数民族青年、犯罪越轨和其他边缘青年等。它提出："政府和社会做出努力以更有效地处理青年人在经济、社会、教育、感情、文化和精神等方面的各种需求及有关青年人的问题”，高度地突出了以青年本身的需求为出发点的特点。

从这些文献来看，国际青少年的政策，并不是从作为教化和控制对象这个角度来理解青少年的特殊性和对他们采取相应特殊政策的必要性。国际上所持的立场是，通过向青少年提供各方面的广泛福利服务，包括教育、经济安全、就业、环境、特殊群体照顾与服务等方面，来促进他们更充分地参与社会，分享社会进步成果，并为社会政治经济的发展贡献潜能，是一种以“积极性的福利”政策为导向的立场。

当代国际社会对青少年问题认识的突出特点是，不是从青少年个体行为的不成熟、不稳定和消极倾向性上来认识与看待他们，而是更多地从其所处社会处境的不利性上来理解和看待其特殊性。换句话说，对当代青少年的两大社会问题的解决，重心逐渐地从关心“教化与控制问题”朝着关心“福利照顾问题”转移。很多国家和地区的社会民众与政府，不认为针对青少年群体的特殊照顾性国家政策与社会措施只起一种“事后补救”的作用，即只在青少年确有问题发生时才来发挥消极补救功能；也都不是把对青少年的正当社会协助与照顾限制在一个较小的范围，即确实存在困难，没有国家、社会或集体的支持便无法生活下去的那一类人。相反，一个可以普遍观察到的趋势是，社会和国家对青少年正当福利需要的界定范围日益扩大，从针对其中少部分较为特殊的亚群体的基本维生救助需要的消极性狭隘范畴，扩展为一种广泛的发展性取向的“青少年福利”大概念，包括青少年接受一定文化教育的需要、健康维护的需要、获得劳动就业的需要、拥有适当居住条件的需要、更广泛的社会安全保障的需要以及特别的个人服务的需要，等等。

在这种国际大背景下，世界各国政府都对青少年问题给予了高度重视，各国的青少年福利政策得到了很快的发展。以消极控制的角度来对待青少年问题已成为落后的意识，为大多数政府所抛弃。各国的青少年政策更多地从社会的角度看青少年问题，更加关注青少年自身的切身需求，更加重视青少年权利与主体地位的显现与实现，并采取相应的积极措施，更积极主动地为青少年提供他们所需服务。在很多发达或较发达的国家和地区，青少年政策都体现出了大致相同的特征，而且都表现得比较明显，各项有关青少年的社会福利服务的政策，绝不仅限于狭义的对其中特殊困难者的消极救助。这种将青少年福利政策作为国家青少年政策的主流，以青少年全面发展为价值取向的趋势，是当代社会对青少年认识上的进步，是从青少年成长的本质需要出发的国家和政府自身行为的制度变革。

3. 青少年福利政策的“积极化”和“扩张性”

客观上讲，基于公认的福利及社会权利概念应当予以满足的那些一般社会成员需要，都应该是青少年的正当福利需要，而考虑到青少年的特殊地位和发展的特殊阶段，社会须特别注意如何针对青少年群体做出相应的特殊安排来满足他们的需要。此外青少年还因自身发展特殊阶段而具有一些特殊的福利需要，国家和社会也要从有利于其幸福生活与健全成长和发展的角度，给予特殊考虑，专门组织与安排和照顾。在这种新的认识基础上，国家有关青少年的福利性政策日益呈现出“积极化”和“扩张性”的特征，较全面地关注全体青少年的高水平满足和充分发展，目标是积极促进青少年的成长与个人价值的实现，而不仅仅止于消极补救。对青少年群体因社会处境不利而导致的特殊照顾需求，需要从青少年本身的特点这一角度来理解与认识，这种特殊关照无论是在质上还是在量上，都得到了扩展、深化与具体化。

当代青少年福利政策与以往相比发生了很大的变化，从观念上有了根本的转变，从制度上有了深刻的改革，从社会行动上有了不小的转机。它从青少年成长的根本需要出发，以青少年健康茁壮成长为根本目标，以国家和地区政府以及相关团体组织为主要力量，组织各种活动和成立各种机构为青少年提供服务。当代的青少年福利与政策是在新的历史条件下，随着人们对青少年本质认识的加深，伴着社会组织对为青少年提供服务的经验不断丰富和机构的不断调整而不断发展的。这种青少年福利与政策，尽管越来越适合于青少年的成长和成材，但并非已发展到尽善尽美、无可挑剔的程度。青少年福利与政策，应是一个动态发展的事物，它会随着时代的进步，社会的前进，不断出现新的内容和形式，朝着适合青少年健康成长发展的目标不断前进。

二　青少年福利政策的内涵

1. 什么是福利政策

要清楚青少年福利政策，应先弄明白什么是福利政策以及福利政策与我们常听到的社会政策和公共政策的关系。福利政策、社会政策以及公共政策都属于国家政策范围，国家机关和政府部门在制定和执行这些政策时都处于一种主导或者引导的地位，这些政策的实施对象，一般是社会全体成员或者某一部分成员。当然这三种政策与其他国家政策有一定的区别，一般的国家政策主要是在政府部门或者国家行政机关内部实施、执行、生效，政策面向范围是相当有限的。福利政策、社会政策和公共政策这三种政策虽然也是由国家机关和政府部门来制定、修改、执行和评估的，但是这三种政策面对的政策对象范围要远远超过一般的国家政策。同时这三种政策的实施内容也与一般国家政策不同，主要涉及一些社会公共事务，与每个社会成员的日常生活息息相关。当然，这三种政策本身也各有特点。

公共政策是指政府部门或者国家机关为了推进国家和社会的公共事业而制定和颁布实施的法律、法规和方针政策，这些公共事业的范围可以包括经济、社会、安全、日常生活等方面，内容比较广，政策涉及面一般也比较大，政策从制定到实施以及后期的反馈和评估都有一系列的固定的做法，并且常会设立专门的一个或几个部门来制定法案、执行法案及控制法案的实施。公共政策的受益对象也常常是社会全体成员或某一个群体的全体成员。

社会政策与公共政策十分相像，它也是由国家和政府行政机关主导的，通过制定、修改、颁布、执行和评估政策、法规、方针和策略，来管理国家和社会事务。与公共政策不同的就是社会政策的范围要比公共政策略窄，不像公共政策涉及面遍及社会、经济、安全等各方面，社会政策主要聚焦于社会方面，主要目的是通过推行这些政策，来促进社会稳定、健康和团结。

福利政策是社会政策中的一种，它的制定、修改和执行由国家和政府部门完成，目的就在于通过一系列政策的实施来促进社会成员的福利水平的提高，满足社会成员的福利需求。现代国家，福利政策发展相当广泛，政策数量以及政策涉及面都远远超过传统国家，福利政策甚至成为国家领导人政绩的主要指标之一，国家的职能也更多地转向公共政策和福利政策方面。福利政策内部又包含许多分支，青少年福利政策就是其中的一支。

2. 青少年福利政策

青少年福利政策是一套谋求青少年健康成长发展的方针或行动准则，其目的在于促进所有青少年的幸福。它是政党、国家社会政策的一部分，是为保证青少年健康发展的一切立法及行为的总的原则和规范。广义上讲，青少年福利政策可指一切涉及青少年福利活动的政策立法，包括医疗政策、教育政策及未成年人保护立法等各个方面。狭义而言，仅从青少年社会工作的角度探讨，则指涉及青少年生存环境状况的、地区性的、针对青少年的问题及需要而提出的有利于青少年成长与发展的政策保障。

青少年福利政策包含以下三个要素。

第一个要素是青少年福利政策的主体。青少年福利政策的主体是国家，它体现的是国家意志，具有法定的权威性。这是福利政策与一般的社会福利的区别，这是一种国家意志的体现。

第二个要素是青少年福利政策的目的。青少年福利政策的目的在于保证青少年的健康成长、发展和价值实现。简单地说，就是为了满足社会中青少年成员的福利需求。

第三个要素是强制性。青少年福利政策是国家用法则、法规、办法、条例等方式对社会的青少年行为的约束，任何组织和个人都必须遵守。

青少年福利政策的内涵包括青少年需求的满足、青少年权利的保障及青少年保护工作三个层面。它要明确政府在青少年福利上的主体地位和主导性原则，明确在政府的主导作用下，各职能部门在青少年福利上的责任和义务，同时还需要明确全社会对青少年的责任，社会的所有成员和机构都负有保护青少年健康成长的责任，全社会都要来确保青少年基本权利的实现——这些权利包括生存权、发展权、被保护权和参与权，共同促进青少年健康和全面发展。

三　国际社会关于青少年福利政策的基本原则

1. 对青少年基本需求范畴的认识

1995 年第 50 届联合国大会正式通过的《行动纲领》，为世界各国的青少年事业提供了青年需求的基本范畴，这包括：

（1）达到符合青年愿望的教育程度；

（2）得到与他们的能力相适宜的就业机会；

（3）充分参与社会生活所需的足够粮食和营养；

（4）增进健康和避免患病致癌，而且无各种形式暴力的物质和社会环境；

（5）不分种族、性别、语言、宗教或无任何其他形式歧视的人权和基本自由；

（6）参与决策过程；

（7）从事文娱体育活动的场所和设施，以改善农村和城市地区青年人的生活水平。

这为世界范畴里青少年的福利政策提供了一个基本的依据和思考的角度。

2. 关于青少年福利政策的原则

《行动纲领》所提供的青年需求的基本范畴，是总结了世界各国关于青年工作的基本经验所做出的精辟总结。了解这些国际青年的需求基本情况，有利于各国开展青少年社会工作，便于各国制定符合国情的青少年福利政策。《行动纲领》为制定和修改青少年福利政策提供了一些主要原则，包括：

（1）各国应为其青年人提供接受教育、掌握技能和充分参与社会所有方面的机会，以期他们能够获得生产性就业和自给自足的生活；

（2）各国应保证所有青年人能按照《联合国宪章》和有关人权的其他国际文书充分享受人权和基本自由；

（3）各国应采取一切必要措施，消除对青年妇女和女孩的一切形式歧视，排除两性平等以及提高妇女地位和赋予妇女权利的所有障碍，并应确保女孩和青年妇女享有接受教育和就业的充分和平等机会；

（4）各国应按照相关文件，在负责的计划生育实践、家庭生活、性健康和生殖健康、性传染疾病、HIV 感染和艾滋病预防等领域，满足青年人的特殊需要；

（5）环境的保护、促进和改善是青年人认为对社会未来福祉至关重要的问题之一，各国应鼓励青年人，包括青年组织，积极参与旨在保护、促进和改善环境的各种方案和行动；

（6）各国应采取措施，发展残疾青年接受教育和就业的可能性；

（7）各国应采取措施，改善生活在特别困难条件下的青年人的命运，包括保护他们的权利；

（8）各国应促进充分就业的目标，作为其经济和社会政策的一个基本优先事项，要特别注意到青年就业，各国也应采取措施，消除对童工的经济剥削；

（9）各国应为青年人提供必要的保健服务，确保他们的身心健康，包括采取消灭诸如疟疾和艾滋病毒/艾滋病的措施，并防止他们服用有害药物和遭受吸毒、吸烟和酗酒成瘾的影响；

（10）各国应将人民置于发展的核心，使我们的经济方向能更有效地满足人的需要，确保青年人成为发展进程的积极参与者与受益者。

这些国际性的原则，在实际的青少年社会工作中，应该严格遵守，同时，也需要立足于各国青少年社会工作的实际情况，开拓创新，发掘出符合各国青少年现状的原则和规范，推进各国以及世界青少年事业的不断发展。

第三节　我国的青少年福利政策

我们知道，在中国古代是没有完整的青少年的概念的，青少年与儿童也没有清楚的界限，在古典文集中，常常把青少年和儿童放在一起。尽管在很长时间里，我国并没有完整的青少年概念，但有关青少年福利的思想却源远流长。《易经》中有“蒙以养正”的育幼思想，在《周礼》中，“慈幼”被列为保息六政之首，显示出当时青少年福利已颇受重视；此外，还有一些青少年福利性质的政策与社会福利机构和实施机制，如汉代的《胎养令》、南北朝时期的“孤独园”等。早在春秋战国时代，就有实际的青少年福利工作和机构人员设置，如管仲所倡导的“九惠之教”中设置的“慈幼”、“恤孤”等主事官员。封建社会发展到末期时，青少年福利工作也逐步走向体系化、日常化，据清代《大清会典》记载，十项保息之政之一便为“养幼孤”。中华民国时期，中央政府也曾设立一些福利部门来掌管儿童青少年的社会福利和社会救济工作，但是当时的救济色彩更浓重，福利色彩几乎没有，并且在内战和外乱的频繁爆发的背景下，这些部门也形同虚设。直到新中国成立之后，中国的青少年福利政策才真正开始发展。

一　中国青少年的基本权利及相关保护政策

青少年在社会的发展及变革中承担着重要角色，也起着非常重要的作用。但这些作用的发挥和角色的担当都是由体现国家意志的法律所保障的，没有了国家法律强制力的保障，青少年的行为就会没有依据，青少年的利益也难以得到实现。

1. 青少年的基本权利

青少年作为自然人群的组成部分，他们的权利与人权的内容是相切合的，他们所享有的基本权利与公民所享有的基本权利是相同的，是由国家通过宪法和法律所保障的，公民实现某种愿望或获得权利利益的资格，既包括生存权、平等权，也包括政治、经济和文化等方面的权利和自由。这些权利的内容主要有以下几个方面。

（1）参政的权利

我国实行人民代表大会制度，国家权力由人民代表大会行使，公民个人享有参与政治的权利是国家权力属于人民的体现。国家保障公民直接参与国家政治生活。公民参政方面的权利主要包括以下内容。

- 平等权：指公民在法律面前一律平等；
- 选举权和被选举权：我国《宪法》第 34 条规定，“中华人民共和国年满十八周岁的公民，不分民族、种族、性别、职业、家庭出身、宗教信仰、教育程度、财产状况、居住年限，都有选举权和被选举权”；
- 政治自由：我国《宪法》第 35 条规定，“中华人民共和国公民有言论、出版、集会、结社、游行、示威的自由”；

• 批评、申诉、控告或检举的权利：我国《宪法》规定，“中华人民共和国公民对于任何国家机关和国家工作人员，有提出批评和建议的权利；对任何国家机关和国家工作人员的违法失职行为，有向国家机关提出申诉、控告或者检举的权利”。

（2）人身自由和信仰自由

公民的人身自由和信仰自由是公民参与社会活动的前提条件，主要包括以下内容。

• 人身自由：公民的人身不受非法限制、搜查、拘留和逮捕的权利；

• 人格尊严不受侵犯：我国《宪法》规定，“中华人民共和国公民的人格尊严不受侵犯。禁止用任何方法对公民进行侮辱、诽谤和诬告陷害”；

• 通信自由和通信秘密受法律保护：我国《宪法》规定，“中华人民共和国公民的通信自由和通信秘密受法律的保护。除因国家安全或者追查刑事犯罪的需要，由公安机关或者检察机关依照法律规定的程序对通信进行检查外，任何组织或者个人不得以任何理由侵犯公民的通信自由和通信秘密”；

• 住宅不受侵犯；

• 宗教信仰自由。

（3）社会经济、教育和文化方面的权利

它是指个人参与国家政治社会的物质保证和文化条件的保证，具体表现为：劳动权，休息权，获得物质帮助权，受教育权，科学研究、文学艺术创作和其他文化活动的自由。

除以上基本权利外，作为一个生理、心理上有特殊之处的社会群体，青少年在社会生活中还享有某些方面的特殊权利，如就业权、居住权、健康权、社会保障权和社会福利权等。

2. 青少年司法保护政策

法律制度作为规范社会成员权利和义务的准则，对青少年弱势群体尤其需要予以特别的保护。在我国各种法律法规中普遍存在着对青少年的司法保护。

（1）民事司法保护

《民法通则》中有许多法律条文来对青少年进行保护。如：第 9 条规定，公民从出生时起到死亡时止，具有民事权利能力，依法享有民事权利，承担民事义务；第 10 条规定，公民的民事权利能力一律平等；第 11 条规定，18 周岁以上的公民是成年人，具有完全民事行为能力，可以独立进行民事活动，是完全民事行为能力人；16 周岁以上不满 18 周岁的公民，以自己的劳动收入为主要生活来源的，视为完全民事行为能力人。

1991 年通过的《未成年人保护法》从未成年人的人身、财产和其他合法权益以及相关民事方面对未成年人做了法律保护。如法律规定，父母或者其他监护人应当依法对未成年人履行监护职责和抚养义务，不得虐待、遗弃未成年人；不得歧视女性未成年人或者有残疾的未成年人；禁止溺婴和其他残害婴儿的行为；父母或者其他监护人不得允许或者迫使未成年人结婚，不得为未成年人订立婚约；父母或者其他监护人不履行监护职责或者侵害被监护人的未成年人的合法权益的，应当依法承担责任；等等。2006 年 12 月 29 日第十届全国人民代表大会常务委员会第二十五次会议修订的《未成年人保护法》，对青少年司法保护进行了详细的规定，包括第 50 条到第 59 条的具体政策。

同时，在收养领域，收养法给予有利于被收养的未成年人抚养、成长的保护，遵循平等自愿的原则，详细规定了收养的条件、效力及解除等。

（2）刑事司法保护

青少年的刑事司法保护既包括对作为被侵害对象的青少年的刑事法律保护，也包括对作为违法犯罪主体的青少年的保护，主要有如下两个方面的内容。

第一，对作为被侵害对象的青少年的刑事法律保护。青少年作为弱势群体而更易遭受违法犯罪行为的侵害，我国《刑法》在此方面有大量的相关保护性法规。主要包括如下内容。

《刑法》对有关犯罪行为的惩罚早在 1979 年《刑法》中就有多处规定，此后，大量的单行刑法均涉及相应规定。应注意的是，对《刑法》中的一些罪名，例如，故意杀人罪，虽然在规定上甚至连从重处罚的规定也没有，但是在司法实践中，对弱势群体的侵害往往会引起更大的社会公愤，而证明犯罪人具有更恶劣的主观恶意和社会危害，因此通常作为酌情地从重处罚的情节加以考虑而在司法运作中发挥实际作用。

其他法规中也有很多保护作为被侵害对象的青少年的规定。国家在一系列有关法律、法令、条例、指示、通令、通告等规范性文件中有大量保护青少年免受违法犯罪行为侵害的规定，但都不够系统，还不是一个完整的青少年法律体系，其中较成熟的规定是《未成年人保护法》。

第二，对作为违法犯罪主体的青少年的保护。青少年在参与社会活动和个人发展中，容易出现越轨和偏差行为，并进一步构成违法和犯罪。通过法律的强制力来制止青少年的违法行为和保障他们的健康成长，不失为一种有效途径。刑事实体法对作为违法犯罪主体的青少年的保护主要表现在刑事责任年龄和量刑方面；《刑事程序法》对作为违法犯罪主体的青少年的保护，分为侦查中的特殊保护、审判中的特殊保护、刑事中的保护等。

（3）社会保护

2015 年是儿童青少年福利保护立法取得重大成果的一年，《反家庭暴力法》、《关于依法办理家庭暴力犯罪案件的意见》相继出台。《反家庭暴力法》于 2016 年 3 月 1 日起正式施行，其中很多规定性内容为法律范畴内适龄青少年群体社会保护体系做了重要补充，《反家庭暴力法》属于社会保护范畴，将父母对未成年人的保护及社会监管上升到法律高度。《反家庭暴力法》的出台既是运用社会资源对未成年人进行保护，也是社会强行保护青少年健康成长的重要表现，从法律上对受到家庭暴力的儿童青少年进行有效的保护。

第一，法律做出明确的规定。作为受家庭暴力广泛侵扰的主体未成年人青少年，《反家庭暴力法》明确将其认定为需要给予特殊保护的群体，并明确给出家庭暴力的定义与范围，这也是使广大儿童青少年免受家庭暴力的基础。第二，反家庭暴力的主体明确。“反家庭暴力是国家、社会和每个家庭的共同责任”，强调国家、社会和家庭共同致力于减少家庭暴力对广大青少年的伤害和困扰。第三，各单位、各部门在处理家庭暴力事件中权责分明，坚决维护遭受家庭暴力者的权益并提供法律援助，依法依规对实施家庭暴力的加害人进行处理，并对其进行必要的法制教育和心理辅导。

十二五期间，一系列儿童青少年福利方面的制度性文件出台，如国务院颁布的《中国儿童发展纲要（2011～2020 年）》、国务院办公厅印发的《国家贫困地区儿童发展规划（2014～2020 年）》等；相关法规中，保护儿童青少年的内容得到了加强，如《刑法修正案（九）》在取消嫖宿幼女罪、收买被拐儿童入罪、虐待儿童入罪、校车事故追责等方面做出了新的规定；同时，还颁布了关于儿童青少年福利保护等内容的一系列具体的具有法规性质的文件，涉及儿童营养健康、卫生医疗保健、教育、流浪和留守儿童等特殊困难儿童教育与关爱等多方面，仅孤残儿童救助方面的文件就有六个。

可以说，目前我国在儿童青少年立法保护领域工作的基本指导思想明确，政府投入持续增加，制度体制建设逐渐成形，以保证儿童青少年的生存状况特别是物质生活持续改善。这既是落实中央“四个全面”战略部署的结果，是实现“中国梦”的人才储备的需要，也体现了社会的发展进步，满足了人民群众特别是广大儿童青少年日益增长的思想、物质以及文化需求。

3. 中国青少年司法保护政策展望

中国青少年保护政策在近些年来有了长足的发展，但仍存在着缺陷和不足，需要进一步加强建设，逐步完善。

（1）青少年立法要注重统一化和综合化

当前，无论是成文法系国家还是普通法系国家，关于青少年立法的共同趋势是建立一个独立的，包括广泛处理范围、多样处理办法、相称处理程序等内容在内的青少年法——包括实体法和程序法，并相应地构建一系列青少年违法犯罪行为处理制度系统。我国的青少年刑事立法也应朝这一方向发展。目前，我国的青少年刑事立法过分依赖于司法解释以及通知等在法律层次和效力上较低的文件，存在着依附性和散在性，同时大量条款并不具备可操作性，只是一些呼吁性规范或者宣言式规范，因此，应当采取措施使青少年刑事立法成为一个独立的体系。青少年研究机构、管理机构应当予以特殊重视，青年组织也应注意在适当时机，在相应的立法研究和立法建议中担当主要作用，以尽快地促进青少年立法，尤其是关于青少年违法犯罪审判、处理的立法。

（2）加强青少年司法的非刑事化、轻刑化、社会化

对青少年犯罪问题，需要注意到处理机构和处理办法的社会化，即转变观念，在不影响社会治安的前提下，尽可能多地将青少年违法犯罪主体交由社会机构进行监督或采取其他处理办法，使其不进入同成年犯相同的刑事诉讼程序。在处理形式上，可采取多种形式，例如监护、照管和监督的裁决，参加集体辅导和类似活动的裁决，社区服务的裁决，罚款、补偿和赔偿、中间待遇和其他待遇的裁决，工读教育、管制、青少年劳动修养、收容教养、社会帮教等措施，使处罚对象和惩罚预防体系相配套。应注意到在存在前提介入的背景之下，更多地注意青少年司法的非刑事化问题和轻刑化以及处理的社会化、多样化问题，应扩大其适用范围，应当明确把青少年投入监禁机关始终是万不得已的处理办法，期限要尽可能地缩短。

（3）注重规范在实践中的落实和配套，加强立法的科学性和可操作性

在我国以《未成年人保护法》为核心的青少年法律体系中，尽管都对青少年的权益和权利的实现做了不少规定，但仍存在着很大的问题。主要体现在《未成年人保护法》本身的不周严，某些内容的规定具有不可操作性，不少相应规定并没有配套措施帮助其加以落实，导致这一法律的这些内容脱离现实，在现实生活中无法实现和实施。另外，《未成年人保护法》仅仅满足于对其他部门已经明确规定的内容予以强调或者引用，自身对具体的保护措施涉及很少，这就使

规范重复且缺乏独立立法的意义。该法律本身存在着大量呼吁性规范，在现实生活中这些规范往往成为不具备相应处罚力的单纯号召的应然规范。因而，对《未成年人保护法》，需要加大研究力度，加强规范在实践中的落实和配套，注重立法的科学性和可操作性。

二　中国青少年教育及相关服务政策

青少年教育政策是指党和国家根据社会的发展和青少年受教育的需要而制定的有关青少年教育的目标、途径和方法的总体规定。我国《宪法》规定："中华人民共和国公民有受教育的权利。"我国青少年教育政策的目标取向有两个方面：一方面，保证青少年受教育的权利的实现；另一方面，保证青少年按照国家的发展目标和需要接受教育，健康成长成才。

2006 年统计结果显示：在调查总数为 13664737 名 15 岁及以上文盲人口中，男性和女性文盲比例分别为 5.86% 和 16.15%，其中城市比例男女分别为 2.16% 和 7.78%，乡村比例男女分别为 8.47% 和 21.83%。[①] 这表明，从全国范围来看，青少年文盲仍然具有一定比例，同时，城市教育与乡村教育存在较大差距，男女性别的教育也呈现出较大的差距，尤其是在农村教育中。因此，中国今后的教育目标、教育政策应该重视中国目前的现实状况，进行科学的决策和实践。

1. 中国青少年教育政策的基本内容

到目前为止，我国还没有以"青少年教育政策"为名的政府文件，但我国的教育政策已经发展到了相当完备的程度，教育政策的内容已经相当丰富翔实。

（1）教育目标

教育政策所规定的目标，具有时代性，不同的时代教育目标也不同。改革开放前，教育政策的目标是，按照德、智、体全面发展的要求，把青少年培养成为有社会主义觉悟有文化的劳动者；改革开放后，教育政策的目标定为把青少年培养成为"有理想、有道德、有文化、有纪律"的四有新人，这是这一时期党的路线方针向经济建设转移的结果。关于教育目标，我国正式的法律条文中相关的规定主要有以下几个方面。

1985 年，《中共中央关于教育体制改革的决定》中指出，"教育必须为社会主义建设服务，社会主义建设必须依靠教育。社会主义现代化建设的宏伟任务，

---

① 国家统计局人口和就业统计司编《中国人口统计年鉴（2005）》，北京：中国统计出版社，2005，第 120 页。

要求我们不但必须放手使用和努力提高现有的人才，而且必须极大地提高全党对教育工作的认识，面向现代化、面向世界、面向未来，为90年代以至下个世纪初叶我国经济和社会的发展，大规模地准备新的能够坚持社会主义方向的各级各类合格人才”，“所有这些人才，都应该有理想、有道德、有文化、有纪律，热爱社会主义祖国和社会主义事业，具有为祖国富强和人民富裕而艰苦奋斗的献身精神，都应该不断追求新知，具有实事求是、独立思考、勇于创造的科学精神”。

1993年，《中国教育改革和发展纲要》正式指出，“教育必须为社会主义现代化建设服务，必须与生产劳动相结合，培养德、智、体全面发展的建设者和接班人。”

1995年，《教育法》将青少年的培养目标规定为：“教育必须为社会主义现代化建设服务，必须与生产劳动相结合，培养德、智、体等方面全面发展的社会主义事业的建设者和接班人。”

1999年，《中共中央国务院关于深化教育改革全面推进素质教育的决定》中又强调：“造就‘有理想、有道德、有文化、有纪律’的德、智、体、美等全面发展的社会主义事业建设者和接班人。”

2002年，《民办教育促进法》指出，民办学校在贯彻国家的教育方针，保证教育质量的前提下，致力于培养社会主义建设事业的各类人才。

2004年，《宪法》修正后规定：“中华人民共和国公民有受教育的权利和义务。国家培养青年、少年、儿童在品德、智力、体质等方面全面发展。”

2004年国务院办公厅《国家西部地区“两基”攻坚计划（2004～2007年）》指出：要进一步推进西部大开发，实现西部“两基”目标。到2007年西部地区要整体实现“两基”目标，“两基”人口覆盖率要达到85%以上，初中毛入学率要达到90%以上，小学教师和初中教师合格率要分别达到95%和90%以上。①

2005年，《全国教育事业第十一个五年计划》指出，2005年主要目标是进一步扩大九年义务教育的人口覆盖率，使初中毛入学率达到90%以上，辍学率控制在3%以下，青壮年非文盲率保持在95%以上。大力支持贫困地区和少数民族地区实施义务教育。进一步加强流动人口子女与残疾儿童少年的义务教育。各类高等教育在学人数增加到1600万人左右，其中在学研究生规模在60万人左

① 中国社会科学院人口与劳动经济研究所主编《中国人口年鉴（2005）》，《中国人口年鉴》杂志社，2005，第201页。

右，高等教育毛入学率在15%左右。继续加快高等职业技术教育的发展并进一步办出特色。派出留学人员和接收外国留学人员的规模稳步扩大。2010年的主要目标是：全国普及九年义务教育的人口覆盖率进一步提高，初中阶段毛入学率超过95%。高中阶段毛入学率有较大提高，在城市和发达地区普及高中阶段教育。各类高等教育在学人数在2300万人左右，其中研究生在学人数接近100万人，高等教育毛入学率争取达到20%左右。

2006年修订的《义务教育法》强调，义务教育必须贯彻国家的教育方针，实施素质教育，提高教育质量，使适龄儿童、少年在品德、智力、体质等方面全面发展，为培养有理想、有道德、有文化、有纪律的社会主义建设者和接班人奠定基础。①

（2）教育制度及相关服务政策

中国的基本教育制度主要体现在学制系统中，包括中小学教育、高等教育、职业教育、成人教育、民办教育、留学生教育等。

第一是基础教育。中小学教育是专门提供给6岁以上儿童及青少年的基础教育，它包括小学教育和普通中学（包含初中和高中）教育两个阶段。它的培养目标是在德、智、体全面发展方针下，使受教育者在思想品德、科学文化、身体素质、审美能力、劳动技能诸方面全面发展，为培养有理想、有道德、有文化、有纪律的社会主义事业建设者和接班人奠定基础。国家在这个阶段实施九年义务教育。这样中小学教育就分为义务教育和高中教育两个阶段。

义务教育是由《义务教育法》保障实施，带有强制性，要求适龄儿童和青少年必须接受、社会家庭必须予以保证的教育。自1986年《义务教育法》颁布实施以来，义务教育在法制化、正规化的道路上不断发展。2006年6月29日第十届全国人民代表大会常务委员会第二十二次会议对《义务教育法》做出修订，规定："国家实行九年义务教育制度。义务教育是国家统一实施的所有适龄儿童、少年必须接受的教育，是国家必须予以保障的公益性事业。实施义务教育，不收学费、杂费。国家建立义务教育经费保障机制，保证义务教育制度实施。"凡具有中华人民共和国国籍的适龄儿童、少年，不分性别、民族、种族、家庭财产状况、宗教信仰等，依法享有平等接受义务教育的权利，并履行接受义务教育

---

① 参见中华人民共和国教育部网站，http：//www.moe.edu.cn/edoas/website18/69/info20369.htm。

的义务。[1] 对义务教育相关方面进行了明确的政策保障，是我国教育政策的一大飞跃。

高中阶段教育是义务教育后的教育，是基础教育的最高学历。国家在高中阶段实行高中学生档案制度和高中会考制度。经过高中阶段的培养，一部分学生考入高等院校继续学习深造，另一部分直接进入社会参加劳动。

第二是高等教育。高等教育是在完成高中教育的基础上进行的教育活动。《高等教育法》规定了高等教育的目标为“使受教育者成为德、智、体等方面全面发展的社会主义事业的建设者和接班人”。任务为“培养具有创新精神和实践能力的高级专门人才，发展科学技术文化，促进社会主义现代化建设”。1998 年《高等教育法》获得通过，1999 年 9 月 9 日正式生效。国家通过法律来保障高等教育健康发展，以保障青少年接受高等教育的权利。2008 年 9 月 1 日起施行的《高等学校档案管理办法》[2]，规定学生文件材料的归档范围主要包括高等学校培养的学历教育学生的高中档案、入学登记表、体检表、学籍档案、奖惩记录、党团组织档案、毕业生登记表等。并对涉及个人隐私的档案资料不对外公布。

2004～2008 年，我国研究生在学人数分别为：819896 人、978610 人，1104653 人、1195047 人、1283046 人，[3] 可以看出作为高等教育的一部分，研究生教育在我国教育事业中逐渐得到重视和发展。

第三是职业教育。职业教育是为了适应经济建设和社会发展的需要，在不同水平普通教育的基础上，培养人们能够从事某种职业的一种专门教育。它是在一定初、高中文化程度的基础上进行的教育，使受教育者成为有社会主义觉悟的，具有相当于大学或高中、初中文化基础的并有专业技术知识和技能的人才。为了保障职业教育的实施，国家于 1996 年颁布了《职业教育法》，《职业教育法》强调“各政府要高度重视，统筹规划，贯彻积极发展的方针。充分调动各部门、企事业单位和社会各界的积极性，形成全社会兴办多形式、多层次职业教育的局面”。

第四是成人教育。成人教育是按人和社会全面发展的需要，有目的、有组织

---

① 参见中华人民共和国主席令第五十二号《中华人民共和国义务教育法》，中央政府门户网站，http：//www. gov. cn，2006 年 6 月 30 日。

② 参见《高等学校档案管理办法》，http：//www. moe. edu. cn/edoas/website18/16/info1221179647390616htm。

③ 国家统计局编《中国统计年鉴（2009）》，北京：中国统计出版社，2009，第 796 页。

地为所属社会认可的成人一生任何阶段所提供的非传统的、具有自身特色的教育活动。它是一种速效、速成的教育，受教育者可以根据自己的实际情况选择函授、班级授课、广播电视教学、现场教学、自学等学习形式。其教育对象包括："干部——各级党政机关、人民团体的工作人员，各级各类学校的教师、管理人员以及其他各类从业干部；职工——厂矿、企业的生产工人、管理人员、工程技术人员，城镇的商业、服务行业人员；农民——生活在农村的，从事种植业、养殖业、乡镇加工企业、服务业、建筑业、商业的农村劳动者和乡村基层干部；其他社会成员——个体劳动者、老年人及家务劳动者等。"

第五是民办教育。民办教育是国家机构以外的社会组织或者个人，利用非国家财政性经费，面向社会举办学校及其他教育机构的活动。对民办教育，现阶段最重要的就是已由中华人民共和国第九届全国人民代表大会常务委员会第三十一次会议于 2002 年 12 月 28 日通过，自 2003 年 9 月 1 日起施行的《中华人民共和国民办教育促进法》。2004 年 3 月 5 日国务院令第 399 号公布《中华人民共和国民办教育促进法实施条例》，在促进法的基础上进行完善，对我国民办教育事业发展起着重要的政策指导作用。

第六是出国留学生政策。近年来，出国留学人数激增，从 2003 年不足 12 万人，到 2008 年近 18 万人。数据显示，2004～2008 年，我国留学生人数分别为：114682 人、118515 人、134000 人、144000 人、179800 人；同时，学成回国人员分别为：24726 人、34987 人、42000 人、44000 人、69300 人。[①] 可以看出我国近年来出国留学政策趋于人性化以及对海外人才培养的日益重视。我国为了学习国外的先进技术和先进的管理经验而出台和制定了"支持留学，鼓励回国，来去自由"的出国留学方针，建立了国家留学生基金委员会，建立和健全了一套出国留学工作的运行管理机制和服务系统，制定了一系列旨在吸引留学人员回国服务和为国服务的措施。据统计，改革开放后的 30 多年来，我国共派遣各类留学人员 30 余万人，分布在 100 多个国家和地区，以留学攻读硕士和博士学位或访问学者为主，其专业几乎涵盖了理工、农林医、人文、管理等所有学科。目前，出国留学呈现低年龄的趋势，不在少数的青少年到国外去接受本科阶段教育，甚至中学阶段教育。

2. 中国青少年教育政策的展望

我国的青少年教育政策的内容，充分体现了《宪法》中规定的"公民有受

---

① 国家统计局编《中国统计年鉴（2009）》，北京：中国统计出版社，2009，第 796 页。

教育的权利和义务”的精神。我国的教育目标具有明确的政治性，即教育是为了培养忠于社会主义和现代化路线的支持者。近些年来，我国的法制建设加快，为青少年教育政策在中国的制定和实施提供了法律保障。到目前为止，已经颁布实施的教育方面的法律就有《教师法》、《高等教育法》、《义务教育法》、《教育法》、《职业教育法》等。

2004年初，中共中央、国务院颁布了《中共中央国务院关于进一步加强和改进未成年人思想道德建设的若干意见》，胡锦涛总书记在全国加强和改进未成年人思想道德建设工作会议上发表了重要讲话。他指出，“中国特色社会主义事业要靠今天的未成年人去继承，中华民族的美好未来要靠今天的未成年人去创造。未成年人的素质如何，决定着中华民族的未来发展和前途命运。教育培养未成年人，不仅要大力提高他们的科学文化素质和体能健康素质，更要大力提高他们的思想道德素质”。这充分表明了以胡锦涛为总书记的党中央对未成年人健康成长的高度重视，这既是对广大未成年人保护工作者的巨大鼓舞和鞭策，又为我们做好青少年发展工作提供了重要的战略机遇。①

但是我国的教育政策也仍旧存在着一些问题。比如，在课程设置、教材、教学内容等方面的整齐划一，与我国地域辽阔、各地区之间发展不平衡的特点不相适应，不利于调动学生学习的积极性和主动性；在教育目标上，个人的发展和国家、社会的需要，还需要进一步协调和统一平衡；教育政策的推行，需要政府各个部门的大力支持和配合，需要社会各方面的共同努力，在我国，非政府方面的力量还没有充分地调动起来；教育政策的监督与评价机构的作用还没有完全发挥出来，或者说发挥的力度不够。这些在政策制定和实施方面的局限与不足，将影响我国的教育事业的发展，需要进一步努力拓展和完善我国的教育政策，并采取有力措施使其能够畅通地得到贯彻和实施。

同时，随着社会的发展和进步，中国的经济会更加繁荣，政治会更加稳定，教育也同样要和社会的发展保持同步，不断向前发展，到那时，教育发挥的作用会越来越大。青少年教育逐渐会向全民化发展，青少年接受教育的机会会逐渐地越来越均等，青少年教师实现专业化，青少年教育实行专责化。总之，中国教育政策的发展，会随着社会的发展而发展，为青少年的发展提供越来越全面、具体和有效的服务。

---

① 余雅风：《改革开放30年与青少年发展政策》，中国青少年研究网，http://www.cycs.org/Article.asp Category = 1&Column = 426&ID = 12351，2009年10月30日。

三　中国青少年劳动就业及相关服务政策

新中国成立以来，劳动就业及其相关服务政策一直是中国共产党和中国政府予以优先考虑的战略性目标。伴随着中国社会的发展，中国劳动就业政策逐步改革，劳动就业立法和职业技术培训立法开始逐步展开，与劳动就业有关的服务性政策也相继出台。但从政策主体而言，我国并没有独立的青少年劳动就业政策，它更多地被涵盖于国家劳动就业政策的框架中。

1. 中国青少年劳动就业及相关服务政策的基本内容

我国政府一直非常重视青少年劳动就业及相关服务政策的制定与实施，仅“八五”期间，由全国人大常委会审议通过并颁布实施的劳动法律就有《劳动法》和《矿山安全法》两部，由劳动部或劳动部会同有关部门制定颁布的劳动行政规章90余部，单由国务院制定颁布的劳动行政法就有《职工工作时间的规定》、《企业劳动争议处理条例》、《国有企业职工待业保险规定》等九部。关于禁止使用童工的法律也已由人大通过颁布执行。

（1）青少年的劳动权利与义务

我国《宪法》第42条规定：“中华人民共和国公民有劳动的权利和义务。国家通过各种途径，创造劳动就业条件，加强劳动保护，改善劳动条件，并在发展生产的基础上，提高劳动报酬和福利待遇。”

《劳动法》等法规，对劳动者的劳动权利进行了具体规定。劳动者在劳动方面的权利包括：平等就业和选择职业的权利，取得劳动报酬的权利，休息休假的权利，获得劳动安全卫生保护的权利，参加职业技能培训的权利，享有社会保险和福利的权利，提请劳动争议处理的权利，以及法律规定的其他权利。

劳动者在享有劳动权利的同时，还必须承担相应的劳动义务，这些义务包括：完成劳动任务的义务，这是劳动者最基本的义务；提高职业技能的义务，它是劳动者适应企业现代化大生产的需要；执行劳动安全卫生规程的义务；遵守劳动纪律和职业道德的义务。

（2）青年女职工的特殊保护与服务政策

我国政府一贯重视保护女性的权益。在劳动就业的专项法律法规建设方面，中国政府于1980年和1984年分别加入了联合国《消除对妇女一切形式歧视公约》和《各种矿场井下劳动使用妇女公约》。1988年，国务院颁发《女职工劳动保护规定》。此后，《劳动法》和《妇女权益保障法》两部大法颁布，对女职工的劳动就业的特殊政策也愈加完备。

国家对女职工的特殊保护政策主要包括以下几个方面：保障妇女的劳动就业权，实行男女同工同酬；在劳动生产过程中禁止安排女职工从事繁重体力劳动及有毒有害工作；在女职工的特殊生理期间给予特殊保护，这些特殊生理期包括经期、孕期、产期、哺乳期四个特殊阶段；女职工劳动保护权益受到侵害时，有权向所在单位的主管部门或者当地劳动部门提出申诉；对女职工的特殊保护设施，如女职工卫生休息室、孕妇休息室、哺乳室、托儿所等，应按国家规定予以妥善解决。

（3）未成年工的特殊保护与服务政策

根据《劳动法》第58条规定，“年满16周岁未满18周岁的劳动者”为未成年工。为了对未成年工进行保护，国务院分别于1986年发布了《国营企业招用工人暂行规定》，1998年发布了《私营企业暂行条例》，1991年发布了《未成年人保护法》和《劳动法》等。我国政府还在1984年承认了四个属于保护未成年工的国际劳工公约，即《确定准许儿童在海上工作的最低年龄公约》、《确定准许使用未成年人为扒炭工或司炉工的最低年龄公约》、《在海上工作的儿童及未成年人的强制体格检查公约》和《确定准许使用儿童于工业工作的最低年龄公约》。2002年10月1日国务院令发布《禁止使用童工规定》，禁止任何单位或者个人为不满16周岁的未成年人介绍就业，禁止不满16周岁的未成年人开业从事个体经营活动。

在相关法律法规中，对未成年工特殊保护的主要内容有：最低年龄限制，国家行政规章明确规定我国的最低就业年龄为16周岁；工作时间的保护规定；限制工作种类的规定；进行定期身体检查的规定；采用各种证卡制度；对违反了未成年工保护法规的行为规定了明确的法律责任。

（4）高等院校毕业生的分配制度与就业服务政策

党和政府历来高度重视毕业生就业工作，制定了一系列重大决策，毕业生就业工作取得了重大进展。我国普通高校毕业生的就业政策主要见于《普通高等学校毕业生就业工作暂行规定》（国家教育委员会1997年3月24日颁发，以下简称《暂行规定》）。《暂行规定》是为了做好普通高等学校（含研究生培养单位）毕业生（含毕业研究生）的就业工作，更好地为经济建设和社会发展服务，维护毕业生和用人单位的合法权益而颁布的。该《暂行规定》对普通高等学校毕业生就业工作中国家教委，国务院有关部委主管部门，省、自治区、直辖市主管部门，高等学校，用人单位的主要职责，以及毕业生就业工作程序做出了规定。《共青团中央、教育部、全国学联关于进一步做好促进高校毕业生就业工作的意见》（中青联发〔2003〕20 号，2003 年 3 月 26 日）要求各级共青团组织、教育行政部门和学联组织要做到：①大力加强思想政治工作，引导毕业生树立正确的择业观、就业观和成才观；②切实做好大学生就业指导和就业信息服务；③全面推进大学生素质拓展计划，不断提高大学生就业创业本领；④积极扶持大学生通过自主创业实现就业；⑤努力开辟灵活、临时的就业渠道。

1985 年，《中共中央关于教育体制改革的决定》正式提出改革高等学校的招生和毕业生分配制度。1989 年 3 月，国家教委提出了《高等学校毕业生分配制度改革方案》，经国务院批转后开始实施。1997 年 3 月，国家教委颁布《普通高等教育毕业生就业工作暂行规定》，新的规范化的高等教育毕业生分配与就业政策正式启动。2003 年一年内，包括国务院办公厅、教育部、劳动和社会保障部、财政部等在内的有关部委、部门及团体共出台 14 个有关大学生就业的配套文件。2005 年，中共中央办公厅、国务院办公厅下发《关于引导和鼓励高校毕业生面向基层就业的意见》，鼓励大学生到基层就业工作，建设社会主义新农村。2009 年 1 月 19 日，国务院办公厅下发了《关于加强普通高等学校毕业生就业工作的通知》，要求把高校毕业生就业摆在当前就业工作的首位，采取切实有效措施，拓宽就业门路，鼓励高校毕业生到城乡基层、中西部地区和中小企业就业，鼓励自主创业，鼓励骨干企业和科研项目单位吸纳和稳定高校毕业生就业，并提出了一系列政策措施。

（5）退伍军人的劳动就业与相关服务政策

对退役军人劳动就业及相关服务政策问题，国家一直予以高度重视。《兵役法》第 56 条规定：义务兵退出现役后，按照从哪里来、回哪里去的原则，由原征集的县、自治县、市、市辖区的人民政府接收安置：家居农村的义务兵退出现役后，由乡、民族乡、镇的人民政府妥善安排他们的生产和生活。机关、团体、企业事业单位在农村招收员工时，在同等条件下，应优先录用退伍军人。家居城镇的义务兵退出现役后，由县、自治县、市、市辖区的人民政府安排工作。入伍前是机关、团体、企业事业单位正式职工的，允许复工、复职。义务兵退出现役后，报考高等院校和中等专业学校，按照有关规定予以优待。

2. 中国青少年劳动就业及相关服务政策及执行的发展

我国劳动就业事业发展的远景目标是建立全国统一、竞争公平、调控有力、运行有序、服务完善的劳动力市场体系，建立起与社会主义市场经济体制相适应的比较完备的新型劳动制度，实现劳动力资源的合理开发和配置及劳动力素质的进一步提高。我国的青少年劳动就业政策的推行基本上是围绕着这一目标展开。

（1）建立劳动力市场服务机制

建立劳动力市场服务机制主要表现在建立劳动服务公司、职业介绍所及再就业服务中心。其中，建立劳动服务公司是青少年劳动就业政策实践的一个重要组成部分。在青少年劳动就业中，劳动服务公司的作用有：第一，直接安置一部分青年就业；第二，统筹指导就业。进入20世纪90年代，劳动服务公司担负的为劳动力供求双方提供咨询服务的工作成为劳动就业服务体系的关键环节和培育与发展劳动力市场的要求，一批专门的职业介绍机构——职业介绍所迅速出现并发展起来。1995年，国务院转发了劳动部关于实施再就业工程的报告，各地相继建立起再就业服务中心，其职能体现为负责下岗职工基本生活费用发放及社会保险费用交纳，对下岗职工进行职业指导和再就业培训。

（2）建立高校毕业生的宏观管理机制

中央和地方主管毕业生分配部门职能转换的基本趋势是，加强宏观管理，减少行政干预。高等学校毕业生就业已逐步从原先的“统包统配”转变为“自主择业”机制。全国高校毕业生就业计划工作在国家教委统一管理下，实行分级负责、相互调剂的办法。在大学生就业问题上，转变观念，加强服务。通过素质拓展、指压训练、就业辅导、职业介绍等措施，构建起完善的大学生就业服务体系。

（3）强化职业教育培训

我国的职业教育与培训是改革开放后发展起来的。企业教育与培训体系包括相互衔接的三个方面：就业前培训，国家按照“先培训后就业、先培训后上岗”的原则进行；在职培训；专业培训。

为了缓解就业压力，调动劳动力供给，在职业教育培训大力发展的过程中，劳动部于1996年12月发布了《劳动预备制度实施方案》（以下简称《实施方案》）。《实施方案》的对象是城镇初、高中毕业后不能升入更高一级学校学习并有就业愿望的青少年。《实施方案》还规定了相应的配套性政策，以推动劳动预备制度的展开。

四　中国青少年居住及相关服务政策

重视青少年居住问题特别是住房问题并采取相关的国家统一行动是国际社会的共识。联合国在《青年权利国际宪章草案》中明确规定：“青年人享有住所的权利”，并进一步指出：“青年人有权指出能够满足其居住需要的最好做法并参与实施”，“鼓励城乡青年积极参与自助项目和方案以解决自身居住需求”，“鼓励国家研究机构给予青年有关技术、低廉建材、规划、融资方面的信息”。

同样，我国政府对青少年居住问题也给予了高度重视，我国政府在1994年通过的《中国21世纪议程——中国21世纪人口、环境与发展白皮书》中提出“向所有人提供适当住房”，“享有适当住房的权利属于基本人权。安全舒适的住房，对每个人和每个家庭的幸福是不可缺少的，应当是国家和国际行动的一个基本组成部分”，“到2000年，每户城市居民有一处适当的住宅，农村居民，每一户有一所适用、卫生、紧凑的宅院”。

1. 中国青少年住房政策的基本内容

中华人民共和国成立后很长的一段时间，只有全国统一的住房政策，还没有形成单独针对青少年住房的政策。但近些年来，随着青年作为一个利益群体的要求日益突出，政府越来越重视青年的住房问题，出台了一些关照青年群体利益的住房政策。

（1）分房政策

分房政策在我国沿用了很久，现在在有些地区依然被使用。它分配住房的标准一般是等级制，即参照年龄职务、资历、职称、家庭人口、工龄等，但如果按这种制度，青少年一般被排在了最后。1982年以后，分房政策有了一些变化，但单位在拟定住房分配条件时，一般倾向于解决中老年职工住房困难，而对青年职工则仍限制较多。

在分房政策中，也有一些地区、单位实施了一系列奖励政策。如：一些单位为做出突出贡献的个人，包括青年奖励住房；部队为光荣献身的青年士兵的家属奖励住房；政府对见义勇为，为社会主义精神文明做出突出贡献的青年奖励住房；等等。这些奖励制度使得青少年可以突破传统分配体制的可能，但所涵盖的青年仅是极少数。

（2）购房政策

1998年底，国务院发布了《关于进一步深化城镇住房制度改革加快住房建设的通知》，规定从1998年底起，停止住房分配。1999年4月，建设部和国土资源部发布了《已购公有住房和经济适用住房上市出售管理暂行办法》，该办法主要规定了开放二级市场的基本条件和上市交易程序，明确了上市准入制度。为了顺利地完成住房体制的改革，国家出台了一系列政策：为解决购房的资金问题，中国人民银行颁布实施的《个人住房贷款管理试行办法》规定可以为个人住房提供贷款的最长期限为20年，最高贷款额为普通住房价格的70%。国家还制定了《住房公积金管理条例》（国务院令第262号），住房公积金制度是国家动用法律手段、经济手段和行政手段对住房资金进行强制储蓄，并由政府集中支配，定向用于住房建设和住宅融资的管理制度。目前，购房积极性最高的是各界青年。

（3）租房政策

现在许多年轻人工作后通过租房来解决自己的住房问题，有单位统一租用的，有职工自己租用的。《中华人民共和国城市房地产管理法》规定："房屋租赁，是指房屋所有权人作为出租人将其房屋出租给承租人使用，由承租人向出租人支付租金的行为。"我国目前实际房屋租赁，主要包括公有住房的租赁和私有住房的租赁。随着住房政策的改革，公有住房的租金稳步提高，租金标准和提租时间则由各地方政府决定。国家明确规定：租金标准的提高要与提高职工收入相结合。我国因为租房市场刚刚兴起，在很多的方面还存在着管理不力、租金高、租房权益得不到保障的情况。

（4）自建房政策

1983 年，国务院批准并颁布了《城镇个人建造住宅管理办法》，规定了城镇个人建房的形式、手续、土地管理规定、建筑面积等有关要求。当前，农村自己建房的政策较为宽松，因此，自建房积极性最高的是农村青年和个体青年。

除了以上几种青少年的住房政策，我国的一些地方性的法律、法规、条例中，还存在一些其他的青少年住房政策，如青少年居住法律保护政策、户籍管理政策、居住环境服务政策等。

2. 我国青少年住房政策的展望

据国家统计局数据，2005 年末，全国总人口为 130756 万，0～14 岁人口为 26504 万，占 20.27%，15～29 岁人口为 32000 万，约占总人口的 24.47%。青年群体已经成为社会的一支重要力量。青年的住房问题，给他们的恋爱、婚姻和家庭生活造成严重影响，也带来了一系列的问题。目前，中国城市居民住房最为困难的群体是 26～30 岁的青年，这部分人一方面承担着婚姻的压力，一方面对住房非常渴望。他们急切希望政府通过金融、税收等经济手段鼓励房地产开发更多地为青少年的实际经济状况、工作状况、生活状况考虑，为缺房户多提供一些价格适当能为多数青年人承受的商品房。

我国现在青少年住房困难缺乏最低社会解困线，缺乏对青年职工中居住困难的最低社会保障，缺乏解决住房问题的平衡统筹机制。需要尽快完善相应的组织机构，进一步完善青少年的住房政策。要切实解决青少年住房问题，离不开中国生产力的发展状况。青少年必须达成共识，生活质量包括住房条件的改善，必须建立在我国经济综合实力的发展和住房制度的进一步深化改革上。应该相信，中国的青少年住房政策将最终走上专门化、管理规范化、服务彻底化的建设轨道。

五　中国青少年健康及相关服务政策

中国第三次国家卫生服务调查显示，在调查总数为143852名15岁及以上人口中，获取保健知识的比例为47.2%，获取途径分别为：电视71.6%，书报27.3%，医生25.9%，广播15.1%，学校3.3%，家庭4.2%，说不清15.7%。在调查总数为153449名15岁及以上的人口中，吸烟率为26.0%，戒烟率为6.2%。[①] 因此，可以看出中国青少年健康意识仍然比较薄弱，学校、家庭在青少年健康教育中发挥的作用不大，青少年健康状况存在很大的隐患。

健康不仅是指没有疾病，而且是一种生理上、心理上和社会上的完美状况。对青少年而言，他们正处于飞速成长的时期，无论从生理特点来看，还是从心理特征来看，健康都有着更为特殊的意义。

作为世界上青少年人数最多的国家，我国政府一直非常重视青少年的健康成长，运用了法律、行政等手段，采取各种措施，关心保护每一位青少年的健康成长，对青少年的健康进行特殊保护。2006年修订的《未成年人保护法》规定：“保护未成年人的工作，应当遵循下列原则：（1）尊重未成年人的人格尊严。（2）适应未成年人身心发展的规律和特点。（3）教育与保护相结合。国家、社会、学校和家庭应当教育和帮助未成年人维护自己的合法权益，增强自我保护的意识和能力，增强社会责任感。”并指出未成年人保护应该包括家庭保护、学校保护、社会保护和司法保护等。

1. 家庭保护

家庭保护是指父母或其监护人对其依法行使监护权利，履行其对被监护人进行健康方面保护的权利和义务。这包括，为他们提供必要的物质生活条件，保证必要的医疗保健条件，以及健康的思想、品行和适当的方法教育和引导其养成健康、文明的生活方式。

《未成年人保护法》第2章对家庭保护的相关内容做了规定：父母或者其他监护人应当依法履行对未成年人的监护责任和抚养义务，不得虐待、遗弃未成年人；父母或其他监护人应当以健康的思想、品行和适当的方法教育未成年人，引

---

① 中国社会科学院人口与劳动经济研究所主编《中国人口年鉴（2005）》，《中国人口年鉴》杂志社，2005，第479～485页。

导其进行有益身心健康的活动，预防和制止青少年吸烟、酗酒、流浪以及聚赌、吸毒、卖淫。此外，《婚姻法》也有类似的规定。

2. 学校保护

学校是对广大青少年有计划、有组织地进行系统教育的机构，是广大青少年的集中地，因此，学校义不容辞地承担着保护青少年健康成长的责任。学校对青少年健康的保护主要分为卫生保健和体育两个方面。

（1）学校卫生保健工作

学校在以下方面对学生负有责任：检测学生健康状况，对学生进行健康教育，培养学生良好的卫生习惯；改善学校卫生环境和教学卫生条件；加强对传染病、学生常见病的预防和治疗。学校一般从以下方面着手：合理安排学生的作息制度；预防近视，保护视力；重视各种疾病防治工作；改善学校卫生环境和教学条件；加强学校学生卫生教育和制度建设；加强学校卫生工作管理和卫生保健队伍建设；坚持正面教育，严禁体罚和变相体罚学生。

（2）学校体育工作

《未成年人保护法》规定："学校应当全面贯彻国家的教育方针，对学生进行德育、智育、体育、美育、劳动教育以及社会生活指导和青春期教育。"为了使体育工作更好地促进青少年的健康成长，学校的体育工作需要做到以下几点：做好学校的体育课教学工作；搞好学校课外体育活动；组织课余体育训练和竞赛；加大对器材、场地、设备、经费的投入等。

3. 社会保护

全社会有责任和义务关心和保护青少年的健康成长。我国已经制定了一系列的法律法规来保护青少年的健康成长，包括：《未成年人保护法》、《关于严禁进口、复制、销售、播放反动黄色下流录音录像制品的规定》等。其根本目的是为青少年的健康成长营造一个良好的社会教育环境，内容主要集中于文化和卫生两方面。

（1）文化方面

全社会包括各级教育、文化、科研、体育、新闻出版、广播影视等部门、学校和群众团体，应不断提高认识，优先考虑为青少年创造一个良好的教育环境，并切实行动起来，这些行动包括：组织青少年参加健康有益的活动；重视青少年活动场所设施的建设；为青少年提供丰富的精神食粮；整顿文化市场，严禁编写、制作、出版、发行、销售、播放、租借对青少年有害的书刊、图片和音像制品；积极发挥先进单位、先进人物和离退休老人的作用；加强对公共文化教育娱乐场所的管理等。

（2）卫生方面

为了保障青少年健康成长，我国制定了许多法律法规，主要包括疾病的预防和管理、就业单位的劳动健康保护和女工保护等内容。

六 中国困境儿童青少年社会救助及相关服务政策

困境儿童青少年一般是指在特殊的、被限制了的环境条件下，基本需要不能得到满足的儿童青少年。随着社会的发展，对特殊困难儿童青少年的救助不断加强，但由于其总量庞大、情况复杂，仍不能满足其生存和发展要求。例如，在我国6~18岁的未成年人中，目前还有300多万残疾人、几十万城镇流浪儿童、200多万独居的农村留守儿童，这些孩子在接受教育、社会参与方面，在托管监护、行为矫正方面，在安全保障、心理干预方面，等等，存在的问题十分突出，不少孩子暂时陷入成长困境，家庭闹心、社会忧虑、政府关注。

解决困境儿童青少年所面临的上述问题仅靠强调政府责任、仅靠社会公众献几次爱心是不够的，必须立足我国国情，从全面建成小康社会、实现国家治理体系现代化的全局着眼，出台有效的服务政策，整合人力、物力、财力，建立常态化、专业化的工作体系。

1. 中国困境儿童青少年救助及相关服务政策的基本内容

（1）当前社会救助现状

根据国家统计局2011年4月28日发布的第六次全国人口普查结果，我国大陆31个省区市中14岁以下人口为2.2亿人，占比为16.60%。[①] 在这2.2亿儿童青少年中，困境儿童青少年是不得不正视其存在并需用心关照的弱势群体。《中国儿童福利政策报告（2011）》显示：截至2010年底，0~17岁各类残疾儿童共计504.3万，全国未入学适龄残疾儿童为14.5万；全国农村留守儿童约5800万，其中14周岁以下的农村留守儿童有4000多万人，在全部农村儿童中的比例达28.29%，平均每4个农村儿童中就有1个多留守儿童，其中5周岁以下的幼童大约1566万人，占全部留守儿童的27%。[②] 据2016年民政部公布的最新数据，全国农村留守儿童有902万人。其中805万人没有父母作为监护人，是由祖

---

① 中华人民共和国国家统计局：《2010年第六次全国人口普查主 要数据公报（第1号）》，国家统计局官网，http://www.stats.gov.cn/tjgb/rkpcgb/qgrkpcgb/t20110428_402722232.htm。

② 北京师范大学壹基金公益研究院：《中国儿童福利政策报告（2011）》，2011年6月1日。

父母或外祖父母监护，占比高达 89.2%。从上述数据中我们不难发现，伴随各类困境儿童青少年的涌现，这些身处困境的儿童青少年的权利保护、社会救助等福利与发展问题日益严峻，也受到了国家和社会各界的广泛关注，切实解决困境儿童青少年的社会救助问题刻不容缓。

2014 年 2 月，国务院颁布了《社会救助暂行办法》，其中“总则”部分第一条与第二条明确规定，社会救助是一项保基本、促公平的法律制度；社会救助制度要遵循托底线、救急难、可持续的原则，与其他社会保障制度相衔接，保障社会救助水平与经济社会发展水平相适应。同年 10 月，国务院又出台了《关于全面建立临时救助制度的通知》（以下简称《通知》）。《通知》指出，为了解决城乡群众遭遇突发性、紧迫性、临时性生活困难的问题，迫切需要建立“救急难”的临时救助制度，托住民生的底线。此外，《通知》明确了临时救助的主动发现受理机制；除《通知》外，十三五期间，相关部门还颁布了许多儿童青少年福利与救助方面的重要文件，如国务院颁布的《中国儿童发展纲要（2011～2020 年）》等。

当前，我国困境儿童青少年的救助保护工作逐步深入、成效显著，这与近年来流动人口规模的不断扩大和城镇化进程的加速密切相关。随着我国经济社会的发展，近年来我国困境儿童青少年得到了积极的救助，其生存与发展状况得到较大改善。随着中华民族伟大复兴的中国梦逐步实现，党和政府对儿童与青少年工作更加重视，不断加大政策支持和资金投入力度，困境儿童青少年的社会救助工作得以不断加强和改善。在各级党委政府强有力的领导下，困境儿童青少年的社会救助状况得到较大改观，困境儿童青少年的合法权益得到较好的维护。面对新的形势和困境儿童青少年群体的变化，我国救助困境儿童青少年的工作应不断探索与改进，新的工作体系和网络逐步建立，新的工作模式和方法在探索中不断完善，工作的规范性、针对性和实效性也在不断增强。

（2）社会救助服务政策

第一，法律层面。近年来，我国在扎实推进困境儿童青少年救助实务工作的同时，不断加强相关政策法规建设，着力增强我国困境儿童青少年社会救助与保护工作的规范性。我国先后制定和完善了《未成年人保护法》、《预防未成年人犯罪法》、《母婴保健法》、《收养法》、《反家庭暴力法》等一系列有关儿童青少年权益保障的法律法规，形成了比较完善的儿童青少年权益保护法制体系。特别是自 20 世纪 90 年代以来，我国相继制定了《城市生活无着的流浪乞讨人员救助管理办法》、《关于进一步做好城乡特殊困难未成年人教育救助工作的通知》、

《关于加强对生活困难的艾滋病患者、患者家属和患者遗孤救助工作的通知》等一系列有关儿童教育保护和健康成长的政策性文件。[①] 这一系列政策性文件涉及困境儿童社会救助工作的许多方面，从总体上给出了我国困境儿童救助工作的总体框架、工作目标、指导思想与要求、工作方法及实施原则等，从政策和法律层面确定了困境儿童社会救助工作的法律地位和重要性，给出了与之相关的规定性要求。

第二，政府层面。我国的儿童青少年福利制度正逐渐由传统的补缺型向适度普惠型转变，与之相关的社会救助服务制度亦是如此。在我国，以政府为主体、全社会共同参与的儿童青少年救助运行机制进一步完善。首先，政府加强了对儿童青少年福利工作的领导，逐渐形成民政部主要负责、各个其他部门联合行动的儿童青少年福利与救助的领导体系；其次，政府加大了对儿童青少年福利相关资金的投入力度，如 2012 年中央财政安排孤儿基本生活保障补助资金达 24.3 亿元人民币，惠及全国 61.6 万孤儿；再次，全社会越来越重视儿童青少年福利与救助保护，企业、组织、家庭和个人多方参与，2015 年的“两会”上“救助困境儿童”被正式写入《政府工作报告》，儿童类提案议案共计 39 件，数量比往年显著增加；最后，社会组织介入儿童福利与救助服务取得巨大进展，如每年获得中央财政支持的 300 多个社会服务项目中，儿童类占 1/4，实际获得资金约占 30% 左右，服务对象大多为流浪儿童、孤残儿童、大病儿童、留守儿童等困境儿童群体，可见困境儿童亟须专业人员关注。

第三，非政府组织层面。总体上看，近年来我国困境儿童青少年救助除国家救助主渠道外，还通过多种途径和方式，多方整合利用资源，积极倡导社会化救助，非政府组织（NGO）积极参与和深度介入，成为我国困境儿童青少年救助的生力军，成为国家救助的有力补充，是政府有效的“减压阀”和社会的“稳定器”。[②] 非政府组织的类型多样，资金来源丰富。在我国，救助儿童青少年的非政府组织主要有三种类型：①自上而下有完整的组织机构，且有政府背景的群众组织、人民团体或社会团体，如工会、共青团、妇联等；②由民间人士自发成立的所谓“草根”NGO；③在我国开展工作的国际慈善组织或非政府组织，比如英国救助儿童会、香港宣明会等。[③] 非政府组织开展的社会救助工作覆盖面

---

① 尚晓援、张雅桦等：《建立有效的中国儿童保护制度》，北京：社会科学文献出版社，2011。

② 国务院发展研究中心社会发展研究部课题组：《社会组织建设 现实、挑战与前景》，北京：中国发展出版社，2011。

③ 薛在兴：《流浪儿童机构救助的困难、困惑与思考》，《中国青年研究》2005 年第 2 期。

广，覆盖的弱势儿童多。非政府组织主要针对以下困境儿童青少年开展救助保护工作：所有需要保护的弱势儿童、流浪儿童和孤儿等失依儿童、受艾滋病影响的儿童、违法犯罪人员的事实无人抚养子女、有严重生理缺陷的儿童、受侵害儿童等。非政府组织为儿童青少年提供救助服务的方式多种多样，比如提供专业的治疗服务、法律服务，通过这些服务方式保障困境儿童青少年的合法权益。

第四，专业社会工作介入层面。2014 年 1 月，为深入贯彻党的十八大、十八届三中全会精神，切实加强青少年事务社会工作专业人才队伍建设，服务青少年健康成长，发展青少年社会事业，为构建社会主义和谐社会提供有力的人才支撑，经中央人才工作协调小组办公室同意，共青团中央、中央综治委预防青少年违法犯罪专项组、中央综治办、民政部、财政部、人力资源社会保障部六部门共同制定了《关于加强青少年事务社会工作专业人才队伍建设的意见》（以下简称《意见》）。《意见》指出“我国现阶段有大量城乡贫困家庭青少年、残疾青少年、在城市和乡间流动的农村青年，有几千万的农村留守儿童，他们面对着很多难题，迫切需要帮助”。解决青少年成长发展进程中面临的问题，必须大力加强青少年事务社会工作专业人才队伍建设，建立健全青少年事务社会工作服务体系，广泛在青少年工作中引入专业社会工作，有效满足青少年的个性化社会服务需求。

当前，我国儿童青少年福利与救助服务对象和领域进一步拓展，如孤残儿童救助、流浪乞讨儿童管理；同时，儿童青少年福利服务专业化程度不断提升，专业服务理念得到普及，在具体服务中均有所体现；专业从业者人数逐渐增多，专业服务质量得到保障，儿童青少年福利服务组织的规模和专业人才队伍不断扩大，截至 2014 年，全国持证助理社会工作师和社会工作师达 15.9 万人，其中儿童青少年社会工作者占相当大的比例。例如，我国基层儿童青少年福利体系建设的实验探索取得了积极成效，民政部推行的“百县千村”基层儿童福利服务体系建设试点工作，致力于解决乡镇基层儿童“最后一公里”福利服务递送问题，初步构建了以儿童信息报告监测反馈机制、儿童福利台账机制、儿童帮扶机制、多部门联动机制“四个机制”为核心内容，以“村儿童之家”为活动场所，以“村儿童福利主任队伍”为村社工作力量的基层儿童福利服务体系，致力于解决符合我国实际情况的基层农村儿童生存与发展所面临的问题。

2. 中国困境儿童青少年救助及相关服务政策展望

一是我国应着手研究建立以“儿童青少年福利法”和“儿童青少年发展纲要”为基本法规，进一步明确政府主体责任，继续完善相关法律法规，力图涵盖全体儿童青少年，包括原则性立法和执行性法规在内，分层级地体现以儿童青少年需求为导向、以弱势优先为原则的中国儿童青少年政策法规体系。

二是各方共同努力，搭建政府主导，社会、家庭共同参与的儿童青少年福利与救助运行机制，在中央一级设立副部级儿童青少年发展局，明确困境儿童青少年救助保护的基本领域和主要工作内容；建构儿童青少年福利资金保障机制，通过加大投入力度、列入中央及地方财政预算、规范投入方式、资金专项管理、专账核算、专款专用等措施，保障政府投入为主；同时，充分发挥非政府组织的社会救助作用，积极鼓励民间慈善组织在困境儿童青少年救助领域发挥应有的作用，让其与政府合力共推儿童青少年福利事业发展。

三是在国家职业体系中建立并逐渐健全儿童青少年福利社会工作专业人才队伍，尽快着手建立儿童青少年福利社会工作专业人才的国家职业资格制度，完成职业级别设定，打造一支与我国儿童青少年数量相匹配，能够满足儿童青少年全面、高水平福利需求的专业队伍。

四是尽快建立儿童青少年问题日常社会监测制度和体系，在全社会实现对社会（政府）、家庭和学校的三级监测。加快建立儿童青少年福利与救助工作监督、督导制度，加强对儿童青少年福利与救助工作的监督、督导，促进困境儿童青少年救助与相关服务质量的提升。

七　中国青少年社会保障及相关服务政策

社会保障是国家和社会依据一定的法律和规定，通过国民收入的再分配，对社会成员的基本生活权利予以保障的一项重要社会公共政策。20 世纪 90 年代以来，我国政府根据发达国家以及国际劳工组织关于社会保障体系框架的设计，结合中国几十年来实施社会保障的实践，提出了具有中国特色的社会保障体系：社会救助、社会保险、社会福利和社会优抚的制度框架。

青少年群体是一个特殊的群体，面临着现实和未来的生存问题，一方面，青少年迅速成熟，走向社会，开始成为社会的一个自立群体；另一方面是青少年最终会步入中老年期，走向衰退，应当为未来创造和积累必要的生存条件。因而，青少年就必须面对着现时和未来的双重生存保障问题。因此，青少年的社会保障既有一般社会成员社会保障的共性，又有其自身的特殊性。

1. 中国青少年社会保障及相关服务政策的基本内容

(1) 社会保险政策

第一，养老保险。养老保险政策是国家和社会根据一定的法律和法规，为解决劳动者在达到国家规定的解除劳动义务的劳动年龄界限，或因年老丧失劳动能力退出劳动岗位后的基本生活而提出的一种社会保险的公共政策。《宪法》中明确规定：国家依照法律规定实行企业事业的职工和国家机关工作人员的退休制度。《劳动法》还规定：国家发展社会保险事业，建立社会保险制度，设立社会保险基金，使劳动者在年老、患病、工伤、失业、生育等情况下获得帮助和补偿。

目前，在中国已经建立起基本养老保险与企业补充养老保险和职工个人储蓄性养老保险相结合的制度，实行国家、企业、劳动者三方面共同负担养老保险的方式。中国这一政策的实施范围是城镇各类企业的全体劳动者，凡是达到劳动年龄从事劳动的城镇劳动者必须加入这一社会保险体系。

养老保险虽然离青少年尚有一段距离，但却是关系到作为主要社会劳动力的青年未来的生活保障。完善的养老制度关系到青年的择业、就业行为。

第二，医疗保险。医疗保险政策是指国家为职工及其所供养直系亲属因患病、负伤、生育时所提供的必要的医疗服务和物质保障的政策和制度。中国现行医疗保险制度正在改革之中。一是公费医疗制度，即国家对机关行政事业单位工作人员实行的一种免费医疗卫生保健制度正在逐渐消亡；二是医疗保险制度，即职工和国家各自分担部分医疗费用的卫生保险制度正在逐步发展。

第三，生育保险。生育保险是一项专门保护女职工特别是处于生育期的青年女职工的社会保险。它是国家和社会为妇女劳动者因生育子女而暂时丧失劳动能力，失去正常工资收入来源时，提供物质帮助的一项社会保险。这一制度是中国社会保险体系的一个重要组成部分，其宗旨在于通过向孕产妇女提供医疗服务，并保障她们因生育而暂时丧失劳动能力时的基本经济收入等措施，帮助生育妇女及时恢复自身劳动能力，重新返回工作岗位。

第四，失业保险。失业保险是国家通过立法强制实施的、由社会集中建立统一的社会救助基金，对因本人原因暂时失去工作、中断收入、失去生活来源的劳动者提供经济帮助的一种社会保险制度。中国的失业保险制度是由国家法律确定的一种社会保障制度。其目的是通过建立社会保险基金的办法，使职工生活特别是青年职工在失业期间获得必要的经济帮助，保证其基本生活，并通过专业训练和职业介绍等服务手段为他们重新实现就业创造条件。失业保险的对象是在法律规定实施范围内的劳动者，包括占相当比重的青年劳动者；享受条件是暂时失业或处于转换职业期间；其经费来源是国家、单位和个人；其作用是保障劳动者在失业时获得物质帮助。

第五，工伤保险。工伤保险政策就是因工负伤或致残或致死和患职业病，劳动者本人及其家属暂时或永久性丧失收入来源、生活难以维持时，获得赔偿、物质帮助和社会服务权利的一种社会政策。青少年在劳动的过程中，有时会存在危险，特别是现代化大生产，劳动者遭受工伤事故的伤害和患职业病的危险因素也在增大。这就使得保护劳动者权益，维护社会秩序，保证生产和生活的正常进行的工伤保险政策成为必然和必要。

工伤保险的主要内容有：规定职业病名单、职工工伤与职业病致残程度等级和职工工伤与职业病致残程度鉴定标准分纵系列；颁布工伤保险基金筹集办法；确定因工致残、死亡和职业病待遇；发放工伤保险金。目前我国正在进行工伤保险改革试点，并由国家有关部门加紧制定修改《职工工伤保险条例》。我国工伤保险制度的改革主要集中四个方面：一是扩大工伤保险的覆盖面，二是适当提高待遇标准，三是建立工伤保险基金，四是加强工伤的预防与康复工作。中国的工伤保险制度正在逐渐走上科学化和制度化，必将对中国青少年产生积极的保护作用。

第六，社会福利政策。社会福利是国家和单位对特定对象和职工提供福利和服务，保障其生活的政策和制度。社会福利一般由以下两部分构成：一是国家民政部门在县以上城镇举办的社会福利院、儿童福利院、残疾人康复中心、老人公寓、特殊福利事业单位和农村的养老院、敬老院；二是职工所在单位通过举办集体福利设施，建立各种补贴制度为职工提供社会福利。目前，我国正在加快社会福利事业的发展，坚持社会化发展方向，鼓励社会各方面积极投资兴办社会福利事业，扩大社会福利的覆盖面，增加服务项目，提高福利水平。

第七，社会优抚及救济政策。优抚是优待与抚恤的简称。我国的优抚政策是国家和社会依据法律制定的对优待抚恤对象实行优待和抚恤的政策。其目的是保障对国家做出特殊贡献的人的基本生活；它是一项依靠行政手段和行政措施加以推行与实施的，具有社会性的行政工作。

社会救济是国家和社会帮助贫困的社会成员及家庭解决生活困难的一种社会活动，是国家和政府解决贫困稳定社会的一项公共政策和制度，即含有社会保障性和社会福利性。中国的社会救济主要是扶贫和救济两种形式。在救济方式上，主要采用定期定量救济和临时救济；在对象上，主要是对因灾难和疾病等不幸事故与特殊情况造成的生活困难的社会成员，无职业、无固定收入、无劳动能力的社会闲散人员，无固定收入的季节性生活困难的个体劳动者，日常的以及在年节与换季季节的社会救济。救济的标准以保证救济户的基本生活为原则，具体标准是根据市场价格和必要的基本生活资料来确定的，主要项目是粮、油、盐、菜、煤以及房租、水电等。

2. 中国青少年社会保障政策展望

中国的社会保障形式多样，项目复杂，对象众多，费用巨大，而且涉及国民经济运行和社会稳定。一个完整的社会保障体系，可以分为两个部分：一是微观管理，主要是社会保障具体业务的管理；二是宏观管理，体现国家对社会保障的管理，包括社会保障政策、社会保障立法、制定管理政策、协调各方面的关系、对社会保障基金收支的监督、成立行政管理机构等。

我国社会保障制度的改革与完善对青少年意义重大。首先是完善养老保险制度，完善多层次的养老保险体系，城镇全体劳动者加入养老社会保险，不仅可以解除青年职工的养老之忧，也可以缓解青年的养老负担。其次是建立以社会统筹和个人账户相结合的城镇职工基本医疗保险制度，包括企业补充医疗保险、公务员医疗保险、大额医疗费用互助办法，保障青少年的身心健康。最后是建立失业保险管理体系，积极实施再就业政策，完善失业人员的职业介绍、职业培训、职业指导办法，确保失业率的合理限度；坚持失业人员的监测、预警和预报制度，动态监控城镇登记失业率；建立和健全失业保险单位和个人的基本信息库，初步实现网络化管理；加强失业保险基础管理工作，建立失业保险个人缴费记录，实现失业保险属地化管理，为每一个青少年提供发展的机会。

八　中国青少年福利服务政策

随着社会的发展和进步，青少年福利服务政策发展的必要性逐渐增强，国家在通过其他方面的普遍性政策，或者以之为基础适应青少年特点做出补充性规定，满足青少年与其他社会成员的共同需求外，必然针对青少年群体的更大的特殊性，谋求采取相应措施，提供适当形式的资源与服务来加以满足，这些资源与服务就来自青少年福利服务政策。青少年福利服务政策，指国家在青少年教育、劳动就业、住房（居住）、医疗卫生（健康）、社会保障等方面实施的有关政策外，针对青少年群体更为特别的一些生活需要安排提供相应的福利照顾与服务的政策。

1. 中国青少年福利服务政策

我国现行的青少年福利服务政策，在服务方面的有关政策的具体内容主要分两大部分：一是针对一般青少年的福利服务政策措施；二是有关一些特殊青少年群体的社会福利设施的政策。

（1）一般青少年的福利服务政策措施

从整体上看，中国社会倾向于将青少年看作一个需要教化和控制的对象，国家大量的关于如何组织、团结、教育青少年的政策，皆是从管理者的角度分类和制定的，还缺乏根据青少年自身成长和发展中的不同环节和阶段需要，完善设施和提供相关服务的政策。

但我国已经存在一些针对一般青少年的基本福利服务政策。在很多文献和政策表述中，都强调要保护少年儿童的身心健康，积极主动地协同社会各方面为他们创造更好的学习、娱乐和生活条件，坚决反对一切损害下一代健康成长的对象。此外，即使在大量传统的以教育和组织为目的的那些政策中，也可以看到附带的某些涉及服务性的政策，有休闲娱乐服务政策、个人辅导服务政策和婚姻家庭服务政策等。

（2）特殊青少年群体的社会福利设施的政策

在中国，政府一直特别重视特殊的青少年亚群体的健全生存与发展，由国家、社会采取统一、专门的措施，分门别类，对他们实行某种集体照顾或社会福利。我国现行的青少年福利政策，有明确的福利政策和照顾措施与手段，主要体现在以下几个方面。

第一，“三无”青少年及儿童的收养照顾和安置。“三无”青少年及儿童一般是指“无生活来源、无劳动能力者、无法定义务抚养人”的那一类青少年，具体包括孤儿、弃婴（儿）、流浪儿童（青少年）等。对这部分处境不利的青少年和儿童，国家政策提供两种基本形式的照顾和服务。

首先是院舍安置和收养的形式。它是我国现行解决这类青少年和儿童有关需要问题的主导方式。具体来说，相关福利机构或院舍，一是儿童福利院，它是政府专门建立、用于安置收养“三无”儿童的社会福利机构，主要存在于城市中；二是 SOS 儿童村，它是以家庭形式收养、管理、教育孤儿的社会福利事业单位，其宗旨主要是为孤儿提供一种家庭式的生活环境，一般每个 SOS 儿童村有 10～20 个家庭，每个家庭有独立的住宅，由 6～8 名不同年龄的孤儿组成，由一位 SOS 妈妈负责照料，给孤儿以全部母爱。

其次是鼓励并监督分散的家庭收养方式。1991 年 12 月 29 日，第七届全国人民代表大会常务委员会第二十三次会议通过了《中华人民共和国收养法》，这标志着政府重视用家庭收养的方式解决无依靠儿童及青少年的福利照顾问题。该法在 1998 年 11 月第九届全国人民代表大会常务委员会第五次会议上进行过修正。

第二，残疾儿童和青少年的社会福利与康复政策。对有身体和精神障碍的儿童和青少年群体，政府采取了较为积极的福利服务政策。其内容主要包括三个方面。

一是提供住院式的照料与康复服务。分为残疾儿童康复中心服务和儿童福利院服务两种形式。前者是政府为残疾儿童及青少年兴建提供集中康复服务的社会福利事业单位，收治各类残疾儿童或青少年；后者主要是政府将残疾而又“三无”的儿童和青少年，安置在儿童福利院，接受日常生活保障及照料。

二是以社区方式为残疾儿童和青少年提供康复服务。它重在对残疾儿童或青少年的康复服务，而不是在机构中以住院的形式涵盖生活保障、日常照顾等内容，是在20世纪80年代后发展起来的为残疾儿童及青少年提供有关康复照料的又一途径。

三是重视残疾儿童和青少年的“特殊教育”服务。残疾儿童和青少年在接受教育方面有特殊的困难，需要社会为其做出特别的安排，为他们提供特殊性质的教育，即“特殊教育”。目前主要有“特殊学校”和普通学校里的特殊教育两种形式。前者是专门为残疾儿童和青少年设立的特殊学校，配备不同于一般学校的教学与服务人员以及设施；后者是将残疾儿童或青少年纳入普通学校，与正常孩子一起接受教育，但提供某些特殊的个别化协助与服务。

2. 中国青少年福利服务政策展望

青少年福利服务政策在中国的实施，为众多的残疾或“三无”儿童和青少年提供了生活保障和生存基础，对他们身心的健康成长起了重要作用。但距离青少年实际的服务需求，仍然有一定的差距。

（1）要明确形式，加强其权威性和统一性

无论是国家立法，还是在具有较高权威性的中央一级政府法规中，我国都没有专门有关青少年的福利服务方面的明确政策规定。从官方文本形式的政策来说，中国还没有所谓的“青少年福利服务政策”。实际上，我国青少年福利服务有关政策的严肃性、稳定性、权威性都明显不足，有些法律中的条文，存在不突出、不明显的问题，不利于人们的认识、了解、掌握和执行。针对这些情况，为了让青少年福利服务政策能够落到实处，能够在现实生活中广泛应用，就必须采取有关的强有力的措施，来明确其形式，使其权威性和统一性得到加强。

（2）要健全体制、扩大影响

另外，青年组织本身在有关青少年政策的制定与推行中的地位不明确、不对称，各部门不协调、不稳定，缺乏整体效率。针对上述情况，青少年福利服务政策的发展，需要从几个方面加强建设：一是完善政策体系，特别要重视青少年发展性服务方面的有关政策及有关服务机构的政策；二是理顺政策体制，建立这方面政策的协调机制，重点探索共青团组织在整个政策体系中的位置；三是提升政策的权威性和明确化程度，可用白皮书或某种政策文献形式，集中表达、阐述青少年福利服务方面的国家统一政策。

（3）要完善内容、优化结构

中国虽然实行着一些青少年福利服务政策，但尚有一些缺漏的内容，对青少年相应问题和需要的覆盖还不全面。同时，其结构也需要做出进一步调整，加以完善和改进。主要体现在以下三个方面：一是要完善自身内容。与特殊福利政策相比，针对一般青少年的发展性福利服务政策的内容还不够，不能适应现实青少年的需要，需要继续充实。二是要加强政策间的联系。目前特殊福利政策和一般福利政策截然分开，内容上没有有机联系，是不合理的一种结构。三是要补充完善关于服务机构方面的政策。青少年福利政策的实现，需要解决以什么样的具体机构来传递有关福利资源，怎样实现资源对青少年的实际效用，怎样实现组织和管理等问题，这些都是政策实现不可或缺的内容，需要逐步健全和完善。

九　青少年福利政策的法律形式及制定与推行

1. 我国青少年福利政策的法律形式

我国的青少年福利政策主要是以法律法规的形式，制定、颁布和实施执行的。不同的福利政策的法律形式也是各不相同的。一些基础性的福利权限的政策以国家基本大法的形式存在，还有一些专门的具体的福利政策则以专门的法规形式存在。熟悉这些法律法规对青少年社会工作有着重要意义，它们是青少年社会工作帮助青少年健康成长、全面发展的有利依据和武器。这些法律法规主要有以下五种形式。

（1）以国家基本法的形式对青少年基本权利的保障

如《宪法》、《婚姻法》、《劳动法》、《刑法》等。

（2）以具体方面的法律法规形式对儿童实施特殊保护

如《教育法》、《义务教育法》、《全国人民代表大会常务委员会关于禁毒的决定》等。

（3）专门对青少年实施保护的法律法规

如《未成年人保护法》、《预防未成年人犯罪法》、《禁止使用童工的规定》等。

（4）对涉及青少年福利的有关机构和部门的规定

如《学校卫生工作条例》、《中小学勤工俭学暂行工作条例》、《儿童福利院工作条例》等。

（5）对特殊状态的青少年实施保护的相关法规

如《最高人民法院关于办理少年刑事案件的若干规定》等。

2. 中国青少年政策的制定与推行

中国政府没有专司青少年事务的部门，但有青少年自己独特的工作机制——由共青团组织和全国青联组织协助管理政府的青年事务。共青团、全国学联、中华基督教青年会、中华基督教女青年会、中国青年企业家协会、中国青年科技工作者协会、中国青年志愿者协会等青年组织都是全国青联的会员组织。这些组织在各地都建立了相应的地方青年组织，全国形成了统一协调的青年工作体系，保证了青年工作的系统性。

从政策的执行来看，主要有三种主要力量：一是家庭、监护人履行的保护青少年健康成长的责任和义务；二是学校行政和教育行政部门，组织实施并接受政府职能行政部门的监督和指导；三是不同类型不同部门的“单位”内部组织，认真执行来自不同方面的规定。涉及青少年健康发展的许多法律，不同的法律法规，制定与主管的部门也不相同。如《宪法》、《未成年人保护法》、《婚姻法》是由全国人民代表大会及其常务委员会制定；《中共中央办公厅、国务院办公厅关于禁止营业性录像放映和加强录像管理的通知》、《学校卫生工作条例》等，是由国务院与中共中央、国务院其他部门联合制定或发布的。

我国政府历来重视青少年工作，青少年福利政策思想也在不断发展。近年来，关于青少年福利的政策法规也渐渐丰富起来，这些福利政策和法规的出台，为青少年工作、生活、成长和发展创造了良好的环境，为青少年社会工作提供了明确的政策指引和行动框架。当然，不可否认，原有青少年政策偏重教化和控制的方面，而在发展取向上还有一定欠缺，同时，我国至今还尚未制定有统一、专门的青少年福利政策和明确、正式的法律法规，青少年福利政策仍然分散在相关法律规定之中。青少年福利政策统一化、专门化的工作还需要更多的实际努力。

第七章　宏观青少年社会工作

青少年社会工作有宏观和微观之分，这种分类是基于一般社会工作内容分类基础上的。宏观的青少年社会工作主要是由处于青少年社会工作体系中的较高层次的人员所进行的关于青少年社会工作全局方面的计划、实施、管理和监督等工作。其内容主要包括推动有关青少年的立法，在青少年问题上为政府提供资讯和建议，促进青少年的健康，推动青少年教育，监督和维护青少年健康成长的社会环境，为青少年创造娱乐休闲的各种条件，促进家庭建设，推动青少年发展，保护青少年权益，面向全社会代表，宣传青少年等。福利行政是宏观青少年社会工作中主要的一种。

第一节　宏观青少年社会工作的内容

一　推动有关青少年的立法

1. 立法对青少年工作的重要性

法律健全是一个社会文明的标志之一，也是青少年社会工作发展的前景之一。推动青少年立法的工作，既是广大法律工作者的重要任务，也是专业青少年社会工作的重要工作内容。只有把青少年的福利需求和满足需求的途径通过法律的形式固定下来，青少年福利的满足才可能在现代社会得到真正意义上的实现，青少年的权益才可能受到真正的保护。同时，这些关于青少年的法律法规也是我们社会工作者实施专业社会工作行为时的标准和依据。有了这些依据，我们才可能使青少年社会工作向着更为专业化的方向发展，更好地确保青少年在接受福利服务时利益能够得到保障。

近年来我国台湾地区社会工作的发展为推动政府立法做出了很大成绩，相继出台了一系列关于青少年的法律法规，如《儿童及少年福利法》、《儿童及少年福利法施行细则》、《儿童及少年性交易防治条例》、《性侵害犯罪防治法》、《少年事件处理法》、《少年事件处理法施行细则》、《少年及儿童管训事件执行办法》、《预防少年儿童犯罪方案》、《国民中小学中途辍学学生通报及复学辅导办法》等。这些法律法规对台湾地区的青少年社会工作起到了应有的作用。同时，当地的社会工作者仍然在不断地推动新的立法的实现，来推动当地整个的青少年社会工作事业的发展。

我国大陆青少年的立法情况也有了很大的进展。新中国成立以来，几代领导人都非常关注青年问题，在马克思主义青年观的指导下，相继形成了毛泽东同志的青少年观、邓小平同志的青少年观、江泽民同志的青少年观、胡锦涛同志的青少年观和习近平同志的青少年观，这些青年观是我们开展青少年社会工作的重要理论基础，也是我们推动青少年立法工作的重要依据。1980 年，共青团在全国人大常委会的指导下，召开了青少年保护法会谈会，形成了中华人民共和国青少年保护法的初拟稿，之后，各省份的青少年立法工作相继纳入了各地人民代表大会的议事日程。1989 年，全国人大内务司法委员会青少年专门小组成立。这个专门小组的主要职责是参与审议和制定有关青少年的法律法规和政策，推动立法工作，监督和检查有关青少年的法律、法规和政策的执行情况，协调并指导有关青少年的其他重要工作。1991 年，全国人大常委会审议并通过了《未成年人保护法》，这是一部关于青少年的基本法，成为其他青少年法律法规制定和修改的法律依据。其他很多的关于青少年福利政策的法律法规是散见于党政系统的文化、教育、劳动就业、婚姻家庭与未成年人保护以及犯罪等法规、条例中的。有统计表明，整个相关法令与条款累计有一百多条。现阶段如何推动我国整个青少年法律法规体系的建设成为一个重要问题。

2. 青少年立法工作的目标

青少年社会工作在推动立法方面的主要的目标之一就是要推动青少年政策法律内容体系的建设。主要是针对青少年需求和青少年社会问题的各个方面开展调查研究工作，通过正常的法律途径和渠道来加强完整的青少年法律体系的建设，如法律界定和司法保护、教育权、健康权、劳动就业、福利服务、社会保障等。

另外就是要推动青少年政策法律类型体系的建设。我国现行的青少年法律内容体系上的建设有了很大的进展，关于青少年福利的各个主要方面的法律法规基本建立起来了，但是在青少年法律类型体系的建设问题上，我国还处于比较初级的层次，法律和法规的类型比较单一，并且没有规律性，随意性较大。关于青少年福利的全面的法制建设体系需要继续推进。

青少年社会工作在推动立法方面的第三个重要目标就是加强有关青少年的法律法规的执行力度。法律法规的成功制定只是青少年法律体系建立的第一步，更为关键的环节是法律法规的有效实施。这同样也是一个复杂的过程，包括从法律法规制定完之后的公布于众、法律法规在各级青少年福利服务系统的执行情况、各级青少年福利服务系统在执行该项法律法规过程中的意见反馈、对正在执行或者执行到了一定阶段的法律法规的不断的修改和补充。整个过程环环相扣，构成了一个循环系统。完善的执行和监督机制有利于促进整个青少年法律法规系统的健全。

3. 推动青少年立法工作的手段

青少年社会工作在推动青少年立法方面的主要手段有以下两种。

（1）从社会工作研究的角度

首先，通过对青少年群体基本特征、基本福利需求的研究，使我们的社会，特别是青少年法律法规的直接制定者了解掌握青少年群体的基本情况，以便做出明智的决策。

其次，对青少年社会问题以及一般的青少年问题进行深入研究，掌握这些情况，有针对性地对突出的青少年问题和青少年社会问题给予政策和法规上的回应，通过制定和修改青少年法律法规来直接解决这些青少年问题，或者通过对青少年社会问题的更深层次的研究使得社会对青少年的发展动向更为明确，以便解决社会中潜在的青少年社会问题，使我们的法律法规制定工作更为有效地开展。

最后，是针对现有的有关青少年法律进行研究梳理，学习借鉴其他国家和地区的青少年法律法规政策的可取之处，以推进我国青少年法制体系的全面建设。对青少年法律的全面研究同对青少年群体的研究一样重要，都是专业青少年社会工作推进青少年立法的重要手段。这方面的研究在我国发展很慢，同前两方面研究相比，还需要更为重视。

（2）从青少年社会工作行政的角度

青少年社会工作研究和青少年社会工作行政都是青少年社会工作的重要方面，相比较而言，青少年社会工作行政能更为直接地推动立法工作。

首先，青少年社会工作行政的一个重要的实际工作，就是推动已经颁布的法律法规的执行，以及这个过程中的监督控制工作和信息反馈工作，这些也同样对制定和修改法律法规有着重要作用。

其次，就是通过青少年社会工作行政，并且借助社会舆论和新闻媒体来向法律法规制定者反映青少年的实际需求和现实青少年的生存状态，来帮助法律制定者制定法律。

最后，青少年社会工作行政人员往往也兼具法律制定修改的顾问人员或者类似的角色，这种角色的承担，使得他们有着更为便利的途径来直接向国家权力机关或者法律制定单位提出关于青少年的立法、动议和议案，可以更直接更简便地推动青少年立法。

二　在青少年问题上为政府提供资讯和建议

1. 为政府提供青少年信息和建议是宏观青少年社会工作的重要任务

宏观青少年社会工作的一个重要内容就是要为政府提供相关的信息和建议，这主要是通过研究活动来进行的。这些研究有的是关于青少年的基本情况的研究，有的是针对具体青少年问题的研究。不论这些研究是理论取向还是应用取向的，都会对政府在青少年方面的工作提供帮助。在我国的实际情况下，应用取向的研究往往更受到政府的青睐，给予的资金、技术支持以及人力资源也都相对丰富一些。而对理论取向的青少年研究则重视不够，这使得政府对青少年的一些基本状况掌握不清，对青少年的基本特征了解不多，对政府从宏观和长远角度来认识和解决青少年问题，促进青少年健康发展产生了不利影响。理论研究和应用研究都不可偏废，轻视了哪一方都会使政府的实际工作受到阻碍。

2. 青少年信息的构成

为政府提供的宏观青少年社会工作信息主要有以下几个方面。

（1）调查了解青少年的基本状况，为政府提供青少年的总体状况分析。青少年的基本状况包括青少年人口的基本情况以及人口基本特征、性别分布状况、年龄结构状况，等等。这些情况是政府制定一切关于青少年的政策和法律法规的基础。

（2）调查了解青少年需求，并通过多种渠道将青少年的愿望反映给政府及其职能部门。了解青少年的需求是青少年工作的出发点，没有对青少年基本需求情况的掌握，政府及其各职能部门无法展开对青少年的一系列工作。青少年的福利需求是基本点和出发点。

（3）调查研究青少年社会问题和社会中的青少年问题，为政府青少年政策制定及青少年事务处理提供依据。这方面的研究可以直接为政府解决一些现实的青少年问题提供参考。

（4）对有关青少年问题的各种社会因素进行了解、调查，并针对某一方面的问题，整合社会相关部门，研究对策，提出方案，向政府有关部门提出建议。

（5）对行政性的和社会性的青少年问题和事务做出评估，提出意见等。评估是社会工作的一个重要环节，对青少年社会工作来说，这种评估对真正有效地促进青少年事业发展，推动政府在青少年工作中的主导地位有着重要意义。

三 促进青少年的健康发展成长

1. 促进青少年健康

青少年健康是宏观青少年社会工作需要关注的问题之一，青少年正处在身心快速发展变化的阶段，在他们的成长过程中，家庭、政府和社会所提供的健康方面的照顾相当重要。健康维护需要主要是指青少年的成长环境，获得身体发育成长所需要的营养照顾和健康知识，避免疾病和其他意外伤亡的危害，以及心理健康方面的发展。现代的健康意义已经超出身体上的强壮，更多地重视心理和社会交往方面的能力的均衡发展。促进青少年健康主要包括以下内容。

（1）保证青少年的粮食、营养（解决贫困问题、食品生产、食品安全、宣传普及营养知识等）；

（2）通过健康检查、指导锻炼、不良生活方式矫治、传染病的预防、健康教育等方法，减少疾病的发生，全面提高其身体素质，促进青少年健康发育成长；

（3）保证青少年良好的居住环境，积极推动环境的综合治理，加强对青少年居住环境的科学辅导，普及青少年生活环境的有关知识等；

（4）在政府改善居民住房条件的同时提高学校、青少年活动场所建设的质量和速度，在城乡建设中注重青少年的利益和健康因素；

（5）保证青少年的心理健康发展和社会适应能力的提高，提升他们的自我价值感、接纳感，发展青少年处理情绪的能力，以免于心理困扰和自我毁灭。

2. 推动青少年教育

对任何一个青少年来说，教育是青少年时期的一个重大事件。在学校正规的社会化场所中，青少年要经历近十年或者更长时间的教育阶段。我国整个社会对青少年的教育问题的重视已经提升到了一个相对较高的程度，但是这并不是说我们国家的教育中就不存在问题。相反，我国教育体系中的问题重重，应试教育和片面教育的阴影仍然存在，如何使得我们的教育更人性化，更能够真正培养青少年的心智和人格的发展，使他们能够在今后的社会生活中扮演好适当的社会角色，帮助青少年面对挫折，适应社会，学会自我负责等，都还需要青少年社会工作在宏观方面的推动。现阶段我们的主要工作是：

（1）宣传、推动、监督《义务教育法》的落实，让更多的孩子受到教育；

（2）运用、动员社会力量帮助失学儿童重返课堂；

（3）普及家庭教育的科学知识，提高家庭教育的质量；

（4）大力加强职业教育，通过不同层次的职业教育全面提高青少年职业技能和专业水平；

（5）推进成人教育和继续教育，为青少年提供更多的受教育机会；

（6）宣传现代化的教育思想，提高全社会的教育意识和教育思想水平；

（7）面向青少年解决青少年学习做人做事的相关问题和困惑。

3. 监督、维护青少年健康成长的社会环境

宏观青少年社会工作的一个重要工作就是要协助政府和社会团体来监督、维护青少年健康成长的社会环境。良好的社会环境是青少年健康成长的必要条件，没有一个稳定的优良的社会环境，青少年的全面发展和健康成长只能是空谈，在这方面我们要做的是：

（1）协助政府部门，联合社会团体，通过立法、执法等形式，促进社会环境的整体建设；

（2）通过建立文明监督岗、监督哨、青少年法律服务专门机构、青少年权益保护联席会议制度等形式量化地、具体地、科学化地对危害青少年健康发展的社会环境、行为实施日常的监督；

（3）协调社会各方面的力量，打击危害青少年健康成长的现象和行为；

（4）加强社会总体建设，特别是社区的建设，形成社区为青少年健康成长发展服务的各种力量的整合，建立青少年社区服务的完整运行机制；

（5）积极倡导为青少年健康成长营造良好社会环境的舆论氛围，表扬对青少年负责的社会行为，促进青少年健康成长环境的形成。

4. 为青少年创造娱乐休闲的各种条件

休闲娱乐指的是可自由运用的时间，或可自由选择进行的活动，它不是为了生存需要而进行的活动。休闲娱乐活动并不一定有着直接的特定目的，但是对青少年个体来说，可以使个体的身心放松，增进社会交往能力以及领导能力，扩展见识，有益于智力开发，可以增进家庭成员之间的感情，改善社会风尚，提高生活素质和促进经济发展。同时，这对青少年个体的社会化有着积极意义，对个体人格的成长和发展有着重要的促进作用。如何为青少年提供娱乐休闲的机会，帮助他们合理利用时间，规划娱乐活动的内容，这些都是应该考虑的问题。主要工

作包括以下几点。

（1）反映青少年文化娱乐活动的愿望及要求，促使政府制定充分照顾到青少年特点和需求的文化娱乐政策；

（2）研究青少年文化娱乐的需求、现状、特色、流行趋势等，为政策制定、社会文化建设、青少年文化活动指导等提供依据；

（3）用政府投资或社会资助修建更多的青少年娱乐场所；

（4）推广有益有趣的青少年休闲娱乐形式，普及青少年健康娱乐的知识；

（5）开展多种多样的青少年文化娱乐活动，吸引青少年参与；

（6）直接指导和带领青少年的娱乐活动，帮助青少年个体在娱乐中学习。

5. 促进家庭建设，推动青少年发展

家庭是社会最基本的单位，也是个人成长过程中最重要的社会单位。传统上认为家庭具有生殖、教育、保护、娱乐等多样性的功能，它不仅仅提供个人的心理、情感与安全感的满足，同时还是连接个人生活与社会生活的环节。除了提供社会地位外，通过教养过程也可以塑造个体行为的规范模式，形成一种无形的社会控制。对青少年来说，家庭要对青少年提供基本生活所需的安全照顾和教养，包括个人在社会上生活所必需的知识、技能、价值规范、健康心理和人格以及良好的社会适应能力。由于现实中的种种问题，家庭在养育青少年的功能方面常常出现一些障碍，这就要青少年社会工作者来帮助推动家庭的建设，以推动青少年在家庭环境中的发展。具体工作有以下几个方面。

（1）推动政府和全社会普及现代家庭观念，运用各种手段，加强家庭建设，促进家庭功能的实现；

（2）监督、推动家庭中对青少年权益的保护；

（3）推动对婚姻恋爱方面知识的宣传普及工作，广泛开展婚姻教育、为人父母的教育、育儿辅导等社会服务；

（4）推动政府和全社会建立相关机构直接为家庭建设提供必要的生活照料、家务辅导等帮助；

（5）推动社会开展针对亲子关系和青少年教育方面的服务，在全社会普及青少年发展及教育的知识，使青少年能够生活在一个良好的家庭环境中。

6. 保护青少年权益

青少年权益是青少年福利的直接体现，青少年与成年人一样享有一些基本的生存权、寻求安全的权利以及其他诸多权利，同时，青少年群体还享有作为一个区别于成年人群体的特殊群体的特殊权利，这些权利有必要得到社会的满足。青少年的基本权益不容侵犯。但是由于青少年仍然处于成长和发展阶段，他们在社会上仍然处于一种不利地位中，对自己的基本权益，他们还没有足够的能力去维护，这就更加要求社会力量为青少年权益的保护而做出努力。青少年社会工作的一个最重要的内容就是要以一种更为有效的方式来保护青少年的权益不受侵犯。主要通过以下方式。

（1）沟通政府部门，推进保护青少年的立法，监督、推进青少年保护法令、行政法规的执行；

（2）运用多种手段，保护青少年的合法权益，如生命权、发展权、参与权、优先救济权等；

（3）对社会上侵犯青少年权益的人和事进行监督和打击；

（4）代表青少年团体及青少年个人通过法律的、行政的、社会的多种形式维护自己的权利；

（5）为青少年提供法律服务和法律援助；

（6）帮助青少年学会依照法律法规实施自我保护，训练青少年自我保护的技能，锻炼培养青少年良好的自我保护心理。

四　面向全社会代表、宣传青少年

在民主社会中，社会中的成员以代表的形式来表达自己的声音，维护自己的权利，而青少年群体还没有完全进入社会生活领域中，特别是政治生活领域中，没有自己的代表来表达自己群体的声音以维护自己的权利。因此，青少年社会工作者就要面向全社会来代表青少年，表达他们的需求，反映他们对社会的看法，维护他们的基本权益。主要的工作有以下几点。

（1）在社会生活中以各种方式代表青少年群体的利益；

（2）通过权力机构、立法部门、政府职能部门中的青少年工作者反映青少年利益，影响政府相关决策；

（3）代表青少年参与包括行政事务和社会性事务在内的活动，在活动中反映青少年这一年龄群体的利益，反映他们的需求；

（4）在社会生活中，通过代表青少年参与法律诉讼等形式，直接代表青少年群体和个体，维护他们的合法权益；

（5）通过多种形式，在社会上宣传青少年的概念、青少年的形象、青少年的需求、青少年的权益、青少年的问题等有关青少年的信息，促进全社会对青少年的认识和了解。

第二节　青少年福利行政

一　青少年社会福利行政的概念

1. 什么是社会福利行政

（1）概念

社会福利行政是专业社会工作的范畴之一，是一种专业的社会工作方法，也可以认为是社会工作专业的实施领域之一。社会福利行政常常被叫做社会行政或者社会工作行政。

（2）宏观社会福利行政

社会福利行政具有宏观和微观两个维度的理解。宏观意义上的社会福利行政主要是指国家机关和政府部门以及社会公共团体中的高层人士对社会福利资源的分配和管理，以及制定、修改和监督社会福利政策、法规和方针的行政活动。这个意义上的社会福利行政，主要从事的是相关社会福利的信息收集、整理和加工，并根据这些信息制定宏观的社会福利政策、法规和方针策略，以及对整体的社会福利资源进行分配、管理、整合和协调工作。宏观的社会福利行政主要是着眼于整个国家，或者整个社会福利部门的社会福利事业的长远发展和规划，并协调各个社会福利部门之间的工作，对社会整体的福利水平的提高有着重要意义。

（3）微观社会福利行政

微观意义上的社会福利行政就是指在某一个社会福利部门内部或者某一个社会福利服务机构内部的行政活动。微观的社会福利行政主要是通过计划、组织、人事、财务、协调、监督、控制等行政手段，使部门或者机构内部的福利服务活动更为有效，使机构内部的可以调节的福利资源利用更为合理。

（4）宏观与微观的统一

宏观的社会福利行政和微观的社会福利行政之间的界限并不是绝对的，而是相对的，在一定的范围内，才能确定是宏观还是微观的社会福利行政工作。即使在宏观的行政工作中，也可能有微观的行政活动，比如计划、组织、人事、财务、控制等，同样在微观的行政工作中，也有可能存在着宏观意义上的行政活动，比如收集、反馈关于制定和修改社会福利政策的信息，推动社会福利立法的工作，等等。同时，在宏观的社会福利行政和微观的社会福利行政之间可能还存在着中观的社会福利行政。不论是宏观的社会福利行政还是微观的社会福利行政，其作用都在于推进社会福利政策的制定和修改，整合社会的福利资源并有效地分配利用。

2. 青少年社会福利行政

青少年福利行政是政府机关或公共团体促进青少年身心健全发展与正常生活的行政活动，是面向青少年的社会福利行政。青少年福利行政的概念有三个要素。首先，行政的主体是社会各类涉及青少年的机构，有政府部门，也有民间组织，这些机构、部门和组织有明确的目标和章程，服务对象是青少年。其次，青少年福利行政的目标是促进青少年的福利，或者说，青少年福利行政是增进青少年福利，促进青少年发展的一种有效手段，在行政公平与效率的选择中，更突出公平的理念和特色。最后，青少年福利行政是一个动态的过程，它的重点在于对人力、物力资源的利用以及持续的、不断提高的服务提供；另外，从青少年福利运行的角度，青少年福利行政本身即为一个与外界不断发生关系的动态系统。

二　青少年福利行政的主要工作内容和过程

1. 青少年福利行政的主要工作内容

青少年福利行政的主要工作内容可从宏观和微观两个层次上加以论述。

(1) 宏观青少年福利行政的内容

宏观青少年福利行政的主要工作是推进青少年的相关立法，动员、分配、管理、监督全社会的福利资源和青少年福利服务的人力资源。在青少年福利政策的制定和修改方面，有着一整套的程序和固定做法。有时，具体工作人员会根据自己的认知和经验来制定和修改福利政策和法规，这就难免出现偏差。深入基层去收集信息和意见，对制定和修改福利政策有着特别重要意义，这是宏观福利行政发展的趋势。宏观福利行政的流程如图 7－1 所示。

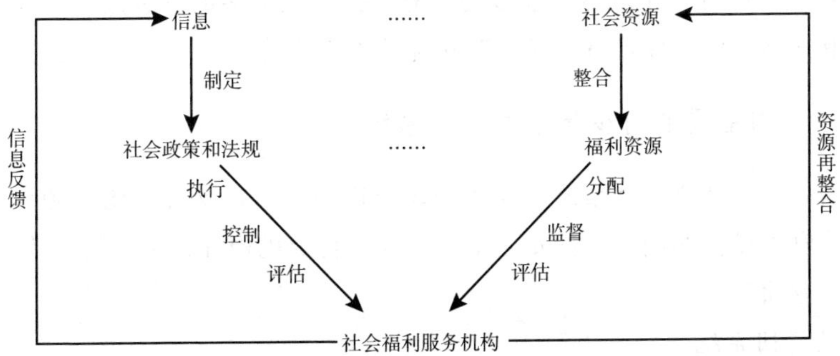

图 7－1　宏观福利行政流程

(2) 微观青少年福利行政的内容

微观青少年福利行政主要包括七个方面的工作：计划，根据社会政策制定青少年服务计划；组织，根据社会政策和青少年需求建立、完善青少年社会服务组织；人事，青少年服务组织的人员招聘、培训、控制和管理；财务，青少年服务组织内部财务资源的管理、使用和监督；协调，对青少年服务组织的协调和控制；监督，对青少年服务组织和具体的工作进行督导及激励；评估，对青少年服务机构和服务项目进行评估，并做出报告。

2. 青少年福利行政的过程

青少年福利行政的过程主要包括如下八个方面。

(1) 围绕青少年发展与问题发掘事实，分析社会中青少年的情况并决定符合青少年需要的社会服务的方向和目标；

(2) 决定达成青少年福利目标的最佳途径，包括青少年福利总体目标的分解，对具体青少年福利项目的设计等；

(3) 在全社会范畴内设计与分配用于青少年福利的社会资源，这既包括对整个社会资源的青少年福利投入比例的设计，也包括对青少年福利资源的具体划分；

(4) 建立青少年福利的组织结构与工作分配机制，在全社会整合青少年福利部门和机构的力量，划分职能范畴，形成青少年福利的有效运行机制；

(5) 部署福利机构工作人员，组织和指挥青少年福利工作者，这是实现青少年福利目标的关键步骤，也是青少年福利行政的保证；

(6) 督导与控制有关青少年福利的人事及经费，检查与评估是保证行政运行高效率的重要手段，在青少年福利行政运行中，人事与经费的检查和控制直接关系到福利投入和最终的实效；

(7) 记录与结算；

(8) 供给财源，争取尽可能多的政府支持，把更多的资金用于青少年福利，动员争取社会资源，保证青少年生存状况的不断改善。

三　我国主要的青少年福利行政系统

我国青少年社会福利系统涉及政府职能机构，也包括社会团体和群众组织。除了在政府中设立的国务院妇女儿童工作委员会等机构外，主要的行政系统包括以下三个方面。

1. 共青团系统

中国共产主义青年团是中国统一的、最大的青少年组织，是执政党的青少年组织。除了具有社会组织的一般性职能外，在青少年社会福利方面，它的主要职能还包括协助政府处理青少年事务。共青团系统在各级政府组织和职能部门，如劳动、人事、司法等部门中都设有相关的下属基层组织，落实有关青少年的福利事项。共青团介入、参与实施青少年福利，是面对广大青少年的一种全面服务和预防性服务，是一种推动青少年自我服务、自我发展、自我保护的青少年社会工作。

2. 民政系统

民政系统的组织架构中，有社会福利、社会救济、安置、优抚等部门直接与社会保障及社会福利相关，下辖各类社会福利事业单位，落实处于特别困难境地的青少年的福利。民政系统主要以福利输送为工作重心，作为政府部门，落实国家制定的关于青少年福利的各类法规和政策，积极推动所有有益于青少年身心健康发展的社会福利事业。民政系统的福利输送主要是依福利服务对象的特性提供个性福利服务，例如对特别困难的青少年的福利偏重教、治、养的结合。

3. 各类青少年社会服务机构

青少年社会服务机构主要是指遍布全国各地的，由教育部门和共青团部门主管的青少年宫、少年之家、青年之家、青少年服务站等，社会力量组建的青少年活动中心、基地以及公办和民办的青少年心理、法律、社会的服务咨询机构等。这些青少年服务机构比起共青团系统和民政系统的青少年福利机构，更接近于专业的微观的青少年社会工作，对推进青少年福利的增长，促进青少年个体的健康、全面的发展有着直接的促进作用。这些机构在所属系统、服务范围、单位性质等方面呈现出多样化的特点。近年来，这些机构迅速发展，对推进专业青少年社会工作在我国的发展起到了积极作用。

第八章　青少年社会问题

随着资本主义世界的兴起，一个作为有机整体的社会也生长发育起来，这个有机整体也像人的身体一样时刻受到各种疾病的折磨。社会问题就是从这个有机整体的角度，从生理病理学的角度来看待我们社会的某些或某类现象的。确切地说，社会问题是指在社会有机整体内部出现的社会关系或社会环境失调现象，它影响社会全体或部分成员的共同生活，破坏社会正常秩序，从而引起人们关注，需要采取社会力量加以解决。

一般来说，社会问题可以从三大构成要素加以认定：一是社会关系或社会环境失调的客观情况；二是这种客观情况对社会成员和社会秩序产生了负面的影响；三是社会成员在主观上感受到和认识到这种负面影响的存在。

社会问题是从社会整体的角度对某类社会现象进行的抽象，而青少年社会问题则特指在某一社会的青少年总体中出现的，已经影响到了这一群体本身，乃至在更大范围内影响社会总体的正常运行和发展的那类社会现象。青少年群体作为成长中的未来社会主体所具有的特点，使得青少年社会问题具有了区别于其他社会问题的特点和特别的重要性。

青少年社会问题的特点就在于，它虽然是青少年自身的问题，但这一问题的复杂性在于它不仅涉及青少年自身，而且离不开青少年自身所处的外界环境，不仅会对青少年自身产生负面的影响，还会对其他社会组成部分产生负面影响。因为青少年是社会总体的一个有机组成部分，这个有机组成部分从数量上说还占有相当大的比例，所以它不仅会影响青少年自身的成长和发育，还会给社会其他成员带来问题，甚至会严重干扰正常的社会秩序。因为青少年是未来社会的中坚，所以青少年问题就不仅是现在的社会问题，而且有可能成为将来的社会问题。从这两方面看，如果不能妥善处理好青少年社会问题，不仅会严重影响现在的，还会严重影响将来的社会正常的运行和发展。

青少年社会问题和青少年社会工作的关系相当密切。社会工作本身的产生和发展就是与社会问题紧密相联的。社会工作的目的之一就是要解决社会问题，促进社会整体福利的提高。特别是随着现代社会工作的发展，以社会问题为取向的整合社会工作逐渐兴起，使得社会问题成为社会工作的聚焦点。围绕社会问题展开一系列工作，在解决社会问题的同时，促进个体的成长和社会的前进，已成为现代社会工作的主流。

第一节　青少年发展成长的主要问题

一　青少年的成长环境问题

从一定意义上讲，每个人都是环境的产物。这并不是说环境可以决定个人的一切，而是说环境对人有很大的影响，特别是环境对青少年的成长和发育的影响极大。所谓成长环境是指影响个体生理正常发育和生长以及心理和精神上健康、全面发展的外界因素。青少年的成长环境不仅包括影响青少年的生理、心理和精神全面健康发展的因素，还特指在青少年社会化的过程中，影响青少年融入社会环境中的各种外界因素，如宏观环境和微观环境，自然环境和社会环境，硬环境和软环境。目前，影响青少年健康成长的环境问题主要有以下几个方面。

1. 生态环境的恶化

生态环境是人类生存的大环境，工业革命以来生态失衡和环境的恶化问题，直接影响了人类的日常生活，对青少年的正常的生长发育也产生了恶性影响。生态环境失衡的集中表现就是人与环境关系的不和谐。人类作为自然的一部分，在一定范围内和一定程度上，对自然环境起着主导作用。但这并不意味着人已经成为自然和环境的主宰，相反，人类的力量越是超越自然，人类对自然的依赖性也就越强烈，人类也就更清楚地意识到自己在自然中的地位。人与自然的关系既不应该是人受制于自然，也不应该是自然受制于人，人与自然只能是一种相互和谐的状态。当然，去寻找这样一种和谐状态并不是一件容易的事情，除了技术上的困难外，最为困难的就是人类如何去战胜自己的内心想要控制一切的欲望。青少年正处于从自我走向社会的一个过渡状态，在这个时期，帮助他们树立对于自然和环境良好的心态，使得他们的成长过程变得更为积极，这对未来环境保护和生态平衡有着重要意义。

2002 年召开的联合国儿童问题特别会议上，来自世界各国的儿童和少年代表在联合国讲坛上发出了自己的声音，签署了一份题为《适合我们的世界》的声明。声明的开头这样写道："我们是这个世界的儿童，我们是压榨与虐待的牺牲品，我们是流落街头的孩子。我们是战争的子女，我们是艾滋病、政治、经济、文化、宗教和环境的牺牲品。我们的声音没有人听，现在是我们发出自己声音的时候了。"他们面对台下3000名政府官员（包括60名国家元首）发出了强烈的呼吁，要求各国政府遵守《联合国宪章》和各项公约，终结战乱、贫穷与疾病，普及教育、改善保健、保护人权与环境。他们说，"如果成年人不愿承担对我们的责任的话，我们会为自己的权利奋斗"。在这次联合国历史上第一次专门为儿童问题召开的高级别会议上，孩子们用自己的声音提醒成人，儿童和青少年的生存环境是个重大的问题。生态失衡与环境污染已对人类的安全构成重大威胁。据世界卫生组织最新报告，每年死亡的4900万人口中，3/4由环境恶化所致。生态环境恶化对青少年的危害更是触目惊心。

2. 社会环境问题

如果说生态问题是人类生存的自然环境，人类生存的另一个大环境——社会环境也同样存在着诸多的问题，最为突出的就是人口爆炸和粮食危机。从工业革命以来，我们的生产力获得了前所未有的发展，两百多年创造的物质财富超过了过去几千年创造的，人类仿佛可以不再受制于自然。然而，这仅仅是一部分人的财富，甚至是一小部分人的财富，小部分人占有世界绝大部分的财富，而绝大多数人却仍然处于贫困之中。尤其是在一些不发达国家里，人口众多，且人口增长率高涨不下，粮食问题等制约着这些国家的发展。身在这些国家中的青少年的成长存在着更多的问题：营养不良，身体素质差，教育资源紧缺，文盲和辍学问题严重。要想促进这些地区和国家的青少年的健康成长和全面发展，首先就要去解决这些环境问题。

人口膨胀和资源短缺的直接危害就是贫困问题。贫困问题在20世纪成为世界性的问题，而在21世纪，这个问题还将继续存在，并向更为恶性的方向发展。贫困问题的根源之一是国际秩序的不合理性。在经济全球化的今天，不合理的国际经济旧秩序依然存在，并随着经济一体化的进程继续横行于不发达国家。发达国家与不发达国家的贫富差距不但没有因为全球化的进程而缩小，反而随着全球化的进程进一步拉大。国家的贫困，使得不发达国家和地区中的青少年生存的基本问题都无法有效解决，更谈不上发展和健康成长了。

贫困和战乱往往联系在一起，落后与暴政也常常是同义词。在当今的国际大局势中，和平与发展成为当今世界的主题。然而，一些地区的局部战争硝烟不断，特别是近年来的恐怖主义活动猖獗，狭隘的民族主义狂飙。对处于这些国家和地区的青少年来说，生活极其不安定，生命安全无法得到保证，成长和发展问题更是不可预料。

毒品与艾滋病肆虐也是阻碍青少年成长和发展的一大障碍。毒品对青少年的危害是无法估量的，不仅对他们当前的身体和心理以及社会适应造成巨大的损害，而且也给他们今后的发展和成长带来了巨大的危害。而艾滋病经常是伴随毒品一起危害社会的，这种疾病的传播速度和死亡速度惊人，对整个人类的发展和繁衍都带来了巨大的损害。更为严重的是，至今为止，全世界还没有找出真正能够根治毒品和艾滋病的对症良药。

环境对青少年的成长是具有决定意义的。改善我们的生存环境才可能从根本上真正去帮助青少年健康的成长和全面的发展。

二　青少年发展问题

1. 青少年的健康发展问题

（1）青少年的健康和安全问题

青少年健康与安全问题是青少年发展问题中的首要问题。青少年正处于身体迅速发展时期，身体成长的动力强大，体格在这一时期将要发生巨大的变化，肌肉和骨骼的增长需要大量的营养成分的供给。如果营养供给不足，就会引发发育不良以及身体上的疾病，同时，体育锻炼在这个时期对促进青少年的体格发展有着重要作用。虽然青少年的身体发展迅速，然而，青少年在应付突发事件上的经验不足，加上青少年自身在精力上的不集中和好动的性情，往往导致事故伤害事件的发生。另外，在青少年时期，学习能力的提高使得他们更容易接受不良行为和习惯的影响。良好的习惯使人受益终身，不良的习惯害人不浅。在青少年阶段帮助他们养成良好的习惯，对他们今后的健康成长有着重要作用。

（2）青少年的教育问题

教育问题是青少年成长过程中的重要问题。青少年正处于学习能力迅速提高的阶段，身体和精力也处于向旺盛阶段过渡的时期，同时，这个时期的青少年处于从家庭向社会过渡的阶段，对青少年的各方面的教育工作成为促进青少年健康发展的重要因素。然而，现行的对青少年的教育也显现出各种问题。比较突出的就是辍学问题，无论在发达国家还是不发达国家，辍学问题都是青少年教育中的突出问题。发达国家的辍学问题主要发生在高中阶段，而不发达国家的辍学问题在比较初级的教育中就比较严重，贫困是不发达国家的青少年辍学的主要原因。

在发达国家，初级教育和中等教育中因为贫困而辍学是极少数，然而因为种族、信仰、社会阶层和其他种种原因辍学的占大部分。除了辍学问题，教育中其他问题也影响着青少年的正常发展，如学业压力过重、学习困难等问题。这些问题虽然不是每个国家和地区的问题，但是在我国却成为一个比较普遍的问题。

（3）青少年的就业问题

对青少年成长和发展有重要影响的另一个关键因素是就业问题以及与就业问题相关的就业培训。青少年阶段除了要学习关于自然和社会的一般知识外，还要开始掌握一些专业的技能以应付未来的独立生活。然而在许多国家中，由于经济问题，失业现象普遍存在，为了减少成本，公司和企业的工作岗位精简，许多已经有了工作的人又失去了工作。同时，新生的劳动力还要继续进入劳动力市场，这样就为青少年就业带来了很大困难。即使青少年有了工作，可同时他们又要面临新的危机，这就是随时失业的危险。同时，对青少年的职业训练常常是一片空白，或者严重不足，使得青少年无法接受良好和有效的就业前必需的培训。

（4）青少年的娱乐和休闲问题

青少年虽然在身体发育过程中，已经趋向于成年人，但是他们在心理和社会适应方面仍然与儿童时的心理状态有着一致性，他们仍然像孩子一样需要充足的休闲和娱乐。很多人认为游戏只是儿童的专利，这种看法是不正确的，青少年同样也需要必要的游戏来放松。但是，由于我们认识的不足，社会几乎没有专门针对青少年的休闲娱乐项目，而脱离了儿童阶段以后，青少年在渴望成长的压力下，更趋向于去进行一些成年人的休闲娱乐，但他们无论在经验还是心理上，都还不能完全适应这样的娱乐活动。这样就常常引发青少年的其他问题。如何去开发一些真正适合青少年心理的休闲娱乐项目是我们的社会应该重视的。

2. 青少年的社会适应问题

（1）人际交往问题

与人交往特别是与异性交往，是青少年时期需要经历的。虽然这是一个自然的过程，但是由于我们对这个问题的认识不够，加上传统观念的影响，青少年人际交往问题一直未受到重视。其实，在现代生活中，我们可以发现，与人交往也是一门学问，婚恋问题也同样需要学习。青少年在与同辈交往以及与异性交往的过程中遇到许多问题，却找不到可以求助的对象。青少年教育工作者以及社会工作者有必要着眼于这些问题，给予青少年适当的帮助。

（2）价值观和道德观的发展问题

价值观以及社会道德观的发展是青少年时期迅速发展的一个主要方面。而这方面对青少年的原有观念的冲击也是十分强大的，如果青少年在价值问题上存在着较深层次的矛盾，特别是价值观发生了较大偏差的时候，他们的行为也常常会因此而发生较大的偏差。道德观发展的困惑，以及由此引发的行为选择的困惑，对发展中的青少年也有着巨大的摧毁力。而这些价值观冲突往往都是与传统价值观的冲突，也就是与他们的前辈的价值观冲突，这直接带来了代际上的冲突，以及亲子关系的不和谐。这些问题的解决需要家庭、社会以及青少年教育工作者和专业青少年社会工作者的协同努力。

3. 特殊青少年问题

以上问题都是普遍针对青少年群体的社会问题。除了这些问题阻碍青少年的正常发展外，社会中还存在着一些“特殊”青少年问题。所谓“特殊”只是相对一般的青少年来说，并不是给这些有着其他特殊需要的青少年贴上一个标签。比如，这些特殊青少年可能是身体或者智力上的残障，或者是无家可归的青少年，或者有着心理疾病需要特殊治疗和矫治的青少年。这些青少年的特别的需要应该得到特别的照顾和满足。但是，在我们的社会中，对他们所提供的特殊福利服务还相当有限，远远不能满足这些特殊青少年的需要。如何满足这些青少年的特殊需要，促进他们健康发展，是一个需要特别重视的问题。

青少年犯罪问题是一个一直受到社会关注的问题，针对这个问题也已开展了许多预防和矫治工作，但是，每年还是会有许多的青少年走上越轨之路。究其原因，除了我们对青少年犯罪问题本身的工作力度不够之外，更为重要的一点是，青少年犯罪问题是一个涉及多方面的问题，与青少年的家庭、学校、社区以及大的社会环境都有着密切关系。其他问题得不到良好的解决，青少年犯罪问题就不可能从根本上得到有效解决。因此，需要社会各个方面的协同合作才可能真正有效预防和矫治青少年犯罪问题。

三 当今青少年发展中面临的几个突出的社会问题

1. 贫困问题

贫困在当今世界仍然是一个世界性的问题，由于贫困问题本身的复杂性，使得贫困对青少年发展的影响也是巨大的。在经济全球化和一体化的今天，发展已经成为绝大多数国家的首要任务，然而，贫困问题仍然像幽灵一样紧紧跟随着这些国家和地区。经济一体化及发展危机带来的贫穷严重影响着青少年的发展。

在这个世界上，大概每五个国家中就有一个国家穷人占多数，特别是在过去那些发达国家的殖民地和现在仍然受到这些国家控制的新兴国家和地区，贫困问题甚至是一个非常普遍的问题。而在大多数不发达国家中，摆脱贫困的努力也仍然在继续着。这些国家和地区的青少年忍受着饥饿、营养不良和疾病的折磨，他们没有受教育的权利，没有接受正常的卫生保健的权利，无法喝到卫生的饮用水，无法享受到环境卫生设施，也无法免遭伤害。在这些国家和地区生活的青少年连基本的生存问题都得不到有效解决，遑论他们的健康发展问题。

不发达国家的青少年的成长和发展的基本条件由于国家和地区整体的贫困而得不到保障，那么在发达国家的青少年就可以免受贫困之苦么？事实上，即使在发达国家，也有相当一部分的青少年处于贫困的境况之中。数据表明，发达国家少数民族地区的贫困人数也在增加，这些地区的青少年不能受到良好的教育，不能享受良好的医疗卫生条件，同样面临着饥饿和疾病的挑战。

贫困问题不是一个单一的问题，它会带来一系列的其他社会问题。由于国家和地区的贫困，身处其中的青少年生存的基本问题不能得到保障，他们的生命甚至也会因为贫困而受到威胁。在这种情况下，这些青少年的发展问题就更无从谈起。

贫困问题的最危险的影响就是直接剥夺了青少年受教育的权利，这种受教育权被剥夺所带来最严重的发展障碍就是贫困将伴随青少年的终生，甚至还会影响到他们的下一代。出身贫困的女性青少年更会受到歧视，她们中的很多人会走上卖淫和吸毒的道路。

2. 青少年吸毒的问题

1998 年联合国大会就毒品问题举行特别会议，这次会议所通过的《政治宣言》的开篇声明指出，“毒品摧毁生命和社会，破坏人类的持续发展，并导致犯罪。毒品影响着所有国家的各个社会阶层，特别是作为世上最宝贵的财富的年轻人。吸毒令他们失去自由和发展”。

（1）状况

据联合国统计，目前世界上有 1.8 亿人吸食各种毒品。20 世纪 80 年代，全世界因吸毒造成 10 万人死亡，其中美国 3.5 万人，位居第一。至 90 年代，仅美国每年因吸食毒品就造成近 50 万人丧生，毒品成为美国的头号杀手。[①]

青少年是受毒品危害的重点人群，1998～2008 年以来，俄罗斯青少年吸毒人数增长 17 倍，其中未满 14 岁的少年吸毒人数增长了 23 倍。吸毒的女孩数量

① 《全球 1.8 亿人吸毒、青少年吸毒人数上涨》，《北京晚报》2008 年 10 月 13 日。

增加了14倍，她们的死亡率上升了41倍。泰国禁毒委员会公布的数据更是触目惊心：在泰国，1999年全国15万接受戒毒治疗的安非他明上瘾者中，15~19岁的青少年就占了47%。[①] 近年来，日本吸毒、贩毒事件急剧上升，特别是高中生中吸毒者明显增加。

欧洲已出现吸毒合法化现象。2008年公布的统计数字显示，在法国、英国和捷克的青少年中，有35%的人至少有过一次尝试大麻的经历。其中，有6%的欧洲青年除大麻以外，还尝试过违禁毒品如安非他明和摇头丸。英国在这方面名列前茅，比例为12%。葡萄牙1999年还通过一项法律，规定个人吸毒和拥有毒品不再是刑事犯罪，吸毒者被抓，只要交罚金就可以释放。在荷兰、德国、瑞士一些欧洲国家，都有合法、半合法的毒品注射场所。

我国登记在册的吸毒人数逐年增加，1990年我国官司方公布的全国吸毒者数量为7万人；1992年，国家禁毒委员会公布的吸毒人数为14.8万人；1993年增至25万人。根据各地不完全统计，1994年全国登记在册的吸毒人数为28万人，到1995年已达52万人，1997年底为54万人。2000年底，我国公安机关登记的吸毒人数已达86万人。[②] 全国有2033个县（市、区）发现毒品问题。2002年，我国内地累计登记在册的吸毒人员为100万人，同比上升311%；涉毒县（市、区）已发展到2148个，比2001年增加了97个。[③] 2005年，全国登记在册吸毒人员116万人，2009年增至134万人。[④] 据公安部有关负责同志介绍，国内登记在册的吸毒人员总数继续增加，并仍以青少年为主。登记在册的吸毒人员中，青少年占总数的74%。

（2）严重危害

毒品严重危害青少年健康发展，摧残青少年的身心健康。1992年以来广西因吸毒直接死亡或自杀身亡的青少年已达百人以上。即使吸毒没有造成青少年当时的死亡或者身体不健康，但对他们的心理健康却有着相当不利的影响。

另外，在青少年阶段有过吸毒经历的青少年，在步入成年之后，更容易走上继续吸毒、贩毒甚至其他刑事犯罪的道路。据统计，吸毒者中80%以上有过诸如盗窃、抢劫、诈骗、贪污、受贿、贩毒、图财杀人、淫乱等各种违法犯罪行为。女性吸毒者90%以上有过卖淫行为。

---

① 《全球1.8亿人吸毒、青少年吸毒人数上涨》，《北京晚报》2008年10月13日。

② 刘志民：《当前的毒品形势与禁毒斗争》，《中国药物依赖性杂志》2001年第4期，第317页。

③ 辛文：《国家禁毒委部署禁毒专项斗争》，http：//www.china110.com。

④ 参见公安部禁毒局《2006年中国禁毒报告》，2006。

毒品还会给青少年带来多种疾病。据广西卫生部门的调查，吸毒青少年45%以上患有肝炎，25%以上患有性病；吸毒超过一年的，体重普遍下降10公斤；因静脉注射海洛因造成的艾滋病感染率高达68%；吸毒者因使用不洁注射器而感染乙肝或丙肝的，感染率分别高达22%和68%。据卫生部门最新公布的艾滋病疫情显示，截至2007年10月底，累计报告的艾滋病病毒感染者和病人中，经注射吸毒传播的占38.5%；在2007年新发艾滋病病毒感染者中，经注射吸毒传播的占29.4%，已经大大低于经性传播的比例。[①] 根据中国禁毒局2008年发布的中国禁毒报告资料显示：截至2007年12月底，全国吸毒人员数据库中的吸毒人员已达95.7万人，其中青少年吸毒者占总数的78%。[②] 青少年群体吸毒人数的增加，感染艾滋病的概率和风险增大。

毒品与青少年的健康成长和全面发展是不相容的。要促进青少年的健康发展就要消灭毒品。

3. 青少年与艾滋病

2003年，全球艾滋病毒/艾滋病流行病造成300多万人死亡，约500万人感染上艾滋病毒，这使全世界携带艾滋病毒的人达到4000万。在携带艾滋病毒的4000万人中，有1/4到1/3的人处于15~24岁年龄组。一些研究估计，在全部新增感染者中年轻人就占了一半。在全世界范围内，每分钟就有五个年轻人感染上艾滋病毒。2007年，大约有1200万年龄在15~24岁的艾滋病感染者和患者，全球每天有6800人感染上艾滋病，其中近一半是25岁以下的青少年，年轻女性比男性更加容易感染艾滋病病毒。[③]

联合国艾滋病规划署和世界卫生组织联合发布报告指出，2006年全球艾滋病病毒携带者人数为3950万；2006年新增艾滋病感染者430万，其中40%为15~24岁的年轻人。

我国艾滋病病毒感染者报告人数截至2009年9月底为264302例，卫生部等单位估计，中国现存艾滋病病毒感染者和病人约70万，这其中可能有44万人不知晓自己已经被感染。其中青少年占相当的比例。

中国第三次国家卫生服务调查显示，在调查总数为154029名的15岁及以上人口中，对艾滋病的知晓率（听说过AIDS）为70.1%，各传染途径的知晓率分

---

① 参见公安部禁毒局《2008年中国禁毒报告》，2008。

② 参见公安部禁毒局《2008年中国禁毒报告》，2008。

③ 联合国毒品和犯罪问题办公室：《预防青少年滥用药物计划》，http：//www.un.org/chinese/esa/social/drug/handbook6.htm。

别为：血液传播 62.2%，性传播 64.9%，母婴传播 37.6%，不知道 23.9%，认识错误 1.9%。[①] 这表明，中国青少年群体对艾滋病的认知仍然存在问题，仍然存在许多认识不清的地方，这是容易导致青少年感染艾滋病的重要原因之一。因此，深入切实地对青少年进行科学的教育是预防艾滋病入侵青少年的重要途径。在全国的教育系统中，很多地区仍然缺乏对艾滋病严重性的意识，因此缺乏相关的教育，以致青少年群体越来越成为艾滋病的受害者。

艾滋病不仅仅是一种疾病，更是对发展的挑战，是贫穷、不平等、文化与性行为错综交叉的产物。远离艾滋病的教育应该在青少年中广泛开展，使他们清楚艾滋病的危害性，以及如何避免被传染到此类疾病。

第二节　青少年问题的表现

在外部环境的作用下，青少年的社会问题会集中地反映在青少年的社会行为上，这不仅直接影响青少年自身的发展，而且会给家庭和社会带来巨大的负面影响，直接影响社会的稳定和发展。青少年发展的突出问题集中表现在如下几个方面。

一　青少年学习障碍

学习的过程是一个复杂的心理过程，不少人，特别是青少年，在这个过程中会受到各种心理障碍的困扰，从而导致学习效率低，学习任务不能圆满完成。

1. 记忆障碍

记忆是人脑对过去场景、经验的反应能力，它对学习具有非常重要的作用。记忆障碍是人们在识记、保持或再认识过程中发生的困难或异常。记忆障碍往往表现为以下的几种情况。

（1）保持时间短

经历过的事情或在头脑中留下的事物的印象，保持不长久，容易遗忘，很快就模糊不清。往往刚学过或见过的东西，当时记得清楚，过不了多长时间就淡忘得所剩无几。

（2）识记速度慢

有的人过目不忘，对所见过或听过的事物和东西，非常容易地就在自己的头

---

① 中国社会科学院人口与劳动经济研究所主编《中国人口年鉴（2005）》，《中国人口年鉴》杂志社，2005，第 489 页。

脑中留下了清晰的印象，而同样的内容有的人很长的时间也记不住，这就反映了记忆在速度上的差异。记忆有障碍的人的记忆速度往往也很慢。

（3）记忆不精确

记忆障碍往往也表现为记忆的东西，只是记住一个大概，非常模糊，不能准确地描绘出事物的形状、颜色、大小、重量、年代等。这在考试当中体现得最为明显，看书时好像记住了，但当一做题，却又不能准确地写出答案。

（4）记忆提取性差

记忆提取性是指当事人善于根据当时情景的要求，迅速地从自己的大脑知识库中提取出自己需要的知识和内容等相关信息，并恰到好处地加以运用的一种重要的思维品质。记忆提取性差则表现为虽然自己对知识和内容经过认真回忆和考虑，能回忆起来，但不能随机应变，也不能在瞬间提取出有用的知识和内容，灵活自如地加以运用。

2. 学习动机障碍

一个人学习成绩的好坏和他的学习动机有直接的关系，学习动机障碍有学习动机过强和学习动机缺乏两种。

（1）学习动机过强障碍

学习动机过强并不等于学习成绩一定好、学习效果一定明显，它同样会导致学习效率降低和生理的困扰以及生理的不适应。就像一个人在一股强大的推动力推动下，不停地快速奔跑，最终气喘吁吁，体力不支一样。而且如果整天神经过于紧张，弦绷得过紧，动机过强，还有可能导致心理崩溃。

学习动机过强的表现有：过于勤奋，往往把所有心思全部用在学习上，坚信只要勤奋就会成功；争强好胜，看重分数和名次以及结果；情绪紧张，往往伴随着学习焦虑和考试焦虑，常感到紧张不安；经常自责，他们追求学习上的成功和完善，对自己要求严格，甚至到了苛刻的程度，不允许自己花费时间在与学习无关的事物上，不允许自己失败。

（2）学习动机缺乏障碍

在学校里，我们总会遇到一些懒散松懈、得过且过、不求上进、对学习没有热情和渴望的年轻人。他们明显地缺乏学习动机。

学习动机缺乏的表现有：懒散，平时不愿意看书，不愿意动脑筋，学习上拖拉、散漫、怕苦怕累，并经常为自己的懒惰行为找借口；厌倦情绪，动机缺乏者对学习冷漠、畏缩，感到厌倦和无聊；缺乏方法，他们把学习看成奉命的、被迫的苦差事，不愿意积极地寻求一些适合自己的学习方法，只满足于死记硬背，应付考试；依赖性强，在学习上没有明确的目标，学习行为往往表现为从众与依附性，很少有独立性和创造性；容易分心，注意力差，不能专注看书，不能集中思考，兴趣容易转移。

3. 学习疲劳

学习疲劳是由于长时间的学习，大脑皮层细胞产生强烈兴奋，消耗大量能量，致使兴奋性降低而转入抑制状态，从而导致在生理和心理方面的倦怠，致使学习效率下降。学习疲劳一般要经过以下的三个阶段。

（1）早期疲劳

表现为上课精力开始不集中，听课开始走神，记忆力下降，学习效率降低。这是原来的兴奋过程受到抑制，从而导致原来的抑制过程变得兴奋起来的一个过程。

（2）中期疲劳

表现为反应迟钝，学习失误，效率低下，学习速度明显减缓，思维缓慢。这一阶段的兴奋和抑制过程全部减弱，大脑皮层的保护性抑制加深和扩散。

（3）过度疲劳

表现为精神萎靡，头晕头痛，食欲减退，消化不良，思维停滞。这一阶段是大脑皮层呈高度抑制状态，且出现较明显的病理现象的阶段。

4. 考试焦虑

考试焦虑是由一定的应试情景引起的焦虑，按程度分为轻度焦虑、中度焦虑和重度焦虑。在青少年中考试焦虑是普遍存在的心理问题之一。

考试焦虑以担心为基本特征，以防御或逃避为行为方式，并受个体认识水平、人格因素以及其他身心因素所制约。它一般具有以下三种反应。

（1）生理反应

情绪反应是人自主神经系统活动增强的外部反应，表现为肌肉紧张、呼吸急促、心跳加快、肠胃不适、睡眠不良、食欲缺乏、多汗尿频等，这是考试焦虑表现出来的外在的生理反应。长期的焦虑会严重危害身体健康，导致大脑神经活动兴奋与抑制功能失调和失衡，形成多种类型的神经症，还容易造成冠心病、胃溃疡、高血压等疾病的发生。

（2）认知反应

青少年在对待考试上有着不同的认识和认知。有人认为考试只是检验自己最近这段时间学习效果的好坏，考好了说明自己这段时间的学习是有效果的，自己应沿着原来的方法继续前进和努力，考不好，说明自己在方法上需要改进或者在时间上自己下的功夫不够，自己要加把劲了。有的人就认为考试是自己与他人比较的一种工具和手段，考不好，自己在他人面前就会抬不起头，进而自己的压力很大，考不好就垂头丧气，考得好就眉飞色舞、得意忘形。

（3）行为反应

这主要表现在考试的过程中，有多余的动作。或坐立不安；或胡乱作答，早早离开考场；或以各种借口逃避参加考试，甚至采取自杀或自伤的方式逃避。这种行为反应的共同特点一般表现为逃避或防御。

5. 学习压力及学业成绩不佳问题

学习压力问题是青少年发展中的重要问题，在亚洲，尤其是中国，这是青少年成长中不能回避的问题，也是影响青少年身心发展的障碍之一。青少年学业不佳表现有：学习动力不足、学习习惯不良、基础不好和智力开发不足等。青少年学习压力过大表现有：焦虑症状、亲子冲突、自杀和犯罪等。无论从大的教育体制还是从社会文化传统，或家长的育儿观而言，青少年所面临的升学、考试压力都可以说是很严重的社会性问题。文化传统、社会竞争、家庭结构、教育理念等都是形成青少年学习压力的重要原因。

家庭与学校的不良态度对青少年学业成绩影响很大，美国社会工作督导师康佛（J. Compher）认为，常见的关系模式有以下三种。

（1）攻击性关系——教师责备学生的不良表现，学生歪曲报告父母，父母或与学生一道，或纵容子女怒责、攻击学校或教师，学校处罚学生，结果易导致青少年的偏差行为；

（2）消极性关系——教师命有不良表现的学生通知父母来校，家长采取消极抵制的方式不与学校联络，学校则以忽视该学生或轻视、羞辱的方式教训家长，结果使学生无动于衷，或经常逃学，少数变成攻击性行为；

（3）调适的模式——学生最初因适应不良出现学业不佳，家长立即到学校主动说明学生的感受及意见，在逐渐的沟通中，教师与家长通力合作，学生在校表现日渐出色。

二　青少年的挫折

挫折是由于个体具有某种动机和目的，而采取一定的行动或手段，在行动过程中，遇到了阻力、障碍、困难和干扰等，使得个人对遇到的挫折情景的知觉与体验产生了紧张状态和情绪反应的一种过程。它有两种含义：一是个体有目的的活动受到阻碍或干扰，即个体的目的性行为遇到了困难和障碍，导致行为失败或不能实现预定目标；二是目标或目的没有实现，导致需要得不到满足而产生强烈的情绪反应与心理状态。

1. 青少年常遇到的挫折

挫折是青少年发展过程中最常遇到的一个问题，而引起挫折的原因大都是青少年发展的一些主要元素，因此对青少年发展而言，挫折是不可避免的。据1998年北京零点调查公司调查结果显示，973名青少年认为，他们经常面临的主要烦恼依次为：工作、事业环境（53.55%）；人生发展前途（49.74%）；经济、生活问题（44.71%）；自身能力素质（30.52%）；婚恋、家庭生活（25.08%）。

2005年天津市安定医院心理诊疗中心（青少年门诊）对1800名中小学生进行的问卷调查结果显示，有八大烦恼困扰着儿童青少年：学习成绩不理想，没信心学好（占36.9%）；总也做不完的作业（占34.8%）；家长只知道关心学习成绩，不能理解他们（占32%）；家长总不让我玩，没时间玩（占31%）；只喜欢电脑游戏，其他活动没意思（占26%）；没有朋友，感到孤独（占21.8%）；爸爸、妈妈总爱争吵，家庭气氛不愉快（占18.4%）；嫌老师偏心、不公平、武断、严厉、唠叨，因此不喜欢老师（占16.8%）。

当代青少年比较常见的挫折有：

（1）学习中的挫折：如中考、高考、考研失利，学习成绩不良，学习吃力等；

（2）生活中的挫折：如收入低、住房紧张、子女教育难、离婚、生活拮据等；

（3）工作中的挫折：如择业困难、工作不稳定、工作环境不好、下岗等；

（4）发展中的挫折：如能力不足、事业无成、素质不高、前途渺茫等；

（5）交往中的挫折：如失恋、人际交往障碍、夫妻关系紧张、朋友少、不喜欢社交等。

2. 青少年受挫的行为

遇到挫折后，不同的人会有不同的想法，继而采取不同的行为和行动，最终会收到不同的效果。在受挫折后人的一般的行为反应有以下几种。

（1）逃避

这些人害怕挫折，难以承受任何打击，稍微一点挫折，在他们看来，将是世界的末日，只有想尽一切办法去逃避。这样的后果是自己的问题得不到解决，自己的心理上形成一种压力。形成这种思维习惯和行为习惯的人，将很容易放弃一些并不困难的事情。逃避是阻碍个人成功的一种消极因素。

（2）倒退

倒退是当遇到困难和挫折的时候，表现出任性、无理取闹、又哭又闹、耍小孩子脾气等与自身年龄不相称的行为做法。

(3) 攻击

有些人遇到挫折后，把一切错误都归于别人或客观环境，不是对别人加以恶意的言语攻击或行为上的打击报复，就是对客观条件或环境怨天尤人。最明显的特征就是经常把矛头指向毫无关系的人或物。

(4) 不安

在挫折和困难出现后，表现出焦急、烦躁、唉声叹气或者坐立不安，或者少言寡语、吃不下、睡不着。

(5) 固执

有些人受到挫折后，继续坚持自己没有任何效果的做法，坚持认为自己的想法和意见是正确的，一定要用自己的实际行动证明给大家看。他们不认输，不后悔，不撞南墙不回头。但有时这种固执也确实能给某些人带来成功，这种固执在某种程度上具有相当的积极力量，它支持和指导着一个人继续向前努力，直到取得成功。

(6) 冷漠

某些人在遇到挫折，或者遇到严重打击后，便有一种看破红尘的感觉，对任何事情或事物都不感兴趣，都采取一种无所谓的态度，表现出自暴自弃、破罐子破摔的行为。

(7) 升华

对挫折的升华是指在遇到挫折后，不头脑发热、不急躁不安，而是保持冷静和镇定，客观地分析事情的着眼点和自己的心态、想法是否具有可行性。能认真地吸取经验教训，进而转化到自身行为上来，经过改进和提高后，继续朝着自己的目标努力，追求更高或更有价值的目标。

三 青少年的恋爱

恋爱是一对相互倾慕的男女共同追求、培育及实施爱情的过程，它是由性生理成熟引发的性意识觉醒，是身体器官组织发育趋近成熟，进而启发青少年产生的对异性的一种由内而外的行为。青少年的恋爱问题主要有以下的几种情况。

1. 早恋

早恋又称“牛犊恋”，是青春期或青春期以前的青少年出现的过早恋爱的现象。陷入早恋中的男女相互吸引、相互爱慕、相互支持，情感特别纯真，情绪是欢愉的。早恋中感情往往占主导地位，常常伴有肉体和性接触的倾向，但并不一定都得到实现，行动缺乏理性，始终贯穿着奇异和荒唐的幻想。

当代青少年之所以容易出现早恋现象，是因为，从生理上讲，生理成熟略有提前，导致心理上性爱意向的日益成熟；从社会角度来说，学校、家庭等缺乏正面的性教育，而书籍、影视、报刊中有过多过滥的描绘，使青少年烦躁不安；从心理上说，与青少年自身的孤独、空虚和心理上希望寻求一种慰藉有直接关系。

2. 三角恋

三角恋就是一个人同时被两个或多个异性所追求，或同时与两个或多个异性保持恋爱关系。三角恋的表现为有两种情形。

（1）当事人为被追求者

一个人同时为两个或多个异性追求时，心理一般都进行着激烈的斗争。从道义上，爱情需要相互保持忠诚，需要专一，但实际中却存在了两个或多个追随者，所以究竟何去何从，内心在很长的一段时间会激荡不已。从心理角度看，当同时被两个或多个异性追求的时候，会产生对自己评价过高的错误判断。

（2）当事人为追求者

这种情况是指当事人和别人同时追求同一个异性的情况。这种情况的结果是很容易产生嫉妒心理，一直担心会失去他（她），从而使当事人草率地同他（她）约定终身。当当事人发现对方和别人的关系超过自己时，会产生消极泄愤心理，或中伤别人，或仓促地和别的异性草率成婚，以示自己还是很有魅力的。

3. 单恋

单恋是自以为某个异性爱上了自己的主观感受，是一方对另一方发出的信息产生误解。单恋一般表现为三种情形：一是完全属于单方自作多情；二是在恋爱中断后，其中的一方无法摆脱旧情缠绕；三是在共同学习和生活了一段时间后，一方深深爱上了另一方，可是难以启齿，彻夜难眠。

4. 失恋

失恋是一方被其恋爱对象抛弃的情况。失恋后的青少年常常出现以下种种消极心态：消极厌世，自我折磨，陷入自卑和迷茫，心灰意冷，走向怯懦和封闭，逃避现实，缩小交际圈；心理变态，发泄报复，失去理智，容易造成毁灭性的结局。还有一种情况是既爱又恨，陷入自恋，自欺欺人，否认失恋的存在，从而陷入单相思的泥潭。

四　青少年的人格障碍问题

人格是人的特点的一种组织，是一些稳定而异于他人的特质模式。它给人以一定的倾向性，表现了一个由里到外的真实的人。与其他的心理过程和心理特征相比，人格有五大特征，即独立性、主体性、统一性、间接性和变化性。

人格障碍是一种介乎于精神疾病和正常人格之间的心理现象和行为类型。尽管在青少年人群中真正存在人格障碍的并不多，但存在人格不良倾向的人不少，他们是人格障碍的易感人群，应引起特别的注意。

1. 人格障碍的特征

人格障碍一般具有如下的共同特征。

（1）把自己所遇到的困难都归咎于命运和别人的过错；

（2）都有紊乱不定的心理特点和难与人相处的人际关系；

（3）对人对事总是怀疑、仇视，坚持固有的想法；

（4）认为自己对别人没有责任可言；

（5）自己的行为伤害了别人，自己却若无其事；

（6）对自己的不良行为缺乏认识，很少有求助动机。

2. 青少年人格障碍的类型

根据人格的特质理论，人格障碍可分为11种类型，具体如下。

（1）分裂型人格障碍

这种人格障碍的特征是为人孤独而隐退，行为怪僻而偏执，对人对事缺乏起码的温和与柔情，没有社会往来，几乎没有朋友，对别人的批评或鼓励毫无感觉。往往在表达攻击和仇恨上显得无力；在面对紧张和遇到灾难时，又是超然的、满不在乎的；具有强烈的我向性思维，但一般还能认识现实；具有较多的白日梦幻想，但一般不与实际脱节。

（2）偏执型人格障碍

有这种障碍的人，对别人特别妒忌，极度地感觉过敏，思想、行动固执死板，坚持毫无根据的怀疑。对自己过分关心，而且无端夸张自己的重要性。从来不信任别人的动机和愿望，把由于自己的错误或不慎产生的后果归咎于他人，总是认为别人存心不良。这种性格的人，朋友少，别人对他只能敬而远之。

（3）自恋型人格障碍

这种人对自己有着无可救药的好感，过分地关心自我、夸耀自我、以自我为中心。对别人的评价容易走极端，不是特别好，就是一无是处。很难理解别人的痛苦和困难。常常幻想自己了不起、有美貌、有才学，期待别人的欣赏，不能接受别人的批评和建议，希望别人对自己特别对待。

（4）强迫型人格障碍

主要特征是具有强烈的自制心和自我约束愿望。过多的清规戒律，极度地墨守成规，过分注意自己的行为是否正确，举止是否适当，表现死板，缺乏灵活性，对任何事都小心谨慎，顾虑重重，怕犯错误。他们还要求别人根据他的思想方式和习惯行事，妨碍他人的自由。

（5）边缘型人格障碍

主要特点是行为不稳定、心境变更反复无常。他们很容易受挫折，时而大发脾气，或郁闷感到空虚，时而又恢复正常。他们不少行为犹如精神病急性发作状态，常做出一些冲动性的、无法预料的破坏行为，如偷窃、赌博、实施暴力、乱花钱等。

（6）回避型人格障碍

这种人心理自卑，行为退缩。他们内心有一种迫切的与人交往的愿望，又怕被人拒绝、嫌弃；想得到别人的关心与体贴，又害羞不敢接近。他们的不与人来往，并非出于自己的心愿。他们往往被迫应用多种心理防御机制。

（7）依赖型人格障碍

这种人极度地依赖他人，他们不果断，也缺乏判断力，总是依靠别人为自己做出决策或指出方向，虽然有较好的工作能力，但由于缺乏自信，自觉难以独立，不时地需要别人的帮助。

（8）冲动型人格障碍

此种人格障碍也称爆发型人格障碍。其特点为对事物往往做出爆发性反应，稍不如意就火冒三丈，易于爆发愤怒冲动或与此相反的激情。行为有不可预测和不考虑后果的倾向。不能在行动之前事先计划，有不可预测和反复无常的心境，行为爆发时不可遏制。易与他人冲突和争吵，特别在行动受阻或被批评时。不能维持任何没有即刻奖励的行为。这种人经常变换职业和酗酒。曾以为与癫痫有关联，但实际上并无证据。

（9）戏剧化型人格障碍

具有浓厚而强烈的情绪反应，行为特点是自吹自擂、装腔作势，善变、爱挑逗。要求于人多，内心真情少。喜欢引起他人的注意和关心，爱虚荣、爱有兴奋的事情发生，常常把自己的感觉和情感加以夸张，从而加深他人对自己的印象。善于玩弄或威胁他人。自我中心，依赖性大，常需要别人的保证和支持。

(10) 反社会型人格障碍

此种人格障碍又称社会病态和精神病态。时常做出不符合社会要求的行为。经常违法乱纪，妨碍公众，不负责任，行动冲动，缺乏羞耻心和自罪感。犯错误后，不能从中吸取教训，没有丝毫后悔遗憾的感觉，常把一些责任归咎于他人。

(11) 被动攻击型人格障碍

被动攻击型人格障碍的主要特征是，以被动的方式表现其强烈的攻击倾向。他们仇视情感，攻击倾向十分强烈，但又不敢直接表露于外。他们虽然牢骚满腹，但心理上又很依赖权威。表面上唯唯诺诺，背后不予合作，顽固执拗，不听调动，拖延时间，暗地破坏和阻挠。

五 青少年逃学问题

在现代城市当中，学生逃学是学校面临的一个重要的问题。造成学生逃学的原因主要有以下两个。

1. 学校搞“分数排名”

学校凭分录取的现实导致了大家对分数都抱有过高的期望。对一个学生来说，分数似乎是衡量自己成绩和价值的唯一标准，有的学生把分数看成是自己价值实现的途径和手段，认为没有了分数，自己存在的价值就没有得到体现，自己的人生就没有意义；对一个家长来说，自己的孩子成绩好，似乎是唯一值得自己炫耀的东西，也是自己心愿和希望得以实现的最大保证，没有了分数，孩子的前途未卜，没有了分数，自己就失去了希望；对一位教师来说，自己的劳动成果间接地由学生的成绩加以体现，学生没有分数，自己没有成绩，工资不会提高，待遇不会增加。学生、家长、教师往往对学生的分数都抱有过大的期望，学生的高分数是对他们最好的回报。因此，这种长期应试教育下形成的观念也给我们的学生带来了巨大的压力和无奈，学校搞“分数排名”，把同样活蹦乱跳的学生一定要分个三六九等。这种“分数排名”使得有的学生自惭形秽，自暴自弃，产生了逃学的念头，最终没有毕业就逃离了学校，成为社会上的待业青年，为社会的治安增添了不稳定因素，为社会的就业增添了压力。

2. 校园欺凌

近年来，学校少年勒索类案件时有发生，所谓的“少年勒索”类案件是指行为人以大欺小、以强欺弱，采用威胁或强迫手段，公开非法获取财物。这类案件往往是在光天化日下，发生在校门口、溜冰场、公园、电影院、游戏机房等场所，一般动机简单，常常以追求财物为目的，少有预谋和特定的对象。他们遇到可行对象时，常常是一人提出，多人附和，一起动手，常采取各种手段，甚至凭借人多使受害人产生恐惧感而交出钱物。校园欺凌现象的存在，使广大中小学生心理产生了严重的恐惧感，尤其是那些正在或曾经遭受校园欺凌的学生，心中存有阴影，对校园生活产生厌烦，对欺凌者惧而远之，最终产生逃学的念头。

学生逃学还存在其他的原因，如有的女生，暗恋着某一同学，可在向对方表白时，却遭到了冷冰冰的拒绝，这使她的自尊心受到了严重的创伤，从此开始产生自卑感，甚至不愿意进入学校，不愿意与对方在一个教室上课，要么辍学在家，要么逃学在外。

六　代际冲突带来的发展障碍问题

所谓代际冲突，是指两代人因思维方式和行为方式差异而形成的矛盾关系，称之为“代沟”或“代差”。代际冲突问题，涉及社会发展、变迁，涉及对青少年的尊重与教育，也涉及青少年精神、心理和社会价值等多方面的发展，是青少年社会工作者必须予以特别关注的问题。

就一个人的成长发展和社会进步规律而言，代际冲突是一种必然的现象，青少年发展中最重要的心理现象是“自我意识”的强化，急于独立，渴望得到社会的承认。他们以苛刻的眼光审视父母、社会，而社会发展带来的文化传递模式的转变使代际冲突更趋激烈。从根本上说，代际冲突具有不可估量的积极意义，它是社会前进的基本形式之一，是不以人的意志为转移的。如果代际冲突较小，说明社会变化缓慢；反之，说明社会在飞速进步、发展。

但代际冲突对青少年的发展来说，往往也会带来一定的危机。如：

（1）在长辈的教诲与现实社会的冲突中他们常常手足无措，迷茫而不知所措；

（2）因不能都得到成人社会的认同而苦闷和彷徨；

（3）被现存社会的新奇与不平凡所吸引，无法抵御随之而来的消极因素；

（4）在与成人社会的矛盾的不断积累和自身成长的冲突中，情绪难以控制，甚至引发暴力冲突，或自我伤害；

（5）对同辈文化的高度认同以及对同辈群体的依附，常常会使得青少年受群体文化的裹挟，有时会形成反社会的团伙，等等。

如何解决这些问题成为青少年社会工作者的任务之一。

七 青少年群体交往问题

全球有约五分之一的未成年人在成年之前会或多或少地出现情绪或行为问题，青少年在与同龄伙伴或成人交往过程中会面临许多问题，并且会因此而产生很多困惑和苦恼，这不仅会直接影响青少年期的生存状态和发展质量，而且会影响他以后的人生。青少年同伴关系建立的状况受个人接纳性制约，这种接纳性主要包括青少年在团体中受欢迎的程度和在同伴中的地位。从青少年发展的规律角度，一个青年人必须找到并依附一个同龄群体，才可能真正健康成长；而同龄群体对个体的影响，在青少年期也最为强烈。

1. 青少年的四种同伴关系

青少年在同伴中会处于不同的被接纳状态，这种状态直接影响青年的发展成长。在青少年同伴关系中，有以下四种典型的情况。

（1）被同伴团体中大多数成员接受，只被少数成员拒绝；

（2）同前者比，被接受的程度低些，但仍属于被积极接纳；

（3）不被同伴团体的成员喜欢，也不被讨厌，在交往时常被同伴忽视；

（4）不被同伴喜欢，不愿与其交往，甚至被同伴讨厌。

2. 影响青少年同伴关系的因素

青少年社会工作的重要任务之一，就是要提高青少年个人接纳性的程度，帮助青少年更好地建立同伴关系。影响青少年同伴关系的因素主要有以下三点。

（1）家长的素质和教养方式

热情、敏感和权威的家长，培养的子女容易形成稳定的依恋心理，与成人和同伴都能建立良好的人际关系；对人冷淡的、随意的家长，会培养出充满敌意的、攻击性的子女，同伴拒绝与其交往，人际关系紧张；好支配他人的严厉家长，培养的子女往往喜怒无常和过度焦虑，其同伴会忽视他或不愿与他交往。

（2）青少年的认知技能和社会技能

受欢迎的青少年一般都具有良好的角色扮演技能，其社会技能水平和认识技能水平较高，如能做更多游戏、智力较高、学习成绩较好等，都更受同伴的喜欢。

（3）青少年的行为特征

受同伴和成人欢迎的青少年的行为特征是：行为举止得体出色；喜欢与人合作，帮助他人，同情心强烈；懂得如何奖励其他同伴，即知道注意他人，赞美他人；善于与人合作和分享，对人提出有益的建议，听从成人劝导；维护团体的荣誉，努力提高团体的凝聚力等。

八　青少年自杀问题

据世界卫生组织统计，从1950年至1960年，在全世界30多亿人口中，每年平均有30多万人死于自杀，自杀率约为万分之一，平均每天有1000人左右。进入70年代以后，国际性的青年自杀呈急剧上升趋势。统计资料显示：全世界每年平均有60万~70万人自杀，平均每天有2750人自杀。世界卫生组织的统计资料显示，全球自杀率在过去50年中上升了60%，发展中国家的自杀者人数增幅最大。

1. 自杀的原因分析

西方社会学学科体系和专业体系的奠基人、法国社会学家迪尔凯姆在《自杀论》中将自杀分为四类：

利他主义自杀，即个人为主义、团体尽最大的忠诚而舍生取义；

利己主义自杀，即为逃避个人的危机或解决个人的问题而自杀；

失范型自杀，即在当时的社会中，一些人因感到无所适从而形成的自杀；

宿命型自杀，即由于社会或由于命运对人的摧残严酷到令人无法忍受的程度，而又看不到丝毫改善的可能性时所导致的自杀。

我们所说的青少年自杀，一般是指的利己主义自杀和失范型自杀。青少年之所以采取自杀的形式来结束自己宝贵的生命，主要有社会和个人两方面的因素。

（1）社会的诱因

费尔巴哈说过："自杀者所以希望死，不是因为死是祸害，而是因为死是祸害和不幸的终结。"自杀者之所以自杀，是因为他们感到现存的生活充满着矛盾和压力，而这些矛盾和压力具有很大的不可调和性，自己已经没有能力再继续应付和解决，自己也不想再去面对，而消极地希望采取自取灭亡的方式，来逃避这些困惑、矛盾和冲突，算是一种自我解脱的方式和方法。

社会上诱发青少年自杀的因素很多。比如，升学就业的失败，恋爱婚姻的受挫，工作的不如意，人际关系的恶化，住房问题难以解决，残酷的社会竞争，长期患病，社会不良思想的毒害，失足或犯罪的悔恨与绝望等。这些现实的挑战和考验，对青少年形成了巨大的压力，在他们尽了最大努力后，还仍不能得到解决的时候，他们开始感到心灰意冷。如果此时还得不到社会的支持和周围环境的帮助，他们很可能就形成了扭曲的人格和不健康心理，甚至形成严重的心理变态。他们没有能力克服困难和解决问题，这种失望甚至绝望，开始在他们的心里慢慢滋生，使他们渐渐地变得冷漠、孤独、消沉颓废，甚至悲观厌世，最终采取消极的自杀，以为这样自己就可以获得解脱。

（2）个性自杀心理

社会的诱因毕竟是外在的因素，而青少年之所以自杀，其根本原因还在于自身已经形成了一种变态的心理和扭曲的人格。社会的诱因是外因，个人的自杀心理是内因。事实上，导致青少年自杀的原因不是外界巨大的社会生活的压力，而是自己主观地认为，没有比自杀更好的方式和方法来应对和解决目前所面临的社会问题和生活问题，而这时当事人已经形成了一种严重的心理误区，这种心理误区也就是个性自杀心理。

导致青少年自杀心理的个性因素有：心理脆弱、内向自卑、个性孤僻、抑郁悲观等等。这些心理个性，使青少年有时显得非常脆弱，不能面对和解决困难，不能忍受生活中的委屈与困顿，或者是生理上存在着缺陷，智能技能偏低，恋爱婚姻受挫，家庭的变故，高考失利受到责难等。这些困难容易导致强烈的内心痛苦状态，甚至对人生和社会呈现一种病态心理，陷入迷茫彷徨，感到前途渺茫，从而对人生失去了信心，导致最后的自杀行为。

我们根据自杀心理的形成过程和原因可将自杀心理分为：内在型、渐进型和突发型三种。

A. 内在型自杀，是说青少年自杀心理的形成有着先天因素的困扰，如智能技能偏低、生理存在缺陷。这种自杀者具有强烈的生理和心理特点，身心存在的缺陷，为他们的内心添加了巨大的压力，或者使他们从小就形成了一种自卑和自我克制的心理，当他们遇到困难、矛盾和挫折的时候，他们的心理会向畸形心理发展，对自己的现实存在失去信心，进而希望寻求一种途径进行自我解脱，最终选择自杀。

B. 渐进型自杀，这种自杀者为理智型自杀者，他们的自杀是经过仔细考虑的，并且在自杀之前，对自己的遗留问题提前做了妥善的安排和处理。他们的自杀，是经过了长期的心理斗争的。他们往往长期受到痛苦和挫折的折磨，精神上受到连续的强烈刺激，随着心理创伤的逐渐加深，由产生厌世轻生的念头演变为现实自杀的行为。

C. 突发型自杀，这种自杀者在青少年当中最常见，属于冲动型自杀者。它是青少年在特定的环境中，由于偶发性的强烈刺激，如受到巨大的打击或挫折时，导致了严重的心理失调和心理痛苦，果断决定的一种排除痛苦的做法。他们在自杀前，并没有自杀的念头，只是受到环境的刺激而临时做出决定，并立即实施。

2. 我国青少年的自杀问题

在我国，青少年的自杀率远远低于国外，但在 15 ~ 34 岁青年中，自杀已在死亡原因中排首位。我国的青少年自杀具有如下的特点。

（1）女性多于男性

青少年女性自杀多于男性，主要是因为青年女性与男性相比，看待事情的角度存在偏差，对事情的估计上往往消极成分占主导，遇到挫折、痛苦和困难的时候，容易钻牛角尖，往往经不起痛苦和困难的打击，当受到别人的攻击和侵犯的时候，不能正当地自我防范和自我安慰，容易走极端，进而产生轻生的念头。

（2）突发型自杀占有相当比例

青少年社会经历少，遇到的挫折和困难数量有限，处理问题的经验少，遇到困难和挫折后，很难尽快地选择一种恰到好处的处理和解决的办法，也很难做到理智的分析，容易意气用事和冲动，往往不计后果地做出自杀决定并采取行动。他们在遇到困难、决定自杀和采取行动三者之间的时间差小，前后考虑得也不周到，体现了青少年自杀的轻率性和冲动性。

（3）年龄多在 16 ~ 20 岁

16 ~ 20 岁是青少年由学校和家庭步入社会的主要年龄阶段，这个阶段，青少年的生活环境、面临的问题、承担的压力和责任、自身的任务等一系列的事情发生了骤然的变化，这些使得青少年很容易产生不适应和无所事事的感觉，也很容易感到自己的无能为力。再加上这时候的青少年心高气傲、迫切希望做出一番事业，但当他们突然遇到打击，在他们对社会和人生没有深刻认识的时候，行为的盲目性和冲动性就很容易占主导，进而产生自杀的念头。

九　青少年犯罪问题

青少年犯罪作为当代较严重的社会问题之一，给社会秩序和社会安全带来巨大的威胁，受到人们的普遍关注。在我国，青少年犯罪行为主要是偷窃、抢劫、诈骗、暴力伤害、行凶杀人以及性犯罪等。

世界性青少年违法犯罪已成为威胁社会安全、扰乱社会秩序、打破生活规律、滋生民心恐惧的一种“社会公害”。据美国联邦调查局对七种严重刑事案件（谋杀、强奸、抢劫、爆炸、暴行、盗窃、放火）的统计，在 20 世纪 60 年代，平均每年发案 300 多万起，70 年代则每年多达 800 万起以上。进入 80 年代以后，

1981 年仅暴力犯罪就多达 1321906 起。进入 60 年代后，世界青少年犯罪出现了持续增长的趋势，其中以美国为首的发达国家，像联邦德国、日本、英国的青少年犯罪增长尤为突出。青少年犯罪率，美国为 5.3%，联邦德国为 4.8%，英国为 4.4%，日本为 1.1%。[①]

1. 中国青少年犯罪的特点

2005～2009 年，全国法院审判的青少年犯罪案件统计情况如表 8－1 所示。

表 8－1 全国法院审判的青少年犯罪案件统计情况

单位：人

年龄段	2005 年[a]	2006 年[b]	2007 年[c]	2008 年[d]	2009 年[e]
不满 18 岁	70144	82721	83697	87525	88891
18～25 岁	178984	203249	219934	228872	233170
总　计	249128	285970	303631	316397	322061

a. 中国法律年鉴编辑部编辑《中国法律年鉴》（2005），北京：中国法律年鉴社，2005，第 1065 页。
b. 中国法律年鉴编辑部编辑《中国法律年鉴》（2006），北京：中国法律年鉴社，2006，第 989 页。
c. 中国法律年鉴编辑部编辑《中国法律年鉴》（2007），北京：中国法律年鉴社，2007，第 1066 页。
d. 中国法律年鉴编辑部编辑《中国法律年鉴》（2008），北京：中国法律年鉴社，2008，第 1107 页。
e. 中国法律年鉴编辑部编辑《中国法律年鉴》（2009），北京：中国法律年鉴社，2009，第 1001 页。

上述结果显示，近年来，青少年犯罪情形越来越严重，犯罪案件越来越多。针对这种现状，中国有必要制定有效可行的方式和手段来进行遏制和预防。

中国的青少年犯罪状况，从犯罪数量和犯罪率来看，20 世纪 80 年代以来是新中国成立后犯罪发展较为突出的时期。1980 年全国刑事犯罪总人数 59 万，其中青少年（14～25 岁）犯罪为 36 万人，到 1994 年，全国刑事犯罪人数为 140 万，其中青少年犯罪为 84 万人，这 15 年间，青少年犯罪率最高为 29.1‰，最低为 10.6‰。2002 年，全国刑事罪犯为 71 万人，其中青少年（25 岁以下）21.8 万人，占总数的 31%。2003 年，25 岁以下的青少年违法犯罪人员，占全国刑事案件作案人员总数的 45%，占全国治安拘留人员总数的 33%。[②] 据新华网统计，2003 年全国检察机关共批捕近 7 万名未成年犯罪嫌疑人，占批准逮捕犯

① 李洪海编《国外青少年犯罪研究文集》（上册），北京：中国展望出版社，1986，第 4 页。
② 《青少年犯罪高发，中央高层连番部署谋划对策》，参见网易新闻中心，http：//news.163.eom/40821/9/OUA3GGLE C0001124T.html。

罪嫌疑人总数的9.1%，比2002年同比增长了12.7%。来自上海市人民检察院的统计数据表明，2004年全市共受理批准逮捕未成年犯罪嫌疑人1400余人，同比上升了60%以上。[①] 2003～2007年全国法院判处未成年人犯罪分子383071人，比1998～2002年上个五年上升77.97%，占全部刑事犯罪人数的9.19%，相当于每十个犯罪人中，就有一名未成年人。

党的十一届三中全会以来，由于各部门采取了有力措施，大抓综合治理，严厉打击刑事犯罪活动，中国青少年的犯罪率和违法犯罪案件呈现大幅度减少的趋势。近些年来，我国青少年犯罪呈现出新的特点。

（1）偶发性犯罪居多

在我国部分地区的青少年犯罪中，偶发性犯罪所占比例高达57%。青少年违法犯罪往往动机简单，行动目的不明确，很少经过周密的策划和安排，更多情况属于一时冲动，在某种偶然事件或现象的诱发下，突然产生犯罪动机，并不顾后果地实施，其犯罪行为带有很大的盲动性和随意性。

（2）纠合性犯罪呈明显上升趋势

青少年的纠合性犯罪，没有经过严密组织，没有具体的作案计划，具体作案成员也不确定，纠合的原因也不明确，纠合的过程很简单，有时只是为了壮胆或者找乐子。这种纠合性犯罪是青少年自身特性导致的，他们喜欢群体，这样有一种力量强大的感觉，他们的目的并不非常的明确，纠合的方法简单，纠合的动机也不固定和统一。

（3）犯罪低龄化

在20世纪五六十年代，青少年开始犯罪一般在16岁左右，犯罪高峰期在23岁左右。到70年代后期80年代初期，有的青少年从十一二岁就开始作案，16～18岁成为青少年犯罪第一个高峰期。据统计，单全国14～18岁的青少年犯罪案，1980年就比1979年增加了90%。1995～2002年，18周岁以下青少年犯罪人数由35832人上升到了50030人。

（4）犯罪主体构成复杂

青少年犯罪的主体构成比较复杂，有青年工人、青年农民、学生、待业青年、劳改劳教逃跑人员以及劳改或刑满释放人员等。但这些人员犯罪的比例不同，表8－2是上海市和江苏苏州市青少年犯罪构成的有关数据。

---

① 《去年上海捕少年嫌犯1400人上升60%》，《东方早报》2005年2月24日。

表 8-2 上海市和苏州市青少年犯罪的人员构成

单位：%

	上海市				苏州市			
	青年工人	青年农民	学　生	待业青年	青年工人	青年农民	学　生	待业青年
1979 年	19.8	4.9	37.1	8.4	18.0	11.3	19.3	39.6
1980 年	21.2	8.2	23.9	11.6	40.0	14.8	12.2	28.9
1981 年	15.3	4.2	15.3	13.3	37.6	19.7	15.2	26.4
1982 年 5 月	22.4	11.4	9.3	13.0	—	—	—	—

（5）文化程度低容易导致犯罪

据统计，70%以上的青少年犯罪者，只有初中或小学文化，而且多数犯罪者的父母的文化程度也偏低。文化基础素质差的他们往往表现野蛮、鲁莽、轻妄、不明事理，多发生抢劫、暴力伤害、强奸与行凶杀人等危害极大、情节严重的刑事案件。文化素质低，使青少年显得观念混乱、精神空虚、没有追求，往往因为愚昧无知，而最终犯罪。

（6）女性犯罪有上升趋势

总体来说，近些年来，我国女性犯罪呈上升趋势。女性犯罪特别是团伙中的女性犯罪，具有很强的号召力和向心力，女性犯罪更容易直接或间接形成更大的危害，而且改造的难度也比男性大。主要为女青年暗娼卖淫、流氓奸宿、诈骗扒窃、教唆与谋杀等犯罪现象。这些女青年一般在 25 岁以下，往往是因为过于追求享乐，遭受侮辱或受骗失身、受到伤害后，被人强制或威胁而堕入违法犯罪深渊的。她们一旦走向犯罪道路，就会表现出异乎寻常的放荡、轻浮，表现出极强的腐蚀性。

除以上的特点外，团伙犯罪日益显著也是青少年犯罪的一大特点。团伙犯罪是两名以上的作案者结伙共同从事某项违法犯罪活动的犯罪行为。青少年犯罪 80%的大案、要案、恶性案件多为团伙所为。

2. 我国青少年犯罪的主要类型

我国《刑法》在“总则”和“分则”中对犯罪的类型进行了规定。在《刑法》“分则”中，根据犯罪所侵蚀的同类客体和对社会所造成的危害程度，把众多的具体犯罪归为几大类，具体为：危害公共安全罪；破坏社会主义经济秩序罪；侵犯公民人身权利、民主权利罪；妨碍社会管理秩序罪；妨害婚姻、家庭罪；侵犯财产罪；渎职罪。

我国当前青少年犯罪类型呈多样性、复杂性、交叉性、常变性等特点，除传统性的犯罪以外，还不断出现新类型，并有向国际上青少年犯罪类型靠拢的趋势。以《刑法》规定的犯罪种类为基础，根据青少年犯罪的特点，可以把青少年犯罪大致分为以下几类。

（1）盗窃犯罪

我国当前的青少年犯罪中，盗窃犯罪占总数的80%左右。他们盗窃方式多样化、目标高档化，金银财宝、珍贵文物、通信设备、高级轿车、国家储备物等成为重点盗窃对象。有些案犯行窃范围涉及十几个省、几十个城市，给破案带来一定的困难。

（2）侵财型犯罪

仅上海一地，在未成年人犯罪中，财产犯罪占85.69%，居各类犯罪之首。几十万元乃至几百万元的特大盗窃案俱有出现。

（3）暴力犯罪

暴力犯罪在当今青少年犯罪中表现尤为突出，其中包括街头暴力、家庭暴力、流窜暴力、学校暴力等。据典型调查，某年份全国查获的绑票案犯中，青少年占60%以上。各种形式的青少年抢劫犯罪迅速增加，1993年已由1985年的5000人增加到15万人。

（4）毒品犯罪

毒品犯罪日益成为涉及数省的“社会公害”。在20世纪80年代中期，我国只有南方少数青少年吸食毒品，80年代后半期以来，青少年毒品犯罪已经成为全国青少年犯罪的重要类型。

根据近几年统计，1991年我国吸毒人员为14.8万人，到2009年增加到134万。而每名吸毒人员背后还有4~5名隐性吸毒者，故估计中国吸毒人数早已达数百万人。尤其值得注意的是，吸毒者中几乎80%为青少年。另据贵州警方统计，2003~2004年，全省公安机关共侦破重特大贩毒案件387起，抓获犯罪嫌疑人641名。其中，17岁以下的贩毒人数为2名，18~25周岁的贩毒人数为105名。青少年涉毒犯罪在呈现高发态势的同时，还表现出以下几个基本特征：①低龄化趋势明显；②吸毒现象严重；③重新犯罪率和戒毒人员复吸率高；④犯罪原因往往与经常出入不良场所有关；⑤往往诱发其他犯罪。[1]

---

[1] 梅传强、胡江：《我国毒品犯罪的基本态势与防治对策》，《法学杂志》2009年第3期，第79页。

(5) 性犯罪

性犯罪是指在外界因素的诱导下，或在性生理冲动作用下，与异性发生了违反法律的性行为。此类犯罪以男青年表现最为突出，主要表现为男青年通过暴行或胁迫，对女性进行猥亵、奸污甚至轮奸，以及聚众侮辱、伤害女青年等。除此之外，还表现为女青年为贪图或达到某种目的而失身于人，以致发展到流氓奸宿、卖淫暗娼等性犯罪活动。卖淫者中，大多系流入城市急于“发财致富”的女青年，也有少数女职员、青年女工、女中学生甚至女大学生。卖淫妇女中，90%是25岁以下的女青年。某市查获的一个小姐妹卖淫团伙，最大的17岁，小的15岁，甚至还有十三四岁女孩卖淫的。

3. 青少年犯罪的发展过程

青少年犯罪主要是受不良生活环境和社会不健康文化的影响，导致自己不能把握自我，走上犯罪的道路。这些不良环境因素和文化因素包括：家庭离异、父母的无知和对子女的疏于管教、犯罪教唆、青少年无所事事、青少年之间的不正常交往、学校教育工作的缺陷等；资产阶级和封建思想的传播和侵害，如荒诞、色情、淫秽的影视、歌曲、书刊等。同时，在同一社会环境中，犯罪青少年占青少年总数的比例毕竟很低，所以也绝对不能忽视青少年自身的主观因素。犯罪的青少年往往性情懒惰，好逸恶劳，贪婪成性，享乐欲望恶性膨胀，精神极度空虚，法制观念淡薄，极端的利己主义，道德情感泯灭，他们往往行为放荡，冲动性强，敢于冒险，不计后果。

青少年的犯罪并不是瞬间形成的，而是经历了一个由偶然到必然，由量变到质变的演变过程。根据案例调查分析，我们可将犯罪演变过程分为以下四个阶段。

(1) 潜伏期

这个阶段是青少年犯罪的最初开始，是一个由正常行为意识向堕落、违法犯罪意识转换的最初阶段，是青少年犯罪的第一步。这时的青少年大多表现为：学习成绩差、无学习兴趣、时常旷课逃学；精神极度空虚、无所事事；过于追求享乐、低级趣味的刺激；染上某种恶习或不良嗜好等。处于潜伏期的青少年，还没有在行为上构成犯罪，即犯罪事实还没有形成，因此，他们并不都一定在以后的行为中形成犯罪，他们只是在意识和追求上已经开始了自己不合常理或道德的脚步。因此，对处于仅有违法犯罪心理趋向而未见之于违法犯罪事实阶段的青少年，要加强教育、挽救的力度，使其能悬崖勒马，转变自己的不良行为和做法。

（2）发展期

在发展期青少年犯罪行为开始萌芽，他们开始在自己好奇心和畸形欲望的驱使下进行探索性的违法行为。此时的青少年往往表现为：离家出走，小偷小摸，打架斗殴，聚群赌博，追逐调戏玩弄女青年，具有一般性的诈骗行为。他们把自己旺盛的精力投放于低级趣味的追求和享受上，热衷于那些无益的行为，善于结交不良群体或聚结团伙。但这时的青少年还有一定的自尊心和羞耻感，并具有一定的行为控制能力。他们虽然有越轨行为，但只是一两次，而且程度很轻。在这时对他们加强教育引导，还能够使他们对自己进行挽救，但和前一阶段相比，他们陷得更深，认识上的误区更大，某些错误认识在心目和头脑当中已经开始扎根，因此，一旦发现处于这个阶段的青少年，在教育引导的力度上要加大，在教育引导的手段上应不断翻新和变更，以便尽快在其犯罪之前，把他们从思想上到行为上引导到正常的途径和思维上来。

（3）犯罪期

犯罪期是青少年的劣迹行为不断积累进而走向犯罪，使自己已经形成了一定的恶性行为习惯并为社会法律所不容的阶段，是一个把犯罪意识和想法向犯罪行为转化的阶段。处于犯罪初期的青少年，他们在心理上还对自己的想法和某些犯罪行为感到忐忑不安，还处于强烈的思想斗争阶段；处于犯罪中期的青少年，在外界因素的诱惑下，在自己欲望和冲动的支配下，开始将自己的某些越轨想法付诸实施，胆量变得越来越大，开始希望将自己更大的投机取巧的想法得以实现；处于后期的青少年，由于自己的行为完全被错误的观念所支配，外界刺激的反馈意识开始减弱，而主观满足个人欲望和极端追求的犯罪意识逐渐地加强并到了最终得以决定的地步。他们犯罪的实现行为往往是有目的、有预谋的，并表现为抢劫、盗窃、聚众肇事、走私贩私、行凶杀人、强奸等各方面的犯罪行为。

处于犯罪期的青少年随着自己侥幸心理的不断增强而越来越胆大妄为，往往为满足自己一时的欲望和享受而不计后果，采取一些凶暴残忍的手段，对社会造成极大的危害。对这一时期的青少年，社会、家庭和学校必须以法律法规的强制力来迫使他们浪子回头，这样既可威慑犯罪者，又可对处于潜伏期和发展期的青少年进行警告和威慑，使他们悬崖勒马。

（4）心灰意冷期

这个阶段是青少年违法犯罪的极点，他们长期过着醉生梦死的生活，无时无刻不在为自己某些罪行担心。他们这种长期的自我压抑使得自己变得对某些事情特别敏感，有时他们感到万念俱灰，没有任何的退路和出路，精神空虚和绝望达到了顶点。为了谋求生路，这时候的青少年或者投案自首，走上自新的道路，或者在这种重大的压力和刺激下，做出常人难以想象的过激行为，给他人或社会带来巨大的损失。对处于这个时期的青少年，社会对他们的教育引导非常重要。社会要采取有效措施，使其改过自新，不再沿着以前的老路继续错下去。事实上，这是社会的一项长期的艰苦的工作。

第三节 各国青少年生存发展问题概况

繁荣的经济社会给了当今青少年一个错综复杂、动荡不安、充满诱惑、需要不断做出抉择的世界。在这个世界中，青少年一方面增长了见识、增加了才干、享有着机遇，另一方面也面临着无数挑战，面对着种种诱惑，在矛盾和困惑中不断努力和选择。同时，青少年也暴露出了种种自身存在的问题——自杀、吸毒、逃学、犯罪以及各种各样的心理问题。这些问题阻碍了青少年的健康成长。

在一些比较发达的国家和地区，人们的物质生活条件普遍提高，青少年作为一个独特的社会群体，生活境况、社会权益、身心健康等生存与发展问题得到了很大的改善。但这并不等于青少年的社会生存与发展问题就不再存在。事实证明，在这些国家和地区，青少年的生存与发展问题，依旧是一个异常严重的问题，仍迫切需要得到社会的支持和解决。

一 几个国家的青少年问题

1. 美国青少年的状况

（1）吸毒

吸毒是美国青少年中普遍存在的问题。据《中国青年报》1997年3月6日报道：美国《1996年度反毒报告》称，每年进入美国的可卡因约占世界可卡因总产量的1/3。美国《华盛顿邮报》援引美国联邦调查局的报告说，1995年美国青少年因毒品犯罪而被捕的人数猛增到14.7万多人，比1990年增加1倍以上。2005年的抽样调查显示，12岁及12岁以上的人口中有8%即2000万人在过去一个月使用过违禁药品，在18~25岁组别中有20%的人在过去一个月中吸食过违禁药物。

（2）青少年非正常死亡

青少年非正常死亡是青少年社会问题之一。美国每年约有3.7万名青少年死亡，美国有3400万青少年，其死亡率令人震惊。死亡原因主要不是不治之症或不测之祸，而是充满危险的行为。在每年死去的3.7万名青年人中，有30%死于车祸，其中约半数与酗酒相关；约1万人是被人杀死、自杀或死于艾滋病并发症。

（3）其他青少年问题

在美国，种族歧视和种族冲突也是青少年问题之一。15.5%的白人中学生对黑色人种多少有些偏见，而14.1%的黑人中学生对其他人种有偏见。一半以上的中学生表示不愿与不同人种的同学来往。少女怀孕问题是美国的一大社会问题，根据美国人口调查局和国家儿童调查部的报告：每年有10%的少女怀孕，其中25%的少女母亲在第一个孩子出生后一年内会生育第二个孩子。① 另外，1997年的调查中，有47.1%的高中生承认吸过大麻；近一半男生和1/3的女生吸烟；33.4%的学生饮用酒精饮料。特别是校园枪击案件的频繁发生，给不少青少年带来了巨大的心理恐惧。1997年，有7.4%的高中生承认在过去一年中受到过持枪人的威胁伤害，在康涅狄格州，8~14岁的学生有时可将枪作为礼品送给他人。根据美国疾病预防及控制中心（CDC）提供的数字显示，自1991年以来，美国青少年怀孕及产子的比例持续下降，但近年又有回升的迹象。在2005~2006年，15~19岁少女产子的比例轻微上升了3%。疾病预防及控制中心生育统计部门的官员文图拉说："青少年未婚怀孕是否再次成为一股趋势，目前尚言之过早，但我们观察这个数字的长期走势，近年出现的变化是值得留意的。"②

2. 俄罗斯青少年的状况

（1）危机状态

1998年6月25日，俄罗斯青年事务委员会主席诺维科娃在公开场合说，俄罗斯青年的健康、就业和求学处于危机状态或接近危机边缘。她在记者招待会上宣读俄罗斯青年状况1996~1997年度报告时说，俄罗斯现在只有10%的中学毕业生身体完全健康，45%~50%的中学生不是身体有病，就是有心理问题，有2%的青年经常吸毒，8%的青年吸过毒。她指出，俄罗斯青年失业率依然很高，1997年达到35%。由于学校实行收费制度，只有20%的青年交得起学费，造成青年人上大学的人数骤然减少。由于约20%的教师出国不归，大学的教育质量受到严重影响。2002年，俄罗斯卫生部副部长奥莉加·沙拉波娃在公布一项对18岁以下青少年进行的医疗调查初步结果时表示，半数以上的俄罗斯青少年存在不同程度的健康问题。

---

① 李志红：《美国的青少年问题分析及对策》，《河北青年管理干部学院学报》2006年第2期，第43~45页。

② 《美国青少年未婚怀孕成风　恐成为严重社会问题》，http://blog.sina.com.cn/s/blog_4b45034b0100az6c.html，2008年9月4日。

（2）毒祸猖狂蔓延

毒品在俄罗斯青少年中危害很大。俄罗斯内务部披露的资料表明，俄罗斯吸毒者的1/6是17岁以下的未成年人，初次尝试吸毒者的1/4是中小学生。《人民日报》1998年9月11日报道：据俄缉毒专家统计，全俄已经有1200万吸毒者，算上他们的亲属，有3000万人或多或少与毒品有牵连。1997年，因吸毒而死亡的人数比1992年增长了9倍，而在18岁以下的人群中，这一数字则增长了40倍。毒品的蔓延对俄罗斯居民，特别是青年人已经构成严重威胁。吸毒者中的大多数是18～24岁的年轻人，甚至出现了6～7岁的吸毒儿童。

俄罗斯教育部部长称，俄罗斯如今还有周期性吸毒者约650万，其中200万已成瘾，400万是年龄在11～24岁的青少年，其中成瘾者人数为90万～110万。最近10年来俄罗斯青少年吸毒成瘾者的数量已增长了14.8倍，处于医生监护下的麻醉剂和精神类药品使用者人数已从过去的10万人增加到12.39万人。与此相应的是与吸毒相关的刑事犯罪案犯剧增，2000年达到13.48万人，是1995年的2.6倍。这些犯罪者中没有工作或不学习的人占72%，65%的人年龄在18～30岁之间。[①]

（3）犯罪

在刑事犯罪日益猖狂的俄罗斯，最为引人注目的是青少年犯罪率的提高。从各种调查结果来看，青少年犯罪率高于成年人。14～29岁的青少年犯罪占所有犯罪现象的57%。据调查，自20世纪80年代以来，未成年人违法现象的增长速度比其他各种犯罪现象高出15倍。1981～1991年，少年犯罪者的人数提高了60%（从10万发展到约16万）。据统计，刑事犯罪最易发生的年龄是16～17岁，这个年龄段的犯罪要比14～15岁少年犯罪的数量多3倍。1990年，由于各种原因被判刑的少年由7.9万增加到11.1万人，比1989年多26.8%。1991年被判刑的未成年人有8.5万人。1992年第一季度被判刑的未成年人达2万人。2006年，俄罗斯未成年人犯罪案件约为1.5万起，大学生犯罪案件约为7000起。目前，俄监狱和劳改场所大约关押着24万名青少年。在被追究责任的少年犯中，有1/3犯了重罪。

3. 日本青少年的状况

（1）吸毒

近年来，日本青少年吸毒、贩毒事件急剧上升，特别是高中生中吸毒者明显

---

① 谢尔巴科夫：《俄罗斯青少年的吸毒问题》，《国外社会科学》2004年第6期，第107～108页。

增加。据日本警察厅调查统计，1996 年日本全国共发生吸毒事件 26624 起，比上一年增加 13.8%。被检举的中学生为 21 人，比上一年增加 10.5%。高中生 122 人，比上一年增加了 132.6%。2005 年日本全国因涉嫌毒品犯罪被逮捕的人数达到 13346 人，比上年增加了 1126 人，是 2000 年的 6 倍。其中青少年的药物滥用现象尤其严重，因涉嫌违反毒品取缔法而被逮捕的 403 人当中，青少年占到了 70%。

（2）少年犯罪

日本少年犯罪令人担忧。据日本警察厅称，1998 年，发生少年持刀行凶事件达 431 起，比前一年增加了 30%，比五年前增加了 65%。1992～2002 年，日本校园暴力案件增加了 5 倍，增至 29300 起，2003 年，14 岁以下少年的犯罪比一年前增加了 47%。

（3）自杀

日本是世界上自杀率最高的国家之一。日本 1998 年的自杀率为 26.2/10 万，仅低于芬兰的 27.3/10 万。“二战”后日本青少年的自杀率呈递增趋势。近十余年来，日本平均每 20 分钟自杀身亡一人。1998 年，日本自杀案创 1947 年以来的历史最高纪录，比上年增长 34.7%，死亡 32863 人，其中 40% 为青年。据统计，2008 年日本有 3.4 万多人自杀，是历史上自杀人数最多的一年，其中年龄在 19 岁以下的青少年超过 22%。

4. 欧洲青少年的状况

（1）青少年自杀

调查结果显示，青少年自杀已成为英国青少年的第二大杀手。1995 年，英国青少年自杀人数为 738 名，在 15～24 岁年龄组死亡者中占 19%，仅次于 24% 的交通死亡人数。在被调查的 13～25 岁的年龄组中，大约 8% 的男孩子和 17% 的女孩子曾有过自杀史，而曾有过自杀念头的女孩则高达 20%，即在 5 名女孩中就有 1 人想过自杀。2007 年，法国《世界报》发表文章说，法国每年大约有 650 名青少年自杀，自杀已成为法国 15～24 岁青少年继意外事故之后的第二大死亡原因。

（2）吸毒

欧洲已出现吸毒合法化现象。据瑞士 1998 年的一项研究报告显示：近 12 年来 15 岁的中学生吸用大麻的人数增长了 4 倍。联合国麻管局的材料也指出，33% 的法国学生尝过大麻，其中一半经常服用；英国被调查的 13 岁男孩子中，有 25% 的人用过毒品（大多数是大麻）；69% 的德国青少年在参加聚会时用过大麻。葡萄牙1999年还通过一项法律：个人吸毒和拥有毒品不再视为刑事犯罪，吸毒者被抓，只要交罚金就可以释放。在荷兰、德国、瑞士一些欧洲国家，都有合法、半合法的毒品注射场所。据联合国统计，目前全球的年毒品交易额超过5000亿美元，相当于全球贸易总额的12%。2002年设在维也纳的联合国禁毒机构发表的报告说东欧国家的青少年吸毒人数在近五年内增加了3倍，这使得整个欧洲青少年吸毒问题更趋严重化。大部分东欧国家青少年吸毒的比例在15%～24%之间。法国和捷克青少年吸毒的比例是35%。英国在2002年4月披露的一项调查显示，英国一半以上的16～24岁的年轻人和1/4的成年人都使用过毒品，其中有200万人在14岁前就吸过毒。[①] 国际在线报道：欧洲毒品和毒瘾研究中心最近公布的2008年年报显示，自2000年以来，毒品消费在欧洲呈现出“平民化”和“年轻化”趋势，法国青少年吸毒人数不断上升，而且初次吸毒的年龄越来越小。2000～2005年，未成年之前就吸过毒的人数翻了三番。[②] 2006年，350万35岁以下的欧洲人吸食可卡因。继大麻之后，可卡因在欧洲的消费量已排名第2位。欧洲缉毒机构认为，吸毒过量是许多年轻欧洲人的死亡原因之一，而这一死亡本是可以避免的。

二　我国青少年的一般状况和问题

1. 我国青少年的基本情况

（1）绝对数量大，但总量和比例呈逐年减少之趋势

我国青少年人口的基本状况与我国总的人口状况是相符合的。我国是一个人口大国，人口众多，发展不均衡，人口发展之间存在着较大的差异性，如城市人口与农村人口的差异，不同社会阶层之间的差异，等等。青少年人口的基本状况与之相符，青少年人口众多，绝对数量比较大，20世纪末，我国15～29岁的青年人口占总人口的24.92%，达到3.11亿。青少年之间的发展状况不均衡，最为突出的就是城乡青少年之间的差异，东部省份与中西部经济落后省份的青少年之间，在各方面都存在着很大的差异。根据2005年全国1%人口抽样调查数据推算，2005年底我国14～29岁的青年共有2.94亿人（其中男性1.472亿人，

---

① 陈光中、丹尼尔·普瑞方廷主编《联合国刑事司法准则与中国刑事法制》，北京：法律出版社，1998，第324～325页。

② 《法国青少年吸毒状况堪忧》，参见国际在线，http://news.cctv.com/world/20090131/100401.shtml，2009年1月31日。

女性1.468亿人，性别比为100.27)，占总人口的22.9%；2000～2005年，青年人口的绝对数量在逐渐减少。2000年、2005年14～29岁青年数量分别为3.38亿、2.94亿，5年来减少了0.44亿人；同时，青年占总人口的比重也在逐年降低，2000～2005年，14～29岁青年的比重从27.2%降到22.9%，这实际上是我国人口出生水平从20世纪60年代到90年代明显降低的反映。① 可以预见的是，由于人口出生水平不会持续、无限地下降，未来我国青年群体数量减少的速度会放慢，新进入与新退出青年队列的群体在数量上的差异不会持续扩大。

(2) 人口性别比偏高

青少年人口性别比，从总体结构角度属正常范围（15～19岁组：109.28；20～24岁组：97.65；25～29岁组：98.66)。但是，在一些地区，由于重男轻女的落后思想以及对男性的崇拜，人们利用现代先进的科技手段来控制人口的性别比，使得在婴儿出生前，就进行了性别控制，这就使性别比有了异常，在有的地区甚至达到了130以上。

中国青少年2004～2008年人口性别比如表8－3所示②。

表8－3　2004～2008年中国人口性别比

年龄段	2004	2005	2006	2007	2008
15～19岁	107.42	107.88	111.99	112.81	114.10
20～24岁	96.85	93.13	95.84	96.10	97.85
25～29岁	96.82	94.43	93.79	94.27	96.34

从表8－3可以看出，15～19岁年龄段青少年性别比偏高，同时，相关研究显示：2005年9～13岁的人群在2010年成长为14～18岁青年之后，他们的性别比分别为：117、116、114、113、113，要大大高于2005年14～18岁人口的相应水平，分别为：113.1、111.3、109.6、107.6、105.5。2005年4～8岁的儿童到2015年成长为14～18岁青年的时候，性别比大致会在115～120，比2005年14～18岁人口的性别比高出更多。③

(3) 占人口比例城乡存在差别

我国青少年地区和城乡分布状况与总人口的地区分布状况基本吻合。北京、

---

① 刘俊彦主编《当代中国青年人口与健康发展状况研究报告》，北京：中国青年出版社，2007。

② 根据国家统计局编《中国统计年鉴》（北京：中国统计出版社）2005～2009年数据整理而成。

③ 刘俊彦主编《当代中国青年人口与健康发展状况研究报告》，北京：中国青年出版社，2007。

上海等发达地区青少年人口绝对数量和占总人口比例都低于青海、宁夏等地，市、镇青少年人口占总人口的比例（30.27%、33.78%）低于县青少年人口比例（36.08%）。但是改革开放以来，进城务工的青年比例大大提升，城市已经成为青年聚集的地区，甚至一些未成年的农村青少年也涌进城市，在这样的地区，青少年社会问题表现更为突出。

2005年我国2.94亿14~29岁青年中，有30.22%的人生活在城市，17.22%生活在镇上，52.56%生活在乡村地区，城镇化水平为47.44%；在4.297亿14~35岁青年中，有30.75%的人生活在城市，17.77%生活在镇上，51.48%生活在乡村地区，城镇化水平为48.52%。①

由于我国实行了20多年的计划生育政策，我国人口增长趋势得到了有效的控制，青少年人口绝对数量逐年增加，占总人口比例逐年下降，但每年仍有2000万少年人口进入青年期。在这样的一个青少年绝对数量众多的国家，青少年问题必须得到有效的重视。

2. 我国青少年受教育状况和问题

我国青少年受教育状况及存在的问题也是不平衡的。在城市以及较发达地区，青少年的教育问题得到了应有的重视，基础教育以及中等教育发展水平很高。然而在一些贫困地区和中西部不发达地区，青少年的教育问题仍旧十分严峻，九年义务教育的国策，在很多地区还得不到有效实施。全国有65%的地区普及了九年义务教育，但是一些地区初中入学率仍然只有87.1%，辍学率为3.14%。

2005年我国15~29岁青年的文盲率为1.49%，15~35岁青年的文盲率为2%，而其他年龄组的文盲率分别是：30岁以上为14.44%、36岁以上为16.92%，总人口的文盲率为11.04%。可以看出，青年群体的扫盲状况比他们的父辈好得多。同时需要看到的是，由于基数大，青年文盲人口15~29岁的有413万人，15~35岁的有831万人，进一步解决青年文盲的受教育问题需要继续努力。从平均受教育年限的角度来看，14~29岁和14~35岁青年的9.74年和9.51年，比14岁以上总人口的8年高出了近2年。②

中等教育和高等教育近年来发展迅猛，特别是一些民办学校的力量逐渐强大，数量和质量有了很大的提高，社会地位也稳步上升，在中高等教育中的分量

---

① 刘俊彦主编《当代中国青年人口与健康发展状况研究报告》，北京：中国青年出版社，2007。

② 刘俊彦主编《当代中国青年人口与健康发展状况研究报告》，北京：中国青年出版社，2007。

也越来越大，教学形式也越来越丰富。目前已有普通高中、职业高中、普通中等专业学校、技工学校、成人中等专业学校、成人高中4.1万所；有39.88万所成人技术培训学校，有普通高等学校1000余所，成人高等学校1100余所。另有2000多万人参加了高等学校自学考试。

青少年受教育程度不断提高，但仍然存在失学和文盲的问题。北京等十省市已基本扫除文盲，全国2078个县达到扫盲标准，但是在15~35岁青年中，文盲半文盲比例仍占有4.39%。

2004~2008年我国青少年毛入学率统计如表8-4所示①。

表8-4 2004~2008年我国青少年毛入学率统计

单位：%

各级教育	2004年	2005年	2006年	2007年	2008年
初中(12~14周岁)	94.1	95.0	97.0	98.0	98.5
高中(15~17周岁)	48.1	52.7	59.8	66.0	74.0
大学(18~22周岁)	19.0	21.0	22.0	23.0	23.3

3. 我国青少年劳动就业的问题

我国青年劳动就业情况比较严峻，青年劳动人口比例大，就业问题十分突出。全国16~35岁青年劳动适龄人口占全国总人口的35.01%。随着社会发展，青年劳动就业情况发生了一些变化。1996年，我国城镇青年就业率为79.75%，比1995年下降4.35个百分点。城镇下岗职工中，35岁以下青年占35%，1998年的统计，下岗、待业、新增青年劳动力三项总和达到1900多万人。2002年上半年，上海市20~35岁失业待岗人员增长比例超过了40~55岁失业待岗人员增长比例。初中、高中、大学毕业后找不到工作的比例逐年增加，16~19岁失业青年中受过初高中教育的达94.1%，20~24岁组大专以上的比率为11%以上。

在24486万16~29岁青年、38050万16~35岁青年中，在业率分别为65.87%、73.66%，总人口的在业率是69.73%。青年的就业结构中，从事第一产业农林牧渔工作的比例最高，16~29岁、16~35岁分别为46%和63%。但是与30岁以上、36岁以上中老年人相比，青年的这一比例是明显偏低的，分别低了16个和19个百分点。这表明青年与他们的父辈相比，更多地从农业劳动中脱

① 《中华人民共和国年鉴》，中华人民共和国年鉴社，2009，第1108页。

离出来，进入第二、三产业部门工作。2005 年，有 30% 左右的青年处于不在业状态。其中，16～29 岁、16～35 岁青年因“正在找工作”而未就业的比例分别为 3.62%、3.20%。这一群体算是“NEET（Not in Education, Employment or Training）一族”，既没有正式工作，不在学校上学，也没有接受职业技能培训的年轻人。从绝对数量上看，我国 2005 年正在找工作的 16～29 岁“NEET 一族”大概有 886 万人，16～35 岁的大概有 1216 万人。[①]

2007 年的调查显示，在 16 岁以上的总人口中，2005 年就业率为 69.7%，比 2000 年下降 4.4 个百分点，青年人口的就业状况同总人口呈现相同的下降趋势。在 16～29 岁年龄组的青年人口中，2005 年的就业率为 65.9%，比 2000 年低 6 个百分点。值得注意的是，女性的就业率下降幅度较大，2005 年比 2000 年低 7 个百分点；在 16～35 岁年龄组青年人口中，2005 年的就业率比 2000 年也低了近 6 个百分点，其中，女性的就业率 2005 年比 2000 年低 5.7 个百分点。虽然男女性的就业率 2005 年比 2000 年均有下降，但女性下降的幅度要大于男性，而且男女性的就业率的差距有扩大趋势。

4. 我国青少年的生活问题

我国青少年生活逐步改善，生活质量不断提高，但也存在一些问题。在物质生活方面，仍有 30.1% 的青年生活艰辛（未达到恩格尔系数 40%～49% 的小康标准），且不同地区差距较大。青少年健康水平大幅度提高，但视力不良、肥胖等疾病及心理健康等问题严重。青少年消费水平大幅度提高，消费类型向多层次、多元化发展。青少年闲暇娱乐活动多元化，以电视为主的大众传媒对青少年思想观念、生活方式影响日益增大，互联网对青少年的影响日趋突出网络成瘾也逐渐引起了社会的关注。80% 以上的青年的婚姻能够完全自主或基本自主，但婚姻质量提高的同时，离婚率也在上升。

5. 特殊困难青少年的状况

随着社会发展，对特殊困难青少年的救助不断加强，但仍不能满足要求。我国目前有残疾人约 6200 万，其中，0～18 岁残疾儿童约 1289 万，青少年残疾人占有一定比例，但我们的特殊教育学校的数量严重不足。1998 年有盲校 27 所、聋校 845 所、盲聋合校 143 所、智力残疾儿童学校 425 所，共 1440 所特殊教育学校，接受特殊教育的在校生为 340621 人，学龄残疾儿童接受特殊教育服务率为 4.53%。截至 2008 年底，我国拥有特殊教育学校 1640 所，拥有教职工 45990

---

① 刘俊彦主编《当代中国青年人口与健康发展状况研究报告》，北京：中国青年出版社，2007。

人，拥有专任教师36306人[①]；同时，2008年，特殊教育学校共招生62409人[②]。

调查显示，截至2006年3月，中国各类残疾人总数达8296万人，残疾人占全国总人口的比例为6.34%。而到2003年底，全国有特殊教育学校1655所，普通学校附设特教班3154个，在校的视力、听力言语和智力三类残疾学生只有57.7万人。与上述数据相比，可发现我国目前特殊教育还存在很大的发展空间。

另外，根据国务院妇女儿童工作委员会办公室的一项抽样调查推算，我国每年存在的流浪儿童人数有100万~150万。2000年底，全国城乡共创办各类社会福利机构3.9万个，共收养46808名孤儿，还有大量孤儿、流浪儿无法得到救助。

童工是指未满16岁，与单位或个人发生劳动关系，从事有经济收入的劳动的少年或儿童。作为发展中国家，我国存在不容忽视的童工问题。

---

① 国家统计局编《中国统计年鉴（2009）》，北京：中国统计出版社，2009，第791页。

② 国家统计局编《中国统计年鉴（2009）》，北京：中国统计出版社，2009，第792页。

第九章　青少年社会工作服务（上）

青少年社会工作主要是针对青少年群体的社会工作，是一种专业的青少年福利服务活动。青少年社会工作与其他针对青少年的工作有着一定联系，如青少年思想政治教育、青少年教育以及青少年活动和文娱服务等工作，这些面向青少年的工作都有着同样的目的，就是为了青少年的健康和全面发展，通过开展各种活动和服务来发展青少年的能力，发掘青少年的潜力。青少年社会工作与其他青少年工作的不同之处，就在于青少年社会工作是一种以青少年为自己的工作对象而开展的专业化的社会工作活动。这个专业化的活动有着自己的成套的规范和价值体系约束着专业工作者的行为、工作方式以及工作内容。尤其在工作内容方面，看似青少年社会工作内容繁杂丰富，与其他的青少年工作内容有着很大重复性，而实际上，青少年社会工作的内容有着严格的规定性和清楚的分类。与宏观青少年社会工作不同，微观的青少年社会工作，也即青少年社会工作服务直接面向各类有需要的青少年。

本章节结合传统青少年服务类型和当前青少年社会工作发生的场域，选取了一些具有代表性的青少年社会工作服务。由于相关服务有已经有专门的论著和研究，在本书中，我们按照工具书的体例，重点论述服务内容、服务中可用的资源，以及开展服务过程中需要注意的问题。服务内容意在说明可能会用到该类服务的情况或所有服务的类型，可用的资源意在说明服务过程中根据需要可以运用的资源体系，需要注意的问题则在提醒相关服务者服务过程中应该把握的原则或关注的重点。

第一节　学校青少年社会工作服务

一　概况

截至 2015 年底，我国初中以上在校学生人数约为 1.12 亿，其中普通高等学校在校学生人数为2625万，普通中学（包括初中和高中）在校学生人数为8382万，职业高中在校学生人数为439万。[①] 这些学生主要是13～22岁的青少年，学校是他们在这段时间里待的时间最长的公共场所之一。正因为如此，学校的教育、环境等各方面因素对他们的成长有极其重要的影响。很自然地，服务学校青少年的工作也就成为青少年社会工作内容中极其重要的一部分。

我国保护青少年受教育权利，规范学校教学活动的主要法律有《中华人民共和国义务教育法》、《中华人民共和国教育法》、《中华人民共和国高等教育法》等，相关教育行政法规有《中华人民共和国义务教育法实施细则》、《中华人民共和国民办教育促进法实施条例》等，相关教育部门规章有《中小学幼儿园安全管理办法》、《普通高等学校学生管理规定》等，这些法律法规构成了我国现行的保障学生权利，规范学校教育活动的政策法规系统。

学校数量方面，截至2015年底，我国共有高等学校2560所，截至2012年，普通中学（包括高中和初中）共66676所，职业中学4856所，[②] 这些学校是我们开展针对学校青少年服务工作的基础场所。

二　服务内容

作为学生的青少年拥有很大的发展潜力，社会工作带着优势视角介入学校的教育活动，有助于进一步发展学生的这种潜力，帮助他们更好地发展。从这个角度出发，在学校进行服务的社会工作者要更多地去挖掘他们的发展需要，通过专业工作方法来促进他们的发展。从学生发展需要的角度出发，我们可以将针对学校青少年的服务分为针对学生一般性需求的服务和针对学生特殊需求的服务。

1. 针对一般性需求的服务

在学校中，大部分青少年的发展需求是类似的，因此这一领域的服务应该是社会工作者的工作重点。具体来讲，社会工作者可以提供的服务包括：引导学生适应新环境，协助学生完成学习任务，帮助学生处理人际关系，帮助学生处理情绪，引导学生避免不良行为。

（1）引导学生适应新环境

升学是所有学生都会遇到的情况。从小学升入初中，从初中升入高中，从高

① http://data.stats.gov.cn/easyquery.htm?cn=C01&zb=A0M0202&sj=2015.

② http://www.moe.edu.cn/.

中升入大学，都意味着学生要脱离旧的生活和学习状态，接触全新的学习内容，进入新的学习环境。顺利适应新环境有利于学生尽快完成发展阶段的过渡，完成质的飞跃。在这方面，学校里的社会工作者可以采用小组工作的形式，借助同辈群体的力量，协助学生完成适应过程；另一方面，社工可以组织讲座、经验交流会等传递适应新环境的经验，引导学生适应新环境。对于个别适应不良的学生，社工要给予特殊关注。

（2）协助学生完成学习任务

学生的主要任务是学习，协助学生完成好学习任务理所当然地应该成为社工的主要任务。社工的具体工作就是要帮助学生明确学习的目标和意义，培养良好的学习习惯。另外，在中国的教育体制下，社工还要重点协助学生应对学业考核。在这方面，社工可以帮助学生链接对学习有帮助的资源，组织经验分享会等提高学生的学习效率；社工也可以从社区、家庭、老师等方面入手，为学生的学习创造一个好的外部环境。社工也能运用自己的专业知识，帮助学生制定有效的学习计划，在有关理论指导下采用各种办法激发学生的学习兴趣。

（3）帮助学生处理人际关系

每个人无时无刻不处在人际关系圈中，学生也不例外。因此可以说，与他人建立良好的人际关系，培养学生的社会交往能力对于学生来说有着重要的意义。具体来讲，社工需要协助学生处理好的人际关系包括师生关系、同辈关系、亲子关系等。社工需要注意的是，对于不同类型的人际关系，社工的目标和可以采用的方法是不一样的。如对于同辈关系，小组工作等团体性的活动是最好的工作方式，而对于师生关系，增强沟通理解的会谈式方法则是最好的方法。

（4）帮助学生处理情绪

情绪波动大，易出现情绪问题是处于青春期的学生一个主要特征，因此，社工在这方面的工作也会比较重。社工要帮助学生处理的主要是一些负面的情绪，如沮丧、抑郁、压抑、嫉妒等。社工可以为有相同情绪问题的学生开展一次专门性的小组，可以通过讲座等形式向学生传授处理负面情绪的技巧，社工也可以通过个案工作的方式帮助个别学生疏导负面情绪。对于情绪问题比较严重的学生，社工有必要将其转接给专业人士。

（5）引导学生避免不良行为

学生时期的青少年正处于行为塑造期，因此，引导他们发展积极健康行为非常重要。对此，社工一方面可以通过正面的引导教育，引导学生养成正确的行为模式；另一方面，社工可以从改善学校、家庭和社区（包括学校所在社区和家庭所在社区）入手，为学生养成正确的行为模式塑造良好的外部条件。

2. 针对特殊需要的服务

学生除了有一般性的需要，还有一些特殊的需要，这里的特殊有两层含义，一是特殊时刻的学生的需要，一是特殊学生的需要。

（1）特殊时刻的学生的需要

大考前后、家庭变故、失恋，甚至特殊的季节，对学校的青少年来说都是特殊时刻。这时候的学生需要社工的特别关注。大考前后，特别是升学考试前后，学生的压力会很大，情绪的波动会比平常更明显，负面情绪对学生的影响也会更严重。社工一方面需要在平时做好预防，帮助他们学习如何应对大考时候的问题；另一方面需要在大考前后开展一些有益的活动帮助他们舒缓压力。其他特殊时刻的社工服务内容在其他章节会有论述，这里不再赘述。

（2）特殊学生的需要

一所学校里总会有一些情况比较特殊的学生，如单亲家庭的，经济困难的等，这些学生都需要社工的关注。另外，老师眼里的“特优生”和“特差生”也是社工需要更多关注的学生。“特优生”经常会产生一种优越感，不能很好地融入班集体，社工要引导他们端正这种观念，使他们顺利融入班集体。与此相反，“特差生”经常会产生自卑感，也会遭到其他同学的排斥。社工需要帮助他们建立自信，同时引导其他学生接纳他们。

三　可利用的资源

1. 政府

政府为学校提供了绝大部分的基础性资源和财政支持。社工在进行服务时要学会利用好来自政府的资源，社工也要学会通过自己的服务推动政府投入更多的资源。

2. 人民团体及事业单位

在中国的体制下，许多人民团体和事业单位会有许多帮助学校青少年的项目，社工在服务时需要对这方面的资源保持敏感，发挥好资源链接者的角色。

3. 学校

对学校青少年而言，学校是他们学习资源的最大提供者，社工在这方面需要做的就是进一步发掘学校可供利用的资源，为学生的发展提供空间和支持，社工也要协助学校做好资源的分配工作，以促进资源的利用效率。

4. 社区

对学校青少年而言，除了学校，学校和家庭所在的社区就是他们接触最多的环境了，这里面也隐藏了许多可供利用的资源。如社区里的老人可以帮助维护学生的安全，社区里的活动场所可以用来拓展学生的活动空间，等等。社工要注意开发这方面的资源。

四 需要注意的问题

在开展针对学校青少年的服务时，学校的职能和环境、服务对象特征决定了学校社工服务的特殊性，因此，也有一些特殊的问题需要注意。

1. 结合学校的需要，不能打扰正常的教学秩序

受中国教育体制的影响，现行的教育模式并不能最大限度地促进学生的全面发展，并且有可能会妨碍社工开展工作。另外，社工开展的一些活动也可能会占用学生的学习时间。这时候就要求社工从总目标、从大局出发开展相关服务工作。社工需要和学校其他部门做好沟通，合理安排活动频率，灵活运用多种方式开展服务。

2. 主动发掘学生的需求，工作要从学生需要出发

社工开展服务出发点应该是学生的需求，而不是学校老师或者社工自己的感觉。社工要学会主动去发掘学生的需求，而不是等着学生自己提出自身的发展需求。在这方面，社工可以通过观察学生的日常学习生活情况，开展相关调查研究，总结反思以往服务来发掘学生的需求，并开展相关活动。

3. 保持专业性

学校其实也是一个为学生服务的机构，在社工介入之前，许多学校就有德育处或政教处等职能部门负责学生工作，班主任也会做许多类似于社工提供的服务，因此，社工在提供服务时就特别需要保持服务的专业性。这里所说的专业性并不只是形式上的，更多的是价值观、指导理念上的。社工只有在这方面保持好自己的专业性，才不会被学校的其他服务部门同化，最终提供性质相似的服务。

案例①

一 问题描述

在北京郊区的一所中学里，初一、初二的学生大都来自周边地区的农民家庭，还有部分外地同学是随父母打工暂时居住在此地。因为属于外来人员，受到户籍制度的限制，大多数学生面临的问题是缺乏全面发展所需要的资源。为帮助这里的学生增强自信、提升意识、顺利地走向更远的人生，一批社工专业的学生在这个学校开展了一系列的成长小组。

二 服务介入

社工的学生以优势视角和小组工作理论为依据，以夏令营形式在中学生群体中开展了系列活动，满足这些学生的发展需要。

1. 小组主题

中学生心理成长小组

2. 小组目标

（1）引导组员能正确认识自己，了解自己，并且接纳自己；

（2）发掘学生的潜能，增强自信；

（3）通过小组成员之间的沟通，增强组员协调合作和人际关系的能力；

（4）增强参与意识与责任感。

3. 小组特征

（1）性质：成长小组

（2）节数：15 节

（3）日期：2006 年 7 月 8 日至 12 日

（4）地点：王平中学

（5）人数：40 人

本次小组活动由首都师范大学社会工作专业学生负责，由学校老师督导，两名社会工作研究生带领大二、大三本科生作为社会工作者，40 名组员分为

① 选自首都师范大学社会工作系 2005 级研究生曾静、康健的《小组工作总结》，田国秀老师负责策划和督导。

四组，每组10人，每个小组由两名社会工作者带领。活动共十五节，每天三节，按照夏令营的形式，活动时间由每天早上7:00至晚上21:30，连续五天完成。

4. 小组评估

(1) 每次小组活动后的小组成员分享；

(2) 社会工作者在小组活动中的观察、分析和总结；

(3) 夏令营活动结束当天采取开放问卷的形式，请小组成员概括自己参加此次小组活动的最主要收获和体会；

(4) 请参与活动的老师征求对小组活动的意见。

5. 小组过程

(1) 小组前期准备

①联系了解活动场所、组员的基本情况，进行初步的组前评估；

②联系小组导师，进行组前培训，并且对可能出现的情况进行预测；

③针对组员的前期评估制定小组计划书；

④准备活动必备的材料、礼品等。

(2) 小组活动内容与形式：

小组阶段	时期	目标	活动详情
关系建立期	第一天	①小组形成、组员相识； ②让组员明白小组目的和功能； ③建立小组规范。	①破冰游戏：介绍、讨论、组员相识； ②讨论小组期望、制定小组规范。
权力和控制期、亲密期	第二天	①让组员能够正确认识自己、了解自己； ②可以接纳自己的优点、缺点； ③增加自信。	①自画像、生命条形码：讨论“我是谁？” ②生命中的五样、放飞我心：讨论“我与我的家庭”； ③接纳真我。
分辨期	第三天	①了解如何联结他人，融入团队； ②学会合作，增强团队精神，进而增强组员协调合作和人际关系的能力。	①心的对话：讨论“人与人之间的差异”； ②信任之旅、横渡魔鬼河等，讨论“与人沟通的技巧”、“如何在团队中完成活动？”
分辨期	第四天	①了解组员所居住的环境； ②增强参与意识与责任感。	①野外学境：描绘眼中的家乡；②讨论“家乡的美与变化”。
分离期	第五天	①自我评估活动感受； ②增强独立解决问题的信心； ③展望未来； ④处理离组情绪。	①破茧成蝶：讨论总结活动收获与感受； ②结绳寄语：讨论“如何独立解决问题”； ③营会畅想：讨论自己的未来。

三　总结和反思

我们发现在小组过程中，社会工作者和组员之间的专业关系是优势视角实践中另一个重要的原则。这种专业关系的基础就是彼此共同拥有、相互联系，同时又亲而不密，区别于私人关系。在面对青少年的时候，社会工作者的角色不是一种专家、一种权威，而是一种平等、互动、合作、伙伴的关怀性关系。工作者作为组员的联盟这样一种优势关系使得组员能够在小组当中找寻到安全感，能够发现存在于他们自身上的个人和社会资源，并且使得他们开始去建立起与这些资源的联系。可见，优势视角为社会工作的专业关系注入了新的活力。

总之，整个夏令营活动，围绕着心理成长的目标，循序渐进、逐步提升。从微观入手，使组员能够正确关注自我、认识自我、接纳自我，培养自信心。通过与家庭、父母联结以及与周围的同学联结，继而与家乡联结这些逐步升华的主题让学生学会沟通、团结及合作，学会爱自己、爱父母、爱他人、爱家乡。在宏观层面上帮助他们树立正确的人生观、价值观，从而改变他们的认知，学习新的行为，完善他们的人格，为他们未来的成长提供一种正确的方向。

第二节　社区青少年社会工作服务

一　概况

1. 社区青少年概念

2002 年，我国政府第一次使用“弱势群体”概念，即朱镕基在《政府工作报告》中指出，积极扩大就业和再就业是增加居民收入的重要途径，并强调要“对弱势群体给予特殊的就业援助”，其后学术界又引申出了“城市青少年弱势群体”这一说法，此外还有“边缘青少年”、“问题青少年”等概念。2002 年，共青团上海市委首次提出了“社区青少年”的概念和范围①。在此基础上，相关学者将“社区青少年”定义为：年龄介于 16 ~ 25 周岁，没有固定工作、没有就学、缺少监管的青少年，也就是传统意义上的“闲散青少年”、“边

① 参见上海社区青少年联席会议办公室《上海市社区青少年工作简报》2002 年 5 月第 1 期。

缘青少年”、[1]“社会青年”、“待业青年”、“问题青少年”、“城市青少年弱势群体”[2]。本书所指社区青少年是指年龄介于14～30岁的，具有“失业、失学和失管”特征的青少年。

2. 社区青少年相关数据

近年来，我国社区青少年的人数不断增加，其所存在的问题日益增多和复杂。2002年和2005年，共青团上海市委员会和上海市社区青少年事务办公室先后两次对社区青少年的生存与发展状况进行调查。调查表明，2002年上海16～25周岁的社区青少年的人数有6.3万余人，2005年有7.5万余人。[3] 由该数据可以看出，从全国范围来看，14～30岁的青少年人口不断增多，与之相应的诸多社区青少年问题也日趋严重。

3. 社区青少年相关政策法规

2004年，中共中央、国务院通过了《关于进一步加强和改进未成年人思想道德建设的若干意见》（以下简称《意见》），《意见》提出针对社区青少年群体的特殊性，加强对社区青少年成长发展规律的研究和把握，充分发挥各级团组织的政治优势、组织优势和活动优势，丰富工作内涵，改进工作方式，创新工作手段，推进社区青少年的思想道德教育，不断增强社区青少年思想道德教育的针对性和有效性，积极引导社区青少年树立正确的世界观、人生观和价值观。2005年，上海市提出加快推进社区青少年立法依据、立法必要性、立法可行性的调研，积极与市政府、市人大及其他相关部门沟通，尽快形成《上海市社区青少年工作条例》法案（草案），推动本市社区青少年工作的立法进程。同时，委托相关专业机构，汇编现行法律法规和相关政策，编辑出版《社区青少年工作法律法规与政策读本》，使社区青少年工作者、青少年事务社工和社区青少年更好地了解和运用现行法律法规和相关政策，促进依法行政、依法办事和依法维权。随着社区青少年社会工作的发展，各地区逐渐加强和完善对社区青少年工作法规政策的研究，为我国社区青少年发展事业创造了较好的政策环境和法制保障。

---

① 蔡忠：《上海市社区青少年工作的实践与探索》，载香港青年协会、上海市青年联合会主编《预防犯罪与青年工作——沪港两地的探索与实践》，上海：华东理工大学出版社，2005，第189页。

② 沈昕：《社区青少年概念分析》，《青少年犯罪问题》2005年第4期，第66～67页。

③ 李太斌：《上海市社区青少年生存与发展状况分析》，中国青少年研究网，http://www.cycs.org.2006年11月30日。

二　服务内容

社会工作服务包括直接服务和间接服务，在开展社区青少年服务时，也将其划分为直接服务和间接服务。其中，前者是指直接为社区青少年提供的服务；后者是一种间接的，通过一种政策倡导式的方式，为青少年提供服务和谋求资源的方式。

1. 社区青少年教育服务

社区青少年群体的一大特征是“无法就学”。相关数据显示：在上海市6.3万名社区青少年中，有92%的人的受教育水平处于高中及高中以下，初中以下者占32%。这反映出我国社区青少年教育存在很大的漏洞。[①] 因此，对社区青少年进行科学合理的教育，是实现青少年重返生活道路的重要途径。针对社区青少年群体的特征，有针对性地开展适合各种特征青少年的教育，才是可选之举。比如针对社区失学青少年，要开展后续教育，如人生观价值观教育、道德理想教育、法制安全教育、身心健康教育等；针对社区学业不良青少年，要不断改善教育思想和教育方式。这些方面，需要社区教育工作者和家长的密切协作，为学业困境青少年在社区、家庭创造良好的氛围，从而不断推进学习型家庭和学习型社区的发展。

2. 社区青少年就业服务

根据国际劳工组织的最新估计，全球大约有8820万名15～24岁的青少年失业，占全球失业人口的47%。在我国，青年同样成为就业和再就业工作的主体对象。据估计，2020年，我国劳动年龄人口将达到9.4亿人。据上海市的一项研究显示，2005年，上海市城区各社区失学无业的青少年数量达到6万多人。[②] 可想而知，在中国这么庞大的社会里，类似青少年的数量可谓更加“壮观”。因此，针对社区青少年的失业现状和就业困境，要有针对性地开展社区青少年就业、创业技能的培训，主要包括转变社区青少年的就业观念，增强青少年就业技能；建立社区就业信息服务网络；以社会化运作的方式解决社区青少年就业问题；以创业带就业，推进社区青少年就业计划。同时，要不断创设社区青少年就业、创业的机会。最后，需要大力开发社区服务事业，拓展社区就业岗位，为社

① 参见上海市阳光社区青少年事务中心网，http://www.scyc.org.cn/index.asp。

② 石伟平主编《社区青少年教育与就业工作研究》，上海：华东理工大学出版社，2006，第33～35页。

区青少年提供就业平台。其中，社区工作者应该积极引导青少年转变就业观念，鼓励青少年勇敢面对生活的挑战，不断增强自己创造生活的能力。

3. 社区青少年心理援助

青少年时期是人之一生中心理上的暴风骤雨期[①]。这一时期，青少年心理与生理上的不同步发展，导致心理发展的滞后性，以致在实际生活中做出许多与社会不相容的事情。社区青少年同样处于这一时期，由于该群体的特殊性，社区青少年表现出来的心理方面的困境更为明显，主要表现在青少年认知偏差、情绪困扰、人格障碍、人际交往障碍等方面。针对这些心理上的困境，对社区青少年进行必要的心理援助显得十分必然。主要包括：帮助社区青少年形成正确的社会认知和自我认知；进行有效的情绪发展辅导，帮助其形成合理的自我评价机制，培养良好的情绪智力；针对已经出现的青少年人格障碍，要及时进行矫正，帮助其尽快回归社会；帮助其发展良好人际关系，寻求社区、家庭和同伴资源，为社区青少年提供和谐的生活环境。

4. 社区青少年行为修正

社区青少年容易表现出来的一些行为问题，如攻击行为、网络成瘾、吸烟酗酒、物质（药物）滥用、犯罪等，这些方面的行为表现，已经一定程度上扭曲着社区青少年的心理状态，以至其在社区中成为一个“问题青少年”、“边缘青少年”群体。针对社区青少年的这些行为问题和现状，主要借鉴社会工作三大方法思路来开展青少年行为矫正。包括以下方面的措施：以社区青少年个案为对象，开展个案工作辅导；以社区青少年家庭为对象，开展家庭服务；以社区青少年团体为对象，开展小组辅导；以整个社区为对象，开展整个社区工作，为社区青少年成长创造和提供优越的环境，并帮助其实现自己的人生目标。

5. 社区青少年相关政策倡导

社区青少年工作者应该在提供直接服务的基础上，不断探索经验，为社区青少年成长提供更好的政策背景，因此，相关政策倡导就应成为社区工作者的一大工作目标。主要表现在以下方面：不断参与完善青少年教育法，以推进教育选拔机制的改革和完善；不断与实践相结合，提出不断健全保障青少年劳动就业权利的政策和法规的建议；倡导政府不断推进社区青少年就业援助的行动措施。这些方面的政策倡导与建议，有助于帮助社区青少年顺利实现社会化，并成为和谐社

---

① 桑标主编《社区青少年心理研究》，上海：华东理工大学出版社，2006，第2页。

区中的一员，并鼓励他们为社区建设贡献自己的力量。

6. 社区青少年相关福利制度建构

适当的青少年社会福利制度的建构，是保障社区青少年顺利走出困境的重要举措。目前，社区青少年相关方面的福利制度尚不完善，社区工作者应该在实践中形成一种合理的经验模式，评估社区青少年能够获得较好的福利服务。通过实践的探索，加之以理念的倡导，建议政府将社区青少年福利服务模式制度化，并形成一个长效机制，以不断服务于越来越多的社区青少年，并帮助他们在良好的福利状态下不断学会进步与成长。

三　可利用的资源

1. 政府

政府应该成为社区青少年服务资源的主要来源，不仅如此，政府还应该成为社区青少年社会服务的主导力量。政府应该统筹各种社会力量，共同为社区青少年建构较为科学、系统、有效的服务体系。只有在政府的大力倡导下，相关资源才能得到有效整合和运用。因此，在社区青少年服务过程中，政府的作用是居于主导地位的。

2. 社区

社区是青少年生活的主要场所之一，在对社区青少年提供服务的过程中，应该针对社区内不同青少年的特点和爱好，成立一些读书、交流和兴趣类的青少年社团，在社区青少年中心的指导下，利用假期开展活动，既能活跃社区青少年生活，又可以培养青少年自我教育、自我管理的能力。

3. 家庭

社区青少年的成长离不开家庭，家庭不但对个人和社区起着多层次、多方面的作用，而且在配合社会工作者开展过程中起着举足轻重的作用。家庭成员，尤其是父母应该主动承担起教育青少年的责任，作为青少年最重要的防护所，家庭的功能是其他许多手段难以实现和达到的。同时，许多青少年的困境根源于家庭方面的问题，因此，从家庭角度入手，帮助社区青少年走出困境，是社区青少年工作必不可少的手段和资源。

4. 社会工作者

社会工作者是社区青少年的良师益友，社区青少年工作者通过发挥社会工作价值观、价值理念和助人技巧，通过同理心，尊重、理解青少年，与社区青少年一道，共同面对其所处困境，寻求问题解决的途径和资源，帮助青少年建构自己的人生目标和理想，并鼓励其一步步向自己的目标迈进，并最终成为独立自主的个体，以积极发挥其在社会中的作用。

5. 社会服务组织

社会服务组织是社区青少年服务的载体，政府一般不直接向青少年提供服务，而是将资源通过社会服务组织提供给社区青少年，因此，社会组织发挥着服务传递的功能。服务是否能有效传递到青少年手里，就要看社会服务组织是否具有专业的服务提供机制和运作机制。社会工作者在机构里发挥着重要作用，只有社会工作者与组织之间的协作运行，才能保证社会服务的有效供给。

6. 青少年同伴

同伴关系对个人成长起着至关重要的作用，尤其是对于16～25岁的青少年而言。同伴关系的取向与青少年的年龄和文化背景有关。相关资料还显示，社区青少年的朋友约80%已工作或在就读，同为社区青少年的比例为2%。[①] 社区青少年的同伴关系处于一种非良性循环中，不良同伴关系会导致一连串的行为问题，因此，对社区青少年的同伴关系，需要进行合理的重视，引导青少年发展健康、积极的同伴关系，并将这种积极同伴关系运用于促进自己成长和发展之中。

7. 学校

学校是教育资源的源泉，学校承担着青少年的教化和知识的传播等功能，只有有效的教育和科学的教育政策，才能实现对青少年的良好教育。在社区青少年教育中，学校应该主动承担起对社区失学青少年开展后续教育，如人生观价值观教育、道德理想教育、法制安全教育、身心健康教育等；对社区学业不良青少年，要不断改善教育思想和教育方式。

四　需要注意的问题

在开展社区青少年工作中，应该注意以下方面的问题。

1. 从社区青少年特点入手，尊重青少年的价值和尊严

在社区青少年社会工作中，要注意社区青少年具有的特殊性，只有明确社区青少年特点，才能有针对性地提供服务；同时，将青少年视为独特的个体，尊重其固有的价值和尊严，让青少年感受到自己的价值，这是开展社区青少年工作中

---

① 顾东辉：《由社区青少年调查引发的社会工作思考》，载香港青年协会、上海市青年联合会主编《预防犯罪与青年工作——沪港两地的探索与实践》，上海：华东理工大学出版社，2005，第198页。

最重要的前提；另外，只有与青少年建立良好和谐的关系，在得到青少年的信任之后，社会工作者才能有效运用专业价值观和技巧为青少年提供有效服务。

2. 排除问题取向，发掘社区青少年自身优势

现代青少年社会工作引入了优势视角，超越了以前的“问题视角”。在对社区青少年开展工作的过程中，应该首先排除对青少年的“问题标签”，并在此基础上相信社区青少年自身存在着巨大的优势，只要与青少年一道去挖掘这些潜在优势，例如，帮助社区青少年发掘自身优点、引导同伴群体积极效果、倡导社区资源的有效利用，社区青少年的现状将能得到较好的改善，同时社区青少年自身发展目标将随之实现。

3. 倡导“政府主导推动、社团自主运作、社会多方参与”来为社区青少年提供服务

社区青少年是一个特殊的群体，要实现对该群体的有效服务，必须坚持以政府为主导、推动社会服务组织自主提供服务，同时，鼓励社会各种力量积极融入社区青少年服务中。因为社区青少年是我国青少年群体的重要组成部分，他们的明天，同样关乎着中国社会的明天。重视对社区青少年的各种教育、培养，是实现社会和谐进步的重要举措，也是真正贯彻落实科学发展观以人为本的重要理念。

4. 将预防与发展相结合，促进社区青少年和谐发展

青少年的许多不良行为，尤其是社区青少年犯罪问题，在很大程度上是因其所处环境的变化导致的，因此，应注重对青少年生活环境的改善和调适，有针对性地提供有利于青少年健康成长的相关资源，帮助青少年顺利实现社会化，达到青少年相关问题的有效预防，从而建构起和谐的社区环境，进一步为青少年成长创造条件，并最终实现社区青少年的和谐发展。

案例

一　问题诊断与需求评估

朝阳区常营地区社区服务中心社区青年汇所在辖区内青年群体中失业青年和全职妈妈较多，并且文化水平不高，就业方面存在一定的困难。

社区青年汇根据社区青年就业的实际需求，通过整合社区资源，为社区青年提供创业培训，其工作目标为：使青年掌握就业技能，提高就业竞争力。

二 介入理论和模式

“清真面点、韩式料理职业培训班”是针对就业困难的青年提供的社工服务，应用了社区工作中的社会策划模式。社会策划模式是指社工以理性方法，通过了解工作机构的工作理念及政策、资源和方向而确立社区工作目标，从多个预选方案中选择一个作为最理想的工作策略，然后根据社区需要动员、分配资源，在工作过程中结合实际随时修改计划，待工作结束时对计划执行情况加以检讨和反思。在较为复杂的社会环境中，社会工作者应制订专门的计划，设计多种方案，以有效、科学的方式执行，服务于有需要的人。本案例中的服务对象是就业困难的青年。社工在先期的问题诊断与需求评估中了解到他们需要相关工作技能培训的支持与帮助。考虑到服务对象缺乏社会资本、人际网络以及就业所需要的技能，因此，社工采取了社会策划模式整合社会资源，为社区需要帮助的青年提供服务。

三 伦理特征

此次服务遵循赋权视角。赋权视角将社工看作解决问题过程中的因果行动者、拥有案主可以利用的知识与技巧的人及解决问题的朋友与伙伴，将权力结构看作复杂而又开放的，在一定程度上受外部作用的影响。赋权视角将使服务对象实现对自身生活的控制，树立解决问题的信心，认识并发展自身的行动能力。社工遵循赋权视角，链接社会资源，希望服务对象通过自身行动的能力来改变自己的生活和现状，从更大、更广阔的社会结构中去寻找权力与资源，实现自己的人生价值。

四 实施步骤

1. 对象招募

社工采用线上宣传、线下招募的方式，邀请到30多名青年参与此次培训。

2. 与社区的资源对接

社工与朝阳职业培训学校进行资源对接，邀请了两位老师分别教授青年制作清真面点、韩式料理。

3. 具体实施

第一，在为期五天的培训中，社工除作为组织方提供服务外，还在培训第一天组织破冰活动，使青年们相互认识并熟悉。同时，社工还在培训期间穿插大风吹、真心话大冒险等游戏环节，使青年适当放松，加深交流，发现彼此的闪光点，重拾就业信心。

第二，培训结束后，社工努力整合区域资源，动员社会单位，为青年就业提供就业信息、开通绿色通道；同时与社保所互通就业信息，互为信息发布平台，为青年就业提供持续服务。

4. 实施效果

活动结束时，社工邀请参加活动的青年填写调查问卷并进行培训分享。

（1）增加生活的乐趣，提升自我价值感。社区居民代玉美看韩剧的时候，便对韩国料理很感兴趣，老师讲制作过程的时候，她详细做了记录："虽然看电视剧中人家做得很简单，但就是学不会。现在地区请来了老师，教我们这些失业在家的人学习做韩国美食。这不仅可以让我学会做韩国美食，还让我的生活有了不同的色彩，让我觉得生活更有意义。"

（2）提升就业技能，提高就业竞争力。"老师教的大酱饼少油、低盐，比较健康。家人吃了我做的大酱饼都说做得不错，还给我提了建议，让我下次做的时候改良，改良好了没准还能出售呢？"马华敏笑着说，虽然得到了家人的赞扬，但她说还需要不断改进，以便做得更好，争取靠这项技能找到就业机会。

5. 评估内容与方法

评估内容。过程评估：检测、评估服务对象的生活境况以及工作情况，即服务对象是否实现了就业目标。成效评估：评估服务的整体效果，服务对象及所有参与者的改变情况，服务对象的满意度，评估整个活动的人力、资金投入和使用情况，等等。

评估方法。过程评估：通过查阅社工的活动记录、观察社工开展活动的现场效果进行评估。成效评估：对活动目标完成情况进行评估，利用问卷、直接访问等手段了解服务对象的满意度以及接下来开展相关服务的建议；对活动的人力、资金、技术等投入情况进行审核。

五　青少年社会工作专业技术讨论

此次活动从创业、就业角度透视了待业青年的就业需求和技能提高过程，将青年就业和社区资源有机地结合起来，产生了很好的效果。青年通过此次培训提升了就业技能、增强了就业竞争力。其中几个环节具有较强的专业性。

（1）模式选择与需求评估准确有效。服务应用了社区工作的社会策划模式。社工把握住了辖区特点，根据辖区内失业青年及青年全职妈妈数量较多的情况，通过问卷调查、实地走访等专业方法对本辖区青年开展了需求调研，根据调研结果做出了问题的诊断与需求评估，所开展的服务切合社区实际、符合青年需求，同时在采用社会策划模式时注重发挥相关专家的作用。

(2) 社工在角色把握方面比较到位。社工角色的把握情况是一个服务项目能否达到目标的关键要素。在这个项目中，社工扮演了方案实施者、资源链接者的角色。特别是链接到了有韩国料理技术的相关机构和人员为青年人提供相关培训服务，符合青年人追求时尚、对韩国食品料理感兴趣的特点。

(3) 项目管理有效。在培训期间，社工利用小组工作专业技巧，组织"破冰"小组活动打破隔阂、培养合作意识，促进青年相互交流，帮助青年重拾信心。同时社工也注意收集青年们反馈的信息，培训结束后，继续跟进青年的就业情况，并继续努力整合区域资源，为青年提供相关信息，提供就业帮助，持续为青年提供服务。

该项目具有较强的实际意义及可复制性、推广性。

整体来看，社会策划模式也有不足，采用这一模式的人应引起注意。首先，社会策划模式更多地依靠社工的工作和努力，其中社工的技术专家角色显得尤为重要。在开展活动时如果社工专业技能欠缺，就无法收到较为完美的活动效果。其次，社会策划模式更加重视任务目标。此项目在为青年提供培训服务的时候，更多的是解决青年欠缺实际工作能力的问题，但在就业方面，青年自身资源的挖掘和调动是关键。此项目在青年自身资源的挖掘方面尚有不尽如人意的地方。

第三节　企业青少年社会工作服务

一　概况

企业社会工作，是指社会工作者运用社会工作的专业理念与方法，在企业内外开展与职工的工作岗位适应、劳动环境协调、职业福利保障、职业生涯发展以及劳动关系协调等有关的服务与管理工作，其目的在于保障职工利益、提升劳动效率、促进企业和职工共同发展。在本部分，我们将企业青少年社会工作定义如下：企业青少年社会工作是指社会工作者运用社会工作的专业理念与方法，在企业内外开展与青年职工相关的服务与管理工作，促进企业和青年职工共同发展。

对企业青少年社会工作这个定义可以从如下层次理解：第一，企业青少年社会工作服务的提供者是专业“社会工作者”；第二，其核心工作对象是企业青年职工；第三，社会工作者开展工作的场域是企业内外；第四，工作内容是与青年职工的工作岗位适应、劳动环境协调、职业福利保障、职业生涯发展以及劳动关系协调等有关的服务与管理工作；第五，工作目标是保障青年职工的利益、提升其劳动效率与劳动积极性、促进企业和青年职工共同发展。

二　服务内容

在这一部分，我们将从服务对象和具体的服务内容两个方面展开讨论，同时，在工作过程中需要根据服务对象所处的工作环境、人际关系及其所能运用的资源的状况，针对不同的服务对象开展内容不同的服务、实施不同的服务策略。

1. 企业青少年社会工作服务的对象

（1）以企业内的青年职工个体及其家属为服务对象

针对青年职工个体（包括其家属）在工作和生活中面对的急需解决的问题或需要，通过社会工作者对其进行专业的个案辅导或链接相关资源帮助解决或予以满足。例如，对个别青年职工因工作压力过大影响心情、对企业发展产生一定影响等情况而开展的专业心理辅导；又如，对某一青年职工因在工作中与用人单位发生合理争议的法律援助；等等。此外，企业中青年职工的情绪和工作态度不仅受工作和单位本身的影响，也容易受其家庭生活及其与家庭成员关系的影响。为此，企业青少年社会工作的开展也必须覆盖青年职工的家属，这样才能更准确地确定企业中青年职工的需求，更好地为其提供专业的、内容全面的服务，体现企业对青年职工的人文关怀和发展性追求。

（2）以企业内的青年职工群体为服务对象

企业青少年社会工作应针对在较多青年职工中普遍存在的问题或需要而设计具有针对性的服务。如针对在同一劳动环境中很多青年职工都会出现的情绪问题，或针对青年女工或新入职外来务工人员等特定青年职工群体设计具体的专项服务。企业社会工作者可以通过协助企业或单位、组织内的适龄青年，建立朋辈互助的交流、成长网络，举办青年劳动技能培训班、比赛、一定范围内的大型主题活动等方式来满足相关青年职工群体的需要，促进青年职工群体全面发展。

（3）以企业整体或企业内的管理部门为服务对象

企业高层管理者与决策者的管理理念、管理价值观和管理水平对青年职工的直接影响很大，如何协调好管理层与青年职工之间的关系，是企业青少年社会工作的重要内容。高层的决策、中层的管理以及基层的实施过程，都需要企业社会工作者积极介入，以促进企业和青年职工良性互动，达到既提高组织管理效率，又提高青年职工福利的目的。同时，职工的问题，特别是青年职工的群体性问题又往往是由于企业本身的管理制度、企业文化以及企业运作方式引发的。企业青少年社会工作者应促进企业重视对青年职工的人性化管理，重视企业文化建设，重视青年职工参与，并协助建立企业与青年职工之间各种沟通与权益保障交流渠道和机制。

2. 企业青少年社会工作服务内容

（1）介入青年职工职业生涯规划

青年职工的个人发展是企业和社会发展的基础，只有充分发挥企业内青年职工的主观能动性，在企业内部建立起以职工为本的职业生涯规划、开发与管理的健全、完备的体系，帮助青年职工实现自我价值，为企业发展做出自身贡献，企业才能更容易实现自身发展的愿景。企业社会工作者通过为刚入职的青年职工提供持续的职业生涯规划辅导，帮助青年职工自主设计职业生涯规划，不断澄清自身发展需要，从根本上促进企业内青年职工职业生涯的发展。

（2）介入青年职工的情绪管理

任何人都有自己的情绪，但人们大都对自身的情绪缺乏必要的关注和细致的了解。青年职工在工作、生活中的消极情绪若不及时加以疏导，轻则导致其心情不舒坦，重则使他们走向崩溃的边缘；与之相反，积极的情绪则会激发青年职工饱满的工作热情和无穷的潜力。企业社会工作者需要通过及时识别青年职工的不良情绪和态度，对存在不良情绪及有隐患或潜在不良情绪的青年职工予以专业的疏导，以缓解其内在的不良情绪，改善心理状态，保持良好的情绪，适应工作、生活的需要。

（3）介入青年职工与企业间劳动关系的协调

企业生产是在职工与职工之间、职工与管理层之间不断交流、互动甚至冲突的过程中完成的，而各种摩擦和冲突是人与人之间互动的必然产物。建立和谐的劳动雇佣关系首先要从尊重开始，在企业内营造管理者与职工相互尊重、共同进步的文化氛围。建立与青年职工关系的调解及应对机制，使青年职工、管理者之间发生的矛盾、冲突能够及时、有效地得到解决，通过持续的定期沟通，将青年职工对企业的期望、意见建议等及时反馈给管理层，管理层便可以针对这些反馈上来的问题的性质、重要性及意义制定出应对方案和解决问题的办法，提升青年职工对企业的认同感和满意度，使他们与管理者一道致力于促进企业长期、稳定地发展。

（4）介入青年职工自身素质的提升

高素质的职工，尤其是极具创新能力和活力的青年职工，是企业可持续发展的重要基础，因此青年职工的素质成为企业社会工作的重要内容。在青年职工素质提升方面，企业社会工作者可以开展的具体工作主要如下：一是通过社会工作者的教育和引导，使青年职工增强自身的权益维护意识，能以合理的方式争取自身合法权益；二是组织青年职工参加职业技能培训，为青年职工提供提高自身专业技术技能的机会和平台，实现更好的发展；三是组织开展能够激励青年职工在工作上精益求精、开拓创新的活动，间接提高企业职工整体的劳动生产率，为企业经济效益的增长做出贡献。

三　可利用的资源

随着近年来企业中青年的数量逐渐增多，如何解决好企业中广大青年职工面临的众多问题成为企业的重要任务之一，关系到企业职工的整体素质，也关系到企业的长远发展。开展企业青少年社会工作，目的是促进企业内外环境和谐以及企业和职工共赢。提供相关服务可利用的资源主要集中在以下几个方面。

1. 青年职工自身

就企业青少年社会工作的目标群体而言，企业内的广大青年群体本身就有巨大的潜力和可以主动寻求改变的空间，因此要解决其在企业场域内工作时所面临的一系列问题，就需要充分调动和激发企业内青年职工的积极性。青年职工的学习能力、对职业生涯的认知不断深入的能力以及人际交往能力的提升、争取合法权益意识的觉醒、对国家政策的理解，都是青年职工自己可以掌握和争取到的宝贵财富，同时青年职工之间的互相影响也不容忽视，这些对青年职工的自我实现和发挥价值都是十分重要的。

2. 企业

企业或单位是青年职工工作或生产的主要场所，也是许多青年职工面临问题和挑战的现场。因此，在针对问题为企业青年职工开展专业服务的时候，需要充分利用企业内外部资源，企业的管理架构和外部合作伙伴、合作社区的优势资源以及为职工发展制订的方案与规划及实际行动和培训都是重要的资源。利用好这些资源，可以在一定程度上协助青年职工摆脱困境，为青年职工提供所需要的帮助，也可以预防相似的问题再次出现，改善企业内部关系。只有恰当地运用企业的资源，才能保证职工与企业实现共赢。

3. 政府部门

与青年职工发展息息相关的政府部门，如人力资源和社会保障部门、所属共青团、青联等组织一定要时刻关注企业青年职工发展动态，通过实地调研等途径了解青年职工的发展需求，并针对需求提供政策、生活、发展等方面的便利条件，使企业内的青年职工群体知道有关部门在积极关注他们的情况，从而更积极地履行自己的责任，为企业和社会做贡献，与此同时，也可以为他们实现自身价值创建良好的政策环境和发展平台。

4. 社会工作者

以社会工作者为代表的个人或公益类组织，可以成为处理企业管理者与青年职工之间问题或矛盾的重要资源。他们在处理人际关系、维护弱势群体权益方面有很多经验，也能够为他们链接如心理辅导与咨询等方面的资源，与此同时，社会工作者可以将具有同质性的青年职工召集起来，为他们开展群体辅导，解决他们面临的问题。

四　需要注意的问题

1. 注意工作方式方法

当面对这部分青年职工时，需要考虑到他们身份的特殊性（已经离开校园步入社会），同时面对用人企业也要根据具体情况，在开展相关工作时应当既考虑他们的实际需要，又要考虑工作方法、语句措辞的合理性，便于他们接受和认可，避免引起不必要的误会。同时，只有明确社会工作介入企业青年职工发展的目标，才能更好地回应企业职工的需求，提高服务的效率。

2. 青少年企业社会工作方法自身的滞后性

企业社会工作是社会工作的一个重要实务领域，特别是针对青年职工群体开展的企业社会工作，相对于其他实务领域是一个新兴的专业领域。我国的企业社会工作才刚起步，面对社会发展对企业社会工作的迫切需求，当前企业社会工作还严重滞后，能做的工作也有限。企业社会工作的目的在于保障职工合法利益、提升劳动效率、促进企业和职工共同发展，方法使用好才能实现这些目的，真正满足职工的需求，促进企业发展进步。

案例

小强在箱包厂工作。刚进车间时，他就觉得气味很重，时间长了也就习惯了。半年后，他感觉自己越来越虚弱，面部和手脚水肿。他以为是工作太累的缘故，继续坚持车间作业，直到一个月后突然晕倒，被人送进医院。医疗费花了8000多元。小强出院后一直在家待着，依旧身体水肿，无法干重活，情绪很差。小强的朋友向社会工作者介绍了小强的情况，希望能得到帮助，社会工作者接受了求助。

一　接案

经小强的朋友介绍，社会工作者开始与小强接触。通过与小强会谈及对其朋友、邻居的访谈，了解了他的基本情况和求助的问题。社会工作者真诚、接纳、能理解自己的交流方式使小强对其产生了信任，双方建立了服务关系。

在接触中，社会工作者做了四件事：①意识到小强是由朋友转介而来，这确定了服务对象的来源；②了解服务对象的基本情况，如年龄、教育背景、工作单位等；③明确服务对象求助的问题及其需求；④与服务对象确立信任和合作的服务关系。

二　预估

针对小强的身体病痛问题，社会工作者通过深入访谈，结合心理－社会治疗模式理论，将其问题成因归结为三个方面：生理因素是小强患病后没有彻底康复就回到家中，后来也没有做治疗或康复训练；心理因素是身体病痛让小强出现了负面情绪，逐渐对生活失去信心；家庭因素是家人能给予的照顾很少。明确了问题成因后，社会工作者梳理了介入的优势与资源：一是社会工作者与当地职业病防治医院有接触，可为小强联系康复资源；二是小强有三个关系密切的朋友，可以成为他的社会支持系统；三是了解社区卫生所有部分免费医疗服务。

三　计划

基于预估情况，社会工作者计划采取社区康复疗法，同时采取心理康复疗法，从生物－心理－社会角度出发，对小强进行心理干预，提高其心理健康水平。具体目标和行动是帮助小强联系职业病防治医院；康复跟进，协助小强进行康复训练；联系其朋友和家人，帮助小强走出低落的情绪，恢复和增强自信心。个案工作是一个有序开展的系统过程，制订合理的计划就是其中一部分。完整的计划包括服务要达到的目标和为了达到目标采取的行动及介入策略。

四　介入

介入过程也被称为治疗与服务或干预过程。社会工作者开展了如下干预活动：首先是链接资源，解决生理问题；其次是康复跟进，调节情绪；最后是与小强的朋友和家人交谈，促使他们给予情感支持。另外，社会工作者还动员卫生所人员及其邻居为小强提供支持与帮助。

五　评估与结案

介入过程结束后需要对个案工作进行评估，以确认服务目标达成的程度、服务对象改变的程度以及服务方式是否合理有效。在本案例中，经过社会工作者的介入，小强的问题得到了解决，各方面都有了明显的变化。评估的作用在于它是一种整体性反思，能促使社会工作者及时地对实务经验进行总结，这有助于提高以后的服务水平。评估结束后就可以结案了。根据具体情况，结案后还可以继续跟进、提供跟踪服务。

第四节　儿童青少年医务社会工作[①]服务

一　概况

1. 医务社会工作的定义

医务社会工作是实施于人类健康领域的社会工作。随着社会变迁、经济发展和人类复杂的社会心理需求的变化，对医务社会工作的服务领域、服务需求、服务方法和价值理念等也有了新的诠释。

2. 儿童与青少年就医服务需求

根据中华人民共和国国家卫生和计划生育委员会（以下简称中国卫计委）数据，我国 0～14 岁儿童约 2.3 亿，占全国总人口的 16.6%，但随着 2015 年 10

---

① 鉴于儿童、青少年、未成年人等概念尚不统一，且目前医院里开展的医疗社会工作服务大都以儿童为主要对象，本节论述中以“儿童青少年医务社会工作”作为一个概念予以论述说明。

月全面二胎政策落地，新生儿数量将在未来几年呈递增态势，根据国家卫计委预测，未来每年将新增新生儿 300 万 ~ 400 万，预计到 2024 年儿童人口有望达到 2.65 亿；儿童患病率高企，儿科门诊量爆棚，2015 儿科门急诊人数达 5.4 亿人次，占全部门急诊人数的 9.6%。由此可见，儿童青少年医疗服务的刚需强劲。

供给端儿童医疗服务缺口巨大，医院总量不足、分布不均，儿科医生紧缺。其具体表现为：①医院总量不足，儿童专科医院仅有 99 家（其中公立医院 69 家、私立医院 30 家），仅占全国医疗机构的 0.38%，且主要集中在东南大中城市，资源分布严重不均。儿科床位 25.8 万张，仅占全国医院总床位数的 6.4%，儿童医院病床使用率一直处于高位，2014 年达到 103.8%。②儿科医师紧缺，根据国家卫计委的数据，截至 2014 年儿童医师总量为 11.8 万，2014 年中国平均每千个儿童拥有 0.53 位儿科医师，严重低于美国平均每千名儿童拥有 1.46 位儿科医师的比例，中国儿科医师的缺口至少为 20 万，儿科医师日均担负诊疗人次约 16 人次，远超医疗机构整体 7.5 人次的平均水平，超负荷运行现象严重。

此外，近年来我国人口的年龄分布发生了结构性变化，人口年龄主要分布以 20 ~ 34 岁的青年人口为主，此人群正值婚育最佳年龄。从新出生人口分布情况看，今后 5 年我国将迎来新一轮婴儿潮，每年新生儿的数量有望提升到 1900 万。截至 2014 年，我国 0 ~ 14 岁儿童约 2.3 亿人，占全国总人口的 16.6%。目前儿童人口数处于低谷向上爬的起步阶段，未来 10 年将持续增长。30 多年的计划生育政策使得我国人口出生率近 10 年来一路走低，2014 年只有 12.37‰，人口老龄化严重，抚养人口比重持续增大，人口结构失衡问题严重。2013 年单独二胎政策实施，由于小孩的抚养成本高等原因，从数据看并未呈现预期的井喷态势，但随着 2016 年全面二胎政策放开实施，新生儿数量将在未来几年呈递增态势。由此可见，人口年龄分布的变化也是儿童青少年医疗社会工作发展面临的又一重要挑战。

二　服务内容

儿童青少年医疗社会工作服务一般发生在专业的儿童医院或综合类医院、基层医疗卫生服务机构等特殊场域。儿童医院由于儿童青少年患者年龄以及儿童青少年在中国本土家庭地位的独特性及在整个社会中角色与功能的特殊性，该领域的受助者往往具有不同于其他患者群体的需求及特点。因此，在儿童医院或综合类医院、基层医疗卫生服务机构的儿科诊室需要开展针对性强的医务社会工作服务。

在设计医务社会工作的服务内容时，一是要考虑到儿童青少年患者群体的特点与需求。儿童医院的病人群体基本上为年龄在0～22岁之间的患者。住院治疗使儿童青少年患者遭受疾病带来的生理上的不适，除此之外还导致其脱离熟悉的生长环境、与亲密的朋辈群体乃至原生家庭分离、活动范围受到限制等身体和心理上的不适与限制。以上情况都可能导致儿童青少年产生不同程度的心理和精神问题（如焦虑、恐慌、抑郁）及异常行为问题（如攻击性行为、社交或阅读障碍，甚至有轻生的念头），这些情况一旦出现，无疑会增加院方及医疗人员的治疗和护理难度，出现病情以外可能的突发情况。二是要考虑到儿童青少年照顾者群体（往往是父母亲等直系亲属）的特点与需求。

综合上述考虑因素，我们认为儿童青少年医务社会工作服务的主要内容如下。

首先，对儿童青少年患者而言，医务社会工作者应该发挥如下作用：一是帮助患者适应医院的环境和治疗方式、过程，降低其因入院和接受治疗而产生的恐惧感，辅助医学治疗而选择采用适合患者生理和心理发展特点的医务社会工作手法，如沙盘模拟、音乐治疗等，通过游戏与患者建立良好的专业服务关系，与患者进行更多的沟通并建立信任关系。同时，在不断沟通加深了解的过程中，促进患者表达自身的情感、情绪，帮助其自身正确认识疾病、适应医院环境，期望能够帮助其缓解因疾病带来的心理和行为问题，及时将其情况记录下来并反馈给医生，更好地配合接下来的治疗过程，达到预期的治疗效果，为保障其心理和精神健康做出努力。

其次，对儿童青少年患者的照顾者来说，医务社会工作者的工作落脚点应该是帮助个体及其家庭从疾病或相关症状所造成的混乱、带来的困惑中恢复到正常状态，调整整个家庭的状态至正常水平。医务社会工作者根据其表现，有选择性地运用个案工作或小组工作的专业手法帮助整个家庭及其成员正确处理心理、情绪上的问题以及异常的行为，这也可在一定程度上间接地提升他们照顾儿童青少年患者及控制自身情绪的能力，也可根据临床的实际情况采用家庭治疗的方法来处理家庭成员因就医而带来的矛盾和关系等方面的问题。另外，为减轻照顾者和整个家庭经济上的压力，医务社会工作者可以整合并链接医院相应的医疗资源或社区中有利于患者康复的资源来帮助照顾者减轻患者照顾方面的压力，并尽可能地链接相应的资金支持，不断加强照顾者的支持系统，为照顾者充权。

最后，对专业的医务社会工作者而言，除了需要掌握必备的关于社会工作理论与实务能力、人类行为与社会环境的理论、基本的医学常识外，应该格外注重医务社会工作的特殊性及经常面临的伦理价值议题，保护服务对象的隐私，明确自身权限范围并且经常反思自己的行为，尊重服务对象的医疗权利，为其康复发展、家庭状态改善做出正确的价值判断和价值选择。

三　可利用的资源

在儿童青少年医务社会工作过程中，医务社会工作者应挖掘和链接可以运用的资源，更好地为患病儿童青少年和他们的家庭服务，达到预期的治疗和干预目标。我们认为主要有以下几种可利用资源的来源。

1. 政府及有关部门和政策

面向儿童青少年群体的医务社会工作的发展离不开政府及有关部门的重视。只有对政府及有关部门患病儿童青少年及其家庭实际需要和情况有所了解、对医务社会工作的职能有所认识和认可，才能够推动相关规范性文件的出台，例如：国务院出台相关医务社会工作服务条例、卫生部出台相应的公共卫生服务执行标准和规范等。与此同时，从宏观意义上来说，由于社会工作专业是“舶来品”，医务社会工作领域特别是面向儿童青少年的医务社会工作更是缺乏具有中国特色的本土化理论体系与实践模式，政府及有关部门的重视能够加速我国对医务社会工作理论与实践模式的探索，并且能够反过来推动相关的医疗保障制度和健康照顾体系的健全和完善，对于推动我国医务社会工作本土化发展和相关体制机制的健全具有深远的意义与影响。

2. 公共卫生服务机构

儿童医院或综合类医院、基层医疗卫生服务机构虽然是医务社会工作的前沿阵地，但是仍然有可以更充分地加以利用的资源。这一点从医务社会工作的定义中就可以看出来。定义强调社会工作者在医疗卫生服务机构中运用专业知识，与医疗团队一起共同针对患者的问题协助患者及其家属排除医疗过程中的障碍，使患者早日痊愈，达到治疗的预期目标。在医院内，共同致力于儿童青少年患者早日康复的团队既包括医务社会工作者，也包括医生、护士、营养师、理疗师等其他专家。除了发挥自身专业能力之外，这些专家拥有的其他能力与技巧也会在一定程度上有利于为患者提供更全面的医疗康复服务，有利于患者的康复。与此同时，医院自身也应加大对医务社会工作的重视和建设力度，完善自身医务社会工作服务体系，以更专业的服务和认真的态度为更多有需要的儿童青少年及其家庭提供更为优质的服务。

3. 学校与社区

学校和社区是儿童青少年及其家庭日常生活、学习、社交的重要场域，其中，同学、亲属及邻里能够在其困难时提供关爱和帮助。医务社会工作者应该与学校和社区加强联系，在保障患者隐私、获得患者允许的前提下联系学校与社区，共同为患者及其家庭提供支持，健全患者及其家庭的社会支持网络，帮助患者顺利回归学校和社区，恢复社会功能；和学校、社区的卫生人员一道，加强常见疾病的预防教育，增强人们预防疾病的意识和能力，实现早预防、早发现、早救治。

4. 家庭

在儿童青少年入院救治期间，家庭起到了不可替代的作用。在治疗过程中家庭便是患者的支持和依靠，家庭关系和睦能够为患者的救治消除后顾之忧。在社会工作者为患者家属提供资源解决家庭因疾病而引起的各种困扰后，整个家庭的关注点便在患者的健康和康复上，这样有利于增强患者及其家庭共同度过困难时期的勇气及决心。同时，医务社会工作者与患者家属之间及时、有效的沟通是患者康复道路上的重要环节，要使家庭相信医护人员及社会工作者会全心投入，为患者的康复共同努力。

5. 医务社会工作者

医务社会工作者独立于其他资源而构成一种独特的资源，原因在于其工作的独特性要求其能力在一定范畴或领域内拓展，在具备必需的知识、能力、技巧和价值观之后，如何与各界沟通、争取到有助于患者及其家庭康复与发展的资源便成为医务社会工作者一项重要的能力，而这也可能关系到患者的治疗效果和其家庭的生存状况。所以，需要加强医务社会工作者的岗前培训，开拓思路，让其探索除了支持者、协助者和协调者之外的角色与功能，更好地为患者及其家庭提供服务。

四　需要注意的问题

一是医务社会工作者的定位与身份认同需要全社会关注。目前我国的医务社工仅在一线城市范围内进行实践，医务社会工作总体上是由个别综合实力比较强的大型医院自发开展的，这也意味着医务社会工作至今不是规范化医疗服务体系的一部分，缺乏制度化的安排。即使在医院设立社会服务部之后，医务社会工作者的待遇和传统医务人员也并不平等，没有制度化的考核、晋升、薪资标准等，身份长期得不到承认，医务社会工作者的身份、地位和作用没有被充分认识，直接阻碍了医务社会工作实务的发展，成为医务社会工作发展的体制性障碍。①

二是对医务社会工作的专业范围和工作职责没有明确的界定。从目前医务社会工作实务的专业范围来看，在部分医院专业化医务社会工作已经出现，社会工作代表性的三大工作方法已经探索性地在医务方面实践。但是部分医院的医务社会工作实务仅仅局限于对志愿者的招募与管理、医患沟通和矛盾的调解、维持医院与社会公众关系等方面，这种实务本质上是把行政化的管理职能转移到了社会服务部，并没有涉及医务社会工作的核心。从目前医院社会工作实践形成的模式来看，践行医务社会工作实务的医院仍属少数，现有的很多医疗卫生服务机构中的医务工作并不涉及医务社会工作。

案例

医疗社会工作个案研究②

一　接案

刘某，男，13岁，上海市人，出生至今不能自己站立和独立行走，双眼向上斜视，吐字不清，语言连贯性差，后以脑性瘫痪住入医院脑瘫科进行康复治疗。

当日，病房护士通知社工对该患儿及其家长提供康复辅导。

社工员与当事人即患儿的母亲在脑瘫病房进行了首次会谈，向其介绍了医务社会工作者在康复医院的作用及工作职责，相互之间取得了信任。

当事人介绍说：这个孩子是第一胎，是自己在妊娠8个月时因劳累早产，生产时又因难产借助产钳帮助分娩，孩子生后哭声洪亮，无青紫、窒息史。出生体重为2700克，生后第二天病情变化，转入抢救室，治疗14天后痊愈出院。出生5个月时发现孩子视力不正常，到医院就诊，被诊断为“视神经萎

① 刘继同：《改革开放30年以来中国医务社会工作的历史回顾、现状与前瞻》，《社会工作》2012年第5期。

② 马洪路：《医疗社会工作个案研究》，《社会工作》2008年第1期。

缩”，1岁时仍不能独坐及翻身，到上海医科大学某附属医院就诊，被诊断为“运动发育落后”，在院外应用针灸、按摩、吃中药等方法治疗，3岁时能独立站立片刻及扶物行走，能蹬小三轮车，但是仍不能独立行走。

二 立案

根据患儿家长的叙述及对患儿的观察与了解，社工做出患儿日常生活依靠家人照料的判断。

会谈中，在社工的引导下，当事人又介绍了自己及家庭的情况：当事人是上海某厂的纺织女工，每天工作很忙。孩子出生时她的丈夫在清华大学读研究生。她自己一边工作，一边照顾孩子，那时家庭经济很紧张。后来爱人辞了公职，在上海开办了一家电子有限公司，任总经理。公司规模越做越大，家庭经济日渐好转，先后买了房子、汽车，当事人也辞了职，和保姆一起每天在家照顾孩子。由于孩子不能行走，有语言障碍，到了上学年龄仍不能随班就读，她就在家里教孩子读书写字，后来发现孩子对英语感兴趣，说英语比说汉语还流利，就注意在英语方面加强培养，请家庭教师。现在孩子可以完成简单的听说读写。以后她又发现孩子很喜欢电脑，每当父亲在电脑前工作时，他就凑过去，表现出极大的兴趣，尤其对股票有特殊的爱好，很快孩子就迷上了炒股，上网浏览股市行情是他每天必做的事情。

小儿脑性瘫痪是脑组织损伤所致的综合征，根据当代小儿脑瘫康复的基本特点，康复不仅是单纯的躯体形态功能的恢复（即使痉挛减轻、姿势改善、畸形矫正和步行能力提高），还包括对患儿的生活自理能力和情理能力的培养、心理抚慰、情绪的调节，以促进各项能力的发展，最大限度地减轻残疾程度，尽量使患儿获得生活自理和接受教育的能力，增强独立生存于社会的能力。社工决定立案给予康复辅导，和当事人确立专业关系。

三 社会诊断

通过与当事人及孩子多次接触，社工了解了患儿的相关情况：患儿性格内向，胆小，依赖性强，因语言障碍不愿与外人交流，生活自理能力差；家长对患儿过于溺爱，过分包办孩子的一切，在教育方面过分注重患儿的兴趣，缺乏良好性格的培养。

四 社会治疗

社工与患儿母亲会谈，提出在住院期间要注意提高孩子的生活自理能力，如增强双手的灵活性、精细性、协调性，应与其他孩子多接触，改善构音障碍，使患儿吐字清晰、说话连贯；在医生、护士的配合下，组织部分住院患儿及家长去香山植物园游玩。患儿对这种社会活动表现出极大的兴趣，坚持不做轮椅，长时间地步行。回病房后还非常兴奋，问他妈妈什么时候再去玩。患儿经过两个月的水疗、按摩、平衡等一系列康复训练，双下肢关节活动范围扩大，骨盆控制能力提高，坐姿改善，患儿及家长坚持康复训练的愿望强烈。社工向当事人建议重视患儿的心理与情感问题，注重心理方面的康复和性格的培养，并申请职业康复训练。

患儿母亲也感谢医院对孩子的帮助和信任，表示要和社工加强交流，制定今后孩子的培养目标和方向。

在脑瘫病房，社工组织脑瘫儿童家长座谈，进行社会康复小组辅导。针对脑瘫患儿康复训练的特点、家长的心理变化和存在的社会问题，引导大家进行讨论，现场气氛热烈。通过讨论，家长们了解了康复训练的目的不仅仅是使残疾儿童改善肢体功能状况，更重要的是提高患儿的生活质量。家长要坚持不懈地学习训练技能，并为患儿配置适当的康复器具。同时，不要盲目依靠药物、偏方，也不要在训练中急于求成。当事人认为通过这种形式的交流很受启发，家长们可以自发地组织起来，以病室为单位，相互交流，互相帮助，减少孤独感，增强信心。

当事人主动要求与社工讨论患儿今后的教育问题，认为现在患儿可以熟练地朗读中学初一语文课文。对患儿的测试显示其社会适应及独立生活能力都有提高；参加集体活动能力为边缘水平；交往能力及自我管理能力达到正常水平。因此社工建议患儿出院后到特殊教育学校随班就读，不要将孩子藏在家中，要充分挖掘其潜能。当事人表示采纳社工的意见。

检查发现患儿关节活动范围扩大，肌力增强，生活自理能力及言语清晰度都有提高。拟定的全面康复目标已基本达到，遂于当日出院。社会适应能力等方面的情况待今后随访观察。

五　结案与评定

在儿童的各类残疾中，脑瘫是最为严重的残疾之一。因此脑瘫儿童及其家长成了社会中一个有着特殊困难的群体。对脑瘫儿童的家长进行社会康复指导，就是要使家长们能够利用患儿住院的宝贵时间，充分了解孩子的生活自理情况，并根据具体情况，学会训练孩子完成日常生活中最基本的动作，使脑瘫儿童在回归家庭的过程中得到正确的帮助。在组织家长开展小组工作时社工发现，孩子残疾了，有些家长对孩子更加呵护，人为地阻隔了患儿与社会的联系，他们常常将正在发育的患儿视为“无知的生命”，感觉不到患儿对接触外界的人和事的心理反应，不能帮助及诱导脑瘫患儿克服心理障碍和智能上的缺陷，所以社工对家长进行指导：在家庭生活中，避免将患儿置于难以与外界沟通的封闭环境中，多为患儿创造与外界交流的机会；根据患儿的具体情况为选择适合其发展的教育方式，使患儿在生活中发展自我、完善自我。

残疾儿童的家长是最为艰辛与痛苦的，家长企盼外界帮助的心情是可以理解、值得同情的。然而，外界的帮助毕竟有限，最终，排解痛苦和忧愁还要靠自己的努力。社工指导家长要充分注意患儿的特点，注重智力的开发，减少忧虑，持之以恒。我们相信，只要对脑瘫儿童进行全面康复，把医疗康复和社会康复紧密地结合起来，树立坚定的信念，患儿的生活自理能力和参与社会的能力一定能得到提高。

本案例基本上运用的是行为修正派的个案工作模式，认为个人的行为是在外界的环境刺激和制约下形成与改变的，所以强调通过学习过程来改变行为。在这个案例中，社会工作者采取操作制约或工具制约的方法开展工作。因为患儿的个人行为受到家长的限制，所以社工的工作重点：一方面，帮助患儿在外界刺激下改变生活行为和思维方式；另一方面，通过帮助家长学习的过程来改变其行为，由个人意识的控制达到对过去行为的修正，趋利避害是行为修正派个案工作模式的原则。

行为修正派强调可观察的行为，将患儿的行为是否正确或反常，以及经过社会治疗后是否恢复了正常行为，作为检验工作成果的标准。这种工作模式基本上不考虑对服务对象的内在心理机制进行分析诊断，而是直接从服务对象的日常行为着手，将其作为修正行为的出发点。行为修正派个案工作是医务社会工作在个案工作中运用的一种治疗方法，以削弱不适应行为、增加适应行为作为主要目的。这个学派的工作，以偏差行为或症状作为治疗对象，根据服务对象不同类型的行为制定修正行为方案，本案是比较成功的一例。

第十章　青少年社会工作服务（下）

第一节　贫困与青少年社会工作服务

一　概况

1. 概念

关于贫困青少年的定义，目前国内外尚无统一观点，但是综合相关国际组织，如世界银行、国际扶贫中心等，以及国内相关组织，如中国国际扶贫中心等的界定，一般可以将贫困青少年理解为家庭贫困青少年。中国青少年研究中心团中央国际联络部课题组指出，中国贫困青年主要包括农村贫困青年、农民工贫困青年、残疾人贫困青年、城镇贫困青年、流动贫困青年和贫困大学生等①。本书认为，贫困青少年除指上述贫困弱势群体之外，还应包括因各种原因导致的“心理贫困”、“精神贫困”的青少年。因为，心理、精神与青少年自身发展是否协调，是新时期青少年能否健康成长的重要影响因素。

2. 相关数据

联合国人口基金会发布的《2007 年世界人口状况报告》说，到 2030 年，全球城市人口将达 50 亿左右；城市人口的增长主要集中在发展中国家；在大部分发展中国家，青少年人口集中在城市，各国政府应更加关注城市青少年特别是贫困青少年的成长问题，因为他们事关经济的未来发展。②

中国国际扶贫中心指出，按照中国官方贫困标准衡量，1978 ~ 2007 年，中

---

① 中国青少年研究中心团中央国际联络部课题组：《联合国〈到 2000 年及其后世界青年行动纲领〉实施十周年（1995 ~ 2004）特别调查：中国青年发展报告》，《中国青年研究》2005 年第 11 期，第 4 ~ 30 页。

② 《联合国报告预测明年城市居民将占世界总人口一半》，http：//www. chinapop. gov. cn，2007 年 7 月 23 日。

国农村尚未解决温饱的绝对贫困人口数量已从2.5亿下降到1487万，占农村总人口的比重由30.7%下降到1.6%。中国国际扶贫中心数据显示，2000～2007年，温饱问题已解决但发展水平依然较低的低收入贫困人口的数量从6213万减少到2841万，占农村总人口的比重相应地从6.7%下降至3%。[①] 城乡发展的差距及大量贫困人口集中于农村，农村贫困青年构成中国贫困青年的核心主体。

农民工贫困青年是农村贫困青年中的特殊群体，中国1.4亿进城务工农民中，85%是青年。大学生中贫困群体是伴随着高校收费制度的改革和高校扩招而出现的社会现象。当前中国经济困难大学生约占在校生总数的20%，人数在240万左右；经济特别困难学生人数为60万～100万，占在校生总数的5%～10%。[②]

从上述数据中可以看出，尽管我国目前没有关于贫困青少年的确切数据，但是从现有的与青少年贫困相关的群体的数量来看，我国潜在的贫困青少年数量相当庞大。

3. 相关政策

从对不同贫困青少年群体出发，国家相关部门已做出许多有利于减少青少年贫困，帮助青少年实现机会均等的积极政策，主要有以下几个方面。

为解决中国农村贫困青年的贫困问题，中国政府投入了巨大的精力。1994年，国务院制定《国家“八七”扶贫攻坚计划》（1994～2000年），颁布了一系列的优惠政策。农业、农村、农民问题，即“三农”问题的提出与政策实施是农村青年脱贫的有效途径和政策保证。2004年2月，《中共中央国务院关于促进农民增加收入若干政策的意见》正式公布，对加快农村改革和发展，促进农村贫困青少年摆脱贫困具有重大的现实意义。

中国政府积极建立城市扶贫机制，解决城镇贫困青年的脱贫问题。截至2003年底，全国领取城市居民最低生活保障金的人数为2247万人，930万户家庭得到了最低生活保障。2004年底，全国参加失业保险人数10584万人，领取失业保险金人数为419万人。

为缓解贫困大学生的贫穷问题，中国政府采取了多项措施。中国政府首先从

---

① 《中国农村绝对贫困人口数量已降至1500万以下》，环球网，http://china.huanqiu.com.，2008年7月8日。

② 中国青少年研究中心团中央国际联络部课题组：《联合国〈到2000年及其后世界青年行动纲领〉实施十周年（1995～2004）特别调查：中国青年发展报告》，《中国青年研究》2005年第11期，第4～30页。

制度和经费上予以保障。2002 年，教育部和财政部联合实施国家奖学金计划。凡国家奖学金获得者，其所在学校均减免该生当年的全部学费。2005 年，教育部切实落实对家庭贫困学生的资助和扶持政策，千方百计确保占学生总数 20% 的贫困家庭学生能够得到国家助学贷款。同时高校与银行开展全面的银校合作，逐步建立了较为完善的资助贫困大学生的政策体系。目前，以奖学金、学生贷款、勤工助学基金、特别困难学生补助和学费减免以及国家助学贷款为主体的多元化资助经济困难学生的政策体系已初步形成。

二　服务内容

1. 贫困青少年教育

贫困青少年面临的最主要问题是，经济收入低、经济负担重、生活品质低下，由此导致青少年健康成长缺乏根本物质性保障；同时，贫困青少年的教育问题十分突出，他们的父母一般受教育程度较低，在缺乏经济保障的前提下，难以为青少年提供必要的教育环境及教育费用。社会工作者应首先发现贫困青少年基本需求，明确导致青少年贫困的根本原因，然后与青少年及其父母一道，寻求解决措施，帮助青少年及其父母首先从思想上认识到眼前的贫困并非是长久持续的，需要去面对，需要去克服；同时，青少年及其父母必须认识到对子女的教育是一种必要的投资，而且也必定能有收获。对于处于九年义务教育阶段的贫困青少年，社会工作者应尽量搭建起实现青少年免费就学以及尽量减少在校食宿费的桥梁；对于处于高中教育阶段的贫困青少年来说，鼓励他们进入社区相关技能教育学校继续就读；目前，关于贫困大学生，国家已出台许多有效政策，社会工作者可以帮助贫困大学生充分利用资源，去创造更多的价值。

2. 贫困青少年就业

就业是青少年生存与发展的基础，也是社会和谐发展的前提条件。中国贫困青少年就业形势相当严峻，面临很多难题。这些难题比较突出地表现在新增劳动人口供大于求、大学生就业问题增多和农村青年劳动力转移难度增大三个方面。面对这些形势，社会工作者首先应帮助贫困青少年形成正确、积极的就业观，端正自己的就业的心态，其次，鼓励他们为实现就业而努力提升自己的就业技能，真正达到有用武之地的效果。另外，社会工作者需要为贫困青少年提供必要的就业资源和就业信息，帮助贫困青少年顺利就业。

3. 贫困青少年社会参与

贫困青少年的社会参与情况令人担忧，包括政治参与、社区朋辈交往、社会活动参与等，都表现了贫困青少年与主流社会的一种“隔离”状态[①]，这种情形反映了贫困青少年对自身权益的意识薄弱。社会工作者首先应帮助青少年提升意识觉醒，让他们明确自身权利，积极参与政治事务，同时，也要让他们意识到积极与社区邻里、朋辈等周围群体交流互动，是促进其成长的一大财富。社会工作者还应该适时为贫困青少年参与社会事务和社会活动创造条件，帮助他们努力成为积极的社会成员。

4. 贫困青少年心理援助

当前，与青少年物质贫困形成显著对比的“精神贫困”越来越影响着青少年的心理和思想特征。有学者指出，“精神贫困”反映了人的思想观念、行为方式的落后状态。“精神贫困”是相对于物质贫困而言的一种贫困概念，它是指人的追求、信念、价值观、习惯等人类理性滞后，缺乏基本生存与发展的技能、方法，无法满足现实生活基本需要的状况[②]。因此，在面对贫困青少年开展工作时，社会工作者不仅应该注意他们的物质需求，还应该高度关注其精神需求，在争取各种资源为贫困青少年消除物质贫困的同时，还应该保证青少年精神方面的愉悦状态。

5. 贫困青少年相关政策倡导

尽管前文已述及，当前政府对贫困青少年采取了许多政策措施，但是贫困青少年群体仍然大量存在。在第一线面对贫困青少年群体开展服务工作的社会工作者，可以切实发现工作中青少年群体的真正需求，同时评估现有的相关政策法规，在此基础上，不断进行政策建议和倡导，包括进一步明确具有各种群体特征的贫困青少年需求，如农村贫困青少年、农民工贫困青少年、残疾贫困青少年、单亲或无父母贫困青少年等，社会工作者应该从现实出发，真正以贫困青少年为本，倡导政府出台相关更为有效、科学的政策。如针对贫困青少年的就业政策、家庭政策、教育政策等，是解决当前贫困青少年处境的根本保障。

三　可利用的资源

1. 政府主导参与

关于青少年的贫困问题，政府应该成为主要责任人。政府应该在资金方面为

---

① 孙莹、周晓春：《城市贫困家庭青少年的问题与需求研究》，载陆士桢主编《中国城市青少年弱势群体现状与社会保护政策》，北京：社会科学文献出版社，2004，第 65 页。

② 吴稼稷：《论精神贫困与欠发达地区的社会发展》，《江西社会科学》2002 年第 7 期，第 108 ~ 110 页。

贫困青少年提供有力保障，为贫困青少年建构起适度的社会福利服务保障机制，建构一个适合贫困青少年成长的有利政策环境。在对贫困青少年开展服务工作过程中，最有效的做法是：政府出资，向社会购买服务来帮助贫困青少年真正脱贫，因为政府不可能直接将现金发给每一个贫困青少年，而是通过连接政府与青少年之间的桥梁者——社会工作者来实现；另外，政府要主动制定相关政策，保障贫困青少年服务真正落到实处。比如，进一步完善城市最低生活保障制度，扩大最低生活保障的覆盖面且足额发放；在具体执行方面，加强其监督和管理力度。同时，实施以贫困青少年为中心的社会救助措施，构建贫困青少年专项救助政策，如减免贫困青少年的教育、医疗保健费用等。

2. 家庭积极发展

家庭永远是青少年健康成长的港湾，虽然由于种种原因，许多贫困青少年的贫困，是由家庭贫困所致的，但是家庭在此过程中，不应该丧失其功能。尤其是在改善贫困青少年生活、教育、就业等方面的服务过程中，家庭应该积极参与其中，要与青少年子女一道，探寻导致贫困的原因，并尽最大努力去消除贫困。父母既不能因为贫困而无法为青少年子女提供各种条件感到内疚，也不能表现出无能为力和顺其自然的消极心态。只有积极发挥和挖掘家庭保护网的功能，贫困青少年的现状才易于改善。同时，贫困青少年父母应积极实现就业或者寻求增加收入的渠道。青少年贫困的一个重要原因是家庭，父母就业水平和收入水平的提高，可以降低青少年的贫困率。

3. 社区、社会组织和市场的有效辅助

社区和社会组织在现代社会发展中起着不可替代的作用。随着社会工作的发展，社区工作方法已得到有效发展和实践，以社区自身为资源的工作视角，有利于社会工作者为贫困青少年积极寻求资源，帮助青少年实现资源整合；另外，社区也应该承担起相应的为贫困青少年服务的义务，为青少年成长创造和谐的社区环境。社会组织是社会服务的主要源泉，政府通过出资向社会组织购买服务，为贫困青少年提供直接服务；社会组织在服务过程中，也要坚持以青少年为本的原则，深入了解贫困青少年需求，有针对性地对不同特征、不同贫困程度的青少年提供服务。另外，要注重利用社会和市场的力量，加强对贫困青少年的社会支持体系的培育，培育、建立与贫困青少年救助有关的非政府组织、非营利机构，有效吸引社会资本募集救助金，推进救助项目。

4. 青少年积极实现自助

青少年自身是最大的财富，在为其提供社会服务的过程中，首要的是要使贫困青少年找到自身的价值和优势所在，要协助贫困青少年克服精神贫困带来的影响。另外，青少年也应该在成长的过程中，不断学会生存和促进自身发展。贫困青少年应该鼓励自己不要输在起跑线上，尽管眼前的困境不利于自己顺利成长，但是要认识到这种现状是完全可以改变的。青少年需要不断探索一些有益于自身健康发展的资源，积极与同辈互动，积极参与社会事务和政治事务，促进自己的权益得到较好保障。

5. 社会工作者大力倡导

社会工作者是社会服务的传递者，贫困青少年问题是否能有效解决，青少年贫困状况是否能有效消解和克服，很大程度上取决于社会工作者服务的提供。社会工作者应该明确每一个个体所存在的价值和意义，与贫困青少年一起，改变贫困青少年的无权局面，实现贫困青少年的增权，让贫困青少年知道社会工作者是真正为他们最大利益而工作，在良好和谐的专业关系基础上保证服务的有效传递。同时，社会工作者应不断从实践中总结反思，为更好地向贫困青少年提供服务做出经验准备，为政府科学决策提供现实依据。

四　需要注意的问题

1. 尤其需要注意贫困青少年的“精神贫困”

对于向贫困青少年提供社会服务来说，目前面临的最主要问题不是贫困青少年的物质贫困现状，而是越来越多的贫困青少年出现的“精神贫困”。“精神贫困”的主要原因是其权能的缺失和无权感，解决这一问题的有效途径就是通过社会工作者对其进行外部的干预和帮助，积极寻求各种可用资源，挖掘贫困青少年的潜能，增强和提高贫困青少年消除“精神贫困”的能力和认识，减少或消除无权感，实现增权。

2. 关注贫困青少年人际关系缺乏的现状

由于贫困所致的自我效能感缺失以及自我发展动机的减弱，青少年表现出最明显的情形就是其人际关系的不和谐。他们因贫困感到自卑，感到自己不如他人，担心别人看不起自己，因此，他们把自己封闭起来，不愿与他人交流，有时甚至会表现出一些严重的反社会行为。因此，在对贫困青少年提供服务的过程中，关注其人际关系发展现状，是社会工作者不可忽视的重要方面之一。只有帮助贫困青少年走出人际关系失调的现状，才能提升其自身效能感和自信心，才能促使他们意识到与他人和谐相处能够为自己带来快乐，同时在这个过程中不断学会生存和发展的技能。

3. 防止贫困青少年出现“贫困循环”

教育问题是贫困青少年面临的最迫切的问题，同时也是其最根本的需求，许多家庭把摆脱贫困寄托在青少年子女身上，但是贫困制约了青少年受教育机会和通过教育实现发展的能力。同时，贫困青少年生病通常是低档就医，有相当比例的家庭因为贫困没有给孩子接种自费疫苗和参加学校的医疗保险，因此，贫困青少年健康面临着威胁。另外，由于贫困青少年及其父母教育上的缺乏，自身权益维护方面意识淡薄，难以通过恰当方式获取自身发展权益。因此，贫困青少年在教育、健康和发展权益上的弱势使其很容易陷入“贫困循环”，社会工作者在为其提供服务的过程中，应积极寻求各种社会资源，为贫困青少年提供必要的社会救助，遏制贫困陷阱，促进青少年更好地发展。

案例

一　案例描述

（一）基本资料

刘某，女，1988 年 8 月出生，小学毕业后一直辍学在家，没有一技之长。现在与外公、外婆同住，父母对她很少关心，家庭经济条件很差，要靠低保维持生活。患有哮喘病，十分肥胖。性格内向自闭，很少出门与人交流，曾经有过自杀行为。

（二）背景资料

案主很小的时候父母就离异了，各自又再组建了家庭，把案主扔给了年迈的外公、外婆后就不闻不问。案主的生活基本上都要依靠外公、外婆的退休金。小学毕业后案主不想拖累外公、外婆，主动要求休学。案主患有哮喘病，由于用药的关系导致病理性的肥胖，对自己的外形十分的自卑，小学毕业后就一直把自己封闭在家中，几乎从不出门，更不敢与陌生人说话。由于从小缺乏父母的关爱，和外界又缺少交流，案主觉得自己活在世界上是多余的，曾经有过自杀的行为，幸好被外公、外婆发现，及时制止。案主目前在家自己看看书，学点知识。

（三）主要问题

主观方面问题：①案主过于自卑，对自己没有一个正确的认识；②交友圈很小，几乎从不出门与人交流，有严重的自闭倾向。

客观方面问题：①案主家庭的经济状况较差无法支持她再续学业；②案主小学毕业后就辍学在家，文化水平很低，又没有一技之长，难以自食其力。

（四）问题分析

在与案主的交往中，我们发现案主有一个闪光点，案主在家里常常自学英语、语文等科目，她有很强烈的求知欲。我们认为可以通过帮助案主恢复学业，从而帮助她重新步入社会。但这也不能操之过急，“冰冻三尺非一日之寒”，要解决案主的这个问题最关键的就是要改变她的自卑心理和自闭的状态。案主长期把自己封闭在家中，导致一个恶性的循环，越封闭就越怕与人交往，越怕与人交往就越封闭。这样她永远无法踏入社会，更别说是去自食其力了。案主的问题是由于多方面原因造成的：①案主从小缺乏父母关爱，内心没有安全感，导致她害怕与人交往，造成人际交往障碍。②案主由于患病导致病理性肥胖，这更进一步加深了她的自卑心理，把自己看得一无是处。③由于家庭贫困，难以继续就学，导致案主目前的矛盾状态，即想学习，但是缺乏资源的困境。

（五）服务模式：任务中心模式

任务中心模式解决的是心理与社会的问题，即问题的存在包括个人生活中内在的心理因素及外在的环境因素。该模式关心的是案主明确承认、可以清楚地加以界定并且解决的问题。通过解决问题，案主可以获得人生某一方面的改变。

该模式认为，问题产生是由于个人能力暂时的缺损，通过专业服务的过程，可以挖掘或增强案主解决问题的能力，这样也能够面对今后发生的问题。该模式强调兼容并蓄，在实际服务过程中，可以灵活采用其他模式的方法和技术。

（六）主要目标及工作计划

主要目标：

(1) 帮助案主克服自卑心理，重建信心，走出自闭的樊笼；

(2) 帮助案主恢复学业或习得一技之长，增强案主的能力；

(3) 帮助案主寻求相关社区资源，获得生活和学习的保障。

工作计划：

(1) 接案：本案主是由居委会转介给我们的，我们先从居委会了解了案主的基本情况，并约定了上门走访的时间。

(2) 与案主初步接触，让案主了解我们的工作宗旨和性质，搜集案主的资料。

(3) 与案主共同讨论她目前面临的问题和困境，确认问题并建立专业关系。

(4) 对案主进行多次会谈，在会谈过程中进一步与案主沟通，获得案主的信任。同时运用“真诚、平等、接纳”等工作理念和技巧鼓励案主做出改变。

(5) 寻找合适的社会资源让案主再续学业或者帮助案主获得一技之长。

(6) 如果第5步计划顺利完成的话就要及时对案主回访，掌握她步入社会后的适应情况，一旦出现适应不良，要及时与其沟通，并鼓励她自己去面对和解决问题。

(7) 如果暂时找不到合适的社会资源，没有办法实施第5步计划的话，就继续帮助案主做好就学前的准备。

(8) 如果案主就学后对新环境适应良好，或者已有显著的行为上的改进，并且这种进步维持有一定时间，那么就可以准备结案。

(七) 服务过程

第一节：由于案主长期把自己封闭在家中不和外界接触，因此她对陌生人有很强的防备心理，对我们的到来她有较强的抵触情绪。我们向她介绍了我们的工作以及我们的来意，并且试图与她沟通了解一些她的情况和想法，但是她表现得畏畏缩缩，对我们的问题不是沉默就是用简单的“是”或“否”来回答。

第二节：我们从案主的外公、外婆处得知案主对美容美发很感兴趣，我们认为这是一个很好的切入点，于是回家搜集了很多有关这类的杂志送到案主家里。案主表现出了明显的兴趣，和我们说的话也多了起来。我们与她谈论一些化妆和穿衣打扮方面的经验技巧，找到了很多共同语言，案主的话匣子终于打开了。

第三节：与案主进一步沟通，与案主进行了多次会谈，在会谈中我们了解到了很多案主内心的真实想法。因为案主长期封闭在家中，我们成为她多年来唯一可以倾诉和信任的朋友。案主对我们非常信任，向我们倾诉了她的孤独苦闷，还告诉我们她的人生理想，在会谈中我们发现案主有很强的求知欲望。

第四节：我们鼓励案主走出家门多与同龄人交流。与此同时，我们找到了一家正规的美容美发学校，鼓励案主去学习，案主表示愿意尝试。

第五节：案主在美容美发学校学习情况很好，受到老师的赞赏。案主向我们展示她的学习成果，并向我们倾诉很多学习中的有趣事件。案主已经有了初步的改变，从原来的封闭渐渐变得活泼了，表现出了这个年龄阶段应该有的性格特征。

第六节：区里下达了一个“阳光展翅”助学活动项目，是专门针对初中学历以下家境困难女孩的，为的是让她们学得一技之长并获得中等学历文凭将来可以到社会上谋生。我们觉得这是一个很好的机会便把它推荐给了案主。案主得知自己又能上学了，心情很激动也很兴奋。

第七节：案主决定报名读书，但是在办理入学手续时又遇到了新的困难。案主小学毕业但是没有拿毕业文凭，案主现在用的名字和户口本上的名字不同，因此无法马上办理出身份证。案主由于初中还未毕业所以没有办法办理劳动手册。而这三个证件是“阳光展翅”计划报名时所必须要有的。现在案主却一样都拿不出，可谓困难重重。在这种情况下，案主非常焦虑，产生了放弃的念头。在这种情况下，我们没有认同案主的“自决”，我们鼓励她面对困难不要轻易低头放弃，我们会帮助她一起解决这些问题。

第八节：我们陪同案主多次走访派出所，在我们的解释和澄清下，派出所为案主办理了临时身份证，有效解决了案主没有身份证的问题。至于劳动手册，我们打电话给案主报名所在学校的班主任老师，在她的联系和帮助下，案主终于办出了劳动手册。至于毕业证书，我们则让案主自己回到原来所在小学去办理，我们认为这是锻炼案主的很好机会。案主自己去了之后顺利拿到了，这也给案主很大的鼓励，对自己的能力有了新的认识。

第九节：案主现在学校上学已经有一段时间了，班主任反映她在学校表现很好。我们进行结案，并制定了一系列跟踪服务计划。

（八）成效评估

我们认为服务基本上达到了预期的目标。通过多次的会谈，案主对我们敞开了心扉，对自己也有了新的认识。我们帮助案主找到了合适的社会资源让案主重新回到了课堂，这不但解决了案主学历低、没有一技之长的问题，同时也解决了案主自闭不肯与人交流的问题，锻炼了案主的人际交往能力。特别是在办理入学手续时，我们及时把握机会让案主自己去解决问题，让案主重新拾回了自信。

二　案例简评

面对自闭倾向严重的案主，找到一个切入点是至关重要的。从案主的兴趣和特长入手是很好的出发点，比如本案案主对美容美发感兴趣，且擅于学习，社工即从谈论这方面的内容切入，以此建立良好的工作关系。本案中社工显示了极大的耐心，化解了案主的恐惧和抗拒心理。本案中案主并没有显示出重返校园的动机，但社工针对案主的特长推荐了恰当的就学资源，使案主有了全新的适合自己的选择，成功返校学习为案主今后的发展创造了良好开端。

第二节　残疾青少年社会工作服务

一　概述

1. 概念界定

根据第十一届全国人民代表大会常务委员会第二次会议于 2008 年 4 月修订通过的《中华人民共和国残疾人保障法》规定，所谓残疾人，“是指在心理、生理、人体结构上，某种组织、功能丧失或者不正常，全部或者部分丧失以正常方式从事某种活动能力的人”①。具体包括视力残疾、听力残疾、言语残疾、肢体残疾、智力残疾、精神残疾、多重残疾和其他残疾等类别。本书所指残疾青少年就是年龄在 14 ~30 岁之间的残疾人。

2. 相关数据

2006 年第二次全国残疾人抽样调查数据显示，全国共调查 2526145 人，确定视力、听力、言语、肢体、智力、精神和多重残疾共 161479 人。② 在这些残

① 参见中华人民共和国中央人民政府门户网站，http：//www. gov. cn/jrzg/2008 - 04/24/content_953439. htm。

② 数据来源：中国残疾人联合会，http：//www. cdpf. org. cn/sytj/content/2008 - 04/07/content_84239. htm。

疾人中，15~29岁年龄段共计10912人，[①] 占调查总人口比例约为0.43%，占调查残疾人口比例约为6.75%。按照调查时点全国人口为130948万人推算，我国15~29岁残疾人口约为563万。按照14~30岁的青少年年龄界定，我国青少年残疾人口总数会超过563万人，占全国残疾人口的比例也会高于6.75%。由于残疾青少年人口在我国有着相当的数量，再加上青少年在我国的重要地位，开展残疾青少年社会工作服务有着重要的现实意义。

3. 相关政策法规

20世纪90年代以来，残疾人工作越来越受到国家的重视，相应的政策法规也不断出台。1990年12月28日第七届全国人民代表大会常务委员会第十七次会议通过了《中华人民共和国残疾人保障法》，2008年4月24日第十一届全国人民代表大会常务委员会第二次会议对该法进行了修订，规定残疾人在政治、经济、文化、社会和家庭生活等方面享有同其他公民平等的权利。2002年8月24日，国务院办公厅转发卫生部等部门《关于进一步加强残疾人康复工作的意见》，对残疾人康复的总体目标、指导方针、基本原则和主要措施做出了明确规定。2004年10月17日，国务院办公厅转发民政部等部门《关于进一步加强扶助贫困残疾人工作的意见》，为保障贫困残疾人的利益做出了相关规定。2008年3月28日，中共中央、国务院出台《关于促进残疾人事业发展的意见》，对促进残疾人事业发展的内容做出了规定。2006年12月13日，第61届联合国大会通过了联合国历史上第一个内容全面的保护残疾人权利的公约《残疾人权利公约》，2008年3月30日，我国正式签署了该公约，表明我国对于残疾人权利的高度重视。2009年4月13日国务院新闻办公室发布的《国家人权行动计划（2009~2010年）》也从做好残疾预防、康复和服务工作，推动无障碍建设，保障残疾人的受教育权利，保障残疾人的劳动就业权利，加大对农村贫困残疾人的扶助力度，保障残疾人的文化体育权利等六方面对维护残疾人的合法权益做出了规定。此外，《中华人民共和国劳动保险条例》、《刑法》、《民法》、《婚姻法》、《未成年人保护法》、《义务教育法》等也对保护残疾人的合法权益做出了规定。这些法律法规一方面体现了我国对于残疾人工作和残疾人权益的重视，另一方面为保护包括残疾青少年在内的残疾人的合法权益提供了重要依据和法律参照。

---

① 数据来源：中国残疾人联合会，http：//www.cdpf.org.cn/sjcx/content/2008-04/07/content_83889.htm。

二　服务内容

所谓残疾青少年社会工作，就是以残疾青少年为对象而开展的社会工作服务活动。残疾青少年或者在生理，或者在心理、智力等方面面临着不同于一般青少年的特殊问题，因此，需要考虑其特殊需求而提供一些具有针对性的社会工作服务。从残疾青少年的需求出发，残疾青少年社会工作服务应主要包括康复服务、发展服务和维权服务三方面的内容。

1. 康复服务

“康复是帮助残疾人恢复或补偿功能，增强其参与社会生活和享受各种权利的重要手段。”① 由于残疾青少年与一般青少年所存在的差异，使得他们缺乏像一般青少年那样独立生活的能力。加之与其他健康同龄青少年比较所产生的压力和青少年时期易受损伤的心理特征，残疾青少年很容易产生自卑、焦虑、抑郁、孤独等心理问题。这既影响其心理健康发展，又会导致残疾青少年社会活动参与程度的降低，不利于其社会生活适应能力的提高。因此，在为残疾青少年提供社会工作服务时，一方面要通过个案、小组和社区活动等多种方式促进残疾青少年与其他青少年的沟通和交流，帮助他们形成良好的自我意识；另一方面又要针对不同类型的残疾青少年提供相应的康复训练项目，增进其自信并促进其社会生活适应能力的提高。

2. 发展服务

与康复服务的当前取向不同，发展服务主要着眼于残疾青少年的未来发展。首先要保证残疾青少年能够像一般青少年一样，平等地享有接受教育的机会，保证残疾青少年学习到社会生活所需要的基本知识；其次要根据残疾青少年的兴趣和需求，结合其实际接受能力，开展相关的专业课程，使其掌握一定的专业理论知识；最后，要根据残疾青少年的需要开展相应的技能培训，使其掌握一技之长，提升其自谋生计甚至自主创业的能力。

3. 维权服务

残疾青少年由于特殊的身心状况，在求学、就业和其他社会参与方面非常容易遭受不公平待遇。在为残疾青少年提供社会工作服务时，要注意向他们宣传我国有关残疾人的立法，提升其法律意识和维权意识，同时要帮助他们及时了解国家有关残疾人的最新政策法规，使他们学会关注自己的切身利益。就残疾青少年

---

① 邱卓英、李智玲：《现代残疾康复理念与发展策略研究》，《社会保障研究》2008 年第 1 期，第 195 页。

社会工作者而言，在为残疾青少年提供服务的过程中，要善于发现残疾青少年的特殊需求，为残疾青少年的合法权益着想，促进有利于残疾青少年的政策法规的出台和相关立法的修订、制定。

三 可利用的资源

残疾青少年社会工作服务的有效开展需要调动多方面的资源，归结起来，主要包括以下六个方面。

1. 残疾青少年自身

残疾青少年是为自己提供服务的最好资源。在进行残疾青少年社会工作服务时，我们要转变传统的问题取向的思维方式，采用一种优势视角对残疾青少年进行观察。要善于发现残疾青少年自身的优势，不断地激励、强化残疾青少年的正向行为，并为残疾青少年完成正向行为提供必要的支持。

2. 家庭

家庭是残疾青少年成长的主要环境，与残疾青少年朝夕相伴的父母是为残疾青少年提供服务的又一重要资源。一方面要对残疾青少年父母进行心理辅导，使他们树立对残疾子女和生活的信心；另一方面要对残疾青少年父母开展培训，使他们掌握正确的教育方式，学会与残疾子女进行沟通，以便在日常生活中对残疾子女进行正确的教育和引导。

3. 学校

学校是除家庭之外残疾青少年成长的又一主要环境，在现代社会，其重要性有时甚至会超过家庭。学校里专业的老师、同辈群体之间的交流沟通以及有利的硬件环境都会为残疾青少年的健康发展起到积极的促进作用。以学校为活动场所，以老师为服务提供载体，以同龄人之间的互动为动力的残疾青少年社会工作服务更易于产生积极的效果。

4. 社会机构

一些专业的福利机构及公益组织如儿童福利院、中国儿童少年基金会等对于开展残疾青少年社会工作服务也具有重要的促进作用。它们不仅可以为残疾青少年社会工作服务提供专业的工作人员，而且可以提供服务所需要的必要资金支持。

5. 社会环境

社会环境是残疾青少年社会工作服务可用资源中最重要的一种。一个接纳、关怀、包容、平等无歧视的社会环境对于良好社会工作服务的提供和残疾青少年的健康发展具有非常积极的作用。另外，为残疾青少年创造一个在日常生活、信息接收和传播以及交流方面无障碍的环境，对于促进其社会适应能力的提高以及自信心的树立也有重要意义。

6. 政府部门

相关政府部门也是开展残疾青少年社会工作服务的可用资源。它们既可以制定有益于残疾青少年的政策法规，如各级人民代表大会；又可以为残疾青少年服务提供资金支持，如民政部社会福利和慈善事业促进司。

四　需要注意的问题

根据残疾青少年人群的特殊身心状况和需要，从社会工作者的角度，开展残疾青少年社会工作服务时要特别注意以下五个方面的问题。

1. 真心接纳残疾青少年

为残疾青少年提供服务的社会工作者，一方面应恪守社会工作者的基本价值原则，真诚地接纳残疾青少年；另一方面要不断地学习了解与残疾青少年相关的知识，把握残疾青少年身心发展的动态，以残疾青少年为中心，真心真意地为残疾青少年服务。

2. 关注残疾青少年的心理需求

残疾青少年因残疾而容易产生各种心理问题，再加上青春期敏感的心理特征，使得残疾青少年的心理问题更为突出。这些问题如果不及时解决，不仅影响残疾青少年当前的健康状况，对于他们将来的发展更是极为不利。因此，社会工作者应当密切关注残疾青少年的心理发展及需求，并为他们提供必要的服务，以促进他们心理的调适和生活适应能力的提高。

3. 考虑残疾青少年的活动能力

虽同为残疾青少年，但不同的个体之间残疾的程度有所差别，活动能力也有很大的不同。社会工作者在提供服务的过程中，一定要考虑到不同残疾青少年的特殊情况，制定具有针对性、适用性的服务方案，确保服务达到良好的效果。

4. 注意调动多方面的资源

如前文所述，残疾青少年社会工作服务拥有多方面可以调动的资源。社会工作者应当注意调动这些方面的资源，促进各方面的协调配合，为残疾青少年提供全面的服务，为他们的健康成长营造安全健康的环境。

5. 采用优势与发展视角

社会工作者应当转变传统以问题为本的治疗取向的思维方式，采用一种优势与发展的视角为残疾青少年提供服务。社会工作者不仅要善于发现残疾青少年自身的“闪光点”，不断地予以鼓励和支持以促进其优势的不断扩展和自信心的不断提高，而且要在保证残疾青少年健康成长的前提下，着眼于其未来发展，协助残疾青少年为其未来发展积累资本，不仅“授之以鱼”，更要“授之以渔”。

案例[①]

一　基本情况

张明（化名），男，居住于上海市某街道，中度智障，在出生时由于母亲难产造成其智力落后。由于智力问题，他一直没有结婚，和母亲生活在一起。父亲已去世，家里还有一个远在日本工作的姐姐。以前张明的生活主要由母亲照顾，但前几年母亲因为年纪大了，患中风一直卧床养病，因此只好雇了一个保姆来照顾母子俩的日常生活，经济上主要靠姐姐寄钱支持。

小的时候，家里人害怕其他人欺负嘲笑张明，很少让他和周围的人交往，案主只和家里人保持交流。但随着姐姐的东渡扶桑、父亲的去世以及母亲的重病卧床，家里很少有人再和他聊天，他也开始越来越封闭自己，不敢和街坊邻居打交道。

以前，张明在福利工厂工作，但由于工厂效益不好，已下岗在家。他每天都无所事事，要么闷在家里发呆，要么在街道里乱转。见了人就躲，实在躲不过去，就低着头不敢正视他人。

张明的这种异常行为引起了社工小李的注意，因为他经常会在弄堂里见到衣衫不整、发须脏乱的张明，有时小李主动和张明打招呼，但张明低着头不敢和小李说话，甚至掉头就跑。这让小李很困惑，不知道这个人为什么这样怕和人接触。于是，他到居委会了解了张明一家的情况，并决定要帮助张明。

① 根据马伊里、吴铎主编《社会工作案例精选》（上海：华东理工大学出版社，2007，第61～80页）中的案例整理。

二　制订服务计划

1. 问题评估

在和张明接触几次之后，小李已详细了解了他的情况。经过对张明的评估，小李发现他的主要问题是：

（1）在认知上，由于小时候父母对他的过度保护，他形成了“周围人很坏，会欺负我”这样一个简单的刻板的观念；

（2）在情感上，他对周围的人有一种不信任感，当和他人（除家人外）在一起时，会害怕；

（3）在行为上，他不能也不知道怎么和他人交流，甚至出现逃避的现象。

2. 辅导目标

（1）在张明母亲的协助下，与张明建立信任关系；

（2）逐渐改变张明的错误认知；

（3）教给张明人际交往的基本技能。

3. 辅导阶段

第一阶段：向张明的母亲解释张明认知上的局限性，并指导她在家里如何帮助张明；

第二阶段：多和张明聊天，建立相互信任的关系，并帮助他形成正确的人际观念；

第三阶段：通过一定的方式，辅导张明形成并巩固基本的人际交往技能。

4. 辅导与矫治

（1）向张明的母亲解释张明行为的形成原因，获得她的支持与帮助，使张明的生活环境能有所改变。

（2）除了和张明的母亲沟通之外，小李每次在街上遇到张明，都会微笑着主动和他打招呼。渐渐的，张明不再害怕小李，虽然还不和小李说话，但可以看出他开始信任小李了，在弄堂里碰到，也不再掉头就跑。

（3）经常和张明的母亲交流，了解他在家里的变化。在小李和张明母亲的共同努力下，张明可以和他们进行简单的交流了。只是当面对其他人时，张明还是和以往一样，出现逃避行为。

（4）鼓励张明独立买东西，带张明观摩街道“阳光之家”的各种活动并鼓励张明参加区里组织的残疾人运动会。通过这些工作，张明变得开始注意自己的仪表，而且爱说话了。张明虽然慢慢克服了与人交往的恐惧，但在表达自己的意愿上还存在问题，往往是采用消极的行为或者自己一个人生闷气。

(5) 小李通过生活中的实际例子教给张明表达自己意愿的技能，终于使张明克服了意愿表达上的问题。

5. 效果

现在，张明和以前判若两人，见了街坊邻居，大老远的就问候；每次见到小李还会亲切地打招呼，拉着小李的手说上几句自己参加体育锻炼的情况。

三 评估反思

1. 过程评价

(1) 了解情况、建立工作关系以及问题评估过程的分析

在本案例中，一个与众不同的特点是其咨访关系的建立，即它不是由当事人或其周围的人主动寻求帮助，而是社工发现当事人的困难并提供帮助的。因为本案例中的当事人张明是一位中度智障人士，虽然自身有许多需要帮助的困难和问题，但是由于智力的限制，他不懂得去寻求他人的帮助，反而是细心的社工小李发现了他的困难——害怕与人交往。所以在对智障人士进行辅导时，并非像一般的心理咨询那样，当事人有主动求助的愿望。

在了解了具体情况的基础上，社工小李要和张明直接建立咨访关系是非常困难的，一则他的智力有限，二则他的主要问题就是怕与人接触。怎样才能接近张明呢？如果连接近都无法做到，那么又怎么去帮助他呢？这些都是小李费神的问题。在和张明家人接触的过程中，小李发现张明虽然和周围的人不接触，但是很听母亲的话，于是小李就借助张明的母亲作为介入的切入口。

(2) 对张明母亲的咨询分析

对残疾人的辅导需要得到其家庭的支持，有时甚至要先对其家庭成员进行咨询，因为有些问题是家庭的不良教育引起的。如在这个案例中，虽然智力障碍是导致张明交往能力差的直接原因，但父母对他的过度保护和错误观念的教育却是他交往技能落后的强化剂。所以要想帮助张明学会基本的交往技能，首先是要改变其母亲的教育观念。张明父母不良教育带来的后果已经在长大成人的张明身上表现出来了，他的母亲也意识到了问题的存在，只是不知道如何去改变。这可以说是小李对张明的母亲进行咨询的一个良好契机。

社工小李在与张明母亲的不断接触中，不仅了解了张明的成长史，而且也

与张明母亲进行沟通，促使她对过去的教育方式进行反思，从而为下一步帮助张明形成良好的家庭支持系统奠定了基础。

(3) 对张明辅导的分析

无论是对一般来访者还是智障者，在进行辅导和咨询时，求助动机是辅导的重要因素。虽然智障者不能明确说出自己的内在需求，但通过仔细的观察和了解，是可以获得一些有效信息的。在本案例中，小李通过对张明的观察，发现虽然张明一直害怕与人交往，但是他心里还是很渴望与他人进行交流的。只是小时候父母对他的告诫在制约着他，并且他也不知道如何与别人交往。这是小李在张明身上找到的切入口。

小李不断地给张明传递鼓励和正确的观念，并且在张明慢慢消除了对别人的恐惧心理的同时，通过"阳光之家"和区里举办的残疾人运动会为张明提供锻炼的机会，帮助张明渐渐克服了交往的障碍。

2. 个案反思

这是一个成功的残疾青少年个案工作案例，有许多值得学习的地方。其成功之处除了体现在张明的转变上，还体现在以下几个方面。

(1) 社工要有一颗助人的心。社工在帮助一般案主解决心理问题时，都需要爱心和耐心，更何况是帮助成年智障者解决其表现出来的问题。所以一颗助人的心是做好残疾人社会工作的前提条件。

(2) 熟悉残疾人，特别是智障者的心理特点。智障者的心理特点与一般案主有相似之处，也有不同之处，在对他们进行辅导时，必须从他们的心理需求出发。

(3) 合理利用残疾人周围的资源。这里的资源含义很广泛，既可以指他们周围的人，包括他的家人、邻居等，也可以指他们所处的环境以及所参与的活动等。

(4) 熟练掌握心理咨询的辅导技术。在这个案例中，社工采用了行为治疗方法来辅导智障者的社会交往技能，取得了明显的效果。

第三节　流浪青少年社会工作服务

随着社会的发展，青少年流浪已经成为一个世界性的问题。特别是在2008

年金融危机之后，大量的失业带来了流浪青少年激增，流浪青少年的问题日益成为社会关注的焦点。据美国联邦研究机构及专家估计，美国每年至少有 160 万青少年离家出走或被赶出家门，有官员指出，2009 年，美国无家可归者总数上升了 10% ~20% 。① 如何保障这些流浪青少年，特别是未成年人的人身安全，帮助他们重返家庭也成为社会工作者关注的重点。

一 概况

《简明不列颠百科全书》将流浪定义为“一个人没有固定的家，也没可靠的或合法的谋生手段，从一个地方转移到另一个地方的状态或活动，流浪者是虽有劳动能力但是游手好闲的人”。其中无固定住所和迁移性是流浪的主要特征。民政部颁布的《城市生活无着的流浪乞讨人员救助管理办法实施细则》中规定的“城市生活无着的流浪乞讨人员”是指因自身无力解决食宿，无亲友投靠，又不享受城市最低生活保障或者农村“五保”供养，正在城市流浪乞讨度日的人员。综合两者，本书中的流浪青少年是指，没有固定住所，没有可靠的可以保障基本生活需要方式的，经常性地处于迁移状态的青少年。

由于各种因素的影响，我国还没有一个精确的关于流浪青少年的数量统计。根据国务院妇女儿童工作委员会办公室的一项抽样调查推算，我国每年存在的流浪儿童人数为 100 万 ~150 万。这些流浪儿童的年龄主要集中在 13 ~15 岁，教育程度大都集中在小学到初中阶段。这些儿童大都比较贫困，极易走向犯罪。另外，在流浪儿童群体中，男孩居多。②

目前，我国关于流浪人员的救助和管理的主要政策有《城市生活无着的流浪乞讨人员救助管理办法》（以下简称《救助管理办法》）、《关于加强流浪未成年人工作的意见》和《流浪未成年人救助保护机构基本规范》等，其中 2003 年颁布的《救助管理办法》是我国流浪乞讨人员救助事业发展的一个里程碑，《救助管理办法》将对流浪乞讨人员的救助定位为辅助性、临时性、服务性的活动，③ 体现了政府职能从强制遣返的控制式管理向提供救助的服务式管理转变，使救助管理更为人性化。

---

① http：//news. sina. com. cn/c/2009 - 12 - 15/161816777222s. shtml.

② 毕伟：《国内流浪儿童状况研究综述》，《云南民族大学学报》（哲学社会科学版）2008 年第 25 卷第 6 期。

③ 赵银翠：《〈城市生活无着的流浪乞讨人员救助管理办法〉的制度解读》，《河南省政法管理干部学院学报》2007 年第 6 期（总第 105 期）。

在救助机构的设置方面，我国主要的针对流浪人员的救助机构是分布于各市级单位的救助管理站。此外，我国还设置了针对3～18岁的流浪人员的未成年人救助保护中心。

二　服务内容

社会工作作为一门助人自助的专业，在防止青少年流浪，帮助非自愿流浪的青少年结束流浪，重新过上稳定生活方面可以发挥重要的作用。具体来讲，社会工作可以从救助机构、家庭、流浪者自身三个层面介入流浪青少年的救助保护工作。

1. 救助机构

目前我国救助流浪人员的主要机构是分布于各市级单位的救助管理站，其中也包括专门针对3～18岁流浪儿童的救助保护中心。在这些救助机构，社会工作者可以发挥专业优势，发掘流浪人员的需求，运用各种工作方法，引导流浪人员结束流浪，获得稳定的生活。在中观层面，社会工作者需秉持自己的专业理念，从流浪人员的需求出发，发展救助管理机构的服务，使之更为人性化。另外，社会工作者还可以发挥研究者的角色，在服务的过程中把握流浪人员的主要特征和需求，为进一步完善我国的流浪人员救助政策提供参考。

2. 家庭

家庭在流浪青少年，特别是流浪未成年人的救助保护工作中扮演着非常重要的角色。社会工作者要注意充分发挥家庭的作用，解决家庭的问题，以更彻底地解决青少年的流浪问题。具体来讲，对于已经出现流浪青少年的家庭，社会工作者可以采用家庭治疗等工作模式解决家庭的问题，帮助流浪青少年重新融入家庭；对于尚未出现流浪青少年的家庭，社区的社会工作者则应该帮助维持家庭的功能，防止出现青少年流浪。

3. 流浪青少年自身

解决青少年自身的问题，抚平青少年在流浪过程中受到的创伤是社会工作者介入流浪青少年救助保护工作的重点。一方面，社会工作者要关注青少年流浪的个人主观原因，运用各种微观工作方法，如个案工作和小组工作等，引导青少年发展正确的个人和社会认知，消除促使青少年流浪的主观心理因素的影响；另一方面，社会工作者也要注意导致青少年流浪的客观因素，发挥资源链接者的作用，为青少年结束流浪状态创造条件。另外，社会工作者还必须注意青少年在流浪过程中受到的创伤。社会工作者可以通过个案工作等工作方法引导他们走出创伤，对于特别严重者，社会工作者有必要向专业人士求助。

三　可利用的资源

在服务流浪青少年的过程中，社会工作者经常要扮演资源链接者的角色。当前，可以服务于流浪青少年的社会资源主要有各地的救助机构，全国性的事业单位和 NGO，以及学校和社区等。

1. 救助机构

《救助管理办法》规定，救助站要根据受助人员的需要为他们提供符合食品卫生要求的食物、符合基本条件的住处，对在站内突发急病的，救助站要及时送医院救治。救助站还要帮助受助者与其亲属或者所在单位联系，对没有交通费返回其住所地或者所在单位的，提供乘车凭证。对于那些非自愿流浪的人员，社会工作者可以为他们联系救助站，为他们解决基本的食宿问题，并帮助他们重返家庭。

2. 全国性的事业单位和 NGO

目前，我国还没有专门针对流浪青少年的事业单位和 NGO，但是有些事业单位和 NGO 会为流浪人员提供一些临时性的关怀活动，如为他们提供一定量的食物，免费的培训机会或工作机会等。社会工作者要对这些信息保持敏感，及时地将可用的资源送到流浪人员的手中。

3. 学校

学校是青少年接触时间最长的地方，在预防青少年流浪的工作中有重要的作用。社会工作者可以利用学校的老师，做好预防青少年流浪的工作，对于已经流浪的青少年，社会工作者可以借助其老师和同学的力量，了解具体情况，开展有针对性的救助保护工作，促使流浪青少年早日结束流浪。

4. 社区

社区在解决流浪青少年的工作中也有重要的作用。社会工作者可以通过小组工作、社区工作等工作方法开展预防青少年流浪的工作，从源头上解决青少年流浪的问题。

四　需要注意的问题

在开展针对流浪青少年的社会工作服务时，考虑到流浪青少年的特殊情况，社会工作者需重点注意以下几个问题。

1. 理性对待流浪青少年的撒谎问题

在开展针对流浪青少年的服务时，社工经常会遇到流浪者撒谎的情况，这时候，社工必须理性对待这一问题。首先，社工要明白，撒谎是流浪者在流浪过程

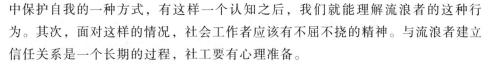

中保护自我的一种方式，有这样一个认知之后，我们就能理解流浪者的这种行为。其次，面对这样的情况，社会工作者应该有不屈不挠的精神。与流浪者建立信任关系是一个长期的过程，社工要有心理准备。

2. 防止重复流浪问题

许多流浪青少年会出现重复流浪的情况。面对这些，社工要从助人自助的专业理念出发，从恢复案主自助能力和社会支持系统的角度出发，解决青少年的流浪问题，减少青少年重复流浪的情况，巩固工作效果。

3. 正确对待流浪青少年的选择

许多青少年是自愿选择流浪的，面对这种情况，社工要分情况对待。对于未成年流浪者，流浪生活并不适合他们的健康成长，不管他们自己的选择是什么，社工都要从有利于他们成长的角度出发，引导他们结束流浪的状态，返回家庭或专门的救助保护机构。对于有能力通过合法手段保证自己基本生活，自愿选择流浪的青少年，社工要尊重他们的选择，不要过多干预。

案例

一 情况描述

北京市未成年人救助保护中心（以下简称“未保中心”）正式成立于2004年10月22日，其主要职责是对在本市发现的“3周岁以上、18周岁以下，身体基本健康，智力正常，没有监护人”的流浪乞讨未成年人实施救助，为他们提供符合食品卫生要求的食物、符合基本条件的住处，承担对救助站内突发疾病的及时送往医院救治、帮助联系返乡和护送返乡等任务。从2005年7月开始，中国青年政治学院社会工作专业的实习生开始进入未保中心，为站内的流浪儿童提供专业的社会工作服务，主要包括个案、小组和社区大型活动。

社工专业的实习生在实习过程中发现未保中心的流浪青少年出现了以下问题。第一，长期滞留儿童已经适应了中心衣食无忧的生活，忽略了对未来的思考，对竞争激烈的知识社会也缺乏理性的认识，没有树立合理的人生理想和近期目标。第二，儿童由于缺乏理想和目标，因而产生了厌学情绪，对知识的重要性认识不足。第三，儿童对自我的认识存在一定偏差，存在自视过高和过低的问题，对个人兴趣和潜力的挖掘也不够深入。

长期滞留儿童的这种较为消极的状态，不利于其健康成长和社会化，更对他们年满18岁离站以后的生活造成威胁，因此实习社工决定介入这一问题，改善流浪儿童的发展状态。

二 服务介入

社工专业的实习生考虑到问题的普遍性和流浪儿童的特点，决定采用小组工作的形式介入这一问题。

此次小组工作共分为六节，由于服务对象为站内长期滞留儿童，儿童之间十分熟悉，因此省略了一般小组工作中组员相互认识的阶段。实习社工设计了较为新颖的活动形式，选择了与少年儿童成长和未来息息相关的六方面内容分别作为每小节活动的独立主题，并加入比赛、讲座等丰富多彩的形式，开展对于长期滞留儿童较有针对性的体验和分享活动。除此之外，实习生还会负责组员的个案辅导，进一步提高服务效果。小组活动的六个主题分别为兴趣、健康、友情、学习、现实、理想，希望能够从不同的角度启发长期滞留儿童对未来进行较为全面立体的思考与规划，帮助他们了解自身特质与真正需求，树立实际的理想和近期目标，摆正学习态度，挖掘学习兴趣，为自己的未来和明天而努力奋斗。此小组各节主题及目标见表10-1。

表10-1 小组各节主题及目标

小节	主题	目标
第一节	兴趣	引导组员了解自己的兴趣所在，并将兴趣和个人发展联系起来。
第二节	健康	帮助组员了解健康常识，意识到健康对于人生的重要性。
第三节	友情	促使组员体会友情的重要意义，形成善待他人、团结友爱的精神。
第四节	学习	帮助组员认识到学习在个人成长中的必要性，激发其学习热情。
第五节	现实	使组员对社会状况形成较为清晰的认识，从实际出发来思考个人处境。
第六节	理想	引导组员挖掘自身需要，鼓励组员树立人生理想。

三 总结与反思

此次小组工作的一大亮点在于全程采用了小组工作与个案工作相结合的形式，实习社工每人负责一到两名组内成员的个案辅导，及时了解儿童的心理状态，巩固小组工作的成果，从而使小组活动更加有效且有针对性。同时，个案辅导也成为评估小组活动效果的方法之一。

评估结果显示，此次小组取得了较好的效果，八名站内长期滞留儿童在活动中获得了一定的认识提高和行为改善。儿童的学习兴趣有所提升，儿童之间的关系有所改善，而对于未来也开展了较为现实的思考。例如，数据显示，一直打算在未保中心居住至年满18岁出站的儿童比例明显降低，由36.4%下降到16.7%，而准备将来掌握技术自力更生的儿童则明显增多，所占比例由54.5%上升到83.3%。实习社工在小组结束后对原组员进行的跟进个案辅导，将继续推进这一工作成果，帮助儿童更好地成长发展。

第四节 留守儿童青少年[①]社会工作服务

一 概况

留守儿童是对一个特定儿童青少年群体的称呼，一般指父母双方或一方从农村流动到其他地区，留在户籍所在地的农村地区，并因此长期不能和父母双方共同生活在一起的儿童。留守儿童问题是伴随着我国工业化、城镇化进程的进一步推进，人口流动日益频繁，尤其是在城市化的进程中，农村劳动力不断向城市转移而出现的一种特殊社会现象，是我国当前儿童权利保障、儿童福利服务的一个重要领域；同时也因人数巨大、分布广泛成为我国社会转型期众多问题中具有重大影响的社会问题。解决好这个问题，关系到儿童权利和青少年的健康成长，关系到未来人口素质和劳动力的培育，关系到农村经济和社会的协调发展，也关系到社会稳定和可持续发展。

相关数据显示，我国留守儿童问题呈现四个基本特征：分布广泛，数量巨大；分布不均衡；主体主要是处在学龄前及义务教育阶段的少年儿童；普遍缺乏监护。根据《中国2010年人口普查资料》[②] 样本数据推算，全国有农村留守儿童6102.55万人，占农村儿童的37.7%，占全国儿童的21.88%。同时，留守儿童现象在全国相对普遍，但分布不均衡，四川、河南、安徽、广东和湖南等劳务输出大省的留守儿童在全国留守儿童总量中占43.64%。在广东等经济较为发达

---

① 留守儿童是改革开放以后出现的一个新的社会概念，在人口年龄界定上有不同的理解。全国妇联的统计中留守儿童包括青少年，而2016年民政部的统计，采用我国法律规定的相关概念，年龄上限界定为16岁，本节采用儿童青少年的年龄界定，但在具体阐述中使用通用的“留守儿童”的表述方式。

② 国务院人口普查办公室、国家统计局人口和就业统计司编《中国2010年人口普查资料》，中国统计出版社，2016。

的省份，一些经济相对落后的地区也存在大量留守儿童。留守儿童问题将长期存在，并在一定时期有加剧的趋势。2010 年的全国统计与 2005 年全国 1% 抽样调查估算数据相比，五年间全国农村留守儿童增加约 242 万人。留守儿童的主体主要是处在学龄前及义务教育阶段的少年儿童调查表明，在年龄分布上，0～5 岁的学龄前留守儿童占 38.37%；6～11 岁的小学学龄段留守儿童占 32.01%；12～14 岁的初中学龄段留守儿童占 16.3%；15～17 岁的大龄留守儿童占 13.32%。农村留守儿童中义务教育阶段儿童达 2948 万人，普遍缺乏监护。在 6000 多万留守儿童中，57.2% 的人是父母一方外出，42.8% 的人是父母同时外出；79.7% 的人由爷爷、奶奶或外公、外婆抚养，13.0% 的人被托付给亲戚、朋友，7.3% 的人监护人不确定或无人监护。由于农村留守儿童基数大，单独居住的农村留守儿童达 205.7 万。

二　主要问题

一部分留守儿童因为父母不在身边，思想成熟度更高，性格更加坚韧开朗，独立性更强，可以勇敢面对困难、解决问题。但由于其特殊的成长环境及经历，大多数农村留守儿童在生活、教育和心理发展方面会面临异于普通家庭儿童的一些困境。第一，家庭生活方面缺乏照顾。一些留守儿童家庭经济上较为贫困，致使部分留守儿童基本生活得不到充分保障，有的留守儿童有流浪的倾向；部分留守儿童由于隔代老人能力有限或相对节俭等原因，基本生活饮食缺乏照顾，健康水平低于非留守儿童；因为父母长期不在身边，大多数留守儿童难以得到父母的直接关心和教育，与父母缺乏沟通和相互了解，导致情感上的缺失，严重影响了他们的社会化。第二，缺乏稳定的成长教育。一是九年义务教育难以保证。由于留守儿童大都生活在欠发达地区，教育水平较低，部分家长对教育重视不足，学校对留守儿童也缺乏有效关注，部分孩子对学习缺乏兴趣，易产生逃学、辍学现象。特别是近年来随着学校布局的调整，偏远地区的乡村小学被大量撤销，在很多基层农村，孩子上学要走很远的路，加之住校需要较高的费用、太小的孩子生活不能自理等情况，造成农村留守儿童入学率低，接受高等教育的比例较一般儿童低，难以实现向上流动。二是家庭教育方面，儿童独居或隔代居住，老人年龄大且学历相对较低，对留守儿童的礼仪教育和价值观教育相对薄弱。第三，在心理及社会性发展上受到严重影响。因为父母长期不在身边，大多数留守儿童难以得到父母的直接关心和教育，与父母缺乏沟通和相互了解，情感上的缺失严重影响了留守儿童的健康成长。一方面，留守儿童长期生活在没有父母约束的环境下，代理监护人对留守儿童不敢管或过于放纵，极易导致其行为和性格上的缺陷；另一方面，因缺乏关爱，留守儿童容易产生无助、自我厌弃和自闭等心理问题，并容易对学校教育或父母，乃至社会产生抵触情绪。第四，留守儿童的安全状况堪忧。相比一般儿童，留守儿童的安全问题更为突出，表现为易受意外事故伤害、易被犯罪分子侵害、易被他人拐骗和易出现轻生现象等。

三　相关政策

留守儿童问题引起了国家和社会的高度重视。自20世纪90年代以来，我国先后制定和颁布了一系列保护儿童权益的法律法规，并借助国家强制力加以推行，保证了包括留守儿童在内的困境儿童救助事业协调发展。2013年1月10日，教育部等五部门发布的《关于加强义务教育阶段农村留守儿童关爱和教育工作的意见》，要求切实改善留守儿童教育条件，做到“三优先”（优先满足留守儿童教育基础设施建设、优先改善留守儿童营养状况、优先保障留守儿童交通需求）；针对不断提高留守儿童教育水平，提出“四加强”（加强留守儿童受教育全程管理、加强留守儿童心理健康教育、加强留守儿童安全教育、加强家校联动组织工作）；针对逐步构建社会关爱服务机制，提出“三支持”（支持做好留守儿童家庭教育工作、支持做好留守儿童社区关爱服务、支持做好留守儿童社会关爱活动）。各类社会组织通过临时救助、院舍托养等方式，在健康营养、医疗卫生、心理辅导、学业指导、成长支持和职业训练等多方面为留守儿童提供了多样化的服务，取得了很好的效果。

2016年国务院印发《关于加强农村留守儿童关爱保护工作的意见》，并建立农村留守儿童关爱保护工作部际联席会议制度，为留守儿童这个特殊群体提供了制度上的保障。

四　服务模式

对留守儿童的服务内容主要包括临时救助、院舍托养、健康营养、医疗卫生、心理辅导、学业指导、成长支持、职业训练等。

在服务方式上，主要是积极建构成长支持模式，因为事实上大多数留守儿童面临的不是经济问题，所以，迫切需要推动留守儿童救助服务的专业化，建构起留守儿童成长支持模式。

生活及教育救助。主要针对因家庭贫困而无法满足基本生活需求且不能接受正常教育的留守儿童，提供资金或物质上的资助；针对留守儿童学习上缺少辅导和自觉性差等问题，采取个案辅导的模式，通过疏导、鼓励、支持等技术帮助留守儿童，促进其改变；针对因长期留守而产生道德或社会行为方面问题（如偷盗、说谎等）的儿童，采取行为修正模式修正不良行为。

情感关怀。通过不同留守儿童之间以及留守儿童与他人之间的互动，让留守儿童感受到情感上的支持，促进留守儿童的社会交往与社会关系的发展。

心理辅导。针对因父母即将或者已经外出务工而面临或进入生活及心理危机状态的留守儿童，采取危机干预模式帮助留守儿童走出危机状态，使其达到稳定的生活状态。

素质拓展。着重于留守儿童的全面发展，如组织安全教育、技能培训和梦想拓展等方面的培训，这也是促使留守儿童改变生活现状、展望美好未来的重要一步。

干预留守儿童家庭。通过家庭走访、小组工作等方式，一方面，增强监护人履行监护义务的意识；另一方面，给监护人传授心理学、行为学和社会工作等相关的知识和技能，以提高监护人的监护能力。

案例

一　基本资料：赵某，男，1999 年 6 月出生，初中肄业。

二　案主主要资料

1. 家庭背景

案主出生在农民家庭，父亲健在，初中学历，母亲在案主刚出生不久去世。家中还有一个哥哥，常年在外打工。父亲性格刚硬，平日对儿子管教严厉，若案主表现不好，会对案主动手，父子间经常产生激烈的矛盾或出现“冷战”。儿子疏远父亲，父子关系冷淡。案主的哥哥外出打工不在家，久而久之，这种现象愈演愈烈。案主家庭经济状况不佳，主要经济来源为家中种植的农作物（麦子、玉米、烟叶）所得，父亲出去打短工赚些微薄收入。

2. 个人情况

案主在读初中时，比较聪明，但是比较顽皮，爱挑战老师的学识。此外，案主经常旷课、与同学打架等，违反校规校纪，后因为与老师发生冲突被学校劝退。肄业在家的案主整天和村里不三不四的人来往，学会了吸烟、喝酒。最后发展到偷跑出去，很久不与家人联系。

三　主要问题

1. 行为问题

案主上初中时爱“挑战”校规校纪的限度，还有打架的恶习。肄业在家时，又与村里的无业青年交友，染上吸烟、喝酒的坏习惯。有暴力倾向，遇到问题，经常靠拳头来解决。整日和同村的朋友外出游荡，晚上也不回家。

2. 生活态度

案主对未来没有计划，没有明确的目标。平时自由散漫，不爱受束缚。虽然明知自己的许多行为是不对的，却又存有无所谓的心理。生活态度闲散懒惰，不思进取。

3. 心理问题

案主处于青少年的叛逆时期，叛逆心理极强。对父亲严厉的管教方式产生了一种报复心理，渴望母爱。爱讲朋友义气，认为可以从中找到一种认同的意识。

四　相关问题

1. 家庭因素

案主从小就失去了母亲，对家的理解很肤浅。案主哥哥在家待的时间很少，家人在一起聚的时间很短。案主没有认识到自身的价值，以及自己对整个家庭存在的意义。案主的亲戚们与案主家的关系不是很好，对案主的关爱缺失，导致案主对亲戚们很仇视。

2. 社会因素

案主成长的社会环境不良。村里打麻将的恶习席卷了全村，很多人学会了打麻将。

五　分析问题

导致案主问题的原因是多方面的，归结起来有以下几个方面。

1. 性格因素

案主的个性表面上属于乐群外向型，看似积极主动地与人交流，与人相处和适应的能力较强，但本质上却相当固执、自负，希望自己的行为能够支配引导他人而不是被他人支配引导，所以不容易接受别人的建议、劝导；心思过于活络却对未来没有可行的系统规划，导致学习和生活混乱；性格比较偏激执拗，无受约束的意识，导致行事鲁莽冲动，不顾及后果。

2. 家庭因素

沟通方式不良。案主的父亲是农民，文化水平低，知识有限。在与案主沟通交流方面有一定的局限性；对案主的生活起居、思想教育存在许多“心有余而力不足”、鞭长莫及或者疏于管教的地方。

管教方式不当。案主的父亲对其管教比较严厉，这种“棍棒底下出人才”的暴力管教方式潜移默化地影响了案主对问题的应对方式。而且案主的母亲过早去世，没有人对这种方式提出质疑，关心案主，使案主滋长了报复心理，出现不良行为，导致父子关系紧张，进而使整个家庭的气氛低沉。此外，当案主出现问题时，父亲不能及时用正确的方式应对。

3. 学校因素

案主就读的初中未能尽力帮助案主改正不良行为，而是以“劝退”的方式将问题推向社会，案主从此更加缺少管教，与一群情况相似的朋友游荡在社会上，进一步强化了他的不良行为。

4. 社会环境

农村外出打工的青年越来越多，上学的小孩受其影响。“辍学回家，外出挣钱”的思想也很流行，案主也有这想法，想去外边闯荡。

六 服务治疗模式：心理与社会治疗模式

该模式更多的是一种认识方法，主要用途是通过认识和理解人及其发展过程来认识问题产生的根源，以对症下药。该理论模式的假设如下。

1. 对人性的假设

心理与社会治疗模式认为个体的发展受到生理、心理和社会三个方面因素的影响，而且这三个方面的因素相互作用，共同影响求助者的成长过程。案主的问题就是由生理、心理和社会这三个因素质综合导致的。

2. 对求助者问题的假设

心理与社会治疗模式认为，导致求助者人际关系失调和心理困扰的原因主要涉及三个方面：第一，求助者早年未被满足的欲望或者未被解决的情绪冲突压抑在心中，经常干扰求助者当前的生活，妨碍求助者的人际关系适应。第二，当前社会环境的压力过大，使求助者早年未被解决的问题表现出来，从而导致求助者的行为出现偏差。第三，求助者的问题还与不良的自我功能和不良的超我功能相关。在这些不良的自我功能和超我功能的影响下，求助者对外部环境的认识能力以及对自己情绪的控制能力减弱，最终导致心理困扰和人际关系失调。心理与社会治疗模式强调，在分析求助者的问题时要把求助者问题产生的背景和现状结合起来考虑，既重视求助者问题的形成原因，又重视求助者当前人格的强度。案主问题产生的原因是：早年母亲去世，缺少母爱，内心比较冷漠与强硬；父亲比较严厉，案主的叛逆以及童年时期父亲的严教使其产生不满的情绪，导致父子关系恶化；案主比较自负，自认为很聪明，爱与老师较真，被老师讨厌；此外，案主甚至在课堂上与同学争执打架，严重影响课堂秩序，最终被校方勒令退学。

3. 对人际沟通的假设

心理与社会治疗模式对人际沟通十分重视，认为它是保证人际互动有效进行的基础。心理与社会治疗模式强调，人际沟通会影响求助者的家庭关系和求助者角色的扮演，对求助者的超我和自我的形成也起着十分重要的作用。案主如果善于与人交流，好好与父亲交流一下自己的想法，父子关系会有很大的转机。

4. 对求助者价值的假设

心理与社会治疗模式认为，每个求助者都是有价值的，他们都有发展自己的潜能，只是未被开发而已。因此，心理与社会治疗模式指出，开展心理与社会治疗工作的目的就是要挖掘求助者的潜能，使求助者健康成长。案主是有价值的，具有挖掘的潜能。在帮助案主分析处理问题时，应采取积极的鼓励策略，使其认识到自身的价值。

该理论模式的目标是理解及改变人或其所处的环境，或两者同时进行，即直接服务与间接服务相结合。人是作为其生活于其中的社会环境整体的一部分，所以，整体中任何一部分的改变都会影响到其他部分。

该模式强调采用多种治疗技巧帮助求助者。对于求助者的行为改变既可以采用非反映性的支持、直接影响和宣泄等技巧，也可以使用反映性的现实情况反映、心理动力反映和人格发展反映等技巧。心理与社会治疗模式认为只有综合运用这些方法和技巧，才能有效促进求助者不良行为的改变。

该模式的实施程序可分为五个阶段：初步接触与建立关系；资料收集和问题评估；制定目标和服务方案；实施服务计划；结案与评估。这五个阶段在实际工作中是紧密联系、不可分割的，只是各个阶段的工作重点有所不同。

七 工作计划

总体目标：使案主养成良好的生活习惯，积极进取。减少案主打麻将、外出闲逛的时间；鼓励案主参加某一项技能培训并能顺利取得结业证书；缓解案主与父亲之间的矛盾。工作计划如下：

(1) 与案主接触，建立初步的专业关系；同时观察其家庭环境，收集相关资料。

(2) 通过会谈进一步巩固专业关系，收集各方面的资料，综合分析，并进行诊断，找出案主的主要问题。

(3) 根据诊断的结果制定工作目标，与案主签订工作协议。

(4) 综合使用各种治疗方法、技术以促进案主改变。

(5) 结案，评估案主的改变，恰当地处理分别情绪。

八 服务过程

(1) 以建立个案工作关系为首要目的。由于工作员与案主是在同一个村长大的，很熟悉其情况，收集案主的相关资料也很容易；用方言与案主的父亲沟通起来也很亲切、方便，建立工作关系很顺利。之后，正在外出闲逛的案主在父亲打几通手机催促的情形下才回家。父亲骂其几声，案主见是工作员，也没有回避。只是简单地说了几句，就进入房间不再出来。

评估：上门走访前，准备不充分，没有很好地针对案主的性格制定谈话策略，预期目的未达到。但是，与案主父亲建立了良好的工作关系，得到其大力支持，有利于工作员获得案主各方面的资料，为下次访问奠定了基础。

下次计划：先与案主父亲取得联系，确定案主在家，情绪稳定；整理出案主资料，并细心分析，方便下次上门访问；确保谈话顺利进行，进一步确立与案主的工作关系。

(2) 对其性格进行分析，制定谈话策略。从其近况入手，引出话题，经过进一步交流，使案主原来流露出的“过一天算一天”的想法有了转变。案主还表示过了年就去县里参加计算机技能培训。案主父亲也表示支持案主的这一想法，对其充满信心。

评估：此次谈话，局面打开，关系建立，效果较好.

下一步计划：继续跟踪深入，监督案主行为态度的改变。

(3) 与案主父亲进行深入交谈，了解到案主父亲性格严厉以及对案主严加管教的良苦用心。案主父亲中年丧妻，既当爸又当妈，想把儿子教育好。没想到却适得其反。工作员对案主父亲的想法做了简单分析，给了一些教育孩子的建议。案主父亲表示接受，会改变对案主的管教方式。目前案主已经减少去打麻将的次数，也积极帮家里干活，生活态度稍有改变。

评估：此次谈话有利于改变案主与父亲的关系，案主的生活状态也有改善。

下一步计划：继续与案主交流，更进一步了解其真实想法。

(4) 得知案主在家，工作员匆忙准备一下，上门访问。案主向工作员透露，他之所以反叛，是因为父亲总是不赞同自己的做法，强迫其做自己不愿意做的事。而且，村里的同龄人很多都外出打工，没人玩耍，感到寂寞无聊，才迷上打麻将，消磨时间。案主也知道自己的行为不对，但控制不住。工作员谈了一些其父亲的想法，案主也感受到父亲的良苦用心，表示愿意与父亲和睦相处，只是希望父亲多给自己一些空间。

评估：此次谈话打开了案主的心结，取得了其信任，专业关系逐步走向成熟。

下一步计划：让案主与其父亲进行一次正式谈话，改善关系。

(5) 得知案主与父亲都有时间，工作员直接上门访问。工作员简单陈述了案主与父亲的想法，让他们坐下谈。谁料，案主与父亲的意见有分歧，吵了起来，谈话中止，案主直接跑出了院子。

评估：此次访问目标未达到，计划有待改变。

下一步计划：调查案主与父亲谈话破裂的原因。

(6) 走访案主父亲时，他的情绪不太稳定。工作员及时疏导了其情绪，等他状态好转后我们坐下谈问题。案主父亲只是简单地说案主不听话，从家里拿钱买烟给不相干的人吸，就没再说下去，工作员劝他有点耐心。

评估：过于轻信案主的承诺，忽略了青少年思想容易反复的特点，只是和父亲吵架，就上演“离家出走”的戏目。

下一步计划：尽快与案主取得联系，劝其回家。

(7) 工作员用手机给案主打了几次电话才联系上案主。他正在朋友家，说要过几天回家。案主现在也认识到自己的错误，工作员用自我披露的方式帮助案主认识自己。之后，案主表示会尽快回家。

评估：此次谈话巩固了专业关系，目标得以实现。

下一步计划：等案主回家再上门一次。

(8) 得到案主已回家几天的消息，工作员心理比较安慰。这次，案主与其父都很积极地回答工作员的问题，相处融洽。案主父亲说，案主最近表现很好。案主也谈到父亲的变化，对此，他感到很高兴。

评估：此次谈话较顺利，工作取得良好进展。

下一步计划：看看案主的状况，决定是否需要继续服务。

(9) 案主父亲对工作员前阶段的服务表示感谢。工作员得知，案主目前正在参加计算机技能培训，7 月份即能拿到证书。据其父亲反映，案主近日表现有更大的进步，不再出去闲逛、打麻将，还主动干农活。我们对他取得的进步表示鼓励。

九　成效评估

通过九次跟踪走访，案主的行为态度有了改变、价值判断有所改观、自控能力有所提高，原定的治疗目标已基本实现。但由于采用的是心理与社会治疗模式，有很多复杂易变的因素，加之含糊而弹性的评价指标（概念的可操作性不强），始终让人不能对本案的疗效抱过分乐观的态度和期望。此外，很难确定案主的改变是工作员采用的心理与社会治疗模式贡献的。有些心理问题和疾病可以自然痊愈，也就是不治而愈，可能是多种环境、条件、因素交互作用的结果。这一点，真的很难鉴定，至少当前的心理学研究还无法“搞定”。

十　个案反思

工作员对突发事件的应对和处理能力需要增强，工作疏忽可能导致漏洞和不良后果。其一，要保持对案主的关注；其二，要认真对待工作；其三，要保持敏锐度，反应速度快；其四，要防范和杜绝问题的产生。

直接服务与间接服务应有机结合，除了针对个人的问题开展工作外，环境的改善（如本案中家庭关系的改善）也能使个人发生积极的改变。[①]

① 个案案例，http：//3y. uu456. com/bp_ 27gya1ahpq2p7v440mgt_ 1. html。

第五节　犯罪与青少年社会工作服务

一　概述

1. 概念界定

青少年犯罪当今已成为一个世界性的问题。有学者指出，青少年犯罪已经成为继吸毒贩毒和环境污染之后的世界第三大公害。在我国，青少年犯罪是“较年轻的成年人和未成年人的犯罪”，“是指25岁以下至14岁以上的人的犯罪”。[①] 这一对于青少年犯罪的界定主要是基于犯罪学的视角，考虑到我们这里主要是从社会工作的角度探讨如何对犯罪青少年的问题进行介入，因此，我们把青少年犯罪界定为30岁以下14岁以上的人的犯罪，而犯罪青少年社会工作就是指以犯罪青少年为对象，以预防和矫治青少年犯罪为目的而开展的社会工作服务活动。

2. 相关数据

如前所述，青少年犯罪已经成为世界第三大公害。这一公害在我国的表现同样非常严重。《中国统计年鉴（2009）》相关数据显示，2006～2008年，我国14～25岁青少年犯占刑事罪犯的比重分别为34.2%、33.9%和32.0%。表面上看，我国青少年罪犯占刑事罪犯的比重连续三年出现下降趋势，似乎是一个不错的现象。然而，由于同一时期我国刑事罪犯的总数从2006年的889042人上升到2007年的931745人和2008年的1007304人，因此，我国14～25岁青少年罪犯的绝对数量还是从2006年的303631人上升到2007年、2008年的316298人和322061人。我国青少年罪犯占刑事罪犯的比例虽有所下降，但绝对数量却不降反增。这说明我国青少年犯罪问题依然严重，青少年犯罪的问题也不容忽视。[②]

3. 相关政策

由于青少年犯罪问题的严重性，我国许多法律法规都对青少年犯罪的预防和惩罚做出了相关规定。1999年6月28日第九届全国人民代表大会常务委员会第十次会议通过了《中华人民共和国预防未成年人犯罪法》，这是一部预防未成年

---

① 康树华等主编《犯罪学大辞书》，兰州：甘肃人民出版社，1995，第725页。

② 以上数据均来自国家统计局编《中国统计年鉴（2009）》，北京：中国统计出版社，第933页。

人犯罪的专门法律，它共包括总则、预防未成年人犯罪的教育、对未成年人不良行为的预防、对未成年人严重不良行为的矫治、未成年人对犯罪的自我防范、对未成年人重新犯罪的预防、法律责任和附则八章内容，对保护未成年人的合法权益和预防未成年人犯罪做出了详细的规定。在《未成年人保护法》中也有对于未成年人犯罪的相关规定，如第48条规定："居民委员会、村民委员会应当协助有关部门教育和挽救违法犯罪的未成年人，预防和制止侵害未成年人合法权益的违法犯罪行为。"第54条规定："对违法犯罪的未成年人，实行教育、感化、挽救的方针，坚持教育为主、惩罚为辅的原则。对违法犯罪的未成年人，应当依法从轻、减轻或者免除处罚。"另外，第55、57、58和59条也都是针对未成年人犯罪的条款。在未成年人犯罪的刑事责任方面，我国《刑法》第17条规定："已满十六周岁的人犯罪，应当负刑事责任。已满十四周岁不满十六周岁的人，犯故意杀人、故意伤害致人重伤或者死亡、强奸、抢劫、贩卖毒品、放火、爆炸、投毒罪的，应当负刑事责任。已满十四周岁不满十八周岁的人犯罪，应当从轻或者减轻处罚。因不满十六周岁不予刑事处罚的，责令他的家长或者监护人加以管教；在必要的时候，也可以由政府收容教养。"同时，2005年8月28日公布的《治安管理处罚法》第12条规定："已满十四周岁不满十八周岁的人违反治安管理的，从轻或者减轻处罚；不满十四周岁的人违反治安管理的，不予处罚，但是应当责令其监护人严加管教。"除了这些正式的法律文件之外，1995年公安部颁布的《公安机关办理未成年人违法犯罪案件的规定》，2001年4月颁布的《最高人民法院关于审理未成年人刑事案件的若干规定》、2006年施行的《最高人民法院关于审理未成年人刑事案件具体应用法律若干问题的解释》和同年施行的《人民检察院办理未成年人刑事案件的规定》等法规文件也都是直接针对未成年犯罪而制定的。

二　服务内容

开展犯罪青少年社会工作服务可以从三个方面来进行：一是对问题青少年的介入，以预防他们走上犯罪的道路；二是对犯罪青少年本身的介入，目的在于通过对犯罪青少年提供相应的服务，来矫正他们的服刑动机，重建他们对于生活的信心与希望，同时促进犯罪青少年的再社会化，这种服务可以分为心理服务和矫治服务两个方面；三是针对青少年所处环境的介入，目的在于为青少年创造一个健康、宽容的社会环境，既可以预防青少年犯罪行为的发生，又能够促进犯罪青少年回归社会后的良好社会融入，降低再犯率。

1. 预防服务

青少年处在身心发展的关键时期，世界观、人生观和价值观不稳定，他们求新求变和喜欢模仿的心理特征，使得他们特别容易受到外界不良信息和不良团体或人员的影响。特别是那些有偏差行为和问题行为的青少年，如果不给予他们及时的介入与帮助，他们很容易就会走上犯罪的道路。针对这些青少年开展的犯罪预防服务，就是要及时切断他们与外界不良团体和个人的联系，帮助他们树立正确的世界观、人生观和价值观，以免他们因走上犯罪道路而给自己的成长成才造成不利影响。

2. 心理服务

青少年罪犯在服刑阶段，由于环境适应能力、辨别是非能力和心理承受能力较弱，容易产生以下心理问题：一是服刑动机不端正，存在脱逃、寻舒适、拉帮结伙、欺骗和盲目崇拜等心理；① 二是由于环境和身份转变所带来的自信心的下降和对未来的不确定感，以及由改造—脱逃的心理冲突所带来的焦虑心理。这些心理问题会对犯罪青少年的改造产生不利影响，同时也会危害服刑期青少年的身心健康。因此，犯罪青少年社会工作者应当密切关注犯罪青少年的心理动态，并通过个案、小组等活动方式，及时帮助他们端正服刑动机，克服焦虑等不良心理，增进服刑期青少年的自信心，促进他们早日回归社会。

3. 矫治服务

青少年之所以会走上犯罪的道路，多数是因为其社会化过程的失败，没有形成正确的世界观、人生观和价值观。因此，社会工作者在为犯罪青少年提供服务时，应侧重于对犯罪青少年价值观的改造，对他们进行正确世界观、人生观和价值观的引导教育，帮助他们从人生的根本价值上转变观念，树立积极向上的正确的人生目标。同时也要注意帮助犯罪青少年改变不良的生活和行为习惯，学习文明健康的生活和行为方式。由于多数犯罪青少年都正处在接受教育的年龄阶段，因此为他们提供服务时，应当注意加强对他们的技能培训，使他们能够掌握必要的生存技能，同时通过多种知识的传输与教育，提高他们的综合素质，以提高他们回归社会后适应正常社会生活的能力。

4. 环境服务

不良社会环境的影响是青少年走上犯罪道路的一个重要原因，同时一个污

---

① 郑凤声等：《市场经济条件下青少年罪犯服刑心理分析及矫治对策》，《福建学刊》1998 年增刊，第 63 页。

浊和排斥的社会也是犯罪青少年回归社会后重新走向犯罪道路的重要推动因素。社会工作者在为犯罪青少年提供直接服务的同时，也应当注意对青少年成长环境的改造。一方面，社会工作者可以以实际的调查为基础，为形成青少年成长的健康纯净环境进行呼吁，促进国家出台净化青少年成长环境的相关政策，预防青少年走上犯罪道路；另一方面，社会工作者也可以通过宣传，纠正社会对于犯罪青少年的偏见，避免社会给犯罪青少年贴标签，以提高社会对于犯罪青少年的接纳程度，促进犯罪青少年回归社会后的良好融入，降低再犯率。

三　可利用的资源

“逐级年龄非正式社会控制”理论是由哈佛大学社会学教授罗伯·J. 桑普森（Robert J. Sampson）和马里兰大学刑事司法和犯罪学教授约翰·H. 劳布（John H. Laub）在20世纪90年代提出并论证的一种用非正式社会控制解释童年时期、青少年时期以及成年时期的违法犯罪行为的理论。该理论用家庭、学校、同伴等非正式社会控制来解释青少年违法犯罪，认为对青少年违法犯罪产生的最强、最连贯的影响来自家庭、学校和伙伴的作用。[①] 以此理论为基础，我们认为社会工作者在为预防和矫治青少年犯罪而提供服务时，应主要运用家庭、学校和同辈群体三方面的资源；同时，考虑到当前社区矫正工作的蓬勃发展趋势，在为犯罪青少年提供服务时，也应当充分运用社区资源。

1. 家庭

家庭是青少年成长的主要场所，良好的家庭成员关系和教育对于青少年犯罪的预防和矫正具有重要的意义。社会工作者在为犯罪青少年提供服务时，应当注意采用家庭疗法，着重调解犯罪青少年的家庭关系，帮助犯罪青少年父母学会正确的管教方式，建立青少年与父母之间以及父母双方之间的良性互动模式。这样一方面可以切断青少年犯罪的家庭根源，另一方面也端正增进犯罪青少年的矫正动机，促进其早日回归正常社会生活。

2. 学校

学校是系统化、正规化传递知识、技能和价值标准的社会组织，它承担着

---

① 赵波：《逐级年龄非正式社会控制理论介评》，《云南大学学报》（法学版）2008年第1期，第53～58页。

文化传播、社会一体化、个人发展、筛选和发掘个人潜能等重要功能。[①] 社会工作者在为青少年提供服务时，推动学校加强德育教育，切实实施素质教育，促进学生综合素质的提高，鼓励支持学生的良性行为和加强学生的心理健康教育，对于预防青少年犯罪和矫治青少年的犯罪和其他不良行为都具有积极的作用。

3. 同辈群体

青少年正处在生理和心理发育的关键时期，世界观、人生观和价值观尚未成熟或稳定，辨别是非的能力差，再加上这一时期强烈的好奇心和模仿心理，使得青少年很容易受到同辈群体的影响。因此，预防和矫治青少年的犯罪行为，应当帮助青少年形成正确的择友标准，增强青少年分辨是非的能力，以避免青少年受到来自不良同辈的影响。社会工作者既可以通过个案辅导的方式帮助一般青少年和犯罪青少年形成正确的择友标准和培养良好的同辈沟通模式，也可以通过小组活动的方式促进青少年之间良好行为的相互学习，同时帮助青少年形成抵御外来不良影响的团体动力。

4. 社区

社区司法矫正就是为在社区中接受缓刑、假释、保释、严密保释监控、社区服务和家庭监禁的罪犯提供监控和服务，并且为法庭、假释裁决委员会和部属罪犯评估委员会提供信息以协助他们判决并且/或者为监禁和秩序创造条件。[②] 从2003年国家开始社区矫正工作的试点工作以来，社区矫正工作取得了显著的成效。社区是青少年成长的主要环境，让犯罪青少年在社区内接受矫正服务有利于他们不良行为的改善和社会适应能力的提高。因此，社会工作者在为他们提供服务时应尽量为他们争取接受社区矫正的机会，以充分利用社区的有利环境提高犯罪青少年矫治的成效。

四　需要注意的问题

在为犯罪青少年提供社会工作服务时，社会工作者主要应注意以下五个方面的问题。

1. 真诚接纳，避免给青少年贴标签

社会工作者在为犯罪青少年提供服务时，首先，应该真诚接纳他们，相信这

---

① 向红：《对未成年人犯罪的学校原因探析》，《沧桑》2006年第1期，第50页。

② 杨世昌：《简论我国社区矫正的历史演进与制度构建》，《法制与经济》（中旬刊）2008年第8期，第89页。

些青少年之所以走上犯罪道路是有自己特殊的原因，不能用有色眼镜去观察这些青少年，更不能给他们贴标签。其次，社工也应当善于发掘犯罪青少年身上的优点，并给予他们必要的肯定和支持，以促进他们优点的不断扩大和自信心的提高。

2. 心理辅导，培养青少年良好的价值体系

一个人的价值体系是指导他进行活动的准则。有什么样的内在价值体系，个体就会表现出怎样的外在行为。因此，在为犯罪青少年提供服务时，社工应注意从心理层面的介入入手，帮助他们端正服刑动机，纠正错误的世界观、人生观和价值观，重塑他们对于美好生活的憧憬与希望，以促进他们早日回归正常社会生活。

3. 调动资源，建立青少年矫正服务网络

青少年走上犯罪道路有多方面相互作用的原因，因此在为他们提供社会工作服务时也应当调动多方面的资源。一方面要调动犯罪青少年改造自身的积极性，另一方面也要促进家庭、学校和同辈群体之间的协同作用和互动，建立针对犯罪青少年的服务网络，内外兼顾，促进犯罪青少年早日回归正途。

4. 发展取向，着眼于社会生活能力的提高

犯罪青少年正处在积累知识和生活技能的关键时期，却由于一时的失误失去了学习这些知识和技能的正常机会。如果不能获得这些生活的基本知识和技能，犯罪青少年回归社会后将无法适应正常的社会生活。在为犯罪青少年提供服务时，我们应当注意为他们提供各种知识和技能学习机会，以使他们能够掌握基本的生活常识和技能，为将来回归正常社会生活提供必要的保障。

5. 政府部门提供机会，降低青少年再犯率

如前文所述，一定要营造一个宽容的社会环境，促进社会对于犯罪青少年的接纳，避免给他们贴标签。将犯罪青少年成功送回社会并不是社会工作者使命的终结，最重要的是要使他们回归社会后能够为社会所接纳，能成功地融入社会。社会工作者首先可以呼吁建立青少年犯罪档案消除制度，① 以避免犯罪青少年因档案而受到的歧视；其次也可以推动政府出台保障犯罪青少年平等不受歧视的专项法律法规；再次，还可以通过运用相关资源为完成改造的犯罪青少年提供就业机会，以解除他们生活的后顾之忧，降低青少年再犯率。

---

① 杨杰等：《应建立青少年犯罪档案消除制度》，新浪网，2008 年 5 月 15 日，http：//news. sina. com. cn/c/l/2008 - 05 - 15/145815546296. shtml。

案例①

一　基本情况

1. 背景资料

堂兄张华（化名），男，1981年，初中毕业，未婚，家中父母双全，还有一位正在读书的妹妹，全家共四口人。

堂弟陈涛（化名），男，1984年，职业技术学校毕业，未婚，单亲随母（其父病逝），随母姓。

张华：父亲是知青，回沪后没有固定工作，父子俩吃两份低保。父亲现在居委会的卫生站里打临时工，母亲现在为社区里的一些家庭做钟点工，家里还有一位正在读书的妹妹，一家四口艰难度日，现在的住房也是自行搭建的违章建筑。本人初中毕业后就开始工作，曾经做过KTV服务员、制冷维修工、电工等工作。曾因参与一起打架斗殴事件逃离上海近两年。案主于2003年10月份通过考试获得了制冷维修中级工技能证书。

陈涛：父亲因病早逝，自己随母姓并与母亲共同生活。其母下岗后通过再就业工程在超市找到一份工作，靠微薄工资独自抚养儿子，维持日常生活开销。案主初中毕业后考入职业技术学校学习烹饪技术，却不愿从事这一行，也不愿学习新手艺，希望靠相貌为生。曾经做过餐厅的服务生，但因种种原因工作总不能长久，面临做做停停的窘境。案主与在同一社区内的堂兄往来频繁。

2. 主要问题

在与两位案主的接触过程中，我们发现，长时间失业使案主养成了很多不良的生活习惯，存在一些行为偏差。在社会上结交了一些不良青少年，对事物的是非观念、价值取向不是很清楚，往往会一时意气用事做出影响终身的事。“偷窃、销赃”的偷车集团也正在利用两位案主的这个特性拉拢案主，企图使他们成为犯罪集团的成员，为集团所利用。

3. 问题分析

张华曾经参与过打架斗殴，有许多作风不正的朋友，行为本身也有一些偏差。他有很多不良生活习惯，容易受诱惑。然而，其本人又有一定上进心，已

① 根据上海市闸北区青少年事务社工姚琼艳的案例整理。

经学习了一技之长，也想找个一步到位的工作。

陈涛个性单纯，不太有主见，容易受他人的影响，缺少自己赖以为生的技能，对找工作存在一定的认识偏差。

从案主遭遇的问题来看，不论是对自身还是对社会，他们现在的思想和认识还有不足。而从根本上解决案主问题的方法，就是帮助案主寻找适合的工作机会，使他们的生活有寄托和规律，改变原有的不良行为模式和生活习惯。另一方面，应加强对他们的思想和认识的引导，使他们能够自觉抵抗犯罪团伙的引诱。

二 介入策略

1. 服务模式：任务中心模式

任务中心模式是针对生活问题的介入模式，希望在有限时间内，达成明确的、案主自己选择的、有限的目标，从而提高个案工作的效率。

该模式旨在解决心理和社会问题，涉及个人生活的内在心理和外在环境因素。

其优点是，任务实现不但对案主有利，也对案主所属体系有利；强调案主的优势及其网络资源的重要性。该模式不只是单纯消极地帮案主解决遇到的问题，更注重效率和效果，把案主教育成解决问题、能够自助的好手。

2. 工作计划

（1）与案主建立良好的专业关系。

（2）与案主协商设定目标：开始新生活，远离犯罪集团，积极寻找工作机会。

（3）分目标进行。

A. 利用张华生活经历丰富的优势，启发教育两个案主改变原有行为方式，切断与犯罪团伙成员的来往。

B. 开始积极的生活，努力寻找工作。运用案主现有的技术资源，鼓励寻找适合的工作。

C. 逐步改变一些生活陋习。

D. 评估与分析。

3. 服务过程

（1）专业关系的建立

居委会同志告诉我们，社区内有两位失业青年正在遭受“偷窃、销赃”

犯罪团伙的引诱，很有可能会误入歧途。在雨天，我们拜访了兄弟俩，经过几次反反复复的交谈，我们与两兄弟建立了专业关系。

(2) 服务介入

我们为张华辅导了7次，为陈涛辅导了9次。我们通过与案主的交流和探讨，共同制定了一系列目标。这些目标由浅入深、循序渐进，符合案主的近期状况、自身条件及兴趣所在。

A. 张华踏入社会时间早，有一定社会经验，懂得人情世故，会处理人际关系。参加工作时间也较长，有工作经验，参加培训后又拥有中级技能证书。在逃离上海两年后重返家园对生活有了新的认识，思想上有了很大的转变，对事物的看法逐渐成熟起来，也确立了新的人生目标。

首先以张华的两年自身遭遇为例，使案主认识到自身缺点，重新树立了生活目标，明确了价值取向，从而与偷车集团断绝了关系，摆脱了犯罪集团的纠缠，彻底消除生活中的不稳定因素。

其次，积极联络社区就业援助员，利用社区资源，提供就业信息，为案主早日工作出谋划策。让案主知晓当前的就业形势，建议其适当调低就业期望，先就业再择业，尽快为家庭分忧解难。在得知案主有一个良好的就业机会后，迅速做其思想工作，劝其鼓足勇气去积极面试，使其顺利就业。

最后，考虑到案主家庭条件较差的事实以及案主客观存在的生活陋习，对其进行适当的行为治疗。规劝其生活上适当收敛，减少每天吸烟量，少与朋友上高消费场所，减少每月开销。

B. 陈涛从学校毕业后从事过服务生工作，也具有一定工作经验。思想比较单纯，没有沾染社会上不良习气，拥有一张三级厨师的技能证书，思想上，也知道只有靠自己挣钱才是长久之计。

针对这种情况，我们积极安排陈涛参加培训，以便掌握一门手艺，改变其不求上进想靠相貌吃饭的观念。积极联络社区就业援助员，利用社区资源，提供就业信息，为案主早日工作出谋划策。同时，我们相信只要陈涛早日就业，就会与周围那些无所事事、游手好闲的朋友疏离关系。

利用其堂兄的积极态度，让堂兄共同配合我们对陈涛进行辅导，转变陈涛的思想。我们也鼓励陈涛表达自己的意见，逐步帮助设定人生目标。

三 评估反思

1. 成效评估

在我们的不懈努力下，两位案主终于摆脱了与“偷窃、销赃”犯罪团伙的联系，并认识到了自身弱点，积极克服困难，摆正了思想，积极参加招聘会，先后走上了工作岗位。张华在易初莲花做制冷工，工作非常稳定，每月有1000元以上工资，外加三险与奖金。陈涛在游乐中心做临时工，虽然不及堂哥的工作稳定，但也缓解了家里经济困难，消除了长期失业可能带来的隐患。基于此，两位案主又都在积极准备再参加其他的技能培训班。两位案主通过自身努力，终于实现了自食其力的良好愿望，在思想上也逐渐成熟起来，转变了就业观，基本达成了我们共同制定的预期目标。

2. 个案反思

在开展个案工作的过程中，有以下两点体会。

(1) 在社区中迅速了解情况后开展工作。要在人生地不熟的情况下，收集尽可能多的案主所在社区的各种信息，积极利用社区资源，为案主能顺利就业提供服务，从而为社会消除了一份不稳定因素。

(2) 与案主共同制定切实可行的任务。要在完成任务的同时，让案主自决，协助案主挖掘潜能。

第六节 其他青少年社会工作服务

一 青少年就业社会工作服务

1. 概况

(1) 概念界定

就业的含义就是一定年龄阶段内的人们所从事的为获取报酬或经营收入所进行的活动。如果进一步分析，则需要把就业从三个方面进行界定，即就业条件，指一定的年龄；收入条件，指获得一定的劳动报酬或经营收入；时间条件，即每周工作时间的长度。[①] 在我国，《劳动法》规定禁止用人单位招用未满16周岁的

① http://baike.baidu.com/view/9707.htm?fr=ala0_1_1.

未成年人，就业也主要是针对 16 岁以上的人口而言。因此，我们这里所说的青少年就业服务就是针对 16～30 岁的青少年人群开展的、旨在解决其在就业过程中所面临的各种问题的社会工作服务活动。

（2）相关数据

我国青少年面临严峻的就业形势。有关数据显示，我国普通高校毕业生人数呈逐年上升趋势，2007、2008 和 2009 年分别是 495 万人、559 万人和 611 万人。与此同时，每年毕业生中待业人数和就业率分别为：2007 年 145 万人，70%；2008 年 173 万人，68%；2009 年 196 万人，68%。[①] 除大学生群体外，随着我国农业产业化和城市化进程的加快，我国农村也产生了 1.5 亿～2 亿剩余劳动力，[②] 其中大部分是青少年。在 16 岁及以上农民工中，60% 多的人的年龄在 30 岁以下。在 30 岁以下的农民工中，18.3% 的人的年龄在 16～20 岁之间，27.1% 的人的年龄在 21～25 岁之间，15.9% 的人的年龄在 26～30 岁之间。[③] 由此可见，每年我国都有大量的青少年劳动力涌入市场，就业形势一年比一年严峻，就业压力也越来越大，这些都给处于就业时期的青少年带来了不利影响。

（3）相关政策法规

我国有关就业的法律法规众多，其中既有针对一般就业人员的普遍性劳动法律法规，也有针对青少年群体特别是高校毕业生的就业法规。1994 年 7 月 5 日，第八届全国人民代表大会常务委员会第八次会议通过了《中华人民共和国劳动法》，对保障公民的劳动权力和利益做出了详细的规定；2004 年劳动和社会保障部出台了《最低工资规定》，以维护劳动者取得劳动报酬的合法权益，保障劳动者个人及其家庭成员的基本生活；2007 年 6 月 29 日，第十届全国人民代表大会常务委员会第二十八次会议通过了《中华人民共和国劳动合同法》，为完善劳动合同制度、明确劳动合同双方当事人的权利和义务及保护劳动者的合法权益提供了重要的法律依据；2007 年 8 月 30 日，第十届全国人民代表大会常务委员会第二十九次会议通过了《中华人民共和国就业促进法》，为促进我国劳动力就业做出了规定；2007 年 10 月 30 日，劳动和社会保障部第 21 次部务会议通过了《就业服务与就业管理规定》，为加强就业服务和就业管理提供了依据。针对高校毕

---

① 数据来源：http://ha.studentboss.com/html/news/2009-12-21/44894.htm。

② 苗锦涛：《对青年“新失业群体”就业问题的思考》，《社会工作》（学术版）2007 年第 1 期，第 63 页。

③ 蔡昉等：《就业形势与青年问题》，载蔡昉主编《中国人口与劳动报告 No.10——提升人力资本的教育改革》，北京：社会科学文献出版社，2009，第 30 页。

业生就业难的问题，2005 年 6 月，中共中央办公厅、国务院办公厅联合下发了《关于引导和鼓励高校毕业生面向基层就业的意见》，为缓解高校毕业生就业难的问题开辟了新的道路；2006 年 3 月，人事部、教育部和财政部等部门联合下发《关于建立高校毕业生就业见习制度的通知》，通过就业见习制度帮助高校毕业生提高就业能力。这些法律法规或直接或间接地为保障我国青少年的劳动权利、促进青少年就业提供了依据，为开展青少年就业工作提供了法律框架。

2. 服务内容

处于就业年龄段的青少年由于在知识水平、城乡身份、就业经历和性别方面存在差异而面临不同的问题。因此，针对这些差异，为青少年提供的就业服务就应该具有不同的内容，总体来看，可分为以下四个方面。

（1）高校毕业生就业服务

高校毕业生在就业过程中所面临的问题，既有宏观社会经济形势方面的原因，也有毕业生自身的原因。因此，针对高校毕业生的就业服务，首先是社会工作者在政策层面的倡导，以推动国家出台促进高校毕业生就业的相关政策；其次应该针对高校毕业生所存在的对就业形势认识不清、就业期望过高、怕吃苦及与同学攀比等问题，开展小组或个案辅导服务，以帮助他们摆正就业动机；最后，有些毕业生在求职过程中可能会由于失败的经历而导致自信心不足、自卑和焦虑等不良心理，社会工作者也应该针对这些问题提供相应的服务。

（2）农村进城务工青少年就业服务

农村进城务工青少年所面临的就业问题主要集中在两个方面：一是自身素质比较低，缺乏劳动技能，同时又缺乏通畅的就业信息传递渠道和就业关系网络，因此就业竞争力比较弱；二是维权意识和能力薄弱，劳动权利和利益得不到保障。因此，针对进城务工青少年，既要为他们提供劳动技能培训的机会、相关就业信息以增强他们的就业竞争力，又要为他们开展劳动法律法规的宣传和普及活动，以增强其维权意识和能力，保障其合法的劳动权力和利益。

（3）失业青少年就业服务

与处于就业状态的青少年相比，失业青少年的问题主要是因失业而产生的心理压抑、焦虑、低自尊、低自信和对社会的抗逆情绪以及自身就业竞争力和职业生涯规划能力的欠缺和失业保障问题。在为失业青少年开展服务时，社会工作者首先应该辅导青少年正确面对失业问题，自尊自信，不悲观不抱怨；其次要为他们提供参加职业技能培训的机会，提高就业竞争力；再次，要为他们开展职业生涯规划培训，以使他们客观、正确地认识和评价自己的能力，并且对自己未来的职业生涯有明确的认识和期待；最后，社会工作者应当发挥资源链接和政策建议的作用，一方面使失业青少年在失业期间的物质生活得到基本的保障，另一方面也为国家出台针对失业青少年的就业和保障政策提供推动力。

（4）女性青少年就业服务

女性青少年通常具有较为依赖的性格、将来要面对结婚生子、过分看重家庭等特征，在就业过程中常常遭受歧视，得不到公正的待遇。因此，针对女性青少年开展的社会工作服务应当通过政策倡导来为女性青少年争取更为公平的待遇，同时也要为她们开展心理服务，促进其自立自强。除此之外，社会工作者也应当对她们加强就业法律法规的宣传，增强其维权的意识和能力。

3. 可利用的资源

在我国，青少年就业问题既是一个亟待解决的问题，也是一个长期存在的复杂问题。因此，针对青少年开展的就业社会工作服务应当充分挖掘可利用的资源，发挥各方面的积极作用，这样才能把青少年就业问题解决好。开展青少年就业社会工作服务的可用资源主要集中在以下 5 个方面。

（1）青少年自身

就业问题是青少年最终要面对的一个问题，因此其解决也要充分调动青少年自身的积极性。青少年提高自身劳动技能动机的增强、自信心的增强、维权意识和能力的提升、对就业本身的正确认识、规划自身职业生涯能力的提高以及自身所拥有的有助于解决其就业所面临问题的非正式支持网络，都可以是为青少年提供就业服务的重要资源。

（2）学校

学校是青少年接受社会化的主要场所，也是青少年正式步入社会面临就业问题之前的练兵场。因此，在为青少年开展就业社会工作服务时，要充分利用学校资源，以学校为服务提供载体，针对即将面临就业的青少年开展就业培训，既帮助他们形成对就业形势、自身能力以及可能会面临的就业问题的正确认识，也帮助他们提升就业能力，以此来减少青少年可能会面临的就业问题。

（3）公益组织

一些非营利的公益组织如“协作者”等，也可以成为开展青少年就业社会工作服务的重要资源。这些公益组织既拥有专业的工作者、多样的服务项目，也拥有相对丰富的资金资源。社会工作者可以充当资源链接者的角色，通过这些公益组织为青少年提供就业指导、技能培训、法律咨询、维权和物质援助等服务，解决青少年所面临的就业问题。

（4）企业组织

青少年所服务的企业组织也是开展青少年就业社会工作服务的重要资源。以企业为活动场所和载体为青少年提供就业社会工作服务，既可以依靠企业为服务提供充足的资金支持和保障，也可以就近、及时地解决青少年所产生的各种就业问题。利用企业组织资源开展青少年就业社会工作服务，不仅仅有利于企业的管理，更重要的是可以及时、方便地解决青少年的就业问题，提高服务的质量和效率。

（5）政府部门

与青少年就业直接相关的政府部门如人力资源和社会保障部、各地区劳动部门是为青少年开展就业社会工作服务的重要支持力量。社会工作者既可以通过与这些部门的沟通协商促进有利于维护青少年就业权利和利益的制度的制定与实施，也可以通过这些部门获得开展针对青少年就业的调查和服务的政策支持。

4. 需要注意的问题

（1）尊重案主，真诚提供服务

处于就业时期需要接受就业服务的青少年千差万别。他们有的受过高等教育，有良好的修养，有的学历层次较低，存在各种各样的不足甚至严重的问题。不论这些青少年是什么样的情形，作为服务者的社工都应当真诚地接纳他们，尊重、不批判，真诚地为他们提供所需要的服务。

（2）认真分析，有针对性地开展服务

不同类型的青少年群体面临不同的就业问题，也有不同的就业服务需求。社会工作者在为他们提供服务时，一定要以实际的需求评估为基础，认真分析不同群体所面临的不同就业问题，根据青少年群体的不同需要，开展有针对性的社会工作服务，以真正满足他们的需求，提高服务的效率。

（3）宏观着手，注重政策倡导

青少年就业问题是一个复杂的问题，有着多方面的不同原因和表现。针对不同青少年群体的具体问题开展的就业服务只能暂时解决他们面临的问题。而要从根本上解决这些问题，则要从宏观方面着手，根据当前的就业形势，认真思考能够改变现状的策略，然后通过社会呼吁倡导或者直接向政府建言献策的方式促进有利于青少年就业的政策出台。

（4）调动资源，运用多种服务方式

青少年所面临的就业问题并不只是青少年自身的问题，而是一个社会问题。因此，在为解决青少年所面临的就业问题提供服务时也要注意调动多方面的资源。如前所述，这些资源既包括青少年自身，学校，也包括公益组织、企业组织和政府机构。这些不同的资源在解决青少年的就业问题中可以发挥不同的作用，只有充分调动和利用这些资源，才能为青少年提供高质量、高效率的就业服务。

二　心理健康辅导

1. 一般内容

青少年的身体发育正处于快速变化阶段，身体的变化本身需要得到关注，具体的青少年社会工作在对青少年的生理健康辅导方面的主要内容有：

保证健康成长的良好的饮食习惯养成，包括对不良饮食观念和习惯的矫治；

现代生活观念和习惯的养成，包括睡眠、运动等；

青春期生理发育的辅导，包括青春期一般生活状态的辅导，性发育特征的正确认识和处理，青春痘等青春发育期生理现象的正确认识与对待；

常见疾病的防治；

对自己作为自然生物体的正确认识。

2. 青少年的健美辅导

青春健美是为青少年所羡慕的，要想身材健美需要从以下几个方面做起。

（1）注意锻炼。体育锻炼对于青少年的身体发育有着非常重要的意义，要在青少年中宣传体育锻炼的作用，使他们懂得，经常锻炼对于青年人的发展有很多益处。如，促进身高增长、促使形体健美、增强心脏机能、调节神经功能、刺激肺活量等。

（2）劳逸结合。青少年对未来充满憧憬，他们一般非常珍惜光阴，努力锻炼自己的本领。但他们由于身体尚未完全发育成熟，因而，在体力、脑力方面的过度疲劳对身体有害无益。所以，青少年应注意劳逸结合，使自己轻松愉快地达到自己的生活目标。在青少年工作中，要注意辅导青少年做到劳逸结合。

生活要有规律——人的生理活动有一定的规律，人的活动要顺从这一自然规律，任何过于违背人生理规律的活动或生活，对人的身体都是有害的。青少年处于身体飞速发展的阶段，生活有节奏对他们而言就显得更加重要。因此，青春期要特别注意使自己的生活在遵守自己生理规律的条件下完成，特别是要保证充足的睡眠和休息时间以及保证自己适时适量的运动。

避免过度疲劳——无论是谁，无论何种形式的过度疲劳对身体都有害无益。特别要注意的是，不可使自己的大脑过于疲劳。在日常的学习生活中，要注意科学、有效率地用脑，在适当的脑力劳动之后，要注意休息一小段时间进行调节。

学龄前儿童持续、紧张地使用大脑的时间一般不超过 15 分钟，青春期应在半小时到一小时，成年人在 1.5 小时左右。

（3）远离诱惑：进入青春期，生理上会出现一系列的以前从未有过的变化，如变声、脸上长痤疮等，这使得一些青少年感到紧张、迷乱。在青少年工作中要注意辅导成长中的青少年拒绝各种诱惑。

抽烟——在一些青少年的心目中，手指间夹根烟，嘴里喷云吐雾，很有男人味，于是，有不少的男青年甚至有些女生从年龄很小就开始吸烟。在他们的心目中，似乎多了根烟，自己就成熟老练了很多。事实上，抽烟对人体的伤害非常大。

香烟里含有上百种有害物质，其中的焦油具有很强的致癌作用，很容易导致肺癌和其他恶性肿瘤。吸烟的危害程度可从有关调查中了解到（见表 10－2）。

表 10－2 吸烟的危害程度

不同年龄吸烟发生肺癌的相对危险度		
开始吸烟的年龄	肺癌（倍）	
	男性（35～84 岁）	女性（40～74 岁）
不吸烟	1	1
25 岁以上	4	2.25
20～24 岁	10	3.33
15～19 岁	15	5
15 岁以下	17	9

过分追求苗条——进入青春期的青少年非常注重别人对自己的看法，对自己的身材非常在意，尤其是女孩，特别希望自己有一个苗条的身材。有的就索性把腰带勒得紧紧的，甚至盲目地采用所谓的“饥饿疗法”以期望达到身材苗条的目的。类似的这些做法对人的身体都非常有害，时间长了，会影响正常的学习和生活。

手淫——青春期期间，性生理迅速发育成熟，精力旺盛的青少年往往用手淫来发泄性欲。现代医学表明，偶尔的手淫不会影响身体健康，但过度手淫，以至形成了习惯，容易使生殖器官受损伤而发生疾病，还会使神经系统的“性中枢”负担过重，导致功能失调。男青年出现阳痿、频繁遗精、早泄等性功能衰退症状；女青年会出现月经不调、痛经的现象。因而，青少年必须戒除过度和不加节制的手淫。

（4）加强营养：青春发育期，由于体内新陈代谢极其活跃，所需热能比成人要高 1/4 到 1/2。因此，步入青春期后，人体对蛋白质、脂肪、糖类、维生素以及钙、磷等的各种营养物质的需要量急剧增加，所以，在这一关键时期必须加强营养。

3. 性教育

青春期的性教育也是目前青少年教育问题中的重要问题之一。青少年对于性问题本身充满了好奇，而同时，他们对于这方面的了解途径又不畅通，往往通过一些小渠道获得，对青少年的性教育工作亟待社会的关注。

所谓性教育，就是在性的观念上，对处于青春期的青少年，进行正确的引导和导向。

处于青春期的男女，他们的社会成熟一般落后于他们的生理成熟，这样在性生理发育成熟的情况下，他们很容易产生生理成熟和社会成熟不相适应的情况。因此，在青春期进行科学的性教育就显得很有必要。

性教育的内容主要从以下两个方面进行。

（1）性生理卫生。青少年一般具有较强的性冲动和性欲望，如果他们对性的知识一无所知，就会产生很多的误会，甚至对青少年的身心产生不良影响。如有的男青年在首次遗精后，以为自己得了不治之症，整日惶恐不安，学习成绩迅速下降。有的女青年月经初潮时，由于缺乏这方面的知识，感到惊慌失措、痛苦不堪，甚至有的女青年自杀仅仅因为被别人吻了一下，就以为自己已经怀孕。

由此可见，对青少年进行性科学和性知识方面的教育，让他们懂得生殖事实和生理知识，能减少他们因无知而导致的焦虑心情和盲目行动，可以避免他们许多无益的猜测和错误行为，使他们全身心地投入到工作和学习当中，将宝贵的青春年华过得更有意义。

（2）性道德观念。近年来，青少年早恋、性犯罪、未婚先孕等情况呈增多趋势，形成这些情况的主要原因是他们不具备正确的性道德观念和法制观念。因此，当青年性意识开始觉醒时，及时地对他们进行有关性的道德和法制的教育，会使他们正确地对待性欲，克制自己的欲望，避免因一时冲动而为自己的将来酿成严重后果。

苏联教育心理学家苏霍姆林斯基呼吁，要把性教育提前到青年性成熟以前，使他们在性意识刚刚觉醒时就懂得如何正当地对待结交异性朋友，如何处理好婚前性爱，如何搞好婚后夫妻关系，以及懂得如何承担抚育后代的责任和义务，等等。

三 心理健康辅导

1. 自我意识的健康发展辅导

(1) 青少年自我意识发展的特征

在埃里克森的八个心理阶段中，青少年阶段正属于“自我认同”(a sense of identity) 的阶段。他们常常会问自己这样的问题：我是谁？我可以做什么？我想要做什么？认同 (identity) 与同一感、自我延续有一定关联，是一种真正的内在的自我，以一种主动、充满活力的方式去思考，以及去体验生活。

早在婴儿期，孩子就发展出了自我意识，并且相信自己的唯一性。青少年阶段的主要任务就是将以往的经验，逐渐发育成熟的性与日益增进的智能整合为一体，形成一种心理和社会合二为一的自我。在这个时期，青少年会把社会价值观与自己的价值观融为一体。如果青少年无法将自己以往的生活经验与目前逐渐实现的才能融合在一起，而且获得他人的肯定，就会产生角色混淆，最后导致无法肯定自己，自我意识发展不健全。缺乏这种自我认同的青少年，不仅会迷失方向，也会失去行动的动力。几乎所有的青少年在某一个阶段都会有过那种怀疑自己的经历，但最终他们会把自己过去的经验、现在的感受和能力结合为一体，建立一种稳定的自我认同感。特别是当青少年的现实生活缺乏鼓励时，个体很容易发展出不好的自我。他们积极反抗父母，却无法在心中寻找到可以遵循的模范。随着青少年的成长，这种叛逆心理将逐渐得到平衡，当他们有了自我认同以后，忠诚感会随之而来。这种忠诚感被埃里克森描述为自我选择的忠诚与信实，这种选择包括选择人、目标和理想。

当然青少年的这种自我认同感不是在一天两天内就可以建立起来，它是一种缓慢的渐进的感觉自己的过程。人们不会从某一天起就开始寻找自己，而是透过每一天的生活，比如和朋友相处、工作、读书、谈天等，逐渐了解自己。这种自我认识是在追求其他目标下的副产品 (Judith Stevens Long and Nancy Cobb)。没有一种方法可以让我们直接达成这种自我认同感。对于大多数青少年来说，这是个逐渐将过去与现在的经验结合在一起，来强化自己是谁的整合过程，而个人与事业的目标是达成这个自我认同感的最一般的途径。

(2) 玛西亚的青少年自我认同形成模式

玛西亚 (James Marcia) 根据青少年自我认同的形成过程和个体的人格发展的成熟程度，分了四种不同程度的认同状态。

定向型认同 (identity achievement)，是从自我追寻达到自我定向者。

未定型认同（identity moratorium），是指在自我追寻中尚未完全定向者，对于想做的事情还犹豫不决。

迷失型认同（identity diffusion），是指在自我追寻中陷入迷失境界者，他们没有方向地任意漂流，无法对未来做任何规划。

早闭型认同（identity foreclosure），是指未经自我追寻而被成人塑定角色者，他们继承父母传统的价值观，却从未考虑过自己想要做什么。他们没有危机意识，也没有理想与现实的冲突，因为他们从未真正面对自己。

（3）青少年自我意识的发展阶段性

进入了青少年时代的孩子在思想、感情，以及预知别人反应等能力上的进步，有助于提升其自我意识。因为这个时候他们对于自己的自我形象非常注重，这种自我形象包括自己的身体、外观与举止。同时，他们认为他们周围的其他人也都是这样的关注自己，他们常常不断制造出一种假想的观众，并且向其反映自己的想法，他们是众所注目的焦点。当然，这种想象在实际的社会生活中往往是不可能实现的，这种不可能实现性更使得他们的自我意识容易向不健康的方向发展。

同时，这种想象中的观众对于此时的青少年来说更能使自己敏感地感到自我意识。当青少年对自己进行批判时，他们会假定这个想象中的观众也知道他们的缺点，并且正是他在对自己进行批判。

除了自我批判外，他们还会仰慕自己。无论男孩女孩他们都会常常在镜子面前摆姿势，研究自己的头发和衣着，如同他们会认为每个人都会批判自己一样，他们认为其他人对于自己的衣着、外表也有同样高的评价。当他们发现父母并不喜欢他们的衣着、发型时，他们会感到沮丧。

在自我反省的过程中，虽然常存在这种自我批评或自我迷失的状态，但是青少年还是会清楚自己的一些特点。无论是在意愿上还是行动上，他们越来越了解自己能做什么，自我尊重的观念日益强烈。这些自重的想法，使青少年在经历多年的变化后，还是对自己看得很重。

进入了青少年后期的阶段，青少年比以前更了解自己的能力和个性，以及与人交往的情形。不同年龄的青少年，对于自己的个性和行为的诠释有所不同。一个 15 岁的青少年，可能会指出自己和比较要好的朋友在一起时，会比较爱说话，但是在人多的地方，会比较害羞。但当他们 18 岁时，他们会分析自己和要好的朋友在一起话多，是因为他知道朋友会尊重他的意见，但是当他在一个不熟悉的地方，或是面对大众说话时，就会不是那么自然了。在年龄较小的青少年口中的所谓的矛盾行为，年龄较大后，就可以看出问题所在了。

青少年的自我认识会不断地变化和调整。青少年后期，他们会认为自己在人际关系上比青少年前期更好。性别差异对于青少年后期的自我认识有更为明显的影响。男孩认为自己比女孩更勇敢、更有反抗精神、更会玩，以及更有逻辑推理和好奇冷静等特质。后期的青少年有一种发自内心的渴望，渴望追求自我定位，他们常常通过参加各种活动来认识自己。

（4）青少年前期和后期自我意识的差异

青少年前期和后期的自我意识的建立是很不相同的。青少年前期对于自我意识和自我形象还不是很明确。到了后期，他们已经多多少少有了很精确的印象，对于社会文化对他们的要求也有了比较深入的感受。这个时候的主要问题，就是如何引导他们来达到这个理想中的自我。

如果他们能合理地建立理想的自我，并能实现自我，就能使他们感受到他们自己喜欢自己，别人也能够欣赏他的一些特质，他就能够接纳自己。这就有助于他个人在社会生活中的适应过程，比那些把理想搭建在空中楼阁上的人更好。理想和现实自我冲突大的人，心理平衡将失去控制，

自我意识的建立受年龄阶段影响。同时成熟的早晚会影响成年人以及同辈群体对待他的方法，也会影响他自己对于自己是否正常的忧虑。在整个青少年发展过程中，成熟的早晚确实有很大的影响。

（5）影响青少年自我意识发展的因素

影响自我意识发展的因素有很多，最主要的有如下几点。

幼年时自我概念的建立：幼年时自我概念的建立对于青少年时期的自我意识形成过程有重要影响。如果在幼年时就有了自卑情结，在青少年时期，他在群体中的地位将加强他的自卑感。除了幼年的自我概念的发展，外表、服饰、名字、家庭关系、同辈群体的接纳以及个体的抱负水平都会对自我意识发展有重要的影响。

青少年时期因为个体在仪表上与同辈群体不同，很可能产生一种自卑感。即使这种差异并不使他难看，也难免会发育出不良的自我意识。同辈群体的标准往往更为重要，甚至是他们自我批评的标准。某些与他们保持的标准有所差异的特点，也许只是暂时的，却在其自我概念的形成中留下永远不能忘却的记忆。比如青春期暂时性的肥胖，可能会影响到个体的整个青少年阶段。任何生理方面的缺陷，有时甚至不是缺陷仅仅是特征，如个子较高或者较矮，较胖或较瘦，脸上过多的青春痘，都可能是他们难堪的来源，从而使一般的适应更受到阻碍。

青少年对于服饰的重视程度远远超过我们的想象。这不仅仅是因为服饰可以修饰外表，更为重要的是服饰可以使个体与其所在的群体保持一致性。由服饰对于青少年行为的影响，可以来证明它对于自我意识的影响。如果仪表太差，青少年将不愿意参加同辈群体的活动，从而产生种种负向态度，因为他们担忧别人对自己的看法，而变得过度紧张。相对来说，那些服饰与群体相一致的个体，就会感觉十分自在，不紧张，这就使他更容易平易近人，更受到群体的其他成员的欢迎。

名字等外在符号同样是青少年常常担忧的来源之一，它对于自我意识形成也有重要影响。让青少年担忧的名字可能是与在社会上不受欢迎的观念有联系的词语，与某些姓联系起来令人讨厌的名字，与私人和社会有某种联系会使人产生不愉快的感觉的名字，以及一些不受欢迎的绰号。凡是让他们感到害羞、难堪、紧张的名字，他们都不喜欢。另一方面，假如他发现别人对他的名字有好感，那么就很喜欢。绰号往往让他们产生自卑感，使他们认为别人在耻笑自己。

幼年时的自我意识的形成就与亲子关系以及父母教养方式有着密切的关系。青少年时期的孩子与家长相处的时间比以前少了，孩子与家人之间的关系也比较松散，但是这种影响还是很强烈的。如果父母一直都欢迎孩子带到家里的朋友，并且能与孩子们同乐，帮孩子们分担忧愁，与孩子们共度欢乐时光，那么，就能有较好的自我意识的儿女。相反，如果亲子关系不好，孩子的适应可能较差。单亲家庭的孩子往往自我意识发展也不健全。一般说来，权威的父母常常使用苛求的指责、严厉的对待、体罚，其后果是孩子长大以后往往畏惧、神经质、闭锁、憎恨等；放任的父母疏于管教，其后果是孩子的任性、自大、自狂、骄纵、依赖、无主见、自我中心；溺爱的父母总是放纵，其后果是培养出骄横傲慢、外表逞强、内心软弱、充满情绪冲突的人；民主的父母主张对等的交往讨论，其后果是孩子尊重他人、追求善与美、会独立思考、自主、自立。

此外，青少年的自我意识的发展还受到同辈群体的影响，这不仅是因为自我概念来自同辈群体对他的看法，也是因为同辈群体的意见会形成一种社会压力，影响到他的自我意识的发展。群体组织越紧密，青少年在群体中的地位就越安全，群体对于他的影响也就越大。如果青少年没有属于任何一个同辈群体，或者这个群体很小，或者在群体中受到排斥，那么青少年的个人自我意识发展也会因为这种孤立而对自我排斥。青少年受到同辈群体的影响远远超过家庭。

最后，个人的抱负对于自我意识形成也有重要的影响。青少年往往把目标放在一些暂时不能达到的目标上，这主要是因为他们往往不重视实际，不能量力而行，或者是因为他们受到过多来自父母的压力。如果不能达到自己的目标，他们就不快乐，不满足，可能认识到自己能力不足，更加努力朝目标前进，也很有可能导致过度焦虑，甚至导致自我意识向不良方向发展。

（6）青少年自我意识的发展目标

青少年社会工作者应积极推动青少年自我意识的发展，帮助青少年形成良好的自我意识。良好的自我意识应该是能够建立健全的自我，健全的自我包括六个方面的内容。

自我的洞察：即能够发现“自我”、判断“自我”；

自我的认定：知道自己是什么；

自我的接纳：即能够悦纳自己，既不自傲，也不自卑；

自我的信任：有自信心；

自我的尊重：“自私的人并不真正爱自己”，懂得尊重自己是自我意识发展的主要内容；

自我的开放：不自闭。

做到这六点，才可能做到悦纳自己，也悦纳别人，悦纳社会，对自己对他人都持肯定态度，经常会认为“我好你也好”，时时做一个快乐的人。而不能发展出健全的自我意识的人，往往在社会适应上是不良的，同时，也是不快乐的。他们会发现自己成了一个孤独的人，不能与他人共享欢乐与苦闷，同时与家人的关系也不能使之得到补偿，他们会感到更多的不快，甚至感到痛苦。而这种不快乐就更加剧了他们适应的不良，可能使他们变成更不受欢迎的人。幼儿时期的缺陷在青少年时期更加明显，原来可能是轻微的暂时的痛苦，现在变本加厉。

2. 情绪的发展辅导

（1）青少年情绪发展的特征

青少年已经掌握了主要的情绪表现的社会意义。如不加约束的生气、嫉妒等会给别人留下不好的印象，他们认为这些表现会被人认为自己还没有长大。于是，即使他们产生了很强烈的欲望，也要控制自己的情绪。当这些被压抑的强烈情绪，在不适当的情况下爆发出来，爆发时的强度就会与当时的刺激强度不相适应。

经过不断的尝试与错误，以及老师和父母的指导，他们将逐渐能处理好自己的情绪反应。帮助他们用某些方法把封闭的情绪能量发泄出来，就能更好地控制被压抑的情绪了。同时，还应帮助他们发现一些方法去发泄情绪，如把困扰拿出来与能够帮助他们和了解他们的人讨论等。

当青少年时期结束后，一个人如果在别人面前能抑制自己的情绪的表现，而等到适当的时间、地点才以被社会所接受的方式表现出来，我们就可以说他的感情发展已经成熟了。他不再像儿童那样，对事物只做表面价值的反应。在对事物发生感情以前，先对它做严格的批判，于是，年幼时产生反应的事物，现在已经无所谓了，感情成熟的青少年，其反应越来越稳定，而不像早年那样的极端了。

（2）青少年情绪发展辅导的主要内容

自我坦白：实际上很多青少年没有学会如何来发泄情感，他们缺少朋友，特别是能够信任的朋友，在父母那里他们也常常得不到帮助。另外，他们可能因为缺少安全感，不敢向别人透露自己的内心感受，怕说出来后会将原来的社会关系破坏。因此，帮助他们发展自我坦白的能力是相当重要的。

要达到感情反应的成熟，必须学会透视环境。最好的方法就是和别人讨论所面对的问题，也就是“自我坦白”（self disclosure）。青少年前期时，唯恐会丧失努力以求的独立，而不愿意和父母、老师商讨问题。到了青少年后期，已经达到了相当的独立程度，因此，不会有以前的担忧。男孩子往往比女孩子更不喜欢和父母公开自己的内在感受与问题，尤其是父子之间。家长是否爱他们、是否也对他们坦白，都会影响青少年的自我坦白程度。

内化社会行为规范：另外一个重要方面就要将青少年的行为规范逐渐内化，增进自我控制的能力，使情绪表现符合社会文化的期望，用一种可以让别人接受的方式来表达自己的情绪体验。这种能力的获得对于青少年有着重要意义。但是，这个能力的获得往往受到父母的影响。研究表明，脾气暴躁的父母自己不会有效地表达情绪，他们孩子的情绪也不能有效地表达。如何将具有破坏和伤害性的情绪表达方式，转变为无害甚至是具有建设性的纾解方式是需要学习的。

情感和情绪的独立：青少年还应该在情绪上逐渐独立，不再依赖别人。对于他人的依赖是幼儿时候的特征。我们可以看到一个婴儿在受到困扰和挫折时，有了不良的情绪体验，需要用哭来向父母或者周围的人求助。青少年虽然没有走极端，但是，还有很多人不知道如何来自己解决自己的情绪问题，在自己无法解决问题的时候，也不知道应该去求助谁。

青春期性心理辅导：青少年时期性的变化也往往带来一些不良的情绪体验。首先，可能是身体上的第二性征的出现，让一些刚刚进入青春期的孩子感到焦虑和不安，而这个时候，如果没有一定的性方面的知识，也没有老师、家长和同辈群体的情感方面的支持，他们的焦虑可能会加剧。其次，他们也需要获得正确的性观念，在一定程度上遵守社会普遍的这种性规范，以避免因性本能冲动而误导了爱的情绪，造成情绪问题。

建立良好的自我意识体系：青少年必须从幼儿时期的以自我为中心走出，除了关心自己的各种需要是否能得到满足外，还需要去关怀别人，帮助别人，在与他人建立关系的同时，增进情绪的适应性及深度。对自己认识的不断加深，是青少年阶段另一个重要任务。自我意识由原来的不清晰，而逐渐清晰的过程，也是一个了解自己、接纳自己的过程。而在青少年的整个发展过程中，他们也常常会因为对自己的不了解，或者对自己的不足的不接纳而产生种种困扰，这些困扰也会带来一些不良的情绪体验。如对自己要求过于严格苛刻，不能达到自己的标准，就会过度自卑、沮丧、烦恼、怨恨、愤怒等。青少年只有通过对自己的不断认识才能避免对于自己的不切实际的要求，从而避免因这种过高理想而产生的情绪困扰。

了解和认知环境：除了要增强对自己的了解外，还应该提高对于自己所处的情境的认知和了解能力。这就需要青少年通过不断的学习和磨炼来增进认知、评价和判断能力，通过提高思维能力来对所遭遇的情景做出一种判断，从而对它做出比较客观的解释。

学会面对问题和冲突：面对现实、承担责任，不逃避问题及冲突，是一个人成熟的重要标志。青少年在成长过程中，将要面对一系列的矛盾、冲突、问题、困难，在每一个小问题上的磨炼都有助于自己增进对挫折的耐受力，有利于自己日后在更具有挑战性的问题上获得成功。

情绪反应强烈，同时情绪变化激烈是青少年时期的一个特征，青少年应该通过对自己的情绪反应的了解来避免过度的情绪反应，学会去维持自身情绪稳定，常保持快乐的心态，不为不良情绪所左右。

四　人际交往辅导

1. 一般交往辅导

(1) 人际交往对青少年的发展意义重大

人不是孤立的，作为个体的人只可能在群体中存在，而群体中的人与人之间必然要发生各种各样的联系，人与人之间的交往在所难免，良好的交往有利于交往双方的发展。然而交往也是有一定规律和社会规范的，如果对于这些一般的规范没有足够的了解，就无法进行良好的交往。同时除了这些规范需要学习外，交往的时候也需要一定的技巧，掌握一些交往技巧对于人的社会性发展十分必要。青少年时期的交往模式会对他本人进入成年生活时期的交往模式产生很大的影响。青少年正处在由家庭、自我中心走向社会的过程，一方面，同龄群体对青少年时代价值观念的形成具有决定性作用，代际冲突是青少年问题的重要根源之一；另一方面，青春期的孩子处在家庭这一人际场与社会这一人际场中间，处于人际关系的边缘状态，是人际环境转变的关键时刻。这个阶段交往的辅导对一个人的社会性发展非常重要，在与人交往方面及时正确的辅导不但可以帮助青少年在现阶段多与外界沟通，而且会为他们的未来的社会交往打下坚实的基础。

（2）人际交往辅导的内容

在不违背团体原则下保持个性：理想状态下的人际交往应该是在保持个性独立的前提下，相互扶助的状态。然而对于青少年来说，要与朋友建立这样的平等而友爱的交往模式是有一定困难的。交往中保持个性，就是要人我合一而可分。在青少年阶段许多人都曾有过形影不离的好朋友，但是这样的友谊往往是不稳定，不长久的，在经历一段时间后，是必然要破裂的。只有在交往过程中，相互之间有共性，同时两个人又都是独立的个体，这样的交往才是理想的交往。只有保持了个体的独立个性，两个人才可能真正平等地互相帮助，互相理解，互相了解，互相接纳。

要学会感同身受：青少年要学会设身处地地为对方着想，感同身受，跳进他人的世界，从他人的角度来考虑周遭问题，这叫做同理。

要能够保持客观性：在交往中，还要学会从他人那里跳出来，保持一种客观性来考虑问题，这是同理的另一方面。

要学会表达：把自己感受到的东西成功地向对方表白，顺利地传达自己的感受，从而两个人的内在世界达到交流和沟通。

帮助青少年在交友中反思待人接物、处事之道：要做到上述的理想交往状态并不是一件容易的事情，要做到与人交往的独立而又互助的状态需要学习，需要在交往的过程中不断反思，挫折中学会面对。青少年时期在这些方面如果得不到老师、家长或者青少年社会工作者的帮助和辅导，他们就很难建立起良好的交往模式。所以，讨论和交流就十分重要。

2. 团体交往辅导

（1）团体对青少年发展特别重要

团体对于青少年来说，是一个非常重要的单位。在团体中，青少年逐渐获得了自己的价值观和行为方式，在团体中，他们的自我意识也逐渐形成并稳定。在团体中与人相处是一种成长的需要，归属的需要，相互依存的需要，这是一种社会性需要。这个需要得不到满足，青少年不可能获得从儿童向成年的转变。

青少年是否被团体接纳，团体对于青少年的接受程度对青少年的个体发展有很大影响，会深深影响到青少年个人的行为与态度发展。被团体接纳的青少年不但有较强的安全感，生活也会很快乐，这就会促进他有足够的信心去发展自己的特征，使自己更有人缘。同时，他也会感受到别人需要他，能够积极地去参与群体的活动，愿意与团体保持一致。能够受到团体欢迎的人，一般都是外向、活泼、有进取心的。当他与别人在一起时，能主动地与人合作，帮助别人，体贴又正直；能承担起领导的任务，行为诚实、光明磊落；能够对自己的情绪有较好的控制，充满创造力，不会自私。受到团体排斥的青少年，则可能自私心理严重，与人敌对情绪大，充满了嫉妒与怨恨，处处想占上风，胆小畏缩，顽固。他们往往会憎恨排斥自己的人，自己也往往不会快乐。而且很可能会发展出一些补偿性的满足方式，如结交一些年长或者年幼的朋友，但是这总是不能使他获得与同辈交往的快乐。所以，这些青少年容易发展出一些特殊的人格特征，对于今后的社会适应产生不良影响。

青少年需要与团体交往，在团体中生存。拒绝团体，就会成为一个孤立的没有归属的人，这样的人在现实社会中是难以生存的。要真正地使自我充分发展，只有在团体中去发展，要了解一个人，也最好从团体中去了解。同时，要改变一个人，最好从团体中去改变。团体对于青少年的重要性就在于此。

（2）团体交往辅导的内容

团体交往的辅导往往涉及个体自我意识的发展。在团体中，青少年要学会如何实现自我，以及如何在团体中获得自己的位置和地位。要学会做团体的领导者，同时也要学会去遵从团体中其他成员的领导。在这里，他们还将学到现代社会生活必备的素质和技能，如处理团体冲突和矛盾、处理团体与社会外部环境的关系等。

在青少年时期，团体对一个人影响特别大。一些青少年，特别是少年，会在情绪和心理上依附一些不良团体，被裹挟去做出一些反社会的行为，甚至会逐渐认同一些反社会的价值观念。如何帮助青少年在团体交往中独立、理性地选择价值，冷静地面对团体的影响，是青少年社会工作者的重要职责。

团体交往的辅导还要重视分析青少年与团体的关系。青少年不受团体欢迎的原因可能很多，生活方式的不同可能是很大的原因。由于自己的生活与别人相差太远，以至于无法参与到别人的生活中。家庭的社会地位和经济收入水平也都是问题。另外在学校中学业太差，缺乏社交技巧，也都会受人排斥。辅导青少年的团体交往关系，也包括改变其所处的环境和解决他的其他发展问题。

五　理想、道德、价值观发展辅导

1. 成长发展辅导的核心内容是世界观、人生观和价值观的引导

青少年阶段的一个重要的发展项目，就是要了解社会对于他们的期望，并且自动地将这种期望付诸行动，而不是像儿童时代那样被人指导、督促。他们需要以整体的价值观念和道德规范体系来控制自己，自我管理。

成长发展辅导的核心内容是世界观、人生观和价值观的引导。价值观是对于世界认识的基本尺度，它反映在人的生活的每一个方面，做人做事处处都以价值观为根本。价值观的形成是一个渐进的过程，整个过程无不受到各个方面的影响，青少年的观念体系和价值体系都是来自于他们所生活的环境中，影响最大的是家庭。家庭为青少年价值观的形成奠定了基础，家庭中其他成员的价值观和道德观会对青少年产生最直接的影响。同时学校也是对青少年影响巨大的地方，包括在学校中有威望的老师，以及一些有威望的学生领导人物。他们对于学校团体的价值观念的引导有重要作用。同时青少年成长的社区也十分重要。社区中的德高望重的前辈对于青少年的价值观的引导作用不可低估。而同辈群体对于他们的影响在青少年阶段远远超过其他的初级社会群体的影响。

2. 理想和道德发展的辅导对于青少年意义重大

理想包括职业理想、道德理想和社会理想等丰富的内容。对于青少年来说，理想往往是促进他们前进的动力，也许青少年时代的理想并不是他们进入成年后的理想，他们的理想还十分的不稳定，但是，积极引导他们建立基于实际的理想将有助于青少年的成长和发展。

道德是在内容上回答人与他人、人与社会、人与自然、人与自我的关系问题，在构成上包括道德认识和道德行为两个方面。道德实际上是个人发展出的一种内在的控制力，儿童时期的控制主要是来自外界的，包括父母、家人等，而到了青少年时期，对自我的控制成为青少年在成长过程中必须经历的环节。社会对于青少年的道德的发展有了一定的期望。在道德的发展过程中，被群体所接受的行为，也就是道德行为，伴随着的是愉快的反应。而不受群体赞赏的行为，也就是不道德行为，将伴随着不愉快的反应。多次的不愉快的反应，会使青少年产生罪恶和羞耻的感觉。这样社会所认同的道德规范就内化到了青少年个体内在中去，从而控制青少年的道德行为。

3. 对社会性别角色和个人理想人格的追求是青少年时期重要发展内容

青少年在发展过程中都十分关心自己的人格，关心自己以后成为什么样的男

人或女人。台湾学者曾总结中学女学生的类型：有单纯、天真、对成人百顺百依，爱撒娇的“玉女型”；端庄、优雅、早熟、符合成人期待的“淑女型”；爱社交、打扮时髦、爱说爱唱爱出风头的“明星型”；学究、不追求外表、爱看书进取的“夫子型”；多愁善感、楚楚可怜、自己可怜自己的“林黛玉型”；个性强、厉害，敢向男生挑战的“泼妇型”；好管别人的事，能为大家服务，也易惹是生非的“管家婆型”；等等。女性青少年对此非常感兴趣，也多次引发了对于好女人、好男人的讨论。青少年社会工作需要关注这一领域，引导青少年树立积极健康的社会性别角色意识，通过我们的工作，让少男少女懂得，形象是靠自己塑造的，人有多种需要，包括生理、安全、自尊等；每个人都是社会的人，理想的形象是外部评价与自我认定的一致；形象塑造的标准是主观与客观的一致，男潇洒、女漂亮的气质是风范与素养的结合；等等。

4. 青少年道德发展的辅导要重视专业手段的运用

对青少年的道德发展辅导必须运用专业手段，要紧密结合社会现实，在具体操作上，要围绕社会现实和儿童需求，如青少年发展的焦点、热点、矛盾点、发展关键等寻找教育主题；要提倡以问题为中心的教育组织形式，让青少年在对社会问题和自身道德发展问题的探究中成长；要强调道德发展的过程是青少年自身实践、体验、创造的过程；要建立多元化的评价体系，推动青少年主动发展。角色体验、情景体验的实践体验，奖惩与强化，训练与坚持的习惯养成，讨论、辩论的价值辨析，群体互动的成长小组，等等，都是很好的辅导形式。

总之，青少年的理想、道德、价值观发展受家庭、社会等多方面的影响，受自我发展主动性的制约。对青少年的道德、理想、价值观发展辅导要从青少年日常生活出发，必须避免光讲大道理。

六　青少年休闲娱乐方式辅导

1. 娱乐休闲对青少年发展意义特别重大

休闲娱乐对于青少年来说是生活中非常重要的一部分，充分的娱乐是青少年健康成长的一部分，没有应有的娱乐休闲，青少年就不可能有健康的心理和社会性发展。特别是电子时代的娱乐方式纷繁复杂，种类繁多，个中掺杂着相当一部分的不健康的娱乐方式。青少年由于经验不足，缺乏必要的识别能力而常常会着迷于一些不健康的娱乐模式中，以至于影响全面发展。所以，对于青少年的休闲娱乐方式的辅导非常重要，是青少年社会工作最重要的领域之一。

2. 青少年娱乐休闲辅导的主要内容

青少年娱乐休闲涉及内容很多，而且不断发展变化，在当今社会，青少年娱乐休闲辅导主要有如下几个方面。

第一，要引导青少年在复杂的社会环境里选择健康的娱乐休闲方式。青少年学业压力大，需要多一些娱乐活动放松自己，这样才能保持精力的充沛。而大部分青少年在选择娱乐方式上是处于一种盲从状态的，他们更多地受到同辈团体中的核心人物的娱乐选择的影响。家长和青少年工作者有必要帮助他们去发掘自身的兴趣和爱好，根据自己的特点来选择适合自己的健康的娱乐方式。好的娱乐可以发展为兴趣爱好，多一些兴趣爱好的青少年，生活将会更多姿多彩。

第二，作为青少年社会工作者，还有责任为青少年提供健康的娱乐休闲环境和场所。社会上的一些娱乐模式并不是本身不健康，只是经营这些娱乐休闲项目的个人或者单位为了经济效益而无视社会效应，不顾对于青少年的危害。社会有必要为青少年提供健康的娱乐环境。青少年社会工作者要为此做出不懈的努力。

第三，组织青少年团体活动，对于推展好的青少年娱乐活动有重要意义。因为团体对于青少年来说，有多种意义和作用。团体可能带动青少年向好的方向发展，当然也可能带动青少年向不良方向发展。如果对青少年所处的团体进行一定的干预，使得作为整体的青少年团体的娱乐方式向健康方向发展，作为团体成员的青少年的娱乐项目也必然会向良好的方向转化。

第四，对有不良休闲娱乐习惯的青少年进行行为矫治。社会中常常无法避免一些受到忽视、缺乏家庭关爱的青少年选择不良的娱乐活动，并沉迷于此，有的甚至不能自拔。这时就需要青少年社会工作者运用专业的方法来帮助他们从这些不良的生活娱乐习惯中解脱出来。

第五，社会有责任打击不健康的娱乐行为，取缔不良娱乐场所。这个责任不应该仅仅由执法部门单独承担，而应该由整个社会，特别是关心青少年的各个方面的青少年工作者来共同承担。

七　婚恋与青少年社会工作服务

恋爱与婚姻，这是青少年社会工作不能回避的一个话题。恋爱、性、婚姻是青少年成长过程中的必经之路，也是人生中重要的“扉页”，然而恋爱与婚姻带给青少年的不仅仅是一时的幸福和快乐，同时还常常伴随着失意和惆怅，每个人的恋爱、婚姻都不可能是一帆风顺的。成长中的青少年，性生理、性心理的发育使他们自然地产生与异性交往的愿望，朦胧中产生了婚恋的感觉。于是，青少年婚恋社会工作服务成为青少年社会工作服务中的一项重要内容。

1. 概况

婚恋，即婚姻与恋爱，涉及爱情、婚姻与家庭等。恋爱和婚姻是一个人的终身大事，也是青少年必须直面的现实问题。当代青年受到西方和现代价值观念与行为方式的深刻影响，其对待爱情和婚姻的基本看法和态度构成了当今时代独领风骚的婚恋观。最近，由三九健康网、中国大学生在线、北青网等举办的第一期中国大学生健康调查结果显示，对最为敏感的两性问题，现代大学生总体来说已持相对开放的态度，有七成人表示可以接受婚前性行为，有半数以上的大学生发生过性行为。调查还显示，有超过半数的人表示从来没有接受过学校的正规性教育，六成的人表示对大学生的性教育不满。大多数人的性健康知识来源于网络，这一比例占到62%，另外两个最主要的渠道是同学朋友之间的交流和文学影视作品。[①]

正如有学者所指出的那样，当前青少年婚恋状况呈现婚前性行为流行化、结婚年龄推迟化和离婚现象广泛化等多样化特征。[②] 高中建在《当代青少年问题与对策研究》中总结了当代青少年婚恋的特点、现状。

（1）早恋，一般指发生在中学阶段的恋爱，它是青少年性心理的朦胧实践，单纯而不稳定；这个时期，由于年龄局限、涉世不深，缺乏必要的思考能力，更多的是跟着感觉走。

（2）边缘性性行为，男女之间表达爱慕之情、进行情感交流的行为。它只是一种初级的性行为，能给恋爱中的双方带来浪漫色彩，但却带不来性欲的满足。这类性行为所带来的主要是情感的满足或只是弥漫性的性愉悦，而不以性高潮为直接目的或主要目的。

（3）婚前性行为，广义的婚前性行为是指未婚男女之间发生性接触，如拥抱、亲吻、抚摸、性交等。狭义的性行为只指性交。在此，我们仅做狭义方面的探讨，人类通过婚姻的形式来满足天然的性需要，这本身就包含了对性关系的某种规范和禁忌，是人类智慧的一种具体体现。

（4）未婚同居，广义的未婚同居是指男女两人在未婚前提下，性关系得到相当时间的维持，而不一定固定一室、朝夕相处。狭义的未婚同居则是指男女双

---

① 黎蘅：《六成大学生不满学校性教育》，《广州日报》2009 年 5 月 22 日 B24 版。

② 郭红军：《关于青少年婚恋状况多样化的冷思考》，《河北青年管理干部学院学报》2010 年第 2 期。

方不履行任何法律手续，像夫妻一样共同生活、居住在一起。

（5）网恋，即网络恋爱的简称，也有人称之为“网络爱情”或“网络时代的爱情”，甚至有人称之为“数字化性爱”。它是指对于一个没有在现实中见过面、接触过，纯粹只能通过网络交流，对于他（她）产生的一种被自己美化了的完美爱情。

（6）隐婚，即人们隐瞒自己的已婚事实，以单身的身份游离在各种场合，或者是有过婚史而以无婚史身份示人，这种现象被人们称为“隐婚”。隐婚虽然是少数现象，但也成了当前城市青年追求婚姻方式的新时尚。

（7）闪婚，交往的时间很短，在没有充分了解的情况下就草草结婚的现象，有人认为闪婚是爱情快餐式的结果。

（8）网婚，即网络虚拟婚姻，是指网民在网上“结为夫妻”甚至“同工生活”的一种虚拟游戏式的婚姻。它是青少年群体在网络虚拟世界中继“网恋”后突现的一种新现象。①

2. 服务内容

（1）发展性的青少年婚恋社会工作

发展性的青少年婚恋社会工作包括婚恋教育、发展性的婚恋服务等。婚恋教育应该是长期、多元的教育，从内容上看，不仅应该有一般的婚恋知识教育，还应包括婚恋的生理知识、婚恋的心理知识和社会知识（婚恋的社会规范、实况、问题以及婚恋文化等）。在当前急速变动的社会中，婚恋教育显得日益重要和迫切。它应该告诉人们，婚恋是如何在生物、心理和社会三个层次上形成的，帮助人们选择和适应自己的性别角色，相互理解异性世界及其变化，进而协调两大性别集团之间的关系。婚恋教育的内容很多，以下几项是常规的婚恋教育内容。

• 帮助青少年树立良好的恋爱心理，包括：正确认识自我；愉快地接纳自我；自觉地控制自我；保持健康乐观情绪；等等。

• 爱情道德原则是奉献和利他；恋爱要以双方互爱为前提；相互尊重各自选择爱情的自由和权利；以诚相待，忠贞专一；双方保持高尚的情趣和健康的交往；相互尊重彼此人格，信守对他人、对社会的道德责任；等等。

• 表达和接受爱情的能力；婉言回绝他人求爱的能力；妥善解决恋爱中情感纠葛的能力；以理智驾驭情感的能力；正确对待和摆脱恋爱挫折的能力；等等。在遇到问题（如嫉妒）时，就要学会及时讲出，化解怀疑；加强自我修养，扩

① 高中建：《当代青少年问题与对策研究》，北京：中央编译出版社，2008，第 122～132 页。

大交往圈子；学会控制自己的情感，尊重对方的情感；增强恋爱双方的了解，避免猜疑。对失恋，则要冷静分析失恋原因，正视现实；通过倾诉、参加文体活动等主动疏导、调节自己的不良情绪，抑制、纠正极端的消极心理倾向和行为。

• 自觉自愿的感情；表达方式上不能庸俗化；尊重对方；自尊自重，行为上把握分寸；理智；相互理解、信任；等等。发展性的婚恋服务包括提供必要的文化、体育、娱乐场所，丰富青少年的生活，培养良好的生活旨趣。此外，还包括设计并举办各种活动，使青少年学习并树立正确的婚恋观，提高婚恋认知能力，也包括提供青少年婚恋中法律常识等方面的知识辅导服务；等等。

（2）预防性的青少年婚恋社会工作

预防性的青少年婚恋社会工作的范围很广泛，比如社会工作者改善青少年所属的同伴群体环境、学校环境、家庭环境、社区环境、社会环境等，营造适合青少年发展的婚恋环境和氛围。此外还包括提高社会工作者在青少年婚恋方面的服务能力。当前的教育工作者和社会工作者在开展青少年婚恋服务时，大多以防止相关不良后果出现为出发点，譬如避免青少年过早地与异性亲密交往以至于影响学业，避免青少年偷食禁果而导致非意愿妊娠、人工流产及性病、艾滋病感染。如果真正以青少年的需求为出发点，婚恋服务的内容就不应该拘泥于青少年生理知识的介绍、避孕节育知识以及性病、艾滋病预防知识的学习。青少年渴望学习相关的婚恋知识，是因为友谊和爱情是他们生活中非常重要的一部分。与异性交往和互动，是人一生的学习过程，是生命的成长、生命的相互滋润和扶持。青少年时期与异性交往，是学习两性互动的入门课程，是为未来的婚姻家庭做准备，在他们健康成长的过程中有着举足轻重的作用。除此之外，更应该重视包括学习与异性交流的心理与情感辅导，培养与锻炼青少年有效的交流技能、拒绝不良诱惑的技能、权衡利弊做出理性负责抉择的技能、制定人生目标并为之付诸行动的技能，等等。

（3）治疗性的青少年婚恋社会工作

治疗性的青少年婚恋社会工作包括青少年婚恋咨询服务、及时庇护、婚恋救助、紧急介入等。具体来看，主要包括下面6项常见的内容。

①解答人们提出的一般的婚恋疑问，实质上是一对一的婚恋服务。

②调解人们在婚恋方面或者归根结底是由婚恋问题引起的各种人际关系方面的矛盾与冲突。这项服务完全可以与婚姻、家庭、优生优育、家庭教育等项服务有机地结合在一起，建立相应的组织形式。

③主要针对个体性心理的辅导、劝慰和转诊工作。它是专业心理咨询与治疗

的前期准备工作，既不可掉以轻心或拒人门外，也不应超越专业范围去治病救人。

④协调本服务区内婚恋各方的利益冲突。

⑤恰当地参与婚恋方面的医学和心理学预防与治疗工作。

⑥婚恋救助。婚恋救助工作是针对一切类型的婚恋伤害的一切受害者，不应遗漏。从婚恋中常见的伤害行为来看，我国社会普遍注意到了那些已被定为犯罪并加以严惩的现象，例如家庭暴力、青少年的性侵犯等。但还有许多婚恋伤害现象没有引起人们的重视，例如同性间的性侵犯、亲属间的性侵犯、以其他形式表现出来的婚恋问题等，甚至应该包括组织青少年观看色情品或性场面等，在涉及的人员上，还必须包括有关的亲人、朋友和其他利益相关者。尤其值得一提的是，很多人仅仅按自己的道德观来看问题，把许多受害者排除在外。例如未婚先孕或有私生子女的母亲。这不仅不公正，也是缺乏人性意识的。婚恋救助应该包括为有需要的青少年提供安全保护、收容服务及安置服务。

3. 可利用的资源

青少年婚恋社会工作服务的有效开展需要调动多方面的资源，归结起来，主要包括以下 6 个方面。

（1）青少年自身

在青少年社会工作中，青少年是为自己提供服务的最好的资源。在开展青少年婚恋社会工作服务时，将优势视角引入青少年婚恋社会工作中，首先应排除对青少年的“问题标签”，相信青少年自身存在巨大的潜能和优势；其次，与青少年一道去挖掘其潜能、发挥其优势，并提供相应的支持。

（2）家庭

家庭是青少年成长的重要环境，也是青少年婚恋社会工作服务的又一重要资源。要充分发挥家庭资源在青少年婚恋社会工作中的作用。要提高青少年家庭对青少年婚恋问题的科学认知能力；在青少年家庭中营造良好的婚恋环境；对青少年父母开展培训，使他们学会与青少年进行沟通，掌握正确的教育方式，减少代沟，以便在日常生活中对青少年进行正确的教育和引导。

（3）学校、教师

学校是任何针对青少年开展的服务所需的必不可少的资源之一，学校应该成为社会工作者提供服务的支撑性资源。教师资源也是青少年社会工作服务的必要资源之一，教师往往与青少年关系良好，而且更加了解青少年，在教学实践中积累了丰富的经验。教师的参与往往能够让青少年婚恋社会工作服务更加有效。

(4) 专家学者

专家学者是社会工作服务重要的智力来源和服务援助系统，社会工作者在提供服务时要积极链接业内外各种丰富的资源，为服务对象提供优质服务。特别是在青少年婚恋社会工作中，专家学者用其所掌握的专业知识与技能，能够为青少年婚恋社会工作提供强大的专家支持系统，而这在青少年婚恋社会工作中是很重要的。

(5) 社会服务机构与同工资源

社会服务机构与同工资源是社会工作服务的又一个重要资源，特别是近几年来，我国社会组织在婚恋服务中发挥了重要作用，积累了丰富的实践经验，这些资源应当成为社会工作者提供服务时的资源来源之一。在给青少年提供婚恋社会工作服务的过程中，社会工作者应该充分、灵活地调动社会服务机构、同工等资源，并配合其他资源来为青少年服务。

(6) 社会环境

社区环境、学校环境等社会环境对青少年婚恋社会工作有重要影响。当前青少年的婚恋观念，从某种程度上来说是社会环境综合作用的结果，青少年婚恋社会工作服务目标的达成程度，也部分取决于其所在的社会环境。因此，社会工作者要充分动员相关社会资源来提供服务，探索建立学校、家庭、社区等良性互动的青少年社会工作服务模式。

4. 需要注意的问题

目前，青少年婚恋问题被大多数人视为敏感话题，婚恋问题往往也是极为复杂的一项工程，加上青少年人群在生理、心理和精神方面的特殊性，因此，社会工作者在开展青少年婚恋社会工作时要注意以下事项。

(1) 坚持以青少年为本，尊重青少年的价值和尊严

青少年婚恋社会工作服务应该坚持以人为本、以服务对象为本，着眼于服务对象的利益最大化。在社会工作者眼中，每个人都是独特的，每个人都是值得尊敬的，而且只有让青少年感受到自己的价值，才能最大限度地挖掘青少年自身的潜能、发挥其优势，才能达到良好的服务效果。社会工作者要信任青少年，与之建立良好的关系，然后运用专业知识和技巧为青少年提供有效服务。

(2) 关注青少年的心理诉求

婚恋行为既是生理行为，也是心理行为。由于处于青春期的青少年往往在成长过程中容易产生各种各样的心理诉求，再加上青春期敏感的心理特性，青少年的心理诉求往往埋藏在内心深处而没有合适的表达机会。这些心理诉求如果不能

得到及时排解，不仅影响青少年当前的健康状况，对其将来的发展也是不利的。因此，社会工作者应当密切关注青少年的心理诉求，促进他们的身心和谐发展。

（3）坚持“正常化”和“优势”视角，发掘青少年自身的优势

青少年婚恋归根结底是青少年发展的课题，在发展过程中是再正常不过的。但是，传统教育工作者和部分社会工作者往往视婚恋青少年社会工作服务对象为“问题者”。这是有悖于社会工作专业价值理念的。在这种价值理念指导下往往达不到良好的服务效果。在青少年婚恋社会工作过程中，应该首先排除青少年的“问题标签”，正常视之，并在此基础上相信青少年自身存在巨大的潜能与优势，才能达到良好的服务效果。

（4）坚持预防、发展为主，促进婚恋青少年和谐发展

前文已述，青少年婚恋问题归根结底是青少年的发展课题，在社会工作服务过程中，对青少年的婚恋服务要有前瞻性，注重发展，并预防婚恋过程中的不良行为产生。青少年婚恋社会工作服务包括预防性服务、发展性服务、治疗性服务，其中预防性服务与发展性服务应被作为常态服务工作来抓。总之，青少年婚恋社会工作要持预防、发展为主，促进婚恋青少年和谐发展，尤其注意对青少年所处社会环境的营造和改善，建构起有利于青少年健康成长的社会环境，进一步为青少年的成长创造条件，并最终实现青少年和谐发展。

第十一章　青少年社会工作管理、研究和评估

当前，随着国家和有关部门对青少年事务社会工作的重视程度不断提高，政府购买社会工作服务的规模日渐扩大，与青少年社会工作有关的管理、研究和评估的配套制度与规范性措施相继出台。这些政策文件和工作方式方法的出台能够有效地规范青少年社会工作领域内的行业标准，为广大一线青少年社会工作者提供规范，从而使项目及工作的客观性、科学性、专业性、系统性和可操作性得到有效保障。这一章将分别从青少年社会工作项目管理、青少年社会工作研究和评估三个方面展开论述。

第一节　青少年社会工作项目管理

一　概述

1. 青少年社会工作项目管理的概念

所谓项目管理，一般情况下指的是通过运用已有的综合资源，基于理论知识并结合实践的指导，通过科学方法获取最好的、可以达成预期目标的相关管理办法，并由此更好地安排组织结构。社会工作范畴内的项目管理，指的是相关社会工作组织或机构的具体管理人员通过全方位综合考虑，规划社会工作组织未来的工作方向和发展前景，从而确定全局性的发展方向、制定服务策略规划，立足于项目化管理相关的技巧和思路，并且引入对应的工具，例如 WBS 等，对社会工作相关活动以及服务中可通过项目化运作管理的一系列服务项目进行比较分析和全方位评估。

青少年社会工作项目管理的理念与此基本一致，指的是相关青少年社会工作机构针对其所服务的青少年的实际需求，找准组织的工作方向和发展前景，并因

地制宜、考虑实际情况，为青少年提供更适宜的服务策略，在服务过程中通过对项目的科学管理，了解服务对象的动态，以便及时调整服务策略，达到最好的服务效果。对于与青少年社会工作机构相似的非营利组织而言，其项目管理是指组织为了实现其宗旨，通过项目申请的形式获取资金、人力等社会资源，优化配置所获得的资源，有效地组织、计划、控制项目的运作过程。[①]

我们将青少年社会工作机构的项目管理定义为，为了达到机构自身的目标，以青少年社会工作项目为单位，运用管理学中关于项目管理的基本模式和理念，结合社会工作独有的价值观和实务工作管理方法，达到优化机构自身的架构、提升专业服务水平、完成机构自身的使命、顺利完成项目目标。

2. 青少年社会工作项目管理的意义

众所周知，项目管理的有关理念和实践在中国还处在发展初期。由于我国实际国情与西方社会工作发展水平高的国家存在显著差异，在很多方面我们不能照搬照抄西方已有经验，需要我们提高甄别能力，结合我国青少年发展的实际情况自己探索。加强青少年社会工作项目管理具有十分重要的意义：一是能够促进社会各界尤其是社会服务界更好地把握青少年社会工作的发展脉络，把握服务的方向，使服务保持较高的水平；二是通过改善项目管理，促进青少年社会工作本土化的发展，探索本土化的项目管理模式；三是通过对国内外青少年社会工作现有的诸多项目管理模式进行研究，寻找我国与西方先进国家之间的差距，从而明确我国青少年社会工作项目管理的模式。

在实际的青少年社会工作中，探索并创新具有中国特色的本土化社会工作项目管理方式，将成为我国社会工作专业组织和机构在青少年需求日益多元、组织发展日趋复杂化的社会环境中不断思考和花时间解决的根本性问题之一。

二　社会工作项目管理模式已有研究和代表性工具

1. 国外相关研究

有学者指出任何非营利组织在结构方面本身就存在先天缺陷，例如运营管理特殊化、资源供给不足、管理业余性以及家长式运作等，而这些不足在政府组织层面则恰好是其优势。[②] 因此，政府组织基于自身特征及自身与非营利组织存在

① 王名：《非营利组织管理概论》，北京：中国人民大学出版社，2010，第162页。

② Salamon., L. M. and H. K. Anheier, *Defining the Nonprofit Sector: Across-national Analysis*, Manchester and New York: Manchester University Press, 1997, (3).

的互补性，从服务成本的角度考虑，建立起与非营利组织之间的合作关系并让渡出一部分项目，让社会组织进行具体管理和运作。克莱默和纪德伦等学者则基于组织筹集服务资金以及相关授权层面，以组织提供的实际服务为出发点，认为政府组织和非营利性组织之间存在的具体模式有4种，分别是：政府支配模式、非营利性组织支配模式、共同支配的双重模式和合作模式。[①] 此外，个案管理模式，最早于20世纪70年代出现在相关社会服务的一些研究文献之中，到80年代，个案管理模式发展为美国社会相关社会组织开展社会工作的一种十分重要的实务性服务模式。

2. 国内相关研究

伴随着中国经济社会的高速发展，中国社会面临政府职能转变等现实问题。因此，一直由政府直接负责的大量社会性服务，将逐步下放给社会组织。然而，在当前这种转型过渡阶段，相关组织的制度和方法还不健全，所以需要政府为其发展提供政策性和相关资金、资源支持。因此，我国现阶段开展的政府向社会组织购买服务的具体项目模式，可以说是符合当前社会实际情况的。但我们可以看到，政府向社会组织购买的具体项目具有非常强的时效性和针对性，通常立足于社会需求，根据需求的强烈程度进行排序的。然而社会组织所提供的服务相对来说具有普遍性、广泛性等特点，这种矛盾性使得政府购买力不能够全面覆盖人民群众的多样性需求。同时，当前社会组织大多存在专业服务管理与提供的系统性和持续性不足，以及相关人力资源配置不足等一系列问题。因此，创造性地应用国外先进的项目化管理模式、提升项目管理效率十分必要。

对社会工作而言，项目是具体的实务单元，社会工作机构是管理单元，[②] 这二者协同运行，从而建立起我国社会工作机构的一种创新型机构管理模式。在具体的管理资金、流程设计、体系结构这三个不同层面，学者王玉令指出。随着社会工作机构推进项目化管理进程，将推进社会组织成为除政府、市场外关注民生、代表民意的第三方机构，成为承担社会服务的重要力量。[③] 张和清教授在此基础上做出了突破。他结合云南当地社工机构项目运行的实践提出了体制内求生

---

① 参见任慧颖《对中国非营利组织与政府关系的研究探讨——以中国青基会为个案》，《山东社会科学》2005第10期。

② 罗峰：《社会工作项目化管理过程研究一以上海市Z机构“心桥工程”为例》，《华东师范大学学报》2011年第6期。

③ 王玉令：《试谈上海市社区公益服务项目化管理——以基层非政府组织为例》，《理论基萃》2010年第2期。

存、体制外求发展的项目运作模式，依托政府部门建立社工服务站，以行政机关的领导作为项目总负责人，利用政府的资源和社会网络进行社会服务，并根据中国体制高度组织化、政治和行政干预较强、成本高效率低、缺乏社会援助有效方法的现状，引入民间基金会的资金援助，从而走上独立发展的道路。

胡文彬提出，相关社会工作具体实务在一般发展过程中包括接案、预估、计划、介入、评估、结案和跟进等阶段，项目管理由五个具体的“过程组”结合形成，分别是启动、规划、执行、监控、收尾过程组。[①] 可见，项目化管理与社会工作实务的流程基本一致，我们可以根据项目的进行和发展梳理出社会工作机构项目管理的流程，从而建立一套完整的、可以参考的项目管理模式。

3. 工作分解结构（WBS）

工作分解结构（WBS）是以可交付成果为导向的工作层级分解，创建工作分解结构（WBS）是把项目可交付成果和项目工作分解成较小的、更易于管理的组成部分的过程，将项目的总体任务分解为一组同步并且越来越明确的任务。WBS由3个关键元素构成：工作（work）——产生有形结果的工作任务；分解（breakdown）——是一种逐步细分和分类的层级结构；结构（structure）——按照一定的模式组织各部分。[②]

社会工作中，子项目是以实现项目的总目标为目标，对项目的总体任务进行细化后形成的具备直接操作性的社会工作专业活动单元。社会工作子项目管理主要指的是，利用项目管理的专业知识，对子项目进行设计、管理和协调的过程。在社会工作项目管理过程中，WBS可以作为子项目管理的专业工具，为其提供管理便利的专业工具。

三　青少年社会工作项目管理内容

以青少年为主要服务对象的项目管理是以项目组织实施和评估为中心的机构日常管理活动，对于项目的管理自项目申请到立项到实施最后到结项贯穿始终。在整个过程中，青少年社会工作项目管理涉及项目所获经费及其他资金支持，项目甚至机构有效的组织架构也会直接影响项目运作的效果，与此同时，一切管理的核心目标是为项目服务、保质保量，督导和专业社工的努力与付出是实现项目

① 胡文彬：《项目化管理在本土社会工作机构的应用探究——以上海市J机构“手工工坊”项目为例》，《复旦大学学报》（社会科学版）2013年第8期。

② 罗峰：《WBS在社会工作项目管理中的应用研究》，《社会工作》（学术版）2011年第3期，第40~42页。

目标的重要环节。因此，这一部分将青少年社会工作项目管理划分为以下四部分内容。

1. 青少年社会工作项目的资金管理

由于当前国内大多数社会工作机构自筹经费的能力有限，机构所获得的大多数服务资金来自政府购买服务的项目委托资金，一般通过政府部门招标、委托或参加公益创新大赛等多种方式获得项目资金，因此机构对项目资金的管理方式有所不同。

青少年社会工作机构一般根据政府所确定的服务目标群体及希望达到的效果撰写竞标计划书，政府则依据机构资质、使用资金预算情况、完成项目的能力以及服务人群覆盖面及服务内容、效果等来判定是否将项目委托给机构。政府购买服务往往对机构项目资金管理能力要求较高，会在项目实施中期和项目结束后考察机构对资金的使用是否合理、使用是否充分，资金使用是否有利于改善目标群体的现状。

除了政府购买的资金支持外，现阶段青少年社会工作机构还通过多种方式募集资金，保障机构及项目正常运行和发展，如寻求基金会支持、向服务对象收取低额费用等。这种多元化的筹资方式能够为青少年社会工作项目的正常运作提供经济上的支持，有助于提升机构项目管理的能力，提升服务质量，同时在处理多元的资金时机构的项目管理能力也能得到提升，有利于整合机构内外资源，在与外界的沟通合作中扩大机构的影响力，为机构筹集到更多的项目管理资金提供了更多的机会和平台。

2. 青少年社会工作项目的组织管理

青少年社会工作项目的组织管理能够维护项目良好的运作秩序，更好地整合资源，提高机构工作的效率。在承接政府委托或购买服务的过程中，除了按照服务购买方的规定和制度开展服务外，为保障服务高效、有序地顺利开展，青少年社会工作机构也会制定适应自身发展的组织内部规范性要求和相关服务流程。其中，项目实施的组织结构是项目组织管理的重要内容。

青少年社会工作项目实施的组织结构是为了实现青少年群体项目的总体目标，对所掌握的资源进行整合而建立的组织结构，这一组织结构的构成和行政上的分工决定着项目的决策、管理和执行是否有序。只有组织内部分工明确、通力合作、共同努力，才能更好地适应任务的需要，共同完成工作。

3. 青少年社会工作项目的服务管理

青少年社会工作项目的服务管理和一般的项目服务管理一样，是指在项目管理的过程中，为确保项目服务的内容和质量达到服务购买方规定的要求而开展的一系列项目管理工作，服务管理贯穿于项目的日常计划、执行和评估等方面，项目的服务管理是项目管理的重要一环，甚至可以说是核心环节。通过对青少年社会工作项目的质量进行全过程的监督和管理，保证项目逻辑和内容科学、严谨。

在项目的服务管理过程中，要始终从服务对象的实际需求出发，在了解青少年的生存情况、服务需求等后，坚持以此为导向，追求服务品质。对于项目的服务管理需要机构持续努力，以目标群体满意为目标。在青少年社会工作项目服务管理中，从最开始的需求调查，到项目中期的总结意见反馈，最后到结项时的总结评估是一个完整的服务管理流程，涵盖了服务管理的基础理念和模式。同时，对项目进行系统化的服务管理要求服务管理者从大处着眼、从全局出发，对各个因素、环节和服务内容进行细致的观察分析，在此基础上追求项目的整体效果，兼顾服务购买方和服务对象等多方的需要。坚持以服务对象为中心，一切为服务对象服务，充分考虑服务对象的需求并将其纳入决策系统，重视服务对象的满意程度并以此为依据改善服务内容，不断改进，以实现机构愿景和项目的长期目标。

与上述内容一道，青少年社会工作项目的品牌建设也是服务管理的重要环节。如何将已有成功的、客观的服务经验加以适当包装、产生社会影响力、打造品牌项目、提升机构的知名度，对于机构长远的发展、成为综合性服务机构、吸引政府及其他组织或个人的注意和相关资金资源支持也具有重要的意义。

4. 青少年社会工作项目的人力资源管理

与之前几项内容一样，人力资源管理也是青少年社会工作项目管理中的重要部分，在很大程度上人力资源情况会决定项目的成效。人力资源管理为最合适的项目人员的选取、任用做出了巨大的贡献和努力，此外，人员的监督、激励和考核也是人力资源管理的重要内容，目标是最大限度地挖掘他们的潜能，更好地为整个项目服务，使项目的效果达到最优。在进行人力资源管理的过程中，要考虑工作人员的能力与项目的适应性，尽可能地满足服务对象以及项目内容的需求。例如，在相似的项目中，要优先考虑任用有一定经验和优势的人，善于运用督导的资源来指导整个项目的开展。

青少年工作者往往在一个项目中承担多种职责、扮演多重角色，项目成员相互配合、互相帮助。这也有利于提高人力资源管理的效率，促进成员之间的交流和互动，从而提高机构项目的实施成效。

第二节　青少年社会工作研究

虽然很多人认为，社会工作服务仅靠实践经验就可以满足，但事实却并非如此。真正要达到专业社会工作的目标，就必须有科学的事实依据。研究便是取得科学依据的首要途径。青少年社会工作研究遵从一般的社会工作研究的基本方法和规则，但也有一定的区别。其意在于发展青少年社会工作的理论、知识和方法技巧，需要把握一定的原则和步骤。

一　研究概述

1. 青少年社会工作研究的内涵

王思斌[①]把为了发展社会工作而进行的科学研究称为社会工作研究，它与关于社会工作的其他学科的研究在所用理论和概念体系、研究方法及目的诸方面有区别。他认为，社会工作研究可以有两种不同的理解：一是关于社会工作的研究；二是为了社会工作的研究。他认为第一种理解实际上是把社会工作当作一种社会现象和对象进行研究。这种研究可以是多角度的，如从社会学、政治学、经济学等角度对社会工作进行研究，实际上是关于社会工作的社会学、政治学、经济学研究。第二种理解是为了发展社会工作的理论、方法和知识而进行的，以求更有效地推进社会工作的科学研究。另一方面，社会工作研究中一直存在两个关注点：一是理论研究；二是实务研究。

青少年社会工作作为社会工作的重要领域之一，青少年社会工作研究具备社会工作研究的一般特征。因此，对于青少年社会工作研究可以有两种不同的理解：一是把它理解为关于青少年社会工作的研究，即把青少年社会工作当成一种社会现象和对象来进行的研究；二是把它理解为青少年社会工作的研究，即是指为了发展青少年社会工作的理论、方法和知识等而进行的，以求更有效地推进青少年社会工作发展的科学研究。尽管两种理解之间存在交叉，但是本书所界定的青少年社会工作研究是指后者，即为了发展青少年社会工作而进行的研究。青少年社会工作的学科性质决定了其研究属于应用研究，但是青少年社会工作研究中同样会涉及理论研究。青少年社会工作研究从理论研究到技术分析构成了一个连续谱：在理论层次上，是关于社会福利思想、社会政策的研究，及青少年社会工

---

① 王思斌：《社会工作研究综述（2007～2010）》，《中国社工时报》2014 年 6 月 25 日。

作的制度和理论分析；在社会福利、社会服务提供过程层面上，是具体的社会结构、社会互动以及服务过程的研究；在技术层面上，是关于情景性的助人技巧的研究。因此，青少年社会工作研究不是单一层面的理论或技术研究，而是这些层面相互交融的研究。

2. 青少年社会工作研究的功能

青少年社会工作研究对于青少年社会工作的全过程都是十分必要的，它对于社会服务项目的选择、社会服务计划的制订、社会服务的实施、社会服务效果的评价以及相关社会政策的修订完善都具有重要的意义。概括而言，青少年社会工作研究具有如下功能。

一是有利于发现社会需求，有效提供社会服务。青少年的社会服务的展开是以青少年的社会需求为基础的，这种社会需要的强度决定着应该制定何种政策和措施从而向有需要的青少年个体或群体提供社会服务。同时，为保证社会政策即相应措施的科学性和针对性，就必须对青少年所面对的社会问题、社会需要做科学的调查研究，分析其成因，探讨解决问题的途径，并对可行的解决问题的方案进行科学的选择。因此，在青少年社会问题日趋严重的社会里，对涉及青少年的相关方面进行科学的研究，发现其社会需要，并有效地设计社会服务框架，可以及时、有效地为青少年个体或群体提供服务，协助其解决困境、满足社会需要。因此，青少年社会工作研究显得尤为必要。

二是有助于了解服务对象，有针对性地提供社会服务。社会服务是青少年工作者与青少年受助者在复杂的社会、文化等环境条件下进行的互动过程。社会服务的有效传递并不是一件简单的事情，特别是在进行一项创新性服务或在一种全新背景下开展某项服务时，认真地研究各种因素对服务传递过程的影响，并采取相应的推进策略是必要的。因此，在开展青少年社会工作的过程中，认真研究青少年服务对象的接受心理、接受行为及服务效果显得尤为必要。只有真正了解青少年自身的真正需要，不断与青少年服务对象积极、有效地互动，客观、科学地认识和处理服务提供过程以及互动过程中出现的新问题，才能有针对性地提供服务对象所需的服务。在这方面，行动研究在青少年社会工作研究中发挥着重要作用。

三是有利于检验和发展青少年社会工作理论，从而有效地指导实践。青少年社会工作理论源于对青少年社会工作的实践，源于对实践经验的总结。这种对实践经验的总结不是感性的，而是科学的、理性的。青少年社会工作理论的发展具有不断积累的特征，只有不断地对青少年社会工作的经验进行科学的提炼，才能对原有理论进行修正、补充和丰富，进而在更大范围内证明理论的普适性。而要证明理论的科学性和普适性，就必须进行科学的青少年社会工作研究。同时，理论的完善和发展有助于在理论运用过程中更有效地指导实践工作。这种相互促进的机制必须得益于对青少年社会工作进行科学、有效的研究才能实现。

二 研究的目的

青少年社会工作研究是否必要？许多人认为，青少年社会工作最重要的是价值理念，只要有助人之心，就可以保证工作的成效；也有人认为，青少年社会工作坚持个别化原则，每次社会工作的任务、背景等都不同，难以通过研究总结出共同的规律。因此，这两种说法都认为进行青少年社会工作研究显得无关紧要。但是，本书认为，青少年社会工作研究是必要的，因为这种研究是一种科学的研究，是运用科学的方法对青少年社会工作进行考察。之所以有必要进行青少年社会工作研究，是因为青少年社会工作研究具有以下目的。

一是探索青少年社会工作的新领域，即回答“是什么”的问题。在青少年社会工作开展过程中，有时工作者面对的问题是新出现的，是以前研究中尚未出现过的，因此就有必要进行探索性研究，需要从头开始，以更多地了解这些问题。在探索的过程中，研究者需要提出许多具体的问题，以在随后的研究中解决。在青少年社会工作中实施探索性研究，就是为了了解新近出现的有关青少年社会工作方面的主题，并就这一主题提出众多不同层面的具体问题，在逐渐了解相关信息的基础上，设计和开展一个更为系统、深入的研究。具体而言，探索性青少年社会工作研究包括以下目的：熟悉基本的事实、背景和关注点；对研究现象建立一个基本的印象；提出和形成未来研究的问题；提出新的思想、联系和假设；确定研究的可行性；发展出新的方法来测量和规划未来的资料；等等。

二是描述青少年社会工作存在的社会现象，即回答“怎么样”和“谁”等类问题。在青少年社会工作开展过程中，工作者可能会对某个或某些社会现象有比较成熟的看法，并希望能够系统地描述这些现象。他们此时所要进行的研究就是对这些社会现象、社会环境或社会关系进行详尽的描述。具体在青少年社会工作研究中，研究者进行描述性研究有以下目的：提供一个详尽的、准确的图画；提出与过去研究不同的资料；建立一系列的分类标准和类别；明确一系列步骤和阶段；记录一个因果关系处理机制；报告背景或情况实况；等等。

三是解释青少年社会工作中社会现象背后的各种原因，即回答“为什么”的问题。在对某些社会现象有较为熟悉的描述和看法之外，研究者还会对造成这些现象背后的原因进行探究，它们是建立在对现象进行探索和描述的基础上进行的研究。在青少年社会工作研究中，进行解释性研究主要有以下目的：检验理论的假设或原则；阐述和丰富一个理论解释；将理论运用到新的问题或新领域；支持或反对一个解释或者假设；将问题与通则联系起来；指出哪些解释最合理；等等。

三　研究的方法

作为社会科学研究的两种基本方法，定量研究和质性研究在社会工作研究中具有同等重要的作用，在青少年社会工作研究中亦是如此。定量研究是遵循实证主义的研究思路而形成的方法类型，它追求客观性和科学性，它一般依赖标准化的工具来测量被研究的现象，运用演绎逻辑方法来发现事物之间的规律。它更多地关注研究设计、测量、抽样等问题，其功能在于揭示和描述社会现象的相互关系。问卷调查、量表测量、测验和实验研究是定量研究的常用方法。质性研究主要依据反实证主义的方法论，依据现象学、解释学、社会互动等理论，运用归纳、分类、比较等方法，对某个或每类现象的性质和特征做出说明的研究方法。质性研究包括深度访谈法、观察法、个案研究法、行动研究法等。

定量研究和质性研究具有各自的优势和特点，青少年社会工作研究中应该将二者结合起来使用，真正发挥二者之间的互补性。根据上述两大基本方法，将对适合于青少年社会工作研究的几种主要研究方法进行概述。

1. 问卷调查法

问卷调查法是定量研究中收集资料的主要方法，也是青少年社会工作研究的常用方法之一。问卷调查采用匿名访问，有利于获取真实信息；收集了较多对象的资料，有利于中和少数成员的极端回答；收集数据的内容、时间、格式基本统一，从而在处理时便于比较分析；在同一时间段访问众多对象可节省不少资源。然而问卷调查法要求研究者有较高的素质，它需要高质量的问卷，研究者所提问题、用语都应便于调查对象理解和回答，这样才能提高所获资料的信度和效度。在青少年社会工作研究中，使用问卷调查法需要克服许多困难，因为青少年社会工作对象一般是青少年弱势群体，因此，青少年工作者和研究者在工作及研究过程中，要注意对象的特殊性，要谨慎使用这种方法。

2. 访谈法

访谈法是通过有目的地与研究对象谈话的方式收集资料的方法，它是质性研究资料收集的主要方法。访谈法一般包括结构访谈和非结构访谈。前者是指按照事先制定的较为详细的提纲或调查表进行的访谈；后者是指在一个较为粗略的提纲指引下，研究者就某一主题与访谈对象进行的访谈。对于青少年社会工作而言，在使用访谈法时，要求研究者就某一问题做深入的了解，通过与青少年研究对象持续互动进入其生活深处，了解其所遇问题及做出反应的深层原因。与定量研究中的问卷调查法相比较而言，访谈法在青少年社会工作研究中似乎更受欢迎，但是在适当的时候将问卷法和访谈法结合起来使用，是一种有益的实践。

3. 个案研究法

个案研究是选择某一社会现象（个案）为研究单位，收集与之有关的一切资源，详细描述其发展过程，分析其内、外因素的关系，并同其他同类个案相比较得出结论的研究过程。个案可以是一个人、一个家庭、一个社区甚至是一件事情。个案研究追求的是对研究对象的全面、深入的了解，强调个案的独特性，而非其代表性。由于青少年社会工作对独特性的强调，因此，个案研究显得尤为重要。个案研究一般采用参与观察法和深度访谈法收集资料，访谈对象不仅包括研究对象，而且也可以是与之相关的其他人，其所收集的资料不仅包括由访谈、观察所得到的资料，而且还包括已有的文献资料，如日记、传记、照片及其他文献等。在青少年社会工作研究中，个案研究尤其适用于遇到特殊问题的青少年，通过个案研究对其开展工作和研究。

4. 行动研究法

行动研究是20世纪70年代以来逐步发展起来并在教育行动研究和社会工作研究中日益得到广泛运用的研究方法，后来在青少年社会工作研究中也逐渐得到运用。行动研究反对传统方法中把研究者与研究对象严格区分开来的做法，即将自己作为研究者、专家，而将对象视为研究对象、有问题者，研究者借助于机械的研究设计去研究丰富的实践生活的强加式的研究方法。行动研究主张在一定的活动场域中的所有行动者（包括研究者与研究对象）及他们之间的互动都是研究对象的组成部分。这种研究就是在他们之间的互动过程、共同实践活动中进行的。在青少年社会工作研究中，使用行动研究法可以将研究者以外的所有青少年对象纳入行动领域，与研究者共同组成研究场域，并经由计划、行动、观察和反思等环节来开展的集实践活动和研究活动于一体的行动。在青少年社会工作研究中，行动研究常常是那些优秀的青少年工作研究者所采用的研究方法，因为它需要自我反省和实际地推进青少年社会工作的实践。

5. 实验法

实验法也称实验设计法，是指在一定的人工设计条件下，按照一定的程序，改变某些因素或控制某些条件，对研究对象的活动进行观察、记录，发现其变化并分析其变化的原因的研究方法。在青少年社会工作研究中，一般采用标准实验法，因为其相对于非标准实验法更具科学性和价值。青少年社会工作研究中的实验法，是自然科学实验在青少年社会工作研究中的运用。这种研究方法可以测定新条件的加入（干预）带来的影响，从而确定干预与影响因素之间的因果关系。由于实验法的一些限制性条件，在青少年社会工作研究中需要研究者不断克服许多限制，不断创新，从而推广新经验。

四 研究的过程

科学的研究是按照科学认识论展开的一系列有序的活动，这一程序保证着研究活动的科学性和效率，从而使青少年社会工作研究易于取得预期的效果。青少年社会工作研究的科学开展，包括以下几个过程。

1. 研究主题的选择

社会的进步与变迁总是对社会工作以及青少年社会工作提出新的课题，青少年社会工作也要根据社会变迁不断提高自己服务于社会的能力。青少年社会工作在实践中提出了多层面的研究任务，包括理论层面的、政策层面的，以及方法层面上的诸多任务。因此，青少年社会工作研究要不断从实践中发现新问题和新领域，并选择有利于产生实际效果的研究主题进行研究。

2. 文献研究及研究问题的确定

在选择了一个研究主题之后，还需对其进一步研究，以使研究问题具体化。因此，文献研究就显得不可或缺。文献研究的目的就是查阅、分析已有的同类研究或相关研究，明确在该研究领域中已有的理论成果以及他人在研究中有哪些不足或有哪些需要，并能进一步研究的问题，以保证研究的重要性、新颖性。在青少年社会工作研究中，文献研究是指从相关领域的专业期刊、著作及其他资料来源中选出适当的文献作为参考，并在此基础上进行分析评价，以发现现有研究的不足和以后研究的方向，并确定一个有价值、有意义的研究问题。

3. 进行研究设计

研究设计是指在进行实际研究之前对研究进程、方法及相关事务的安排，包括明确研究思路、规范调查研究的问题，选定调查研究方法，以及与调查相关的人力、财力、时间、联络等方面的安排。在青少年社会工作研究中，要针对各种具体的研究方法，有针对性地进行研究设计。如果选用问卷调查法或实验法等定量研究方法的话，还需要提出相应的研究假设，通过研究结果来证明之前的假设是否成立；如果用质性研究中的访谈法、行动研究法或个案研究法的话，是不能带有任何前提假设的。

4. 资料收集

资料是研究的基础，收集尽可能丰富的、能反映问题的资料是青少年社会工作研究的关键。收集资料是研究者与青少年对象直接进行的社会互动的过程，互动过程及互动效果决定着所获资料的丰富程度和真实程度，所以研究者一定要处理好与青少年对象之间的和谐关系。根据研究的设计，在青少年社会工作研究中可以选择不同的资料收集方法，总体上有定量研究方法和质性研究方法，具体方法如前面所讲的问卷调查法、深度访谈法、个案研究法、行动研究法、实验法等。在实际应用中，使用各种不同的资料收集方法需要注意具体细则。

5. 资料整理、分析与解释

在资料收集过程中及之后，需要及时对所收集资料进行整理，对数字资料要进一步核实、编码，对文字资料要辨别其可靠程度并根据研究目的进行专题归类，进行摘要和编整。在对资料进行整理归纳后，需要对资料进行解释和分析。对于数字资料，一般采用统计分析方法，发现各变量之间的内在联系，解释数字所反映的社会意义。对于文字资料，则要使用比较、归纳、推理、语义分析等方法，以发现资料的真正内涵。

6. 撰写研究报告

青少年社会工作研究的最后一个环节是撰写研究报告或撰写研究论文，主要是呈现研究者所做研究的成果及其在相关领域的应用推广。青少年社会工作研究报告的撰写，包括以下要素：确定报告题目，交代本研究的背景、目的、意义等，文献回顾及评述，交代本研究所采用的方法，根据研究对象发展的逻辑展示调查资料、进行理论分析，最后得出结论。在青少年社会工作研究中，撰写研究报告应该做到主题突出，概念明确，资料与观点统一，理论判断准确。同时，还要遵守青少年社会工作伦理，注意不要对支持研究的人员形成伤害，要严守职业和学术道德。

第三节　青少年社会工作评估

青少年社会工作者和机构需要通过评估，来体察自己的服务是否达到了预期目标，讨论如何进一步提高服务质量。评估被认为是社会工作服务的一个重要实务环节，对改进服务方法、提升服务质量具有至关重要的作用。

一　评估的概述

1. 青少年社会工作评估的内涵

青少年社会工作评估也称青少年社会服务评估，是针对青少年社会工作或社会服务进行的评估，是用科学的研究方法对社会服务项目的设计、策划、实施和效果等方面进行的测度、诊断和评价等活动。从这个概念可知，青少年社会工作评估是社会工作者及相关研究人员运用社会科学方法，对青少年社会工作的性质、任务、主要过程和环节以及效果的一系列研究活动。这是一种将科学研究方法运用于青少年社会工作实务，并以有效地推进青少年社会工作实践为目的的科学研究活动。因此，可以说，青少年社会工作评估也属于青少年社会工作研究的一个方面，它很大程度上属于应用性研究。

2. 青少年社会工作评估的功能

一是有助于改善青少年社会服务。由于青少年社会工作的所有活动都是以最有效地为有需求的青少年对象提供服务，因此，青少年社会工作评估的首要功能就是改善社会服务。这种社会服务是以青少年社会工作的专业价值观和专业方法为基础。同时，针对复杂性强、变动性大的情境和任务，要有效地提供服务、达到服务目标就要适时进行评估，并选择和确定进一步开展服务的方法。评估是一项贯穿青少年社会服务全过程的活动，科学的评估会积极地促进社会服务的开展，进而在总体上增进服务效果。

二是有助于推进社会发展。青少年社会工作作为社会工作的一个分支，在推进社会福利、提供社会服务的过程中，发挥着重要的作用。通过对青少年社会工作的评估，可以明确政府、社会以及相关机构为社会弱势群体所提供的福利服务是否有效，是否实现了这些福利供给主体的社会责任，同时，可以明确社会成员的潜在需求，并有效地拟定下一步工作的思路和方法。因此，开展青少年社会工作评估工作，有助于提高社会成员的生活水平和社会满意度，有助于促进整个社会的福祉，从而推进社会发展和进步。

三是有助于促进青少年社会工作学科的发展。青少年社会工作的发展既需要理论的指导，又需要科学的实践。同时，科学的实践可以进一步演化成理论以指导青少年社会工作实践工作。在总结经验、提炼理论的过程中，青少年社会工作中那些研究性评估发挥着重要作用。它们以一定的理论或方法论为基础，深入分析实务经验，通过比较和提炼，得出具有普遍性的经验并加以理论化，从而形成一定形式的理论。这些理论及其内在的知识体系又会反作用于青少年社会服务实践，在发挥指导作用的基础上，促进青少年社会工作学科不断丰富和完善。

二 评估的要素

作为青少年社会工作实务的专业活动，青少年社会工作评估一般需要以特定的实务理论作为其参考框架，同时，评估主体、客体、目标和方法是该架构的基本要素。

1. 评估主体

青少年社会工作评估是人们对青少年相关活动的了解、测度和评价活动，从事青少年社会工作评估的人或机构即为青少年社会工作的评估主体。在青少年社会工作领域中，评估的主体主要包括社会工作者、社会服务机构、相关上级机构及其他与青少年社会服务机构及其资助者无关的第三方机构。在说明青少年社会工作评估主体时，不能忽视青少年服务对象的存在，在某种程度上，青少年服务对象也可能成为评估主体，也可能参与对青少年社会服务的评估。这样，更有助于促进服务效果的改善和实施。

2. 评估客体

青少年社会工作的评估客体，或称评估对象，在总体上包括三个层次，即社会服务机构、服务项目和社会工作者。社会服务机构是社会服务的承担者，它接受政府和社会的资助开展专业服务，因此，必须对其进行评估，主要包括机构素质、能力评估和服务评估等。服务项目是青少年社会工作评估的最主要的对象，现代社会服务常常是以项目形式出现的，对项目的评估包括对服务对象的需求评估、方案评估、过程评估、效果评估，也包括对项目服务团队的评估。社会工作者也可能是独立的评估对象，青少年社会服务是通过社会工作者直接提供的或通过其组织提供，对社会工作者的评估也包括资质和服务两方面的评估。资质评估包括社会工作者的受教育水平及专业训练背景、以往的服务经验及拥有的专业资格等，服务评估是对其服务方法、过程和效果的评估。

3. 评估目标

青少年社会工作评估旨在检查评估客体承担的社会责任和促进专业发展的情况，其具体目标与评估内容有关。青少年社会工作评估主要有两个目标：促进社会服务和发展青少年社会工作专业。通过评估来促进社会服务是直接的和明显的目标，而促进青少年社会工作专业的发展则蕴含于前一目标中。同时，发展青少年社会工作专业的目标又包括发展青少年社会工作知识，并促进专业知识和方法有效运用于青少年社会服务实践中。青少年社会工作评估是评估实施者有目的的活动，评估活动的复杂性和系统性导致评估目标的复杂性和系统性。因此，评估者要根据评估的具体目标选择合适的评估方法并设计相应的评估活动。

4. 评估方法

评估方法是青少年社会工作评估的最核心部分，没有科学的、与评估客体相适应的评估方法，就不可能有科学的评估结果。评估首先要获得评估客体的信息，评估方法由信息载体和信息内容组成。信息载体是指用什么形式去获取信息，比如问卷、访谈、服务对象的非言语行动等都可能承载着某些信息；信息内容是指上述言语、符号包含的评估所需的意义。青少年社会工作评估要选择能获得丰富内容的信息载体去收集信息，以保证评估的科学性和有效性。青少年社会工作评估方法从总体上可以分为定量评估方法和质性评估方法，二者之间的特征、区别以及互补性已在“青少年社会工作研究”一节中有所阐述。在青少年社会工作评估中，一般将二者结合起来使用，互相取长补短，以达到有效的评估目标。

三　评估的种类

关于青少年社会工作的评估类型，不同的人有不同的看法。大多数学者认为主要有两种评估方法：累积性评估和形成性评估。韦斯[①]不赞成上述分类，并提出另外两个概念：过程评估和结果评估。本书在此基础上，将青少年社会工作评估分为以下四种类型。

1. 需求评估

需求评估是社会工作者或社会服务机构对潜在的或实际的服务对象的需求进行的评判。当社会工作者发现某些青少年个体或群体遭遇困境或者他们向青少年社会服务机构求助时，社会工作者就要对他们的处境和困难进行调查了解，以发现其需求并准备提供相应的服务。了解潜在的或实际的青少年服务对象的需求，对于社会工作者和社会服务机构来说，是必需的，因为这是有效开展青少年社会服务的前提。通过需求评估，可以了解人们所遇困难的性质和程度，进而可以确定是否应该为其提供服务以及提供服务的程度等。人类需求十分复杂，只有对其进行科学的调查、分析，即进行科学的评估，才能确定服务的任务和方向。

---

① 参见顾东辉《社会工作评估》，北京：高等教育出版社，2009。

2. 方案评估

方案评估是方案开发的重要基础，是根据科学性、可行性、有效性等原则，对众多方案进行评价并从中选择最适用的方案的过程。所谓服务方案就是为了满足青少年服务对象的需求，社会工作者和社会服务机构对自己所提供的服务活动的预先设计，社会服务不仅要针对服务对象的需求，而且要对服务进行合理的设计。由于青少年社会工作过程涉及服务提供者与青少年服务对象的合作，这一合作过程涉及经费、人力、时间等多种资源，所以，要达到服务目标，就必须预先对这些资源进行合理安排，形成各种方案，同时对服务方案进行评估，并选择适合的方案来指导服务提供。

3. 过程评估

过程评估是在服务提供过程中进行的、针对服务过程中若干细节的评估。在服务方案确定后，一方面要保证其有效执行，另一方面也要对方案中因各种原因而不适用的部分进行修改。青少年社会服务是前后衔接的一系列干预活动，要保障这种干预服务向着既定方向发展从而达到目标，就必须了解这一过程中各个环节的实际状况，评估实际状况与服务方案的吻合程度，并根据需求制订或调整具体的行动方案，这就是青少年社会工作中的过程评估。

4. 结果评估

结果评估是服务项目结束之后对服务效果的评估，可以分为效果评估和效率评估。效果评估是对青少年社会服务所达效果的评估，考察社会服务在帮助青少年服务对象方面产生的作用。效率评估是对社会服务投入与效果之间关系的评估，旨在了解和确定社会服务资源的使用效率。任何一项青少年社会服务都要进行结果评估，这不但是社会工作者与青少年服务对象共同确认服务成效的要求，是社会服务机构向政府、社会、支持者进行交代的要求，同时也是社会工作者总结、反思自己工作的基本要求。

参考书目

邓耀棋：《青年工作与义务工作》，广州：共青团番禺市委员会，2000。

甘永祥：《青年社会学》，成都：西南财经大学出版社，1987。

谷迎春：《青年学导论》，哈尔滨：黑龙江人民出版社，1987。

国家教委思想政治工作司组编《青年学概论》，北京：高等教育出版社，1992。

赫洛克：《青少年心理学》，台北：桂冠图书股份有限公司，1977。

黄志坚主编《青年学》，北京：中国青年出版社，1988。

Jane B. Brooks：《发展与辅导》，周逸芬、陶淑枚编译，台北：五南图书出版有限公司，1991。

简春安、邓平仪：《社会工作研究法》，台北：巨流图书股份有限公司，1998。

金国华：《青年工作学》，福州：福建人民出版社，1986。

金国华：《青年学》，北京：中国青年出版社，1999。

金国华：《现代青年学》，北京：中国青年出版社，1989。

Leon H. Ginsberg：《社会工作评估——原理与方法》，黄晨熹译，上海：华东理工大学出版社，2005。

李晨：《中国青年社会发展的现状与对策》，天津：天津人民出版社，1995。

柳林等：《儿童社会学》，济南：山东人民出版社，1984。

陆士桢主编《儿童青少年社会工作》，北京：高等教育出版社，2008。

陆士桢等：《儿童社会工作》，北京：社会科学文献出版社，2003。

罗致光等编《青少年中心活动成效评估：方法与案例》，香港：香港基督教服务处，1992。

马赫列尔：《青年问题和青年学》，陆象淦译，北京：社会科学文献出版社，1986。

美国费城儿童指导中心编《儿童与青少年情感健康》，马春华、薛松奎译，北京：中国轻工业出版社，2000。

穆宪：《青年工作与管理心理学》，北京：中国青年出版社，1989。

全国青少年立法工作办公室编《中华人民共和国未成年人保护法讲话》，北京：法律出版社，1992。

全国社会工作者职业水平考试教材编写组编《社会工作综合能力》（初级），北京：中国社会出版社，2007。

Sally W. Olds、Diane E. Papalia：《成人发展》，台北：桂冠图书股份有限公司，1994。

上海第一医学院主编《人体生理学》，北京：人民卫生出版社，1978。

《谁是青年?》，中国青少年研究中心，2003。

孙汝亭：《心理学》，南宁：广西人民出版社，1982。

田万生：《青年心理卫生学》，北京：中国科学技术出版社，1999。

W. Lawrence Neuman、Larry W. Kreuger：《社会工作研究方法——质性和定量方法的应用》，刘梦译，北京：中国人民大学出版社，2008。

王极盛：《青年期心理学》，北京：中国社会科学出版社，1983。

王思斌：《社会工作学概论》，北京：高等教育出版社，1999。

William R. Nugent、Jackie D. Sieppert、Walter W. Hudson：《21世纪评估实务》，卓越等译，北京：中国人民大学出版社，2006。

郗英杰：《青年发展战略》，北京：国家行政学院出版社，2000。

阎瑞珍、李培芳：《青少年生理心理健康指南》，北京：学术期刊出版社，1989。

曾华源、郭静晃：《少年福利》，台北：亚太图书出版社，1999。

詹万生等：《马克思主义青年观》，石家庄：河北人民出版社，1988。

张穆费等：《青年社会学》，济南：山东人民出版社，1987。

中国青年出版社编《新编青年工作手册》，北京：中国青年出版社，1987。

中国青少年研究中心、中国青少年发展基金会编《跨世纪中国青年的问题与导向》，北京：中国和平出版社，1994。

中国青少年研究中心编《中国青年社会发展的现状与对策》，天津：天津人民出版社，1995。

中国青少年政策研究课题组编《中国青少年政策报告》，北京：中国青年出版社，2000。

中国社会工作教育协会组编《社会工作评估》，北京：高等教育出版社，2009。

朱力等：《社会问题概论》，北京：社会科学文献出版社，2002。

图书在版编目(CIP)数据

青少年社会工作/陆士桢，王玥著．--3版．--北京：社会科学文献出版社，2017.3（2024.8重印）
普通高等教育“十一五”国家级规划教材
ISBN 978-7-5201-0404-3

Ⅰ.①青… Ⅱ.①陆… ②王… Ⅲ.①青少年-社会工作-中国-高等学校-教材 Ⅳ.①D432.6

中国版本图书馆CIP数据核字（2017）第033266号

普通高等教育“十一五”国家级规划教材
·社会工作硕士专业丛书·
青少年社会工作（第3版）

著　　者／陆士桢　王　玥

出 版 人／冀祥德
项目统筹／杨桂凤
责任编辑／杨桂凤
责任印制／王京美

出　　版／社会科学文献出版社·群学分社（010）59367002
地址：北京市北三环中路甲29号院华龙大厦　邮编：100029
网址：www.ssap.com.cn
发　　行／社会科学文献出版社（010）59367028
印　　装／三河市尚艺印装有限公司

规　　格／开 本：787mm×1092mm　1/16
印 张：23.25　字 数：428千字
版　　次／2017年3月第3版　2024年8月第10次印刷
书　　号／ISBN 978-7-5201-0404-3
定　　价／39.00元

读者服务电话：4008918866